Praxisbuch Unsupervised Learning

Zu diesem Buch – sowie zu vielen weiteren O'Reilly-Büchern – können Sie auch das entsprechende E-Book im PDF-Format herunterladen. Werden Sie dazu einfach Mitglied bei oreilly.plus+:

www.oreilly.plus

Praxisbuch Unsupervised Learning

Machine-Learning-Anwendungen für ungelabelte Daten mit Python programmieren

Ankur A. Patel

Deutsche Übersetzung von Frank Langenau

Ankur A. Patel

Lektorat: Alexandra Follenius
Übersetzung: Frank Langenau
Korrektorat: Sibylle Feldmann, *www.richtiger-text.de*
Satz: III-Satz, *www.drei-satz.de*
Herstellung: Stefanie Weidner
Umschlaggestaltung: Karen Montgomery, Michael Oréal, *www.oreal.de*
Druck und Bindung: mediaprint solutions GmbH, 33100 Paderborn

Bibliografische Information der Deutschen Nationalbibliothek
Die Deutsche Nationalbibliothek verzeichnet diese Publikation in der Deutschen Nationalbibliografie; detaillierte bibliografische Daten sind im Internet über *http://dnb.d-nb.de* abrufbar.

ISBN:
Print 978-3-96009-127-1
PDF 978-3-96088-876-5
ePub 978-3-96088-877-2
mobi 978-3-96088-878-9

1. Auflage 2020
Translation Copyright für die deutschsprachige Ausgabe © 2020 dpunkt.verlag GmbH
Wieblinger Weg 17
69123 Heidelberg

Authorized German translation of the English edition of *Hands-On Unsupervised Learning Using Python*, ISBN 9781492035640 © 2019 Human AI Collaboration, Inc. This translation is published and sold by permission of O'Reilly Media, Inc., which owns or controls all rights to publish and sell the same.

Dieses Buch erscheint in Kooperation mit O'Reilly Media, Inc. unter dem Imprint »O'REILLY«. O'REILLY ist ein Markenzeichen und eine eingetragene Marke von O'Reilly Media, Inc. und wird mit Einwilligung des Eigentümers verwendet.

Hinweis:
Dieses Buch wurde auf PEFC-zertifiziertem Papier aus nachhaltiger Waldwirtschaft gedruckt. Der Umwelt zuliebe verzichten wir zusätzlich auf die Einschweißfolie.

Schreiben Sie uns:
Falls Sie Anregungen, Wünsche und Kommentare haben, lassen Sie es uns wissen: kommentar@oreilly.de.

Die vorliegende Publikation ist urheberrechtlich geschützt. Alle Rechte vorbehalten. Die Verwendung der Texte und Abbildungen, auch auszugsweise, ist ohne die schriftliche Zustimmung des Verlags urheberrechtswidrig und daher strafbar. Dies gilt insbesondere für die Vervielfältigung, Übersetzung oder die Verwendung in elektronischen Systemen.
Es wird darauf hingewiesen, dass die im Buch verwendeten Soft- und Hardware-Bezeichnungen sowie Markennamen und Produktbezeichnungen der jeweiligen Firmen im Allgemeinen warenzeichen-, marken- oder patentrechtlichem Schutz unterliegen.
Alle Angaben und Programme in diesem Buch wurden mit größter Sorgfalt kontrolliert. Weder Autor noch Verlag noch Übersetzer können jedoch für Schäden haftbar gemacht werden, die in Zusammenhang mit der Verwendung dieses Buches stehen.

5 4 3 2 1 0

Inhalt

Einleitung

Eine kurze Geschichte des maschinellen Lernens

Maschinelles Lernen ist ein Teilgebiet der *künstlichen Intelligenz* (KI, engl. *Artificial Intelligence*, AI), bei der Computer aus Daten lernen – üblicherweise, um ihre Performance für eine eng definierte Aufgabe zu verbessern –, ohne explizit dafür programmiert zu werden. Der Begriff *maschinelles Lernen* (engl. *Machine Learning*) wurde schon 1959 geprägt (von Arthur Samuel, einer Legende auf dem Gebiet der KI), doch im 21. Jahrhundert gab es nur wenige größere kommerzielle Erfolge im maschinellen Lernen zu verzeichnen. Stattdessen fristete das Gebiet ein Nischendasein im Rahmen wissenschaftlicher Forschungen an Universitäten.

Schon ziemlich früh (bereits in den 1960er-Jahren) waren viele Mitglieder der KI-Community viel zu optimistisch hinsichtlich der Zukunft der künstlichen Intelligenz. Forscher dieser Zeit, wie zum Beispiel Herbert Simon und Marvin Minsky, behaupteten, dass die KI innerhalb von Jahrzehnten das Niveau der menschlichen Intelligenz erreichen würde:[1]

> *Innerhalb von zwanzig Jahren werden Maschinen in der Lage sein, jede Arbeit zu verrichten, zu der ein Mensch fähig ist.*
>
> – Herbert Simon, 1965

> *In drei bis acht Jahren werden wir eine Maschine mit der allgemeinen Intelligenz eines durchschnittlichen Menschen haben.*
>
> – Marvin Minsky, 1970

Von ihrem Optimismus geblendet, konzentrierten sich Forscher auf Projekte der sogenannten *starken KI* oder *allgemeinen künstlichen Intelligenz* (engl. *Artificial General Intelligence*, AGI), um damit KI-Agenten zu schaffen, die Problemlösung, Wissensdarstellung, Lernen und Planen, Natural Language Processing, Wahrnehmung und Bewegungskontrolle realisieren können. Zwar half dieser Optimismus,

1 Inspiriert von solchen Ansichten kreierte Stanley Kubrick 1968 im Film *2001: Odyssee im Weltraum* den KI-Agenten HAL 9000.

beträchtliche Mittel von großen Akteuren wie z.B. dem Verteidigungsministerium zu beschaffen, doch nahmen diese Forscher zu anspruchsvolle Probleme in Angriff und waren letztlich zum Scheitern verurteilt.

Die KI-Forschung schaffte nur gelegentlich den Sprung vom akademischen Umfeld in die Industrie, und es folgte eine Reihe sogenannter KI-Winter. In diesen KI-Wintern (eine Analogie, die sich am nuklearen Winter in der Ära des Kalten Kriegs orientierte) gingen das Interesse an der KI und ihre Finanzierung zurück. Gelegentlich auftretende Hype-Zyklen um KI hielten kaum an. Anfang der 1990er-Jahre hatte das Interesse an der KI und ihrer Finanzierung einen Tiefpunkt erreicht.

KI ist zurück, aber warum gerade jetzt?

KI ist in den letzten zwei Jahrzehnten mit Vehemenz wieder aufgetaucht – zuerst als rein akademischer Interessenbereich und jetzt inzwischen als ausgewachsenes Gebiet, das die hellsten Köpfe von Universitäten wie auch von Unternehmen in ihren Bann zieht.

Drei entscheidende Entwicklungen stehen hinter diesem Wiederaufleben: Durchbrüche bei den Algorithmen für maschinelles Lernen, die Verfügbarkeit großer Datenbestände und superschnelle Computer.

Erstens haben Forscher ihre Aufmerksamkeit auf eng definierte Teilprobleme der starken KI gerichtet, auch als *schwache KI* bezeichnet, anstatt sich auf übermäßig ambitionierte starke KI-Projekte zu versteifen. Dieser Fokus auf die Verbesserung von Lösungen für eng definierte Aufgaben führte zu algorithmischen Durchbrüchen, die den Weg für erfolgreiche kommerzielle Anwendungen ebneten. Viele dieser Algorithmen – oftmals ursprünglich an Universitäten oder privaten Forschungseinrichtungen entwickelt – wurden schnell als Open Source zugänglich gemacht, was die Akzeptanz dieser Technologien durch die Industrie beschleunigte.

Zweitens wurde die Datenerfassung zu einem Schwerpunkt für die meisten Unternehmen, und die Kosten für das Speichern der Daten fielen aufgrund der Fortschritte in der digitalen Datenspeicherung drastisch. Dank des Internets wurden Unmengen von Daten auch in einem noch nie gekannten Umfang weithin und öffentlich zugänglich.

Drittens wurden die Computer immer leistungsfähiger und über die Cloud verfügbar, sodass KI-Forscher ihre IT-Infrastruktur bei Bedarf einfach und preiswert skalieren konnten, ohne zunächst riesige Mittel in Hardware zu investieren.

Das Entstehen der angewandten KI

Die oben genannten Kräfte haben die KI aus dem akademischen Umfeld in die Industrie befördert und dazu beigetragen, das Interesse und die Finanzierung von Jahr zu Jahr auf ein höheres Niveau zu heben. KI ist nicht mehr nur ein theoretischer Interessenbereich, sondern ein vollwertiges Anwendungsgebiet. Abbildung 1 zeigt ein Diagramm aus Google Trends, das das wachsende Interesse am maschinellen Lernen im Verlauf der letzten fünf Jahre darstellt.

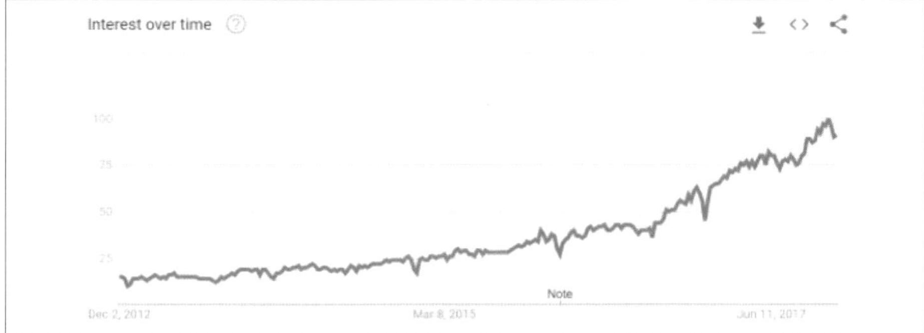

Abbildung 1: Interesse am maschinellen Lernen in den letzten Jahren

KI gilt heute als bahnbrechende horizontale Technologie – ähnlich dem Aufkommen von Computern und Smartphones –, die in den nächsten zehn Jahren erhebliche Auswirkungen auf jede einzelne Branche haben wird.[2]

Zu den erfolgreichen kommerziellen Anwendungen, die sich auf maschinelles Lernen stützen, gehören unter anderem optische Zeichenerkennung, Filtern von Spam-Mails, Bildklassifizierung, Computervision, Spracherkennung, maschinelle Übersetzung, Gruppensegmentierung und Clustering, Generieren von synthetischen Daten, Anomalieerkennung, Prävention von Cyberkriminalität, Erkennung von Kreditkartenbetrug, Erkennung von Betrug im Internet, Zeitreihenvorhersage, Natural Language Processing, Brett- und Videospiele, Dokumentklassifizierung, Empfehlungssysteme, Suchen, Robotik, Onlinewerbung, Sentimentanalyse, DNA-Sequenzierung, Finanzmarktanalyse, Informationsgewinnung, Beantwortung von Fragen und Entscheidungsfindung im Gesundheitswesen.

Meilensteine der angewandten KI in den letzten 20 Jahren

Die hier beschriebenen Meilensteine halfen, die KI von einem meist akademischen Gesprächsthema zu einem wichtigen Bestandteil der heutigen Technologie zu machen.

- 1997: Deep Blue, ein KI-Bot, der seit Mitte der 1980er-Jahre entwickelt wird, schlägt den Schachweltmeister Garry Kasparov in einem medienwirksamen Schachereignis.
- 2004: Die DARPA führt die DARPA Grand Challenge ein, einen in der Mojave-Wüste stattfindenden Wettbewerb für unbemannte Landfahrzeuge. Im Jahr 2005 erhält Stanford den Hauptpreis. Im Jahr 2007 veranstaltet die Carnegie

2 Laut McKinsey Global Institute könnte sich bis 2055 mehr als die Hälfte aller beruflichen Aktivitäten, für die Menschen bezahlt werden, automatisieren lassen.

Mellon University diesen Wettbewerb in einem städtischen Umfeld. Bis 2015 haben viele große Technologieunternehmen, darunter Tesla, Waymo von Alphabet und Uber, finanziell gut ausgestattete Programme aufgelegt, um eine allgemein verfügbare Selbstfahrtechnologie aufzubauen.

- 2006: Geoffrey Hinton von der University of Toronto stellt einen schnellen Lernalgorithmus vor, um neuronale Netze mit vielen Schichten zu trainieren, und leitet damit die Deep-Learning-Revolution ein.
- 2006: Netflix startet den mit einer Million Dollar dotierten Wettbewerb Netflix Prize, bei dem die Teams durch maschinelles Lernen die Genauigkeit ihres Empfehlungssystems um wenigstens 10% verbessern sollen. Im Jahr 2009 hat zum ersten Mal ein Team diesen Preis gewonnen.
- 2007: KI erreicht übermenschliche Performance im Damespiel, was von einem Team der University of Alberta erreicht wurde.
- 2010: ImageNet startet einen jährlichen Wettbewerb – die *ImageNet Large Scale Visual Recognition Challenge* (ILSVRC) –, bei der Teams mithilfe von Algorithmen des maschinellen Lernens Objekte in einem großen, gut gepflegten Bild-Dataset korrekt erkennen und klassifizieren. Sowohl Akademiker als auch Technologieriesen sind stark daran interessiert. Der Klassifizierungsfehler fällt von 25% im Jahr 2011 auf nur wenige Prozent bis 2015, was Fortschritten bei tiefen Faltungsnetzen zu verdanken ist. Dies führt zu kommerziellen Anwendungen von Computervision und Objekterkennung.
- 2010: Microsoft bringt die Steuerung Kinect für die Spielkonsole Xbox 360 auf den Markt. Die vom Computervision-Team bei Microsoft Research entwickelte Kinect kann Körperbewegungen des Menschen verfolgen und in Softwarebefehle zur Steuerung von Videospielen übersetzen.
- 2010: Siri, einer der ersten allgemein verfügbaren digitalen Sprachassistenten, wird von Apple übernommen und im Oktober 2011 als Teil des iPhone 4S veröffentlicht. Schließlich führt Apple Siri für alle seine Produkte ein. Auf der Basis von Convolutional Neural Networks (Faltungsnetzen) und rekurrenten neuronalen *Long-Short-Term-Memory*-Netzwerken beherrscht Siri sowohl die Spracherkennung als auch das Natural Language Processing. Schließlich greifen auch Amazon, Microsoft und Google mit Alexa (2014), Cortana (2014) sowie Google Assistant (2016) ins Rennen ein.
- 2011: IBM Watson, ein Fragen beantwortender KI-Agent, der von einem Team unter der Leitung von David Ferruci entwickelt wurde, schlägt die ehemaligen Jeopardy!-Gewinner Brad Rutter und Ken Jennings. IBM Watson wird heute in mehreren Branchen eingesetzt, darunter im Gesundheitswesen und im Einzelhandel.
- 2012: Das Google-Brain-Team unter Leitung von Andrew Ng und Jeff Dean trainiert ein neuronales Netz, um Katzen auf unbezeichneten Bildern aus YouTube-Videos zu erkennen.

- 2013: Google gewinnt die Robotics Challenge der DARPA, bei der teilautonome Bots komplexe Aufgaben in tückischen Umgebungen ausführen, beispielsweise ein Fahrzeug führen, durch Trümmer gehen, Schutt aus einem blockierten Eingang wegräumen, eine Tür öffnen und eine Leiter hochsteigen.
- 2014: Facebook veröffentlicht Arbeiten zu DeepFace, einem auf neuronalen Netzen basierenden System, das Gesichter mit einer Genauigkeit von 97% identifizieren kann. Dies entspricht nahezu der Leistung, die ein Mensch erreicht, und bedeutet eine Verbesserung von mehr als 27% gegenüber früheren Systemen.
- 2015: KI wird salonfähig und ist häufig Thema in Medienkanälen auf der ganzen Welt.
- 2015: AlphaGo von Google DeepMind schlägt den Weltklasseprofi Fan Hui im Spiel Go. Im Jahr 2016 besiegt AlphaGo Lee Sedol und 2017 Ke Jie. Die neue Version AlphaGo Zero besiegt im Jahr 2017 die vorherige AlphaGo-Version mit 100 zu 0. AlphaGo Zero bezieht unüberwachte Lerntechniken ein und meistert Go, indem es gegen sich selbst spielt.
- 2016: Google startet eine umfassende Überarbeitung seiner Sprachübersetzung Google Translate, bei der das vorhandene phrasengestützte Übersetzungssystem durch ein auf Deep Learning basierendes neuronales Maschinenübersetzungssystem ersetzt wird, was Übersetzungsfehler um bis zu 87% reduziert und sich einer Genauigkeit auf menschlichem Niveau nähert.
- 2017: Das von Carnegie Mellon entwickelte KI-Programm Libratus gewinnt beim Eins-gegen-eins-Poker in der Variante Texas Hold'em Heads-Up No Limit, d.h., es spielen zwei Spieler mit je zwei verdeckten Handkarten.
- 2017: Der von OpenAI trainierte Bot schlägt professionelle Spieler beim Dota-2-Turnier.

Von schwacher KI zu AGI

Natürlich sind diese Erfolge bei der Anwendung der KI auf eng definierte Probleme lediglich ein Ausgangspunkt. Die KI-Community glaubt zunehmend daran, dass wir – durch Kombination mehrerer schwacher KI-Systeme – starke KI entwickeln können. Dieser starke KI- oder AGI-Agent wird in der Lage sein, bei vielen breit definierten Aufgaben Leistungen auf Augenhöhe mit dem Menschen zu erbringen.

Bald nachdem die KI eine Performance auf menschlichem Niveau erreicht hat, wird diese starke KI die menschliche Intelligenz übertreffen und eine sogenannte *Superintelligenz* erreichen – so die Voraussagen einiger Forscher. Schätzungen für das Erreichen einer derartigen Superintelligenz reichen von mindestens 15 Jahren bis zu 100 Jahren, wobei aber die meisten Forscher davon überzeugt sind, dass sich KI schnell genug entwickelt, um es in wenigen Generationen zu schaffen. Ist dieser Hype erneut zu aufgebläht (wie in den vorherigen KI-Zyklen), oder ist das Ganze dieses Mal anders? Nur die Zeit wird es zeigen.

Ziel und Vorgehensweise

Die meisten der heute kommerziell erfolgreichen Anwendungen – in Bereichen wie Computervision, Spracherkennung, Maschinenübersetzung und Natural Language Processing – arbeiten mit Supervised Learning, das von *gelabelten Datasets* profitiert. Die meisten Daten in der Welt sind jedoch *ungelabelt*.

In diesem Buch geht es um den Bereich des *Unsupervised Learning* (einen Zweig des maschinellen Lernens, mit dem sich verdeckte Muster finden lassen) und des Lernens der zugrunde liegenden Struktur in ungelabelten Daten. Nach Ansicht vieler Branchenexperten, wie etwa Yann LeCun, Director of AI Research bei Facebook und Professor an der NYU, ist Unsupervised Learning die nächste große Herausforderung in der KI und kann den Schlüssel zur AGI beinhalten. Aus diesem und vielen anderen Gründen gehört Unsupervised Learning heute zu den gängigsten Themen in der KI.

Das Buch skizziert die Konzepte und Tools, die Sie brauchen, damit Sie die erforderliche Intuition entwickeln können, um diese Technik jeden Tag auf Probleme anzuwenden, an denen Sie arbeiten. Mit anderen Worten: Dies ist ein Praxisbuch, das Sie in die Lage versetzt, reale Systeme aufzubauen. Wir untersuchen auch, wie sich ungelabelte Datasets benennen lassen, um unüberwachte in semiüberwachte Lernprobleme zu überführen.

Der praxisorientierte Ansatz dieses Buchs bietet darüber hinaus einige theoretische Einführungen, die sich vorwiegend auf die Anwendung von unüberwachten Lerntechniken konzentrieren, um praktische Probleme zu lösen. Die Datasets und die Codebeispiele sind online als Jupyter Notebooks auf GitHub (*http://bit.ly/2Gd4v7e*) verfügbar.

Ausgerüstet mit dem konzeptionellen Verständnis und den praktischen Erfahrungen, die Sie sich mit diesem Buch aneignen, werden Sie unter anderem in der Lage sein, Unsupervised Learning auf große, ungelabelte Datasets anzuwenden, um versteckte Muster aufzudecken, tiefergehende Einblicke in Unternehmen zu erhalten, Anomalien zu erkennen, Gruppen nach Ähnlichkeiten zu clustern, automatische Merkmalskonstruktion (Feature Engineering) und Merkmalsauswahl (Feature Selection) durchzuführen sowie synthetische Datasets zu generieren.

Voraussetzungen

In diesem Buch gehen wir davon aus, dass Sie über Erfahrungen im Programmieren mit Python verfügen und insbesondere mit NumPy und Pandas vertraut sind.

Mehr zu Python finden Sie auf der offiziellen Python-Website (*https://www.python.org/*). Für Jupyter Notebooks sei auf die offizielle Jupyter-Website (*http://jupyter.org/index.html*) verwiesen. Um Ihr Wissen auf dem Niveau von Hochschulmathematik, linearer Algebra, Wahrscheinlichkeitsrechnung und Statistik aufzufrischen, lesen Sie am besten Teil 1 des *Deep Learning*-Lehrbuchs von Ian Goodfellow und

Yoshua Bengio (*http://www.deeplearningbook.org/*). Für eine Auffrischung in Bezug auf maschinelles Lernen sollten Sie *The Elements of Statistical Learning* (*https://stanford.io/2Tju4al*) lesen.

Roadmap

Das Buch ist in vier Teile gegliedert, die sich mit den folgenden Themen befassen:

Teil I, Grundlagen des Unsupervised Learning
: Unterschiede zwischen Supervised und Unsupervised Learning, ein Überblick über bekannte überwachte und unüberwachte Algorithmen sowie ein durchgängiges Projekt zum maschinellen Lernen.

Teil II, Unsupervised Learning mit Scikit-learn
: Dimensionalitätsreduktion, Anomalieerkennung sowie Clustering und Gruppensegmentierung.

Weitere Informationen zu den Konzepten, die in den Teilen A und B diskutiert werden, finden Sie in der Dokumentation zu Scikit-learn (*https://scikit-learn.org/stable/modules/classes.html*).

Teil III, Unsupervised Learning mit TensorFlow und Keras
: Repräsentationslernen und automatische Feature Extraction, Autoencoder und Semi-supervised Learning.

Teil IV, Deep Unsupervised Learning mit TensorFlow und Keras
: Eingeschränkte Boltzmann-Maschinen, Deep-Belief-Netze und Generative Adversarial Networks.

Konventionen, die in diesem Buch verwendet werden

In diesem Buch werden folgende typografische Konventionen verwendet:

Kursiv
: Kennzeichnet neue Begriffe, URLs, E-Mail-Adressen, Dateinamen und Dateierweiterungen.

`Schreibmaschinenschrift`
: Wird in Programmlistings verwendet und im Fließtext für Programmelemente wie zum Beispiel Variablen- oder Funktionsnamen, Datenbanken, Datentypen, Umgebungsvariablen, Anweisungen und Schlüsselwörter.

`Schreibmaschinenschrift fett`
: Kennzeichnet Befehle oder andere Texte, die vom Benutzer buchstäblich eingegeben werden sollen.

`Schreibmaschinenschrift kursiv`

Zeigt Text, der ersetzt werden soll durch Werte, die der Benutzer bereitstellt, oder Werte, die sich aus dem Kontext ergeben.

Dieses Element kennzeichnet einen Tipp oder Vorschlag.

Dieses Element kennzeichnet einen allgemeinen Hinweis.

Codebeispiele verwenden

Ergänzungsmaterialien (Codebeispiele usw.) stehen auf GitHub zum Download bereit (*http://bit.ly/2Gd4v7e*).

Dieses Buch soll Ihnen bei Ihrer täglichen Arbeit helfen. Falls Beispielcode zum Buch angeboten wird, dürfen Sie ihn im Allgemeinen in Ihren Programmen und für Dokumentationen verwenden. Sie müssen uns nicht um Erlaubnis bitten, es sei denn, Sie kopieren einen erheblichen Teil des Codes. Wenn Sie zum Beispiel ein Programm schreiben, das einige Codeblöcke aus diesem Buch verwendet, benötigen Sie keine Erlaubnis. Sollten Sie aber eine CD-ROM mit den Beispielen von O'Reilly-Büchern verkaufen oder verteilen, ist eine Erlaubnis erforderlich. Wenn Sie eine Frage beantworten und dabei dieses Buch oder Beispielcode aus diesem Buch zitieren, brauchen Sie wiederum keine Erlaubnis. Aber wenn Sie erhebliche Teile des Beispielcodes aus diesem Buch in die Dokumentation Ihres Produkts einfließen lassen, ist eine Erlaubnis einzuholen.

Wir schätzen eine Quellenangabe, verlangen sie aber nicht. Eine Quellenangabe umfasst in der Regel Titel, Autor, Verlag und ISBN. Zum Beispiel: *Praxisbuch Unsupervised Learning* von Ankur A. Patel (O'Reilly). Copyright 2019, Human AI Collaboration, Inc., 978-3-96009-127-1.«

Wenn Sie der Meinung sind, dass Sie die Codebeispiele in einer Weise verwenden, die über die oben erteilte Erlaubnis hinausgeht, kontaktieren Sie uns bitte unter *kommentar@oreilly.de*.

Danksagungen

Das ganze Jahr 2018 war eine unglaubliche Reise, manchmal frustrierend, doch überwiegend voller Freude. Ich möchte meinen ehemaligen ThetaRay-Kollegen dafür danken, dass sie mir geholfen haben, Unsupervised Learning zu erkunden.

Insbesondere haben Mark Gazit, Amir Averbuch, David Segev, Gil Shabat, Ovad Harari und Udi Menkes zu diesem Prozess beigetragen.

Ich möchte auch meinen derzeitigen Kollegen bei 7Park Data – insbesondere Brian Lichtenberger, Alex Nephew und Rishit Shah – dafür danken, dass sie mir die Möglichkeit gegeben haben, meinen Hintergrund zu maschinellem Lernen zu nutzen und auf Dutzende sehr interessanter alternativer Datasets anzuwenden. Mein Dank geht auch an Vista Equity Partners, die mir eine umfangreiche Plattform für den KI-Bereich zur Verfügung gestellt haben.

Besonderer Dank gilt Sarah Nagy, Charles Givre, Matthew Harrison und Eric Perkins. Diese großzügigen Menschen haben unzählige Stunden damit verbracht, mein Buch und meinen Code im Detail zu überprüfen. Ohne sie wäre dieses Buch nicht annähernd so ausgefeilt geworden, wie es heute ist.

Die Zusammenarbeit mit dem O'Reilly-Team hat mir durchweg Spaß gemacht, und ich freue mich, auch in den kommenden Jahren mit ihm zusammenzuarbeiten. Die Mitarbeiter des Teams haben den gesamten Schreibprozess fast zum Kinderspiel werden lassen, und zwar von der ersten Konzeption des Werks bis zur endgültigen Produktion. Insbesondere meine Redakteure Michele Cronin und Nicole Tache waren während des gesamten Ablaufs sehr aufmerksam und geduldig und haben das Projekt bei jedem Schritt begleitet.

Großer Dank geht an Rachel Roumeliotis, die an dieses Projekt von Anfang an geglaubt und den Startschuss dafür gegeben hat. Melanie Yarbrough, Katherine Tozer, Jasmine Kwityn, Jonathan Hassell, Eszter Schoell, Daisy Wizda und Scott Murray haben alle herausragende Rollen gespielt, indem sie sowohl die Herstellung des Buchs als auch die Bereitstellung der zusätzlichen Onlinematerialien ermöglicht haben. Ich bin wirklich dankbar dafür, mit ihnen zusammenarbeiten zu dürfen.

Zu guter Letzt habe ich das Glück, dass mich wunderbare Menschen in meinem Leben bei jedem Schritt unterstützen. Danken möchte ich dabei vor allem meinen Eltern Amrat und Ila, meiner Schwester Bhavini und meinem Bruder Jigar. Und natürlich bin ich meiner Freundin Maria Koval auf ewig dankbar, die meine ständige Meisterin ist. Ich bin sehr glücklich, sie in meinem Leben zu haben.

TEIL I

Grundlagen des Unsupervised Learning

Zu Beginn untersuchen wir das aktuelle Ökosystem des maschinellen Lernens und sehen uns an, wo sich Unsupervised Learning einordnen lässt. Außerdem erstellen wir von Grund auf ein Projekt, an dem sich die Grundlagen maschinellen Lernens zeigen lassen – d.h. die Programmierumgebung einrichten, Daten erfassen und vorbereiten, Daten untersuchen, Algorithmen des maschinellen Lernens und Kostenfunktionen auswählen sowie die Ergebnisse auswerten.

KAPITEL 1

Unsupervised Learning im Ökosystem des maschinellen Lernens

Das Lernen bei Mensch und Tier geschieht überwiegend unüberwacht. Betrachtet man Intelligenz als Kuchen, wäre Unsupervised Learning der Kuchen selbst, Supervised Learning das Sahnehäubchen auf dem Kuchen und Reinforcement Learning die Praline on top. Wir wissen zwar, wie wir das Sahnehäubchen und die Praline hinbekommen, doch wir wissen nicht, wie man den Kuchen macht. Wir müssen das Problem des Unsupervised Learning lösen, bevor wir überhaupt daran denken können, zu echter KI zu gelangen.

– Yann LeCun

In diesem Kapitel untersuchen wir den Unterschied zwischen einem regelbasierten System und maschinellem Lernen, den Unterschied zwischen Supervised Learning (überwachtem Lernen) und Unsupervised Learning (unüberwachtem Lernen) sowie die relativen Stärken und Schwächen beider Methoden.

Außerdem befassen wir uns mit vielen bekannten Algorithmen des Supervised und Unsupervised Learning und untersuchen auch, wie Semi-supervised Learning (semiüberwachtes Lernen) und Reinforcement Learning (bestärkendes Lernen) in diese Mischung passen.

Grundbegriffe des maschinellen Lernens

Bevor wir uns eingehend mit den verschiedenen Typen des maschinellen Lernens befassen, werfen wir einen Blick auf ein einfaches und häufig verwendetes Beispiel für maschinelles Lernen, um die eingeführten Konzepte verständlicher zu machen: den E-Mail-Spam-Filter. Wir möchten ein einfaches Programm erstellen, das E-Mails korrekt entweder als »Spam« oder als »nicht Spam« klassifiziert. Dies ist ein simples Klassifizierungsproblem.

Zur Auffrischung folgt erst mal etwas Terminologie zum maschinellen Lernen: die *Eingabevariablen* für dieses Problem sind die Wörter im Text der E-Mails. Diese Eingabevariablen bezeichnet man auch als *Features*, *Prädiktoren* oder *unabhängige Variablen*. Die Ausgabevariable – die wir vorhersagen wollen – ist die Bezeichnung »Spam« oder »nicht Spam«. Man bezeichnet sie auch als *Zielvariable*, *abhängige*

Variable oder *Antwortvariable* (oder Klasse, da es sich um ein Klassifizierungsproblem handelt).

Die Menge der Beispiele, mit denen KI trainiert, ist das sogenannte *Trainingsset*. Die einzelnen Beispiele des Trainingssets heißen *Trainingsinstanzen* oder *Stichproben*. Während des Trainings versucht die KI, ihre *Kostenfunktion* oder *Fehlerrate* zu minimieren oder, positiver formuliert, ihre *Wertfunktion* zu maximieren – in diesem Fall die Quote der korrekt klassifizierten E-Mails. Die KI optimiert während des Trainings aktiv auf eine minimale Fehlerrate. Die Fehlerrate wird berechnet, indem die von der KI vorhergesagte Benennung mit der wahren Benennung verglichen wird.

Allerdings interessiert uns am meisten, wie die KI ihr Training auf noch nie zuvor gesehene E-Mails verallgemeinert. Dies wird der ultimative Test für die KI: Kann sie E-Mails, die sie zuvor nicht gesehen hat, durch das, was sie beim Training auf den Beispielen im Trainingsset gelernt hat, korrekt klassifizieren? Dieser *Generalisierungsfehler* oder *Out-of-sample-Fehler* ist das wichtigste Instrument, mit dem wir Lösungen des maschinellen Lernens bewerten.

Der Satz von noch nie zuvor gesehenen Beispielen ist das sogenannte *Testset* oder *Holdout-Set* (weil die Daten aus dem Training herausgehalten werden). Wenn wir uns für mehrere Holdout-Sets entscheiden (um etwa den Generalisierungsfehler beim Training abzuschätzen, was ratsam ist), können wir zwischengeschaltete Holdout-Sets einrichten, mit denen wir unseren Fortschritt bewerten, bevor wir zum endgültigen Testset kommen. Diese zwischengeschalteten Holdout-Sets sind die sogenannten *Validierungssets*.

Alles in allem trainiert KI auf den Trainingsdaten (*Erfahrung*), um beim Markieren von Spam (*Aufgabe*) die Fehlerrate zu minimieren (*Performance*). Das ultimative Erfolgskriterium besteht darin, wie gut sich die gewonnenen Erfahrungen auf neue, zuvor nicht gesehene Daten verallgemeinern lassen (*Generalisierungsfehler*).

Regelbasiertes vs. maschinelles Lernen

Nach einem regelbasierten Ansatz können wir einen Spam-Filter mit expliziten Regeln entwerfen, um Spam zu erfassen, wie zum Beispiel E-Mails, die »u« anstelle von »you«, »4« anstelle von »for« oder »BUY NOW« usw. verwenden. Allerdings wäre dieses System mit der Zeit schwer zu pflegen, da Betrüger ihr Spam-Verhalten ständig anpassen, um solche Regeln zu umgehen. Bei einem regelbasierten System müssten wir häufig die Regeln manuell anpassen, um auf dem Laufenden zu bleiben. Zudem wäre es ein recht teures Setup – denken Sie nur an all die Regeln, die wir erzeugen müssen, um ein brauchbares System zu bekommen.

Anstelle eines regelbasierten Ansatzes können wir auf maschinelles Lernen zurückgreifen, um mit E-Mail-Daten zu trainieren und automatisch Regeln erzeugen zu lassen, die bösartige E-Mails korrekt als Spam markieren. Dieses System auf Basis maschinellen Lernens könnte auch im Laufe der Zeit automatisch angepasst werden. Der Aufwand für Training und Verwaltung wäre bei einem solchen System viel geringer.

Bei diesem einfachen E-Mail-Problem könnten wir die Regeln zwar auch manuell erstellen, doch bei vielen Problemen ist eine solche Vorgehensweise überhaupt nicht praktikabel. Nehmen Sie beispielsweise an, ein selbstfahrendes Auto zu entwerfen – stellen Sie sich vor, welche Regeln Sie formulieren müssten, um das Verhalten des Fahrzeugs in jeder nur denkbaren Situation zu beschreiben. Dies ist ein unlösbares Problem, es sei denn, das Fahrzeug kann lernen und sich selbst aufgrund seiner Erfahrungen anpassen.

Systeme des maschinellen Lernens ließen sich auch als Erkundungs- oder Datenerkennungstool einsetzen, um tiefere Einblicke in das zu lösende Problem zu gewinnen. So können wir im Beispiel des E-Mail-Filters lernen, welche Wörter oder Phrasen am ehesten auf Spam hinweisen, und neu entstehende bösartige Spam-Muster erkennen.

Supervised vs. Unsupervised

Das Gebiet des maschinellen Lernens gliedert sich in zwei Bereiche – Supervised und Unsupervised Learning (*überwachtes* und *unüberwachtes* Lernen) – sowie viele Unterbereiche, die die beiden überbrücken.

Beim überwachten Lernen hat der KI-Agent Zugriff auf *Labels* (Kennungen), mit deren Hilfe er seine Performance bei einer Aufgabe verbessern kann. Beim Problem des E-Mail-Spam-Filters haben wir ein Dataset von E-Mails mit dem gesamten Text jeder einzelnen E-Mail. Außerdem wissen wir, welche dieser E-Mails Spam sind und welche nicht (anhand der sogenannten Labels). Diese Labels sind sehr wertvoll, da sie der überwacht lernenden KI helfen, die Spam-E-Mails vom Rest zu trennen.

Beim unüberwachten Lernen sind keine Labels verfügbar. Demzufolge ist die Aufgabe des KI-Agenten nicht klar umrissen, und die Performance lässt sich nicht so deutlich messen. Nehmen wir das Problem des E-Mail-Spam-Filters – dieses Mal ohne Labels. Nun versucht der Agent, die zugrunde liegende Struktur von E-Mails zu verstehen, wobei er die Datenbank mit den E-Mails in verschiedene Gruppen einteilt, sodass E-Mails innerhalb einer Gruppe einander ähnlich sind, sich aber von E-Mails in anderen Gruppen unterscheiden.

Dieses unüberwachte Lernproblem ist weniger klar definiert als das überwachte Lernproblem und für den KI-Agenten schwieriger zu lösen. Doch wenn man es richtig angeht, ist die Lösung letztendlich leistungsfähiger.

Und hier ist der Grund dafür: Die unüberwacht lernende KI kann mehrere Gruppen finden, die sie später als »Spam« markiert – doch die KI kann auch Gruppen finden, die sie später als »wichtig« kennzeichnet oder als »Familie«, »beruflich«, »Nachrichten«, »Shopping« usw. Mit anderen Worten: Da das Problem keine streng definierte Aufgabe hat, kann der KI-Agent weit mehr interessante Muster finden als die, nach denen man anfangs gesucht hat.

Darüber hinaus ist dieses unüberwachte System besser als das überwachte System, wenn es darum geht, neue Muster in zukünftigen Daten zu finden. Das macht die unüberwachte Lösung auf längere Sicht flexibler. Dies ist die Stärke des Unsupervised Learning.

Die Stärken und Schwächen des Supervised Learning

Supervised Learning zeichnet sich dadurch aus, dass es die Performance in genau definierten Aufgaben mit zahlreichen Labels optimiert. Nehmen Sie zum Beispiel ein sehr großes Dataset mit Bildern von Objekten, bei dem jedes Bild gelabelt ist. Wenn das Dataset genügend groß ist, wir mit dem richtigen Algorithmus für maschinelles Lernen (d.h. Convolutional Neural Networks) trainieren und zudem ausreichend leistungsfähige Computer einsetzen, können wir ein sehr gutes Bildklassifizierungssystem auf Basis von Supervised Learning erstellen.

Da die überwacht lernende KI auf den Daten trainiert, wird sie in der Lage sein, ihre Performance (über eine Kostenfunktion) zu messen, indem sie ihr vorhergesagtes Bild-Label mit dem wahren Bild-Label, das in der Datei verzeichnet ist, vergleicht. Die KI wird ausdrücklich versuchen, diese Kostenfunktion zu minimieren, sodass ihr Fehler bei niemals zuvor gesehenen Bildern (aus einem Holdout-Set) so gering wie möglich ist.

Aus diesem Grund sind Labels so leistungsfähig – sie helfen, den KI-Agenten zu führen, indem sie ihn mit einem Fehlermaß versorgen. Die KI verwendet das Fehlermaß, um ihre Performance im Laufe der Zeit zu verbessern. Ohne derartige Labels weiß die KI nicht, wie erfolgreich sie Bilder korrekt klassifizieren kann (oder nicht kann).

Allerdings sind die Kosten für das manuelle Labeln eines Bild-Datasets sehr hoch. Und selbst die am besten kuratierten Bild-Datasets enthalten nur Tausende von Labels. Dies ist ein Problem, weil überwachte Lernsysteme Bilder von Objekten, für die Labels existieren, sehr gut klassifizieren können, aber schlecht abschneiden bei Bildern von Objekten, für die es keine Labels gibt. So leistungsfähig überwachte Lernsysteme sind, so begrenzt sind sie auch, Wissen zu verallgemeinern, das über die gelabelten Elemente hinausgeht, mit denen sie trainiert wurden. Da die meisten Daten in der Welt nicht gelabelt sind, ist die Fähigkeit der KI, ihre Performance auf nie zuvor gesehene Instanzen auszudehnen, recht beschränkt.

Mit anderen Worten: Supervised Learning ist hervorragend geeignet, um eng begrenzte KI-Probleme zu lösen, aber nicht so gut für das Lösen anspruchsvollerer, weniger klar definierter Probleme der starken KI.

Die Stärken und Schwächen des Unsupervised Learning

Bei eng definierten Aufgaben, für die wir klar definierte Muster haben, die sich im Laufe der Zeit nicht wesentlich ändern, und für ausreichend große Datasets, die unmittelbar zugänglich und gelabelt sind, wird Supervised Learning das Unsupervised Learning schlagen.

Bei Problemen aber, bei denen die Muster unbekannt sind oder sich ständig ändern oder für die wir keine ausreichend großen gelabelten Datasets haben, wird Unsupervised Learning wirklich glänzen.

Anstatt sich von Labels leiten zu lassen, lernt Unsupervised Learning die zugrunde liegende Struktur der Daten, mit denen es trainiert hat. Dazu wird versucht, die Trainingsdaten mit einem Satz von Parametern darzustellen, der deutlich kleiner ist als die Anzahl der Beispiele, die im Dataset verfügbar sind. Dieses Lernen von Datenrepräsentationen ermöglicht dem unüberwachten Lernen, unterschiedliche Muster im Dataset zu identifizieren.

Im Beispiel des Bild-Datasets (dieses Mal ohne Label) kann die unüberwacht lernende KI in der Lage sein, Bilder zu identifizieren und zu gruppieren, und zwar basierend darauf, wie ähnlich sie sich einander sind und wie sehr sie sich vom Rest unterscheiden. Zum Beispiel werden alle Bilder, auf denen Stühle zu sehen sind, in einer Gruppe zusammengefasst, alle Bilder, die Hunde zeigen, in einer anderen Gruppe usw.

Natürlich kann die unüberwacht lernende KI diese Gruppen nicht selbst als »Stühle« oder »Hunde« kennzeichnen. Da aber ähnliche Bilder jetzt gruppiert sind, ist es für den Menschen viel einfacher, die Benennung durchzuführen. Anstatt Millionen von Bildern per Hand zu labeln, kann der Mensch jeweils die unterschiedlichen Gruppen manuell labeln, und die zugeordneten Labels werden allen Mitgliedern innerhalb jeder Gruppe zugewiesen.

Wenn die unüberwacht lernende KI nach dem anfänglichen Training Bilder findet, die zu keiner der gelabelten Gruppen gehören, erzeugt sie separate Gruppen für die nicht klassifizierten Bilder und veranlasst, dass der Mensch die neuen, noch zu benennenden Bilder mit Labels versieht.

Unsupervised Learning macht bis dahin unlösbare Probleme lösbar und ist wesentlich flinker beim Aufspüren von verborgenen Mustern – sowohl in den historischen Daten, die für das Training zur Verfügung stehen, als auch in zukünftig erfassten Daten. Darüber hinaus haben wir jetzt einen KI-Ansatz für die riesigen Mengen an nicht gelabelten Daten, die es weltweit gibt.

Selbst wenn Unsupervised Learning beim Lösen spezifischer, eng definierter Probleme weniger geschickt ist als Supervised Learning, schneidet es besser ab, wenn es darum geht, ergebnisoffene Probleme in der Art der starken KI anzugehen und dieses Wissen zu verallgemeinern.

Genauso wichtig ist es, dass Unsupervised Learning viele der allgemeinen Probleme angehen kann, mit denen Data Scientists zu tun haben, wenn Lösungen mit maschinellem Lernen zu erstellen sind.

Lösungen mit maschinellem Lernen durch Unsupervised Learning verbessern

Die jüngsten Erfolge im maschinellen Lernen sind der Verfügbarkeit sehr umfangreicher Daten, den Fortschritten in der Computerhardware und den cloudbasierten Ressourcen sowie den Durchbrüchen bei den Algorithmen zum maschinellen Lernen zu verdanken. Diese Erfolge konzentrieren sich aber vorwiegend auf enge KI-Probleme wie zum Beispiel Bildklassifizierung, Computervision, Spracherkennung, Natural Language Processing und Maschinenübersetzung.

Um anspruchsvollere KI-Probleme zu lösen, müssen wir das Potenzial des Unsupervised Learning freisetzen. Untersuchen wir einmal die am häufigsten vorkommenden Herausforderungen, denen sich Data Scientists gegenübersehen, wenn sie Lösungen erstellen, und wie Unsupervised Learning ihnen dabei helfen kann.

Unzureichend gelabelte Daten

> *Meiner Ansicht nach ist KI wie der Bau einer Rakete. Man braucht einen riesigen Motor und jede Menge Treibstoff. Mit einem kleinen Motor und einer winzigen Menge Treibstoff schafft man es nicht bis in den Orbit. Mit einem winzigen Motor und einer Tonne Treibstoff kann man nicht einmal abheben. Um eine Rakete zu bauen, braucht man einen riesigen Motor und sehr viel Treibstoff.*
>
> – Andrew Ng

Wäre maschinelles Lernen ein Raumschiff, würden die Daten den Treibstoff liefern – ohne Unmengen von Daten kann das Raumschiff nicht fliegen. Doch nicht alle Daten werden gleich erzeugt. Um überwachte Algorithmen zu verwenden, brauchen wir sehr viele gelabelte Daten, die aber nur schwer und kostenintensiv zu generieren sind.[1]

Beim Unsupervised Learning können wir ungelabelte Beispiele automatisch kennzeichnen. Das funktioniert folgendermaßen: Wir würden alle Beispiele clustern und dann die Labels von gelabelten Beispielen auf die ungelabelten innerhalb desselben Clusters anwenden. Ungelabelte Beispiele würden das Label der gelabelten erhalten, denen sie am ähnlichsten sind. Mit Clustering beschäftigt sich Kapitel 5.

1 Es gibt Start-ups wie zum Beispiel Figure Eight, die ausdrücklich diesen *Human-in-the-Loop*-Dienst anbieten.

Overfitting

Wenn der Algorithmus des maschinellen Lernens eine zu komplexe Funktion basierend auf den Trainingsdaten lernt, verhält er sich möglicherweise sehr schlecht auf noch nie gesehenen Instanzen von Holdout-Sets wie zum Beispiel dem Validierungsset oder dem Testset. In diesem Fall hat sich der Algorithmus an die Trainingsdaten überangepasst – indem er zu viel vom Rauschen in den Daten extrahiert hat – und weist einen sehr schlechten Generalisierungsfehler auf. Anders ausgedrückt, der Algorithmus merkt sich die Trainingsdaten, anstatt zu lernen, wie das darauf basierende Wissen zu verallgemeinern ist.[2]

Um diesem Problem zu begegnen, können wir Unsupervised Learning als *Regulator* einführen. *Regularisierung* ist ein Prozess, mit dem sich die Komplexität eines Algorithmus des maschinellen Lernens verringern lässt, indem man ihm bei der Erfassung des Signals in den Daten hilft, ohne sich zu sehr an das Rauschen anzupassen. Unüberwachtes Pretraining ist eine derartige Form der Regularisierung. Anstatt die ursprünglichen Eingabedaten direkt in einen überwachten Lernalgorithmus einzuspeisen, können wir eine neue Darstellung der ursprünglichen Eingabedaten erzeugen und diese einspeisen.

Diese neue Darstellung erfasst das Wesen der ursprünglichen Daten – die wahre zugrunde liegende Struktur – und lässt einige der weniger repräsentativen Störungen unter den Tisch fallen. Wenn wir diese neue Darstellung in den überwachten Lernalgorithmus einspeisen, muss er weniger Rauschen bewältigen und erfasst mehr vom Signal, was den Generalisierungsfehler verbessert. Auf Feature Extraction kommen wir in Kapitel 7 zu sprechen.

Fluch der Dimensionalität

Trotz der gestiegenen Rechenleistung kommen Algorithmen für maschinelles Lernen nur schwer mit großen Datenmengen zurecht. Im Allgemeinen ist das Hinzufügen weiterer Instanzen nicht zu problematisch, weil sich Operationen mithilfe moderner Map-Reduce-Lösungen wie zum Beispiel in Spark parallelisieren lassen. Allerdings wird das Training umso schwieriger, je mehr Features wir haben.

In einem sehr hochdimensionalen Raum müssen überwachte Algorithmen lernen, wie man Punkte trennt und eine funktionale Approximation aufbaut, um gute Entscheidungen zu treffen. Wenn die Features zu zahlreich sind, wird diese Suche sehr teuer, sowohl unter dem Aspekt der Zeit als auch dem der Berechnung. In manchen Fällen kann es möglich sein, schnell genug eine gute Lösung zu finden.

2 Ein weiteres Problem ist Unteranpassung, das beim Erstellen von Anwendungen des maschinellen Lernens auftreten kann, aber einfacher zu lösen ist. Unteranpassung tritt auf, weil das Modell zu einfach ist – der Algorithmus kann keine ausreichend komplexe Funktion erzeugen, um gute Entscheidungen für die jeweilige Aufgabe zu treffen. Um dies zu lösen, kann man dem Algorithmus erlauben, größer zu werden (mehr Parameter zu verwenden, mehr Trainingsdurchläufe durchzuführen usw.), oder einen komplexeren Algorithmus des maschinellen Lernens anwenden.

Dieses Problem ist als der *Fluch der Dimensionalität* bekannt, und Unsupervised Learning ist gut geeignet, um es in den Griff zu bekommen. Indem wir die Dimensionalität verringern, können wir die hervorstechenden Features im ursprünglichen Featureset finden, die Anzahl der Dimensionen auf ein überschaubares Maß reduzieren, wobei nur wenige wichtige Informationen verloren gehen, und dann überwachte Algorithmen anwenden, um die Suche nach einer guten Funktionsannäherung effizienter durchzuführen. Mit der Reduzierung der Dimensionalität beschäftigt sich Kapitel 3.

Feature Engineering

Feature Engineering – das Herausarbeiten von Merkmalen oder auch Merkmalskonstruktionen – gehört mit zu den wichtigsten Aufgaben von Data Scientists. Ohne die richtigen Features wäre der Algorithmus des maschinellen Lernens nicht in der Lage, Punkte im Raum ausreichend gut zu trennen, um gute Entscheidungen auf niemals zuvor gesehenen Beispielen zu treffen. Allerdings ist Feature Engineering in der Regel sehr arbeitsaufwendig; es setzt voraus, dass Menschen die richtigen Arten von Features manuell erzeugen. Stattdessen können wir das Lernen von Datenrepräsentationen der Algorithmen für Unsupervised Learning verwenden, um automatisch die richtigen Arten von Featuredarstellungen zu lernen, die bei der Lösung der gegebenen Aufgabe helfen. Kapitel 7 untersucht die automatische Extraktion von Features.

Ausreißer

Die Qualität der Daten ist ebenfalls sehr wichtig. Wenn Algorithmen des maschinellen Lernens auf seltenen, verzerrenden Ausreißern trainieren, ist der Generalisierungsfehler geringer, als wenn Ausreißer ignoriert oder separat verarbeitet werden. Durch Unsupervised Learning können wir *Ausreißer* erkennen, indem wir die Dimensionalität verringern, und eine Lösung speziell für die Ausreißer und getrennt davon eine Lösung für die normalen Daten erzeugen. In Kapitel 4 werden wir ein Anomalieerkennungssystem aufbauen.

Datenabweichungen

Modelle des maschinellen Lernens müssen auch Abweichungen in den Daten (engl. Data Drift) berücksichtigen. Wenn sich die Daten, mit denen das Modell Vorhersagen trifft, statistisch von den Daten unterscheiden, auf denen das Modell trainiert wurde, muss das Modell gegebenenfalls erneut auf Daten trainiert werden, die den aktuellen Daten besser entsprechen. Wird das Modell nicht noch einmal trainiert oder erkennt es die Abweichung nicht, leidet die Vorhersagequalität des Modells bei aktuellen Daten.

Indem man Wahrscheinlichkeitsverteilungen mithilfe von Unsupervised Learning erstellt, kann man beurteilen, wie verschieden die aktuellen Daten von den Daten des Trainingssets sind – unterscheiden sich beide genügend voneinander, kann man automatisch ein erneutes Training veranlassen. Wie sich derartige Datendiskriminatoren aufbauen lassen, untersuchen wir in Kapitel 12.

Ein genauerer Blick auf überwachte Algorithmen

Bevor wir uns näher mit unüberwachten Lernsystemen befassen, werfen wir einen Blick auf überwachte Lernalgorithmen und ihre Funktionsweise. Dadurch können Sie besser einordnen, welche Position Unsupervised Learning im Ökosystem des maschinellen Lernens einnimmt.

Beim überwachten Lernen gibt es vor allem zwei Arten von Problemen: *Klassifizierung* und *Regression*. Bei Klassifizierung muss die KI die Elemente korrekt in eine von zwei oder mehr Klassen einordnen. Gibt es nur zwei Klassen, bezeichnet man das Problem als *binäre Klassifizierung*. Bei drei oder mehr Klassen spricht man von *Mehrklassenklassifizierung*.

Klassifizierungsprobleme sind als *diskrete* Vorhersageprobleme bekannt, weil jede Klasse eine diskrete Gruppe darstellt. Sie werden auch als *qualitative* oder *kategorische* Probleme bezeichnet.

In der Regression muss die KI eine *stetige* Variable statt einer diskreten Variablen vorhersagen. Regressionsprobleme bezeichnet man auch als *quantitative* Probleme.

Algorithmen für das überwachte Lernen erstrecken sich über die gesamte Bandbreite von sehr einfach bis sehr komplex, doch sie zielen alle darauf ab, eine Kostenfunktion oder Fehlerrate zu minimieren (oder eine Wertfunktion zu maximieren), die mit den im Dataset vorhandenen Labels verbunden ist.

Wie bereits erwähnt, geht es uns vor allem darum, wie gut sich die Lösung des maschinellen Lernens für noch nie zuvor gesehene Fälle verallgemeinern lässt. Die Wahl des Algorithmus für Supervised Learning ist sehr wichtig, um diesen Generalisierungsfehler zu minimieren.

Um den kleinstmöglichen Generalisierungsfehler zu erreichen, sollte die Komplexität des algorithmischen Modells der Komplexität der wahren Funktion entsprechen, die den Daten zugrunde liegt. Wir wissen aber nicht, wie diese wahre Funktion wirklich aussieht. Andernfalls könnten wir es uns sparen, mit maschinellem Lernen ein Modell zu erzeugen – wir würden einfach die Funktion lösen, um die richtige Antwort zu finden. Doch da wir die wahre Funktion nicht kennen, wählen wir einen Algorithmus zum maschinellen Lernen, um Hypothesen zu testen und das Modell zu finden, das diese wahre Funktion am besten approximiert (d.h. den kleinstmöglichen Generalisierungsfehler hat).

Wenn nun das algorithmische Modell weniger komplex ist als die wahre Funktion, haben wir die Daten *unterangepasst* (underfit). In diesem Fall könnten wir den Generalisierungsfehler mit einem Algorithmus, der eine komplexere Funktion modellieren kann, verbessern. Entwirft jedoch der Algorithmus ein übermäßig komplexes Modell, haben wir die Trainingsdaten *überangepasst* (overfit) und werden eine schlechte Performance bei niemals zuvor gesehenen Fällen erreichen, was unseren Generalisierungsfehler vergrößert.

Es ist mit anderen Worten nicht immer zweckmäßig, einen komplexeren Algorithmus anstelle eines einfacheren zu wählen – manchmal ist einfacher besser. Jeder Algorithmus hat seine eigenen Stärken, Schwächen und Annahmen. Um maschinelles Lernen zu beherrschen, muss man also wissen, was man angesichts der vorhandenen Daten und des zu lösenden Problems einsetzen muss.

Im weiteren Verlauf dieses Kapitels beschreiben wir einige der gängigsten überwachten Algorithmen (einschließlich einiger praxisnaher Anwendungen), bevor wir das Gleiche für unüberwachte Algorithmen angehen.[3]

Lineare Methoden

Die grundlegendsten Algorithmen des Supervised Learning modellieren eine einfache lineare Beziehung zwischen den Eingabefeatures und der Ausgabevariablen, die wir vorhersagen wollen.

Lineare Regression

Der einfachste aller Algorithmen ist die *lineare Regression*. Das von ihr verwendete Modell nimmt an, dass zwischen der Eingabevariablen (x) und der einzelnen Ausgabevariablen (y) eine lineare Beziehung besteht. Wenn die wahre Beziehung zwischen den Eingaben und der Ausgabe linear ist und die Eingabevariablen nicht stark korreliert sind (eine als *Kollinearität* bezeichnete Situation), kann lineare Regression eine geeignete Wahl sein. Falls die wahre Beziehung komplexer oder nicht linear ist, liefert lineare Regression eine Unteranpassung der Daten.[4]

Da das Modell so einfach ist, lässt sich auch die Beziehung, die der Algorithmus modelliert, sehr einfach interpretieren. Die *Interpretierbarkeit* ist eine sehr wichtige Betrachtung für angewandtes maschinelles Lernen, weil Lösungen sowohl von technischem als auch nicht technischem Personal in der Industrie verstanden und umgesetzt werden müssen. Ohne Interpretierbarkeit werden die Lösungen zu unergründlichen Blackboxes.

Stärken

Lineare Regression ist einfach, interpretierbar und liefert kaum eine Überanpassung, weil sie keine übermäßig komplexen Beziehungen modellieren kann. Sie ist eine ausgezeichnete Wahl, wenn die zugrunde liegende Beziehung zwischen den Eingabe- und Ausgabevariablen linear ist.

3 Diese Liste ist bei Weitem nicht erschöpfend, schließt aber die am häufigsten verwendeten Algorithmen für maschinelles Lernen ein.

4 Es kann noch andere potenzielle Probleme geben, die die lineare Regression zu einer schlechten Wahl werden lassen. Dazu gehören Ausreißer, Korrelation von Fehlertermen und nichtkonstante Varianz von Fehlertermen.

Schwächen
: Lineare Regression liefert eine Unteranpassung an die Daten, wenn die Beziehung zwischen Eingabe- und Ausgabevariablen nicht linear ist.

Anwendungen
: Da die wahre zugrunde liegende Beziehung zwischen dem Gewicht und der Größe eines Menschen linear ist, bietet sich hier lineare Regression an, um das Gewicht vorherzusagen, wenn die Größe als Eingabevariable dient. Umgekehrt lässt sich die Größe anhand des Gewichts als Eingabevariable vorhersagen.

Logistische Regression

Der einfachste Klassifizierungsalgorithmus ist die *logistische Regression*, die ebenfalls eine lineare Methode ist, aber die Vorhersagen mithilfe der logistischen Funktion transformiert. Die Ausgaben dieser Transformation sind *Klassenwahrscheinlichkeiten* – mit anderen Worten die Wahrscheinlichkeiten, mit denen die Instanz zu verschiedenen Klassen gehört, wobei sich die Wahrscheinlichkeiten für alle Instanzen zu 1 addieren. Jede Instanz wird dann der Klasse zugeordnet, zu der sie mit der höchsten Wahrscheinlichkeit gehört.

Stärken
: Wie die lineare Regression ist die logistische Regression einfach und interpretierbar. Wenn die Klassen, die wir vorherzusagen versuchen, nicht überlappend und linear separierbar sind, stellt die logistische Regression eine ausgezeichnete Wahl dar.

Schwächen
: Wenn Klassen nicht linear separierbar sind, scheitert die logistische Regression.

Anwendungen
: Sind Klassen vorwiegend nicht überlappend – zum Beispiel die Größen von Kindern gegenüber den Größen von Erwachsenen –, funktioniert die logistische Regression gut.

Nachbarschaftsbasierte Methoden

Eine weitere Gruppe von sehr einfachen Algorithmen sind die nachbarschaftsbasierten Methoden. Derartige Methoden sind *faule Lernende* (engl. Lazy Learners), da sie, basierend auf der Nähe der neuen Punkte zu bereits gelabelten Punkten, lernen, wie neue Punkte zu benennen sind. Im Unterschied zur linearen Regression oder zur logistischen Regression lernen nachbarschaftsbasierte Modelle kein Setmodell, um Labels für neue Punkte vorherzusagen; stattdessen sagen diese Modelle Labels für neue Punkte voraus, die ausschließlich auf dem Abstand der neuen Punkte zu bereits vorhandenen gelabelten Punkten beruhen. Faules Lernen bezeichnet man auch als *instanzbasiertes Lernen* oder *nicht parametrische Methoden*.

k-nächste Nachbarn

Die gängigste nachbarschaftsbasierte Methode heißt *k-nächste Nachbarn* (KNN). Um jeden neuen Punkt mit einem Label zu versehen, betrachtet KNN eine Anzahl *k* (wobei *k* ein ganzzahliger Wert ist) der nächsten bereits klassifizierten Punkte und lässt diese bereits gelabelten Nachbarn abstimmen, wie der neue Punkt zu benennen ist. Standardmäßig verwendet KNN den euklidischen Abstand, um zu messen, welcher Punkt am nächsten liegt.

Die Wahl von *k* ist sehr wichtig. Wenn *k* auf einen sehr niedrigen Wert gesetzt ist, wird KNN sehr flexibel, zieht sehr nuancierte Grenzen und passt sich möglicherweise den Daten zu stark an. Ist *k* auf einem sehr hohen Wert, wird KNN unflexibel, zieht eine zu starre Grenze und passt sich möglicherweise den Daten zu wenig an.

Stärken
: Im Gegensatz zu linearen Methoden ist KNN sehr flexibel und kann komplexere nicht lineare Beziehungen gut lernen. Trotzdem bleibt KNN einfach und interpretierbar.

Schwächen
: Mit zunehmender Anzahl von Beobachtungen und Features schneidet KNN schlechter ab. In diesem dicht besetzten, hochdimensionalen Raum wird KNN rechentechnisch ineffizient, da die Methode Abstände vom neuen Punkt zu vielen gelabelten Punkten in der Nähe berechnen muss, um Labels vorherzusagen. KNN kann sich nicht auf ein effizientes Modell mit einer verringerten Anzahl von Parametern stützen, um die erforderliche Vorhersage zu treffen. Außerdem ist KNN sehr empfindlich gegenüber der Wahl von *k*. Bei einem zu kleinen Wert von *k* ist mit Überanpassung zu rechnen, bei einem zu großen *k* mit Unteranpassung.

Anwendungen
: KNN wird regelmäßig in Empfehlungssystemen eingesetzt, um zum Beispiel bei Filmen (Netflix), Musik (Spotify), Freunden (Facebook), Fotos (Instagram), Suchen (Google) und Shipping (Amazon) Präferenzen vorherzusagen. So kann KNN bei der Vorhersage helfen, was ein Benutzer bevorzugt, wenn von ähnlichen Benutzern bekannt ist, was sie mögen (als *kollaboratives Filtern* bezeichnet), oder woran der Benutzer in der Vergangenheit interessiert war (als *inhaltsbasiertes Filtern* bezeichnet).

Baumbasierte Methoden

Anstatt eine lineare Methode zu verwenden, können wir die KI einen Entscheidungsbaum erstellen lassen, in dem alle Instanzen in viele Regionen *segmentiert* oder *geschichtet* werden, was durch die vorhandenen Labels gesteuert wird. Nach erfolgter Segmentierung entspricht jede Region einer bestimmten Klasse von Labels (bei Klassifizierungsproblemen) oder einem Bereich von vorhergesagten Werten (bei Regressionsproblemen). Dieser Vorgang ist vergleichbar damit, dass man die KI automatisch Regeln erstellen lässt mit dem ausdrücklichen Ziel, bessere Entscheidungen oder Vorhersagen zu treffen.

Einzelner Entscheidungsbaum

Die einfachste baumbasierte Methode ist ein *einzelner Entscheidungsbaum*, wobei die KI die Trainingsdaten einmalig durchläuft, Regeln für die Segmentierung der Daten erzeugt (gesteuert durch die Labels) und diesen Baum verwendet, um Vorhersagen auf dem noch nie gesehenen Validierungs- oder Testset zu treffen. Ein einzelner Entscheidungsbaum kann jedoch das, was er während des Trainings gelernt hat, in der Regel nicht auf noch nie dagewesene Fälle verallgemeinern, weil üblicherweise während des einzigen Durchlaufs durch die Trainingsdaten eine Überanpassung entsteht.

Bagging

Um die Methode mit dem einzelnen Entscheidungsbaum zu verbessern, können wir *Bootstrap-Aggregation* (besser bekannt als *Bagging*) einführen. Dabei entnehmen wir *mehrere zufällige Stichproben von Instanzen* aus den Trainingsdaten, erstellen für jede Stichprobe einen Entscheidungsbaum und sagen die Ausgabe für jede Instanz vorher, indem wir die Vorhersagen von jedem dieser Bäume mitteln. Durch Randomisierung der Stichproben und Mittelung der Ergebnisse aus mehreren Bäumen – ein Ansatz, der auch als *Ensemble Learning* bekannt ist – mildert Bagging die Überanpassung, die bei einem einzelnen Entscheidungsbaum auftritt.

Random Forests

Die Überanpassung können wir weiter verbessern, indem wir nicht nur von den Instanzen, sondern auch von den Prädiktoren Stichproben nehmen. Bei *Random Forests* nehmen wir mehrere zufällige Stichproben der Instanzen von den Trainingsdaten, wie es auch beim Bagging geschieht, doch für jede Teilung in jedem Entscheidungsbaum leiten wir die Teilung nicht von allen Prädiktoren, sondern vielmehr von einer *zufälligen Stichprobe der Prädiktoren* ab. Die Anzahl der Prädiktoren, die wir für jede Teilung betrachten, ist üblicherweise die Quadratwurzel aus der Gesamtzahl der Prädiktoren.

Durch eine derartige Stichprobenentnahme von Prädiktoren erzeugt der Random-Forests-Algorithmus Bäume, die noch weniger miteinander korreliert sind (verglichen mit den Bäumen beim Bagging), was die Überanpassung verringert und den Generalisierungsfehler verbessert.

Boosting

Boosting ist ein weiterer Ansatz, mit dem sich mehrere Bäume wie beim Bagging erzeugen lassen, wobei aber die *Bäume sequenziell entstehen* und jeweils das verwenden, was die KI vom vorherigen Baum gelernt hat, um die Ergebnisse auf dem nachfolgenden Baum zu verbessern. Jeder Baum wird mit nur wenigen Entscheidungsteilungen ziemlich flach gehalten. Das Lernen geschieht langsam – Baum für Baum. Von allen baumbasierten Methoden gehören *Gradienten-Boosting-Maschinen* zu den leistungsstärksten und werden häufig eingesetzt, um Wettbewerbe für maschinelles Lernen zu gewinnen.[5]

Stärken
: Baumbasierte Methoden gehören zu den leistungsmäßig besten Algorithmen für Supervised Learning bei Vorhersageproblemen. Diese Methoden sind in der Lage, komplexe Beziehungen in den Daten zu erfassen, indem sie viele einfache Regeln lernen, eine Regel nach der anderen. Außerdem können sie mit fehlenden Daten und kategorischen Merkmalen umgehen.

Schwächen
: Baumbasierte Methoden sind schwierig zu interpretieren, insbesondere dann, wenn viele Regeln erforderlich sind, um eine gute Vorhersage zu treffen. Die Performance ist ebenfalls ein Problem, wenn die Anzahl der Features zunimmt.

Anwendungen
: Gradienten-Boosting und Random Forests eignen sich hervorragend für Vorhersageprobleme.

Support Vector Machines

Anstatt Bäume zu erstellen, um Daten zu trennen, können wir mithilfe von Algorithmen Hyperebenen im Raum erzeugen, die die Daten trennen, wobei die Algorithmen von vorhandenen Labels geleitet werden. Dieser Ansatz ist als *Support Vector Machines* (*SVMs*) bekannt. SVMs erlauben einige Verstöße gegen diese Trennung – nicht alle Punkte innerhalb eines Bereichs im Hyperraum müssen das gleiche Label tragen –, aber der Abstand zwischen den Punkten, die die Grenze eines bestimmten Labels definieren, und den Punkten, die die Grenze eines anderen Labels definieren, sollte nach Möglichkeit maximiert werden. Außerdem müssen die Grenzen nicht linear sein – wir können nicht lineare Kernels verwenden, um die Daten flexibler zu trennen.

Neuronale Netze

Repräsentationen der Daten können wir mit neuronalen Netzen lernen, die sich aus einer Eingabeschicht, mehreren verdeckten Schichten und einer Ausgabeschicht zusammensetzen.[6] Die Eingabeschicht verwendet die Features, und die

5 Für weitere Informationen zum Gradienten-Boosting in Wettbewerben für maschinelles Lernen sei auf den Blogpost von Ben Groman verwiesen (*http://bit.ly/2S1C8Qy*).

6 Weitere Informationen zu neuronalen Netzen finden Sie in *Deep Learning* von Ian Goodfellow, Yoshua Bengio und Aaron Courville (MIT Press, *http://www.deeplearningbook.org/*).

Ausgabeschicht versucht, die Antwortvariable zu treffen. Die verdeckten Schichten verkörpern eine verschachtelte Hierarchie von Konzepten – jede Schicht (oder jedes Konzept) versucht zu verstehen, wie sich die vorherige Schicht zur Ausgabeschicht verhält.

Mithilfe dieser Hierarchie von Konzepten ist das neuronale Netz in der Lage, komplizierte Konzepte zu lernen, indem es sie aus einfacheren Konzepten aufbaut. Neuronale Netze stellen einen der leistungsfähigsten Ansätze für die Approximation von Funktionen dar, sind aber anfällig für Überanpassung und lassen sich schwer interpretieren. Auf solche Mängel gehen wir später im Buch noch ausführlicher ein.

Unüberwachte Algorithmen unter der Lupe

Wenden wir nun unsere Aufmerksamkeit Problemen zu, bei denen wir nicht über Labels verfügen. Anstatt Vorhersagen treffen zu wollen, versuchen Algorithmen für Unsupervised Learning, die zugrunde liegende Struktur der Daten zu lernen.

Reduzierung der Dimensionalität

Eine Familie von Algorithmen – bekannt als Algorithmen zur *Reduzierung der Dimensionalität* oder *Dimensionsreduktion* – projiziert die ursprünglich hochdimensionalen Eingabedaten in einen Raum mit weniger Dimensionen, wobei nicht so relevante Features ausgefiltert und möglichst viele der interessanten Features beibehalten werden. Die Reduzierung der Dimensionalität erlaubt der KI für Unsupervised Learning, Muster effektiver zu identifizieren und Probleme im großen Maßstab, die rechentechnisch aufwendig sind (und oftmals Bilder, Videos, Sprache und Text betreffen), effizienter zu lösen.

Lineare Projektion

Es gibt zwei Hauptzweige der Dimensionalität – lineare Projektion und nicht lineare Reduzierung der Dimensionalität. Beginnen wir mit der linearen Projektion.

Hauptkomponentenanalyse (Principal Component Analysis, PCA): Ein Ansatz für das Lernen der zugrunde liegenden Struktur von Daten ist es, zu identifizieren, welche Features aus dem vollständigen Satz der Features am wichtigsten sind, um die Variabilität zwischen den Instanzen in den Daten zu erklären. Nicht alle Features sind gleich – bei manchen Features variieren die Werte im Dataset sehr, und diese Features sind weniger nützlich, um das Dataset zu beschreiben. Für andere Features können die Werte beträchtlich variieren – diese Features sollten genauer untersucht werden, da sie das zu entwerfende Modell besser dabei unterstützen können, die Daten zu trennen.

In der *PCA* findet der Algorithmus eine niedrigdimensionale Darstellung der Daten, während er so viele Variationen wie möglich beibehält. Die Anzahl der verbleibenden Dimensionen ist deutlich geringer als die Anzahl der Dimensionen des vollständigen Datasets (d.h. als die Anzahl der Features insgesamt). Wir verlieren zwar einen Teil der Varianz, indem wir in diesen niedrigdimensionalen Raum wechseln, aber die zugrunde liegende Struktur der Daten lässt sich leichter identifizieren, sodass wir Aufgaben wie Clustering effizienter durchführen können.

Es gibt mehrere Varianten der Hauptkomponentenanalyse, auf die wir später im Buch eingehen. Dazu gehören Mini-Batch-Varianten wie zum Beispiel die *inkrementelle PCA*, nicht lineare Varianten wie etwa die *Kernel-PCA* und sparse (dünn- oder schwachbesetzte) Varianten wie zum Beispiel die *sparse PCA*.

Singulärwertzerlegung (Singular Value Decomposition, SVD): Ein anderer Ansatz zum Lernen der den Daten zugrunde liegenden Struktur ist es, den Rang der ursprünglichen Featurematrix in einen kleineren Rang zu reduzieren, sodass sich die ursprüngliche Matrix mittels einer Linearkombination aus einigen der Vektoren in der Matrix mit dem kleineren Rang neu erstellen lässt. Dieses Verfahren wird als *Singulärwertzerlegung* bezeichnet, kurz *SVD* (vom englischen *Singular Value Decomposition*). Um die Matrix mit dem kleineren Rang zu generieren, behält SVD die Vektoren bei, die in der ursprünglichen Matrix die meisten Informationen (d.h. den höchsten Singulärwert) enthalten. Die Matrix mit dem kleineren Rang erfasst die wichtigsten Elemente aus dem ursprünglichen Featureraum.

Randomisierte Projektion: Ein ähnlicher Algorithmus zur Dimensionsreduktion projiziert Punkte aus einem höherdimensionalen Raum in einen Raum mit deutlich weniger Dimensionen, und zwar so, dass der Entfernungsmaßstab zwischen den Punkten erhalten bleibt. Um das zu erreichen, können wir entweder eine *gaußsche Zufallsmatrix* oder eine *sparse Zufallsmatrix* verwenden.

Manifold Learning

Sowohl PCA als auch Zufallsprojektion projizieren die Daten linear aus einem hochdimensionalen Raum in einen Raum mit weniger Dimensionen. Statt einer linearen Projektion kann eine nicht lineare Transformation der Daten besser geeignet sein – dies wird als *Manifold Learning* oder *nicht lineare Dimensionsreduktion* bezeichnet.

Isomap: Isomap ist eine Art des Manifold-Learning-Ansatzes. Dieser Algorithmus lernt die intrinsische Geometrie der Daten vielfach, indem die *geodätische* oder *gekrümmte Distanz* zwischen jedem Punkt und seinen Nachbarn anstelle des euklidischen Abstands bewertet wird. Isomap verwendet diesen, um dann den ursprünglichen hochdimensionalen Raum in einen Raum mit weniger Dimensionen einzubetten.

t-distributed Stochastic Neighbor Embedding (t-SNE): Eine andere nicht lineare Dimensionsreduktion – bekannt als *t-SNE* – bettet hochdimensionale Daten in einen Raum von lediglich zwei oder drei Dimensionen ein, sodass sich die transformierten Daten visualisieren lassen. In diesem zwei- oder dreidimensionalen Raum werden ähnliche Instanzen enger beieinanderliegend modelliert und unähnliche Instanzen weiter auseinanderliegend.

Dictionary Learning: Bei einem als *Dictionary Learning* bekannten Ansatz wird die sparse Repräsentation der zugrunde liegenden Daten gelernt. Diese repräsentativen Elemente sind einfache binäre Vektoren (Nullen und Einsen), und jede Instanz im Dataset lässt sich als gewichtete Summe der repräsentativen Elemente rekonstruieren. Die Matrix (das sogenannte *Dictionary*), die dieses unüberwachte Lernen generiert, ist vorwiegend mit Nullen besetzt und enthält nur wenige Gewichte ungleich null.

Indem dieser Algorithmus ein derartiges Dictionary anlegt, ist er in der Lage, die wichtigsten repräsentativen Elemente des ursprünglichen Featureraums zu identifizieren – das sind diejenigen, die die meisten Gewichte ungleich null aufweisen. Die weniger wichtigen repräsentativen Elemente haben nur wenige Gewichte ungleich null. Wie bei der Hauptkomponentenanalyse ist Dictionary Learning ausgezeichnet geeignet, um die zugrunde liegende Struktur der Daten zu lernen, was beim Separieren der Daten und Identifizieren interessanter Muster hilfreich sein dürfte.

Unabhängigkeitsanalyse

Bei ungelabelten Daten tritt häufig das Problem auf, dass es viele unabhängige Signale gibt, die zusammen in die uns zur Verfügung gestellten Features eingebettet sind. Mit der *Unabhängigkeitsanalyse* (engl. *Independent Component Analysis*, ICA) können wir diese vermischten Signale in ihre einzelnen Komponenten zerlegen. Nachdem die Zerlegung abgeschlossen ist, können wir jedes der ursprünglichen Features rekonstruieren, indem wir eine Kombination der einzelnen Komponenten, die wir erzeugen, addieren. ICA wird häufig in Aufgabenstellungen der Signalverarbeitung eingesetzt (um zum Beispiel die einzelnen Stimmen in einem Audioclip eines belebten Straßencafés zu identifizieren).

Latent Dirichlet Allocation

Unsupervised Learning kann auch dabei helfen, ein Dataset zu interpretieren, indem gelernt wird, warum einige Teile des Datasets einander ähnlich sind. Hierzu ist es erforderlich, nicht beobachtete Elemente innerhalb des Datasets zu lernen – ein Ansatz, der als *Latent Dirichlet Allocation* (*LDA*) bekannt ist. Nehmen Sie zum Beispiel ein Textdokument mit sehr vielen Wörtern. Diese Wörter erscheinen innerhalb eines Dokuments nicht rein zufällig, sondern zeigen eine gewisse Struktur.

Diese Struktur lässt sich in Form nicht beobachteter Elemente modellieren, die als *Themen* bezeichnet werden. Nach dem Training kann LDA ein gegebenes Dokument mit einer kleinen Menge an Themen erklären, wobei es für jedes Thema einen kleinen Satz von häufig verwendeten Wörtern gibt. Dies ist die versteckte Struktur, die LDA erfassen kann. Dadurch haben wir es leichter, einen bisher unstrukturierten Textkorpus besser zu erklären.

Dimensionsreduktion verringert die ursprüngliche Menge der Features auf eine kleinere Menge, die nur noch die wichtigsten Features umfasst. Von hier aus können wir andere Algorithmen des Unsupervised Learning auf dieser kleineren Featuremenge ausführen, um interessante Muster in den Daten zu finden (siehe den nächsten Abschnitt zum Clustering), oder wir können – wenn Labels vorhanden sind – den Trainingszyklus der Algorithmen für Unsupervised Learning beschleunigen, indem wir die kleinere Featurematrix anstelle der ursprünglichen Featurematrix einspeisen.

Clustering

Nachdem wir die Menge der ursprünglichen Features auf eine kleinere Menge, die sich besser handhaben lässt, reduziert haben, können wir die interessanten Muster finden, indem wir ähnliche Instanzen von Daten gruppieren. Diese *Clustering* genannte Methode lässt sich mit verschiedenen Algorithmen des Unsupervised Learning erreichen und für praktische Anwendungen wie zum Beispiel Marktsegmentierung nutzen.

k-Means-Algorithmus

Um ordnungsgemäß zu clustern, müssen wir verschiedene Gruppen identifizieren, sodass die Instanzen innerhalb einer Gruppe zwar einander ähnlich, aber verschieden von Instanzen in anderen Gruppen sind. Hierfür eignet sich der *k-Means-Algorithmus*, bei dem wir die Anzahl der gewünschten Cluster *k* spezifizieren und der Algorithmus jede Instanz genau einem dieser *k* Cluster zuweist. Er optimiert die Gruppierung, indem er die Variation innerhalb des Clusters (den Abstand vom *Clusterschwerpunkt*) minimiert, sodass die Summe der clusterinternen Variationen über alle *k* Cluster so klein wie möglich ist.

Um diesen Clustering-Prozess zu beschleunigen, weist der *k*-Means-Algorithmus jede Beobachtung einem der *k* Cluster zu und beginnt dann, diese Beobachtungen erneut zuzuweisen, um den euklidischen Abstand zwischen jeder Beobachtung und dem Mittelpunkt oder *Schwerpunkt* des Clusters zu minimieren. Somit ergeben verschiedene Läufe von *k*-Means – jeder mit einem zufälligen Startwert – leicht unterschiedliche Clusterzuweisungen der Beobachtungen. Aus diesen verschiedenen Läufen können wir denjenigen auswählen, der die beste Trennung liefert, die als kleinste Gesamtsumme der clusterinternen Variationen über alle *k* Cluster definiert ist.[7]

Hierarchisches Clustern

Hierarchisches Clustering ist ein alternativer Clustering-Ansatz – einer, bei dem wir uns nicht auf eine bestimmte Anzahl von Clustern vorab festlegen müssen. Die als

7 Es gibt schnellere Varianten des *k*-Means-Algorithmus wie zum Beispiel Mini-Batch-*k*-Means, auf den wir später im Buch zu sprechen kommen.

agglomeratives Clustering bezeichnete Version verwendet eine baumbasierte Clustering-Methode, die ein sogenanntes *Dendrogramm* aufbaut. Ein Dendrogramm lässt sich grafisch durch einen auf dem Kopf stehenden Baum darstellen, wobei sich die Blätter unten und der Stamm oben befinden.

Die Blätter ganz unten sind einzelne Instanzen im Dataset. Hierarchisches Clustering verbindet dann die Blätter miteinander – wenn wir uns senkrecht im auf dem Kopf stehenden Baum nach oben bewegen –, und zwar basierend darauf, wie ähnlich sie einander sind. Die Instanzen (oder Gruppen von Instanzen), die sich am ähnlichsten sind, werden früher verbunden, während Instanzen, die sich nicht so ähnlich sind, später verbunden werden. Dieser iterative Prozess verknüpft schließlich alle Instanzen zu einem einzigen Baumstamm.

Die vertikale Darstellung ist sehr hilfreich. Sobald der hierarchische Clustering-Algorithmus beendet ist, können wir uns das Dendrogramm ansehen und bestimmen, wo wir den Baum beschneiden wollen – je niedriger wir schneiden, desto mehr einzelne Zweige (d.h. desto mehr Cluster) bleiben übrig. Wenn wir weniger Cluster haben möchten, können wir im Dendrogramm höher schneiden, also näher am Stamm ganz oben in diesem umgekehrten Baum. Die Platzierung dieses vertikalen Schnitts ähnelt der Wahl der Anzahl von *k* Clustern im *k*-Means-Algorithmus.[8]

DBSCAN

Ein noch leistungsfähigerer Clustering-Algorithmus (der auf der Punktdichte basiert) ist der sogenannte *DBSCAN* (*Density-based Spatial Clustering of Applications with Noise* – etwa dichtebasierte räumliche Clusteranalyse mit Rauschen). Für alle gegebenen Instanzen im Raum gruppiert DBSCAN diejenigen, die eng beieinanderliegen, wobei »eng beieinanderliegen« definiert ist als eine Mindestanzahl von Instanzen, die innerhalb eines bestimmten Abstands existieren müssen. Wir spezifizieren sowohl die minimale Anzahl der erforderlichen Instanzen als auch den Abstand.

Wenn eine Instanz innerhalb dieses spezifizierten Abstands von mehreren Clustern liegt, wird sie mit dem Cluster gruppiert, zu dem sie am dichtesten positioniert ist. Jede Instanz, die nicht innerhalb dieses spezifizierten Abstands zu einem anderen Cluster liegt, wird als Ausreißer gelabelt.

Im Gegensatz zu *k*-Means brauchen wir die Anzahl der Cluster nicht vorzugeben. Es sind auch beliebig geformte Cluster möglich. DBSCAN ist viel weniger anfällig für die Verzerrung, die typischerweise durch Ausreißer in den Daten verursacht wird.

8 Hierarchisches Clustern verwendet standardmäßig den euklidischen Abstand. Es lassen sich aber auch andere Ähnlichkeitsmetriken festlegen, beispielsweise der korrelationsbasierte Abstand, den wir später im Buch erläutern.

Feature Extraction

Durch Unsupervised Learning können wir neue Darstellungen für die ursprünglichen Features der Daten lernen – ein als *Feature Extraction* bezeichnetes Gebiet. Mit Feature Extraction lässt sich die Anzahl der ursprünglichen Features auf eine kleinere Teilmenge reduzieren, was effektiv eine Dimensionsreduktion ist. Doch Feature Extraction kann auch neue Merkmalsrepräsentationen generieren, um die Performance bei Problemen des Supervised Learning zu verbessern.

Autoencoder

Neue Merkmalsdarstellungen lassen sich mit einem neuronalen nicht rekurrenten Feedforward-Netz generieren, das Repräsentationslernen durchführt, wobei die Anzahl der Knoten in der Ausgabeschicht mit der Anzahl der Knoten in der Eingabeschicht übereinstimmt. Dieses neuronale Netz bezeichnet man auch als *Autoencoder*. Es rekonstruiert die ursprünglichen Features und lernt dabei eine neue Darstellung mithilfe der verdeckten Zwischenschichten.[9]

Jede verdeckte Schicht des Autoencoders lernt eine Darstellung der ursprünglichen Features, und darauffolgende Schichten bauen auf der Darstellung auf, die von den vorhergehenden Schichten gelernt wurde. Schicht für Schicht lernt der Autoencoder immer komplexere von einfacheren Darstellungen.

Die Ausgabeschicht ist die letzte neu gelernte Darstellung der ursprünglichen Features. Diese gelernte Darstellung lässt sich dann als Eingabe in ein Modell des Supervised Learning verwenden mit dem Ziel, den Generalisierungsfehler zu verbessern.

Feature Extraction mit überwachtem Training von Feedforward-Netzen

Wenn Labels vorhanden sind, bietet sich ein alternativer Ansatz zur Feature Extraction an, der ein nicht rekurrentes neuronales Feedforward-Netz verwendet, bei dem die Ausgabeschicht versucht, das korrekte Label vorherzusagen. Genau wie bei Autoencodern lernt jede verdeckte Schicht eine Darstellung der ursprünglichen Features.

Wenn aber die neuen Darstellungen generiert werden, wird dieses Netz explizit *von den Labels geleitet*. Um die endgültige neu gelernte Darstellung der ursprünglichen Features in diesem Netz zu extrahieren, ziehen wir die vorletzte Schicht – die verdeckte Schicht direkt vor der Ausgabeschicht – heraus. Diese vorletzte Schicht kann dann als Eingabe in jedes Modell des Supervised Learning genutzt werden.

9 Es gibt mehrere Arten von Autoencodern, und jeder lernt einen anderen Satz von Darstellungen. Dazu gehören rauschmindernde Autoencoder, Sparse Autoencoder und Variational Autoencoder, die wir alle später im Buch behandeln.

Unsupervised Deep Learning

Unsupervised Learning erfüllt viele wichtige Funktionen auf dem Gebiet des Deep Learning, von denen wir einige in diesem Buch untersuchen. Dieses Gebiet bezeichnet man auch als *unüberwachtes Deep Learning*.

Bis vor Kurzem war das Training von tiefen neuronalen Netzen rechentechnisch nicht durchführbar. In diesen neuronalen Netzen lernen die verdeckten Schichten interne Darstellungen, um das gegebene Problem zu lösen. Die Darstellungen verbessern sich mit der Zeit, basierend darauf, wie das neuronale Netz den *Gradienten der Fehlerfunktion* in jedem Trainingsdurchlauf verwendet, um die Gewichte der verschiedenen Knoten zu aktualisieren.

Diese Aktualisierungen sind rechenintensiv, und es können in diesem Prozess zwei Arten von Problemen auftauchen. Erstens kann der Gradient der Fehlerfunktion sehr klein werden. Da sich die Fehlerrückführung (Backpropagation) auf die Multiplikation dieser kleinen Gewichte stützt, werden die Gewichte des Netzes möglicherweise sehr langsam oder überhaupt nicht aktualisiert, was ein ordnungsgemäßes Training des Netzes verhindert.[10] Man spricht hierbei vom Problem des *verschwindenden Gradienten*.

Umgekehrt besteht das andere Problem darin, dass der Gradient der Fehlerfunktion sehr groß werden kann; mit Backpropagation können die Gewichte im gesamten Netz in riesigen Inkrementen aktualisiert werden, was das Training des Netzes sehr instabil macht. Diesen Effekt bezeichnet man als *Problem des explodierenden Gradienten*.

Unüberwachtes Pretraining

Um diese Schwierigkeiten beim Training sehr tiefer, vielschichtiger neuronaler Netze zu beseitigen, trainieren Forscher des maschinellen Lernens neuronale Netze in mehreren aufeinanderfolgenden Phasen, wobei jede Phase ein flaches neuronales Netz beinhaltet. Die Ausgabe des flachen Netzes dient dann als Eingabe des nächsten neuronalen Netzes. Typischerweise arbeitet das erste flache neuronale Netz in dieser Pipeline mit einem unüberwachten neuronalen Netz, während die späteren Netze überwacht werden.

Dieser unüberwachte Teil wird als *gieriges, schichtenweises, unüberwachtes Pretraining* (engl. Greedy Layer-wise Unsupervised Pretraining) bezeichnet. Im Jahr 2006 hat Geoffrey Hinton die erfolgreiche Anwendung von unüberwachtem Pretraining demonstriert, um das Training von Pipelines mit tieferen neuronalen Netzen zu initialisieren. Damit wurde die Revolution des aktuellen Deep Learning angestoßen.

10 Backpropagation (oder Fehlerrückführung) ist ein Algorithmus, der auf dem Gradientenabstiegsverfahren beruht. Neuronale Netze aktualisieren damit ihre Gewichte. Bei Backpropagation werden die Gewichte der letzten Schicht zuerst berechnet und dann verwendet, um die Gewichte der vorhergehenden Schichten zu berechnen. Dieser Vorgang setzt sich fort, bis die Gewichte der allerersten Schicht aktualisiert sind.

Unüberwachtes Pretraining ermöglicht der KI, eine verbesserte Darstellung der ursprünglichen Eingabedaten zu erfassen, die der überwachte Teil dann nutzt, um die gestellte Aufgabe zu lösen.

Dieser Ansatz heißt »gierig«, weil jeder Teil des neuronalen Netzes unabhängig und nicht gemeinschaftlich trainiert wird. Die Bezeichnung »schichtenweise« bezieht sich auf die Schichten des Netzes. In den meisten modernen neuronalen Netzen ist Pretraining normalerweise nicht erforderlich. Stattdessen werden alle Schichten gemeinsam durch Backpropagation trainiert. Große Fortschritte in der Rechentechnik haben dazu geführt, dass die Probleme des verschwindenden und des explodierenden Gradienten besser zu beherrschen sind.

Unüberwachtes Pretraining sorgt nicht nur dafür, dass sich Probleme des Supervised Learning leichter lösen lassen, sondern es erleichtert auch das *Transferlernen*. Beim Transferlernen speichern die Algorithmen des maschinellen Lernens das Wissen, das beim Lösen der einen Aufgabe gewonnen wurde, um eine andere, verwandte Aufgabe wesentlich schneller und mit deutlich weniger Daten zu lösen.

Beschränkte Boltzmann-Maschinen

Ein angewandtes Beispiel des unüberwachten Pretrainings ist die *beschränkte Boltzmann-Maschine* (engl. *Restricted Boltzmann Machine*, RBM), ein flaches, zweischichtiges neuronales Netz. Die erste Schicht ist die Eingabeschicht, die zweite Schicht die verdeckte Schicht. Jeder Knoten ist mit jedem Knoten in der anderen Schicht verbunden, doch gibt es keine Verbindungen zwischen Knoten derselben Schicht – an dieser Stelle treten die Begrenzungen auf.

RBMs können unüberwachte Aufgaben wie zum Beispiel die Reduzierung der Dimensionalität und Feature Extraction durchführen und hilfreiches unüberwachtes Pretraining als Teil der Lösungen mit Supervised Learning bereitstellen. RBMs sind Autoencodern ähnlich, unterscheiden sich aber in wichtigen Punkten. Zum Beispiel besitzen Autoencoder eine Ausgabeschicht, RBMs dagegen nicht. Diese und andere Unterschiede untersuchen wir später im Buch im Detail.

Deep Belief Networks

RBMs lassen sich miteinander verknüpfen, um eine mehrstufige Pipeline aus neuronalen Netzen aufzubauen, die man als *Deep Belief Network* (*DBN*) bezeichnet. Die verdeckte Schicht jeder RBM dient als Eingabe für die nächste RBM. Jede RBM generiert also eine Darstellung der Daten, auf der die nächste RBM dann aufbaut. Durch die sukzessive Verknüpfung dieser Art des Lernens von Datenrepräsentationen ist das Deep Belief Network in der Lage, komplexere Darstellungen zu lernen, die oftmals als Merkmalsdetektoren verwendet werden.[11]

11 Merkmalsdetektoren lernen gute Darstellungen der ursprünglichen Daten, wodurch sich verschiedene Elemente besser trennen lassen. Zum Beispiel können Merkmalsdetektoren bei Bildern helfen, Elemente wie Nasen, Augen, Münder usw. zu trennen.

Generative Adversarial Networks

Als großer Fortschritt im unüberwachten Deep Learning sind *Generative Adversarial Networks* (*GANs*) anzusehen, die Ian Goodfellow und seine Forscherkollegen an der Universität von Montreal im Jahr 2014 eingeführt haben. GANs bieten viele Anwendungsmöglichkeiten. Zum Beispiel können wir mit GANs nahezu realistische synthetische Daten wie zum Beispiel Bilder und Sprache erzeugen oder eine Anomalieerkennung durchführen.

In GANs haben wir zwei neuronale Netze. Das eine Netz – der sogenannte Generator – generiert Daten basierend auf einer Modelldatenverteilung, die es anhand von Stichproben realer Daten erzeugt hat. Das andere Netz – der sogenannte Diskriminator – unterscheidet zwischen den Daten, die der Generator erzeugt hat, und den Daten aus der wahren Datenverteilung.

Als einfache Analogie kann man sich den Generator als den Fälscher vorstellen und den Diskriminator als die Polizei, die versucht, die Fälschung zu entlarven. Die beiden Netze führen ein Nullsummenspiel durch. Der Generator versucht, den Diskriminator zu täuschen, damit dieser denkt, die synthetischen Daten kämen aus der wahren Verteilung, und der Diskriminator versucht, die synthetischen Daten als Fälschung zu brandmarken.

GANs sind unüberwachte Lernalgorithmen, da der Generator die zugrunde liegende Struktur der wahren Verteilung lernen kann, selbst wenn es keine Labels gibt. GANs lernen die zugrunde liegende Struktur in den Daten über den Trainingsprozess und erfassen effizient die Struktur mit einer kleinen, überschaubaren Anzahl von Parametern.

Dieser Prozess ähnelt dem Lernen von Datenrepräsentationen, das im Deep Learning vorkommt. Jede verdeckte Schicht im neuronalen Netz eines Generators erfasst eine – anfangs sehr einfache – Darstellung der zugrunde liegenden Daten, und nachfolgende Schichten nehmen komplexere Darstellungen auf, indem sie auf den einfacheren vorhergehenden Schichten aufbauen.

Mit allen diesen Schichten zusammen lernt der Generator die zugrunde liegende Struktur der Daten und versucht mit dem, was er gelernt hat, synthetische Daten zu erzeugen, die nahezu identisch mit der wahren Datenverteilung sind. Wenn der Generator das Wesen der wahren Datenverteilung erfasst hat, erscheinen die synthetischen Daten real.

Sequenzielle Datenprobleme beim Unsupervised Learning

Unsupervised Learning kann auch mit sequenziellen Daten umgehen, beispielsweise mit Zeitreihendaten. Bei einem derartigen Ansatz geht es darum, die verdeckten Zustände eines *Markov-Modells* zu lernen. Im einfachen Markov-Modell werden die Zustände vollständig beobachtet und ändern sich stochastisch (also zufällig). Zukünftige Zustände hängen nur vom aktuellen Zustand ab und nicht von vorherigen Zuständen.

In einem *verdeckten Markov-Modell* (engl. *Hidden Markov Model*, HMM) sind die Zustände nur teilweise beobachtbar, doch wie bei einfachen Markov-Modellen sind die Ausgaben dieser teilweise beobachtbaren Zustände vollständig beobachtbar. Da die Beobachtungen, die wir haben, nicht ausreichen, um den Zustand vollständig zu bestimmen, brauchen wir Unsupervised Learning, um diese verdeckten Zustände umfassender herauszuarbeiten.

Bei HMM-Algorithmen geht es darum, den wahrscheinlich nächsten Zustand zu lernen, und zwar anhand unseres Wissens über die Sequenz von zuvor aufgetretenen, teilweise beobachtbaren Zuständen und vollständig beobachtbaren Ausgaben. Diese Algorithmen finden sich in großen kommerziellen Anwendungen für Probleme mit sequenziellen Daten, die Sprache, Text und Zeitreihen verarbeiten.

Reinforcement Learning mithilfe von Unsupervised Learning

Bestärkendes Lernen (engl. Reinforcement Learning) ist der dritte Hauptzweig des maschinellen Lernens. Hierbei bestimmt ein Agent sein optimales Verhalten (seine *Aktionen*) in einer *Umgebung* basierend auf der Rückmeldung (der *Belohnung*), die er bekommt. Diese Rückmeldung – auch *Feedback* genannt – ist das sogenannte *Verstärkungssignal*. Ziel des Agenten ist es, seine kumulative Belohnung in Laufe der Zeit zu maximieren.

Obwohl man Reinforcement Learning bereits seit den 1950er-Jahren kennt, hat es erst in den letzten Jahren von sich reden gemacht. Im Jahr 2013 hat DeepMind – jetzt im Besitz von Google – Reinforcement Learning angewendet, um übermenschliche Leistung beim Spielen verschiedener Atari-Spiele zu erreichen. Das System von DeepMind hat dies allein mit rohen Sensordaten als Eingabe und ohne Vorkenntnisse der Spielregeln geschafft.

Im Jahr 2016 hat DeepMind erneut die Gemeinde für maschinelles Lernen fasziniert – diesmal hat der auf Reinforcement Learning basierende KI-Agent AlphaGo einen der weltweit besten Go-Spieler, Lee Sedol, geschlagen. Diese Erfolge haben Reinforcement Learning als Mainstream-Thema der KI manifestiert.

Heute wenden Forscher des maschinellen Lernens Reinforcement Learning auf viele verschiedene Arten von Problemen an, unter anderem auf:

- Börsenhandel, wobei der Agent kauft und verkauft (Aktionen) und dafür Gewinne oder Verluste (Belohnungen) erzielt,
- Video- und Brettspiele, bei denen der Agent Spielentscheidungen trifft (Aktionen) und gewinnt oder verliert (Belohnungen),
- selbstfahrende Kraftfahrzeuge, wobei der Agent das Fahrzeug lenkt (Aktionen) und entweder auf Kurs bleibt oder einen Unfall baut (Belohnungen), sowie auf

- Maschinensteuerung, bei denen sich der Agent in seiner Umgebung bewegt (Aktionen) und den Kurs entweder beendet oder davon abweicht (Belohnungen).

In den einfachsten Problemen des Reinforcement Learning haben wir ein endliches Problem – mit einer endlichen Anzahl von Zuständen der Umgebung, einer endlichen Anzahl von Aktionen, die an jedem gegebenen Zustand der Umgebung möglich sind, und einer endlichen Anzahl von Belohnungen. Die vom Agenten für den aktuellen Zustand der Umgebung ausgeführte Aktion bestimmt den nächsten Zustand, und der Agent verfolgt das Ziel, seine langfristige Belohnung zu maximieren. Diese Problemfamilie bezeichnet man als *endliche Markov-Entscheidungsprozesse.*

In der realen Welt liegen die Dinge allerdings nicht so einfach – die Belohnung ist unbekannt und dynamisch statt bekannt und statisch. Um diese unbekannte Belohnungsfunktion herauszuarbeiten und sich ihr bestmöglich anzunähern, können wir Unsupervised Learning anwenden. Mit dieser angenäherten Belohnungsfunktion lassen sich Lösungen des Reinforcement Learning anwenden, um die kumulative Belohnung im Laufe der Zeit zu erhöhen.

Semi-supervised Learning

Obwohl Supervised Learning und Unsupervised Learning zwei verschiedene Hauptzweige des maschinellen Lernens sind, lassen sich die Algorithmen aus jedem Zweig als Teil einer Pipeline für maschinelles Lernen miteinander mischen.[12] Typischerweise verwendet man diese Mischung aus überwachten und unüberwachten Algorithmen, wenn man von den wenigen vorhandenen Labels voll profitieren möchte oder nach neuen und noch unbekannten Mustern in ungelabelten Daten zusätzlich zu den bekannten Mustern aus den gelabelten Daten sucht. Derartige Probleme werden mit einer Hybridlösung aus Supervised und Unsupervised Learning gelöst – dem sogenannten Semi-supervised Learning (semiüberwachten Lernen). Mit diesem Bereich beschäftigen wir uns später im Buch ausführlicher.

Erfolgreiche Anwendungen von Unsupervised Learning

In den letzten zehn Jahren kamen die meisten kommerziell erfolgreichen Anwendungen des maschinellen Lernens aus dem Bereich des Supervised Learning, aber das ändert sich. Anwendungen des Unsupervised Learning sind alltäglicher geworden. Manchmal ist Unsupervised Learning lediglich ein Mittel, um überwachte Anwendungen zu verbessern. Manchmal realisiert Unsupervised Learning die kommerzielle Anwendung selbst. Die beiden folgenden Abschnitte werfen einen genau-

12 Pipeline meint ein System von Lösungen für maschinelles Lernen, die nacheinander angewendet werden, um ein größeres Ziel zu erreichen.

eren Blick auf die zwei der bisher größten Anwendungen von Unsupervised Learning: Anomalieerkennung und Gruppensegmentierung.

Anomalieerkennung

Die Reduzierung der Dimensionalität kann den ursprünglich hochdimensionalen Featureraum auf einen transformierten Raum mit weniger Dimensionen verringern. In diesem niederdimensionalen Raum ermitteln wir, wo die Mehrheit der Punkte dicht beieinanderliegt. Dieser Teil ist der *normale Raum*. Punkte, die viel weiter entfernt liegen, heißen *Ausreißer* – oder *Anomalien* – und sollten genauer untersucht werden.

Anomalieerkennungssysteme werden häufig für die Betrugserkennung eingesetzt, zum Beispiel von Kreditkartenbetrug, Überweisungsbetrug, Cyberbetrug und Versicherungsbetrug. Zudem lassen sich mit Anomalieerkennung seltene, bösartige Ereignisse identifizieren, beispielsweise das Hacken von Geräten, die mit dem Internet verbunden sind, Wartungsfehler bei betriebskritischen Teilen wie in Flugzeugen und Zügen sowie Cybersicherheitsverletzungen durch Malware oder andere schädliche Agenten.

Wir können diese Systeme zur Spam-Erkennung nutzen, wie etwa im Beispiel des E-Mail-Spam-Filters weiter oben in diesem Kapitel. Andere Anwendungen sind die Suche nach Kriminellen, um Aktivitäten zu stoppen wie zum Beispiel Terrorismusfinanzierung, Geldwäsche, Menschen-, Drogen- und Waffenhandel, die Identifizierung hochriskanter Ereignisse im Finanzhandel und die Entdeckung von Krankheiten wie Krebs.

Um die Analyse von Anomalien besser handhabbar zu machen, können wir mit einem Clusteralgorithmus ähnliche Anomalien gruppieren und dann diese Cluster basierend auf den Verhaltenstypen, die sie darstellen, manuell labeln. Mit einem derartigen System können wir eine unüberwacht lernende KI realisieren, die in der Lage ist, Anomalien zu identifizieren, sie in entsprechenden Gruppen zu clustern und mit den von Menschen bereitgestellten Labels den Unternehmensanalysten die geeignete Vorgehenswiese zu empfehlen.

Mit Anomalieerkennungssystemen können wir ein unüberwachtes Problem übernehmen und schließlich mit diesem Cluster-und-Label-Ansatz ein semiüberwachtes Problem schaffen. Im Laufe der Zeit können wir überwachte Algorithmen auf gelabelten Daten neben unüberwachten Algorithmen ausführen. Für erfolgreiche Anwendungen des maschinellen Lernens sollten unüberwachte und überwachte Systeme gemeinsam eingesetzt werden, sodass sie sich gegenseitig ergänzen.

Das überwachte System findet die bekannten Muster mit hoher Genauigkeit, während die unüberwachten Systeme neue Muster erkennen, die von Interesse sein könnten. Sobald die unüberwachte KI diese Muster enthüllt hat, werden sie von Menschen gelabelt, wodurch immer mehr ungelabelte Daten zu gelabelten Daten werden.

Gruppensegmentierung

Mit Clustern können wir Gruppen basierend auf ähnlichem Verhalten segmentieren, beispielsweise in Bereichen wie Marketing, Kundenbindung, Krankheitsdiagnose, Onlineshopping, Musikhören, Videoüberwachung, Onlinedating, Social-Media-Aktivitäten und Dokumentenklassifizierung. In den einzelnen Bereichen fallen erhebliche Datenmengen an, und die Daten sind nur teilweise gelabelt.

Für Muster, die wir bereits kennen und die wir verstärken wollen, können wir Algorithmen des Supervised Learning verwenden. Oftmals möchten wir aber neue interessante Muster und Gruppen entdecken – für diesen Entdeckungsprozess ist Unsupervised Learning ein idealer Kandidat. Auch geht es um Synergien. Wir sollten überwachte und unüberwachte Lernsysteme gemeinsam einsetzen, um eine stärke Lösung mit maschinellem Lernen zu entwickeln.

Zusammenfassung

Dieses Kapitel hat sich mit folgenden Themen beschäftigt:

- Unterschied zwischen einem regelbasierten System und maschinellem Lernen.
- Unterschied zwischen Supervised und Unsupervised Learning.
- Wie Unsupervised Learning helfen kann, häufig auftretende Probleme beim Training von Modellen des maschinellen Lernens zu lösen.
- Gängige Algorithmen für Supervised, Unsupervised, Reinforcement und Semisupervised Learning.
- Zwei wichtige Anwendungen des Unsupervised Learning – Anomalieerkennung und Gruppensegmentierung.

In Kapitel 2 untersuchen wir, wie sich Anwendungen des maschinellen Lernens erstellen lassen. Dann geht es im Detail um die Reduzierung der Dimensionalität und das Clustern, wobei wir ein Anomalieerkennungssystem und ein Gruppensegmentierungssystem aufbauen.

KAPITEL 2

Durchgehendes Projekt zum maschinellen Lernen

Bevor wir Algorithmen für Unsupervised Learning ausführlich untersuchen, werfen wir zunächst einen Blick darauf, wie Sie Projekte für maschinelles Lernen einrichten und verwalten, angefangen bei der Datenerfassung über das Erstellen und Bewerten eines Modells bis hin zur Implementierung einer Lösung. In diesem Kapitel arbeiten wir mit Modellen für Supervised Learning – in einem Bereich, in dem die meisten Leser schon etwas Erfahrung mitbringen sollten –, bevor wir im nächsten Kapitel in Modelle für Unsupervised Learning einsteigen.

Die Umgebung einrichten

Bevor wir fortfahren, richten wir zunächst die Data-Science-Umgebung ein. Diese Umgebung ist sowohl für Supervised als auch für Unsupervised Learning gleich.

Die Anweisungen sind für das Betriebssystem Windows optimiert. Die Installationspakete stehen aber auch für Mac und Linux zur Verfügung.

Versionsverwaltung: Git

Falls Sie Git nicht bereits installiert haben, sollten Sie das jetzt nachholen. Git ist ein Versionsverwaltungssystem für Code, und alle Codebeispiele in diesem Buch sind als Jupyter Notebooks aus dem GitHub-Repository (*http://bit.ly/2Gd4v7e*) erhältlich. Lesen Sie am besten die Git-Anleitung von Roger Dudler (*http://rogerdudler.github.io/git-guide/*), um zu erfahren, wie man Repositories klont, Änderungen hinzufügt, bestätigt und vorantreibt sowie die Versionsverwaltung mit Zweigen verwaltet.

Das Git-Repository »handson-unsupervised-learning« klonen

Öffnen Sie die Befehlszeilenoberfläche (d. h. die Eingabeaufforderung unter Windows, das Terminal auf dem Mac usw.) Navigieren Sie zu dem Verzeichnis, in dem Sie Ihre Projekte für Unsupervised Learning speichern möchten. Verwenden Sie die folgende Befehlszeile, um das Repository für dieses Buch von GitHub zu klonen:

```
$ git clone https://github.com/aapatel09/handson-unsupervised-learning.git
$ git lfs pull
```

Alternativ können Sie das Repository auf der GitHub-Website besuchen und es von dort manuell herunterladen. Das Repository können Sie beobachten (*Watch*) oder ihm folgen (*Star*), um auf dem neuesten Stand bei Änderungen zu bleiben.

Nachdem Sie das Repository angefragt (*pulled*) oder manuell heruntergeladen haben, navigieren Sie in der Befehlszeilenoberfläche zum Repository *handson-unsupervised-learning*:

```
$ cd handson-unsupervised-learning
```

Für die übrigen Installationen verwenden wir weiterhin die Befehlszeilenoberfläche.

Wissenschaftliche Bibliotheken: Anaconda-Distribution von Python

Um Python und die wissenschaftlichen Bibliotheken, die für maschinelles Lernen erforderlich sind, zu installieren, laden Sie die Anaconda-Distribution von Python herunter (Version 3.6 wird empfohlen, da Version 3.7 zum Produktionszeitpunkt dieses Buchs noch relativ neu ist und nicht von allen Maschinenbibliotheken, die wir verwenden, unterstützt wird).

Erstellen Sie eine isolierte Python-Umgebung, damit Sie verschiedene Bibliotheken für jedes Projekt separat importieren können:

```
$ conda create -n unsupervisedLearning python=3.6 anaconda
```

Diese Anweisung erzeugt eine isolierte Python-3.6-Umgebung namens *unsuper visedLearning* – und zwar mit allen wissenschaftlichen Bibliotheken, die in der Anaconda-Distribution enthalten sind.

Aktivieren Sie diese nun, um sie verwenden zu können:

```
$ activate unsupervisedLearning
```

Neuronale Netze: TensorFlow und Keras

Nachdem *unsupervisedLearning* aktiviert ist, müssen Sie TensorFlow und Keras installieren, um neuronale Netze erstellen zu können. TensorFlow ist ein Open-Source-Projekt von Google und nicht Teil der Anaconda-Distribution:

```
$ pip install tensorflow
```

Keras ist eine Open-Source-Bibliothek für neuronale Netze, die uns eine Higher-Level-API bietet, um die Lower-Level-Funktionen in TensorFlow verwenden zu können. Mit anderen Worten, wir verwenden Keras auf TensorFlow (dem Backend), um einen intuitiveren Satz von API-Aufrufen zu haben, mit denen wir unsere Deep-Learning-Modelle entwickeln:

```
$ pip install keras
```

Gradient Boosting, Version 1: XGBoost

Als Nächstes installieren Sie eine Version von Gradient Boosting, die als *XGBoost* bekannt ist. Um dies einfach zu gestalten (zumindest für Windows-Benutzer), können Sie in den Ordner *xgboost* im Repository *handson-unsupervised-learning* gehen, in dem sich das Paket befindet.

Installieren Sie das Paket mit dem Befehl `pip install`:

```
cd xgboost
pip install xgboost-0.81-cp36-cp36m-win_amd64.whl
```

Alternativ laden Sie die richtige Version von XGBoost (*http://bit.ly/2G1jBxs*) abhängig von Ihrem System herunter – entweder die 32-Bit- oder die 64-Bit-Version.

Navigieren Sie in der Befehlszeilenoberfläche zu dem Ordner mit dieser neu heruntergeladenen Datei. Führen Sie `pip install` aus:

```
$ pip install xgboost-0.81-cp36-cp36m-win_amd64.whl
```

Der WHL-Dateiname für XGBoost kann bei Ihnen etwas abweichen, wenn neuere Versionen der Software veröffentlicht werden.

Nachdem Sie XGBoost erfolgreich installiert haben, gehen Sie zurück zum Ordner *handson-unsupervised-learning*.

Gradient Boosting, Version 2: LightGBM

Installieren Sie eine andere Version von Gradient Boosting: *LightGBM* von Microsoft:

```
$ pip install lightgbm
```

Clustering-Algorithmen

Installieren Sie nun einige Clustering-Algorithmen, die wir später im Buch verwenden werden. Das Paket *fastcluster* ist eine C++-Bibliothek mit einer Schnittstelle in Python/SciPy.[1]

---

1 Weitere Informationen zu *fastcluster* finden Sie in der Dokumentation (*https://pypi.org/project/fastcluster/*).

Dieses *fastcluster*-Paket lässt sich mit dem folgenden Befehl installieren:

```
$ pip install fastcluster
```

Ein weiterer Clustering-Algorithmus ist *hdbscan*, der sich ebenfalls via `pip` installieren lässt:

```
$ pip install hdbscan
```

Und für das Clustering von Zeitreihen installieren Sie *tslearn*:

```
$ pip install tslearn
```

Interaktive Computerumgebung: Jupyter Notebook

Jupyter Notebook ist Teil der Anaconda-Distribution, sodass wir es nun aktivieren, um die eben eingerichtete Umgebung zu starten. Achten Sie darauf, dass Sie sich im Repository *handson-unsupervised-learning* befinden, bevor Sie den folgenden Befehl (für eine einfache Verwendung) eingeben:

```
$ jupyter notebook
```

Daraufhin sollte Ihr Browser starten und die Seite *http://localhost:8888/* öffnen. Für den ordnungsgemäßen Zugriff müssen Cookies aktiviert sein.

Damit sind Sie bereit, das erste Projekt für maschinelles Lernen zu erstellen.

Die Daten im Überblick

In diesem Kapitel verwenden wir ein reales Dataset von anonymisierten Kreditkartentransaktionen, die europäische Karteninhaber seit September 2013 getätigt haben.[2] Diese Transaktionen sind als betrügerisch oder echt gelabelt, und wir werden eine Betrugserkennungslösung mithilfe von maschinellem Lernen erstellen, um die richtigen Labels für nie zuvor gesehene Instanzen vorherzusagen.

Dieses Dataset ist sehr unausgewogen. Von den 284.807 Transaktionen sind nur 492 betrügerisch (0,172%). Dieser geringe Prozentsatz an Betrug ist aber recht typisch für Kreditkartentransaktionen.

Es gibt 28 numerische Features und keine kategorischen Variablen.[3] Diese Features sind nicht die ursprünglichen, sondern die Ausgabe der Hauptkomponentenanalyse,

---

2 Dieses Dataset ist über Kaggle (*https://www.kaggle.com/mig-ulb/creditcardfraud*) verfügbar und wurde während einer Forschungskooperation von Worldline und der Machine Learning Group der Université libre de Bruxelles zusammengetragen. Weitere Informationen hierzu finden Sie in *Calibrating Probability with Undersampling for Unsalanced Classification* von Andrea Dal Pozzolo, Olivier Caelen, Reid A. Johnson und Gianluca Bontempi im Symposium zu Computational Intelligence and Data Mining (CIDM), IEEE, 2015.

3 Kategorische Variablen nehmen einen Wert aus einer begrenzten Anzahl möglicher qualitativer Werte an und müssen oft für den Einsatz in Algorithmen des maschinellen Lernens codiert werden.

mit der wir uns in Kapitel 3 befassen. Die ursprünglichen Features wurden mit dieser Form der Dimensionsreduktion zu 28 Hauptkomponenten destilliert.

Neben den 28 Hauptkomponenten haben wir drei weitere Variablen – den Zeitpunkt der Transaktion, den Betrag der Transaktion und die wahre Klasse der Transaktion (1, wenn betrügerisch, 0, wenn echt).

Datenvorbereitung

Bevor wir mit maschinellem Lernen auf den Daten trainieren und eine Betrugserkennungslösung entwickeln können, müssen wir die Daten für die Algorithmen vorbereiten.

Datenerfassung

Der erste Schritt bei jedem Projekt des maschinellen Lernens ist die Datenerfassung.

Die Daten herunterladen

Laden Sie das Dataset herunter und platzieren Sie dann die CSV-Datei im Verzeichnis *handson-unsupervised-learning* in einem Ordner */datasets/credit_card_data/*. Wenn Sie das GitHub-Repository wie weiter oben beschrieben heruntergeladen haben, liegt diese Datei bereits im Repository in diesem Ordner.

Die erforderlichen Bibliotheken importieren

Importieren Sie die Python-Bibliotheken, die erforderlich sind, um die Betrugserkennungslösung zu erstellen:

```
'''Main'''
import numpy as np
import pandas as pd
import os

'''Datenvisualisierung'''
import matplotlib.pyplot as plt
import seaborn as sns
color = sns.color_palette()
import matplotlib as mpl

%matplotlib inline

'''Data Prep'''
from sklearn import preprocessing as pp
from scipy.stats import pearsonr
from sklearn.model_selection import train_test_split
from sklearn.model_selection import StratifiedKFold
from sklearn.metrics import log_loss
from sklearn.metrics import precision_recall_curve, average_precision_score
from sklearn.metrics import roc_curve, auc, roc_auc_score
from sklearn.metrics import confusion_matrix, classification_report
```

```
'''Algos'''
from sklearn.linear_model import LogisticRegression
from sklearn.ensemble import RandomForestClassifier
import xgboost as xgb import lightgbm as lgb
```

Die Daten lesen

```
current_path = os.getcwd()
file = '\\datasets\\credit_card_data\\credit_card.csv'
data = pd.read_csv(current_path + file)
```

Die Daten in der Vorschau ansehen

Tabelle 2-1 zeigt die ersten fünf Zeilen des Datasets. Wie Sie sich überzeugen können, sind die Daten ordnungsgemäß geladen worden.

```
data.head()
```

Tabelle 2-1: Vorschau der Daten

	Time	V1	V2	V3	V4	V5
0	0.0	−1.359807	−0.072781	2.536347	1.378155	−0.338321
1	0.0	1.191857	0.266151	0.166480	0.448154	0.060018
2	1.0	−1.358354	−1.340163	1.773209	0.379780	−0.503198
3	1.0	−0.966272	−0.185226	1.792993	−0.863291	−0.010309
4	2.0	−1.158233	0.877737	1.548718	0.403034	−0.407193

5 rows x 31 columns

Daten erkunden

Als Nächstes wollen wir die Daten eingehend untersuchen. Wir erzeugen Zusammenfassungsstatistiken für die Daten, kennzeichnen fehlende Werte oder kategorische Features und zählen die Anzahl voneinander verschiedener Werte pro Feature.

Zusammenfassungsstatistiken erzeugen

Tabelle 2-2 beschreibt die Daten spaltenweise. Der sich anschließende Codeblock listet alle Spaltennamen zur einfacheren Orientierung auf.

```
data.describe()
```

Tabelle 2-2: Einfache Zusammenfassungsstatistiken

	Time	V1	V2	V3	V4
count	284807.000000	2.848070e+05	2.848070e+05	2.848070e+05	2.848070e+05
mean	94813.859575	3.919560e−15	5.688174e−16	−8.769071e−15	2.782312e−15
std	47488.145955	1.958696e+00	1.651309e+00	1.516255e+00	1.415869e+00

Tabelle 2-2: Einfache Zusammenfassungsstatistiken (Fortsetzung)

	Time	V1	V2	V3	V4
min	0.000000	−5.640751e+01	−7.271573e+01	−4.832559e+01	−5.683171e+00
25%	54201.500000	−9.203734e−01	−5.985499e−01	−8.903648e−01	−8.486401e−01
50%	84692.000000	1.810880e−02	6.548556e−02	1.798463e−01	−1.984653e−02
75%	139320.500000	1.315642e+00	8.037239e−01	1.027196e+00	7.433413e−01
max	172792.000000	2.454930e+00	2.205773e+01	9.382558e+00	1.687534e+01

8 rows x 31 columns

```
data.columns
Index(['Time', 'V1,' 'V2', 'V3', 'V4', 'V5', 'V6', 'V7', 'V8', 'V9', 'V10',
       'V11', 'V12', 'V13', 'V14', 'V15', 'V16', 'V17', 'V18', 'V19', 'V20',
       'V21', 'V22', 'V23', 'V24', 'V25', 'V26', 'V27', 'V28', 'Amount',
       'Class'],
dtype='object')

data['Class'].sum()
```

Die Gesamtanzahl der positiven Labels oder betrügerischen Transaktionen beträgt 492. Es gibt 284.807 Instanzen und wie erwartet 31 Spalten – 28 numerische Features (`V1` bis `V28`), `Time` (Zeit), `Amount` (Betrag) und `Class` (Klasse).

Die Zeitstempel reichen von 0 bis 172.792, die Beträge von 0 bis 25.691, und es gibt 492 betrügerische Transaktionen. Diese betrügerischen Transaktionen werden auch positive Fälle oder positive Labels (mit 1 gekennzeichnet) genannt, die normalen Transaktionen sind negative Fälle oder negative Labels (mit 0 gekennzeichnet).

Die 28 numerischen Features sind noch nicht standardisiert, doch wir werden das bald nachholen. Die *Standardisierung* skaliert die Daten, sodass ihr Mittelwert 0 und die Standardabweichung 1 beträgt.

Da manche Lösungen des maschinellen Lernens sehr empfindlich auf die Größenordnung der Daten reagieren, empfiehlt es sich, die Daten – via Standardisierung – auf die gleiche relative Skala zu bringen.

Eine andere gängige Methode, die Daten zu skalieren, ist die *Normalisierung*. Die Daten werden dabei auf einen Bereich zwischen 0 und 1 skaliert. Im Unterschied zu standardisierten Daten liegen alle normalisierten Daten auf einer positiven Skala.

Nicht numerische Werte nach Feature identifizieren

Einige Algorithmen des maschinellen Lernens können nicht mit nicht numerischen oder fehlenden Werten umgehen. Demzufolge empfiehlt es sich, nicht numerische Werte zu kennzeichnen (auch als *NaN* oder *Not a Number* bekannt).

Im Fall fehlender Werte können wir den Wert unterstellen, indem wir zum Beispiel die fehlenden Punkte durch den Mittelwert, den Median oder den Modus des

Features oder durch einen benutzerdefinierten Wert ersetzen. Bei kategorischen Werten kann man die Daten so codieren, dass sämtliche kategorischen Werte durch eine dünn besetzte Matrix dargestellt werden. Diese dünn besetzte Matrix wird dann mit den numerischen Features kombiniert. Der Algorithmus zum maschinellen Lernen trainiert auf dieser kombinierten Featuremenge.

Der folgende Code zeigt, dass keine der Beobachtungen NaNs enthält, sodass wir keinen der Werte unterstellen oder codieren müssen:

```
nanCounter = np.isnan(data).sum()

Time          0
V1            0
V2            0
V3            0
V4            0
V5            0
V6            0
V7            0
V8            0
V9            0
V10           0
V11           0
V12           0
V13           0
V14           0
V15           0
V16           0
V17           0
V18           0
V19           0
V20           0
V21           0
V22           0
V23           0
V24           0
V25           0
V26           0
V27           0
V28           0
Amount 0
Class  0
dtype: int64
```

Unterschiedliche Werte nach Feature kennzeichnen

Um ein besseres Verständnis des Datasets der Kreditkartentransaktionen zu entwickeln, zählen wir die Anzahl unterschiedlicher Werte nach Feature.

Der folgende Code zeigt, dass wir 124.592 verschiedene Zeitstempel haben. Wir wissen aber bereits, dass es insgesamt 284.807 Beobachtungen gibt. Das heißt, dass bei einigen Zeitstempeln mehrere Transaktionen stattgefunden haben müssen.

Und wie erwartet gibt es nur zwei Klassen – 1 für betrügerisch und 0 für nicht betrügerisch:

```
distinctCounter = data.apply(lambda x: len(x.unique()))

Time            124592
V1              275663
V2              275663
V3              275663
V4              275663
V5              275663
V6              275663
V7              275663
V8              275663
V9              275663
V10             275663
V11             275663
V12             275663
V13             275663
V14             275663
V15             275663
V16             275663
V17             275663
V18             275663
V19             275663
V20             275663
V21             275663
V22             275663
V23             275663
V24             275663
V25             275663
V26             275663
V27             275663
V28             275663
Amount 32767
Class  2
dtype: int64
```

Featurematrix und Labels-Array generieren

Nun erstellen und standardisieren wir die Featurematrix X und isolieren das Labels-Array y (1 für Betrug, 0 für kein Betrug). Später speisen wir diese Elemente in die Algorithmen des maschinellen Lernens während des Trainings ein.

Die Featurematrix X und das Labels-Array y generieren

```
dataX = data.copy().drop(['Class'],axis=1)
dataY = data['Class'].copy()
```

Die Featurematrix X standardisieren

Skalieren Sie die Featurematrix, sodass jedes Feature (mit Ausnahme der Zeit) einen Mittelwert von 0 und eine Standardabweichung von 1 hat:

```
featuresToScale = dataX.drop(['Time'],axis=1).columns
sX = pp.StandardScaler(copy=True)
dataX.loc[:,featuresToScale] = sX.fit_transform(dataX[featuresToScale])
```

Wie Tabelle 2-3 zeigt, haben die standardisierten Features jetzt einen Mittelwert von 0 und eine Standardabweichung von 1.

Tabelle 2-3: Zusammenfassung der skalierten Features

	Time	V1	V2	V3	V4
count	284807.000000	2.848070e+05	2.848070e+05	2.848070e+05	2.848070e+05
mean	94813.859575	−8.157366e−16	3.154853e−17	−4.409878e−15	−6.734811e−16
std	47488.145955	1.000002e+00	1.000002e+00	1.000002e+00	1.000002e+00
min	0.000000	−2.879855e+01	−4.403529e+01	−3.187173e+01	−4.013919e+00
25%	54201.500000	−4.698918e−01	−3.624707e−01	−5.872142e−01	−5.993788e−01
50%	84692.000000	9.245351e−03	3.965683e−02	1.186124e−02	−1.401724e−01
75%	139320.500000	6.716939e−01	4.867202e−01	6.774569e−01	5.250082e−01
max	172792.000000	1.253351e+00	1.335775e+01	6.187993e+00	1.191874e+01

8 rows x 30 columns

Feature Engineering und Feature Selection

In den meisten Projekten des maschinellen Lernens sollten wir *Feature Engineering* und *Feature Selection* als Teil der Lösung betrachten. Beim Feature Engineering entstehen neue Features – indem man zum Beispiel Verhältnisse, Anzahlen oder Summen aus den ursprünglichen Features bildet –, um den Algorithmus des maschinellen Lernens dabei zu unterstützen, ein stärkeres Signal aus dem Dataset zu extrahieren.

Bei der Feature Selection wird eine Teilmenge der Features für das Training ausgewählt, wodurch im Wesentlichen einige der weniger relevanten Features aus der Betrachtung ausgeschlossen werden. Das kann dabei helfen, zu verhindern, dass sich der Algorithmus des maschinellen Lernens zu stark an das Rauschen im Dataset anpasst (Overfitting).

Für dieses Dataset mit den Kreditkartenbetrugsdaten sind uns die ursprünglichen Features nicht zugänglich. Wir verfügen nur über die Hauptkomponenten, die von PCA abgeleitet sind, d.h. einer Form der Dimensionsreduktion, auf die wir in Kapitel 3 zu sprechen kommen. Da wir nicht wissen, was diese Features darstellen, können wir kein intelligentes Feature Engineering durchführen.

Auch die Feature Selection ist hier nicht erforderlich, weil die Anzahl der Beobachtungen (284.807) die Anzahl der Features (30) bei Weitem übersteigt, was die

Wahrscheinlichkeit einer Überanpassung drastisch reduziert. Außerdem, wie Abbildung 2-1 zeigt, sind die Features nur leicht miteinander korreliert, wir haben also keine redundanten Features. Andernfalls könnten wir die Redundanz über Dimensionsreduktion entfernen oder reduzieren. Das überrascht natürlich nicht. PCA wurde auf diesem Kreditkarten-Dataset schon durchgeführt und hat die Redundanz bereits beseitigt.

Die Korrelation von Features überprüfen

```
correlationMatrix = pd.DataFrame(data=[],index=dataX.columns,
columns=dataX.columns)
for i in dataX.columns:
    for j in dataX.columns:
        correlationMatrix.loc[i,j] = np.round(pearsonr(dataX.loc[:,i],
         dataX.loc[:,j])[0],2)
```

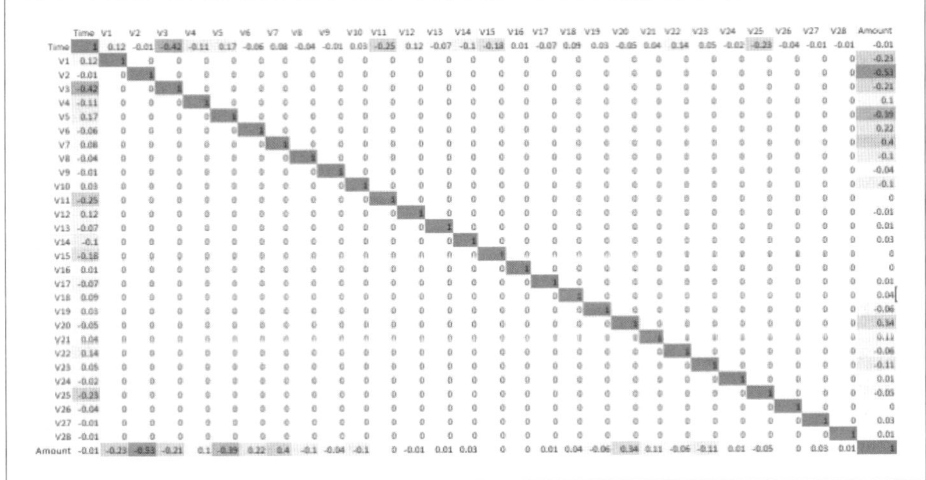

Abbildung 2-1: Korrelationsmatrix

Daten visualisieren

Im letzten Schritt stellen wir die Daten grafisch dar, um zu beurteilen, wie unausgewogen das Dataset ist (siehe Abbildung 2-2). Da es so wenige Betrugsfälle gibt, aus denen man lernen kann, ist dies ein schwer zu lösendes Problem. Zum Glück verfügen wir über Labels für das gesamte Dataset.

```
count_classes = pd.value_counts(data['Class'],sort=True).sort_index()
ax = sns.barplot(x=count_classes.index, y=tuple(count_classes/len(data)))
ax.set_title('Frequency Percentage by Class')
ax.set_xlabel('Class')
ax.set_ylabel('Frequency Percentage')
```

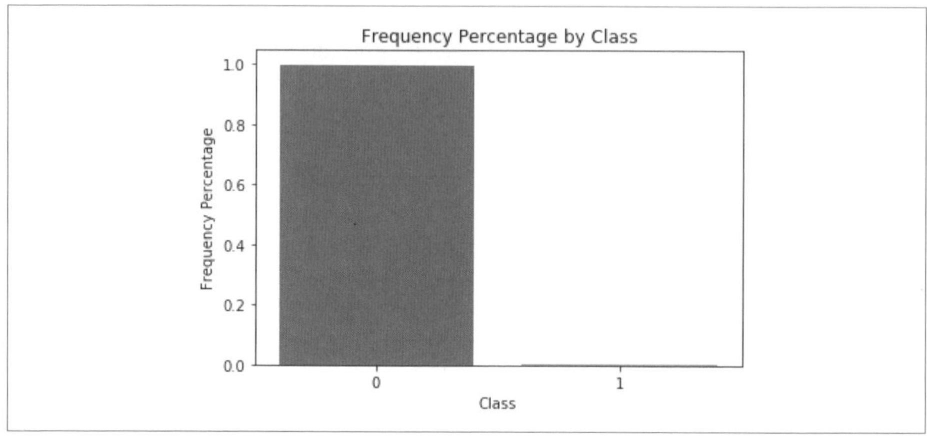

Abbildung 2-2: Prozentuale Häufigkeit von Labels

Modellvorbereitung

Nachdem die Daten nun vorbereitet sind, machen wir das Modell startklar. Die Daten müssen wir in ein Trainings- und ein Testset aufteilen sowie eine Kostenfunktion auswählen und Vorbereitungen für die *k*-fache Kreuzvalidierung treffen.

In Trainings- und Testsets aufteilen

Wie Kapitel 1 erläutert hat, lernen die Algorithmen für maschinelles Lernen von Daten (d. h., sie trainieren auf den Daten), um eine gute Performance (d. h. genaue Vorhersagen) bei zuvor nicht gesehenen Fällen zu erreichen. Die Performance bei diesen zuvor nicht gesehenen Fällen wird als Generalisierungsfehler bezeichnet – dies ist die wichtigste Bewertungskennzahl, um die Güte eines Modells für maschinelles Lernen zu bestimmen.

Unser Projekt für maschinelles Lernen müssen wir so einrichten, dass ein Trainingsset zur Verfügung steht, von dem der Algorithmus für maschinelles Lernen lernt. Außerdem benötigen wir ein Testset (die noch nie zuvor gesehenen Fälle), für das der Algorithmus zum maschinellen Lernen Vorhersagen treffen kann. Die Performance auf diesem Testset ist der ultimative Maßstab für den Erfolg.

Mit der folgenden Anweisung teilen Sie das Dataset mit den Kreditkartentransaktionen in ein Trainings- und ein Testset auf:

```
X_train, X_test, y_train, y_test = train_test_split(dataX,
                                    dataY, test_size=0.33,
                                    random_state=2018, stratify=dataY)
```

Nun verfügen Sie über ein Trainingsset mit 190.280 Instanzen (67 % des ursprünglichen Datasets) und ein Testset mit 93.987 Instanzen (den restlichen 33 %). Um den prozentualen Anteil der Betrugsversuche (~0.17 %) sowohl für das Trainingsset als auch für das Testset zu bewahren, übergeben wir den Parameter `stratify`. Außerdem schreiben wir den Startwert für die Zufallszahlenerzeugung mit 2018 fest, um reproduzierbare Ergebnisse zu erhalten.[4]

Das Testset verwenden wir für eine endgültige Bewertung unseres Generalisierungsfehlers (auch als Out-of-sample-Fehler bezeichnet).

Eine Kostenfunktion auswählen

Bevor wir das Modell auf dem Trainingsset trainieren können, brauchen wir eine *Kostenfunktion* (auch Fehlerrate oder Wertfunktion genannt), die an den Algorithmus für maschinelles Lernen übergeben wird. Der Algorithmus versucht, diese Kostenfunktion zu minimieren, indem er aus den Trainingsbeispielen lernt.

Da es sich um ein überwachtes Klassifizierungsproblem – mit zwei Klassen – handelt, wählen wir die *logarithmische Verlustfunktion für binäre Klassifizierung*, die die Kreuzentropie zwischen den wahren Labels und den modellbasierten Vorhersagen berechnet (kurz: *Log Loss* genannt):

$$\text{log loss} = -\frac{1}{N}\sum_{i=1}^{N}\sum_{j=1}^{M} y_{i,j}\log(p_{i,j})$$

Hierin ist N die Anzahl der Beobachtungen, M ist die Anzahl der Klassenlabels (in diesem Fall 2), log bezeichnet die Funktion des natürlichen Logarithmus. $y_{i,j}$ ist 1, wenn die Beobachtung i zur Klasse j gehört, und andernfalls 0, und $p_{i,j}$ steht für die vorhergesagte Wahrscheinlichkeit, dass die Beobachtung i in die Klasse j fällt.

Das Modell des maschinellen Lernens generiert die Betrugswahrscheinlichkeit für jede Kreditkartentransaktion. Je näher die Betrugswahrscheinlichkeiten an den wahren Labels liegen (d.h. 1 für Betrug oder 0 für kein Betrug), desto niedriger ist der Wert der logarithmischen Verlustfunktion. Das ist genau das, was der Algorithmus für maschinelles Lernen zu minimieren versucht.

Sets für k-fache Kreuzvalidierung erzeugen

Damit der Algorithmus des maschinellen Lernens besser abschätzen kann, wie seine Leistung bei noch nie gesehenen Beispielen (dem Testset) aussehen wird, empfiehlt es sich, das Trainingsset weiter aufzuteilen, und zwar in ein Trainingsset und ein Validierungsset.

Wenn wir zum Beispiel das Trainingsset in Fünftel aufteilen, können wir auf vier Fünfteln des ursprünglichen Trainingssets trainieren und das neu trainierte Modell

4 Auf der offiziellen Website (*http://bit.ly/2NiKWfi*) finden Sie weitere Informationen dazu, wie der Parameter `stratify` das Verhältnis der positiven Labels bewahrt. Um die gleiche Teilung in Ihren Experimenten zu erhalten, setzen Sie den Zufallsstatus auf 2018. Wenn Sie einen anderen oder überhaupt keinen Wert festlegen, werden die Ergebnisse von denen im Buch angegebenen abweichen.

bewerten, indem wir Vorhersagen für das fünfte Fünftel des ursprünglichen Trainingssets – Validierungsset genannt – treffen.

Es ist auch möglich, auf diese Weise fünfmal zu trainieren und auszuwerten, wobei man jeweils ein anderes Fünftel des aufgeteilten Trainingssets als Validierungsset reserviert. Man spricht dann von *k-facher Kreuzvalidierung*, wobei *k* in diesem Fall 5 ist. Mit diesem Ansatz bekommen wir nicht nur eine Schätzung, sondern fünf Schätzungen für den Generalisierungsfehler.

Wir speichern jedes Mal die Trainingsbewertung und die Bewertungen für die einzelnen Trainingsläufe der Kreuzvalidierung sowie die Vorhersagen der Kreuzvalidierung. Sind alle fünf Läufe abgeschlossen, haben wir Vorhersagen der Kreuzvalidierung für das gesamte Dataset. Dies ist die beste Gesamtschätzung der Leistung des Testsets.

Mit der folgenden Anweisung richten Sie die *k*-fache Validierung ein, wobei *k* gleich 5 ist:

```
k_fold = StratifiedKFold(n_splits=5, shuffle=True, random_state=2018)
```

Modelle des maschinellen Lernens (Teil 1)

Nach diesen Vorbereitungen können Sie nun Modelle des maschinellen Lernens erstellen. Für jeden Algorithmus, den wir betrachten, richten wir Hyperparameter ein, trainieren das Modell und bewerten die Ergebnisse.

Modell #1: Logistische Regression

Beginnen wir mit dem grundlegenden Klassifizierungsalgorithmus, der logistischen Regression.

Hyperparameter festlegen

```
penalty = 'l2'
C = 1.0
class_weight = 'balanced'
random_state = 2018
solver = 'liblinear'

logReg = LogisticRegression(penalty=penalty, C=C,
            class_weight=class_weight, random_state=random_state,
                            solver=solver, n_jobs=n_jobs)
```

Die Penalty-Funktion (`penalty`) ist auf den Standardwert `L2` statt auf `L1` gesetzt. Verglichen mit `L1`, reagiert `L2` weniger empfindlich auf Ausreißer und weist nahezu allen Features Gewichte ungleich null zu, was eine stabile Lösung ergibt. Dagegen weist `L1` den wichtigsten Features hohe Gewichte und dem Rest Gewichte nahe null zu, was praktisch eine Feature Selection bewirkt, während der Algorithmus trainiert. Da aber die Gewichte so stark von Feature zu Feature variieren, ist die

`L1`-Lösung nicht so stabil gegenüber Änderungen in den Datenpunkten wie die `L2`-Lösung.[5]

C ist die Regularisierungsstärke. Wie Kapitel 1 erläutert hat, lässt sich mithilfe der Regularisierung die Überanpassung mildern, indem Komplexität bestraft wird. Anders ausgedrückt: Je stärker die Regularisierung, desto größer ist der Strafterm, den der Algorithmus des maschinellen Lernens auf Komplexität anwendet. Regularisierung veranlasst den Algorithmus des maschinellen Lernens, unter sonst gleichen Bedingungen einfachere Modelle den komplexeren vorzuziehen.

Diese Regularisierungskonstante C muss eine positive Gleitkommazahl sein. Je kleiner der Wert, desto stärker ist die Regularisierung. Wir behalten hier den Standardwert `1.0` bei.

Unser Dataset mit Kreditkartentransaktionen ist sehr unausgewogen – von sämtlichen 284.807 Fällen sind nur 492 betrügerisch. Wenn der Algorithmus des maschinellen Lernens trainiert, soll er sich stärker auf das Lernen von positiv gelabelten Transaktionen konzentrieren – d.h. die betrügerischen Transaktionen –, da es so wenige von ihnen im Dataset gibt.

Für dieses logistische Regressionsmodell setzen wir den Parameter `class_weight` auf ausgeglichen (`'balanced'`). Diese Einstellung signalisiert dem Algorithmus der logistischen Regression, dass wir ein unausgeglichenes Klassenproblem haben; der Algorithmus muss die positiven Labels beim Training stärker gewichten. In diesem Fall werden die Gewichte umgekehrt proportional zu den Klassenhäufigkeiten sein; der Algorithmus weist den seltenen positiven Labels (d.h. Betrug) höhere Gewichte zu und den häufigeren negativen Labels (d.h. kein Betrug) kleinere Gewichte.

Der Zufallsstatus wird fest auf `2018` gesetzt, um anderen – wie Ihnen, dem Leser – zu helfen, die Ergebnisse zu reproduzieren. Für den Solver übernehmen wir die Standardeinstellung `liblinear`.

Das Modell trainieren

Nachdem nun die Hyperparameter eingestellt sind, trainieren wir das logistische Regressionsmodell auf jeder der fünf Teilungen entsprechend der *k*-fachen Kreuzvalidierung, wobei das Training auf vier Fünfteln des Trainingssets stattfindet und die Bewertung der Performance auf der fünften Scheibe, die separat gehalten wird.

Wenn wir auf diese Weise fünfmal trainieren und bewerten, berechnen wir die Kostenfunktion – den logarithmischen Verlust für unser Problem der Kreditkartentransaktionen – für das Training (d.h. die Vierfünftelscheibe des ursprünglichen Trainingssets) und für die Validierung (d.h. die Einfünftelscheibe des ursprüng-

5 Weitere Aussagen zu L1 vs. L2 finden Sie im Blogpost *Differences Between L1 and L2 as Loss Function and Regularization* (*http://bit.ly/2Bcx413*).

lichen Trainingssets). Außerdem werden wir die Vorhersagen für jedes der fünf Kreuzvalidierungssets speichern; am Ende des fünften Laufs stehen dann die Vorhersagen für das gesamte Trainingsset zur Verfügung:

```
trainingScores = []
cvScores = []
predictionsBasedOnKFolds = pd.DataFrame(data=[],
                                        index=y_train.index,columns=[0,1])
model = logReg

for train_index, cv_index in k_fold.split(np.zeros(len(X_train))
                                          ,y_train.ravel()):
    X_train_fold, X_cv_fold = X_train.iloc[train_index,:], \
        X_train.iloc[cv_index,:]
    y_train_fold, y_cv_fold = y_train.iloc[train_index], \
        y_train.iloc[cv_index]

    model.fit(X_train_fold, y_train_fold)
    loglossTraining = log_loss(y_train_fold,
                               model.predict_proba(X_train_fold)[:,1])
    trainingScores.append(loglossTraining)

    predictionsBasedOnKFolds.loc[X_cv_fold.index,:] = \
        model.predict_proba(X_cv_fold)
    loglossCV = log_loss(y_cv_fold,
                         predictionsBasedOnKFolds.loc[X_cv_fold.index,1])
    cvScores.append(loglossCV)

    print('Training Log Loss: ', loglossTraining)
    print('CV Log Loss: ', loglossCV)

loglossLogisticRegression = log_loss(y_train,
                                     predictionsBasedOnKFolds.loc[:,1])
print('Logistic Regression Log Loss: ', loglossLogisticRegression)
```

Die Ergebnisse bewerten

Der folgende Code zeigt den logarithmischen Verlust beim Training und den logarithmischen Verlust der Kreuzvalidierung für die fünf Läufe an. Im Allgemeinen (aber nicht immer) wird der logarithmische Verlust beim Training kleiner sein als der logarithmische Verlust bei der Kreuzvalidierung. Da der Algorithmus direkt aus den Trainingsdaten gelernt hat, sollte seine Performance (d.h. der logarithmische Verlust) auf dem Trainingsset besser als auf dem Kreuzvalidierungsset sein. Denken Sie daran, dass das Kreuzvalidierungsset über die Transaktionen verfügt, die explizit aus der Trainingsübung herausgenommen wurden.

```
Training Log Loss:       0.10080139188958696
CV Log Loss:             0.10490645274118293
Training Log Loss:       0.12098957040484648
CV Log Loss:             0.11634801169793386
Training Log Loss:       0.1074616029843435
CV Log Loss:             0.10845630232487576
```

```
Training Log Loss:          0.10228137039781758
CV Log Loss:                0.10321736161148198
Training Log Loss:          0.11476012373315266
CV Log Loss:                0.1160124452312548
```

Bei unserem Dataset mit Kreditkartentransaktionen sollten Sie immer daran denken, dass das Ziel eine Betrugserkennungslösung ist. Wenn wir uns auf die Performance des maschinellen Lernmodells beziehen, meinen wir, wie gut das Modell unter den Transaktionen im Dataset einen Betrug vorhersagen kann.

Das Modell des maschinellen Lernens gibt für jede Transaktion eine Vorhersagewahrscheinlichkeit aus, wobei 1 einen Betrug und 0 keinen Betrug bedeutet. Je näher die Wahrscheinlichkeit an 1 liegt, desto wahrscheinlicher handelt es sich um eine betrügerische Transaktion; je näher die Wahrscheinlichkeit bei 0 liegt, desto wahrscheinlicher ist es eine normale Transaktion. Indem man die Wahrscheinlichkeiten des Modells mit den wahren Labels vergleicht, kann man die Güte des Modells bewerten.

Für jeden der fünf Läufe sind die logarithmischen Verluste von Training und Validierung ähnlich. Das Modell der logistischen Regression zeigt keine ausgeprägte Überanpassung; andernfalls würden wir einen niedrigen logarithmischen Verlust beim Training und einen vergleichbar hohen logarithmischen Verlust bei der Kreuzvalidierung haben.

Da wir die Vorhersagen für jedes der fünf Kreuzvalidierungssets gespeichert haben, können wir die Vorhersagen zu einem einzelnen Set zusammenfassen. Dieses einzelne Set ist das gleiche wie das ursprüngliche Trainingsset, und wir können jetzt den gesamten logarithmischen Verlust für dieses gesamte Trainingsset berechnen. Das ist die beste Schätzung für den logarithmischen Verlust auf dem Testset des logistischen Regressionsmodells:

```
Logistic Regression Log Loss: 0.10978811472134588
```

Kennzahlen bewerten

Obwohl der logarithmische Verlust ein großartiges Mittel ist, die Performance des Modells für maschinelles Lernen zu schätzen, wäre es vorteilhaft, die Ergebnisse intuitiver verstehen zu können, zum Beispiel: Wie viele von den betrügerischen Transaktionen im Trainingsset haben wir gefunden? Dies wird als *Trefferquote* (engl. Recall) bezeichnet. Oder: Wie viele von den Transaktionen, die wir nach dem logistischen Regressionsmodell als betrügerisch markiert haben, waren tatsächlich betrügerisch? Dies wird als die *Präzision* (engl. Precision) des Modells bezeichnet.

Sehen wir uns nun diese und andere ähnliche Bewertungskennzahlen an, die uns dabei helfen, die Ergebnisse intuitiver zu erfassen.

Diese Bewertungskennzahlen sind sehr wichtig, weil sie Data Scientists in die Lage versetzen, Geschäftsleuten, die mit logarithmischem Verlust, Kreuzentropie und anderen Kostenfunktionen nicht vertraut sind, die Ergebnisse verständlich zu erklären. Die Fähigkeit, komplexe Ergebnisse so einfach wie möglich an Nichtwissenschaftler weiterzugeben, gehört zu den Fertigkeiten, die Akademiker aus angewandten Wissenschaften beherrschen müssen.

Wahrheitsmatrix

In einem typischen Klassifizierungsproblem (ohne Klassenungleichgewicht) können wir die Ergebnisse mit einer *Wahrheitsmatrix* (auch *Konfusionsmatrix* genannt) bewerten. Praktisch ist das eine Tabelle, die die Anzahl der richtig positiven, richtig negativen, falsch positiven und falsch negativen Werte summiert (siehe Abbildung 2-3).[6]

		Tatsächliches Label	
		Richtig	Falsch
Vorhersage	Richtig	Richtig positiv	Falsch positiv
	Falsch	Falsch negativ	Richtig negativ

Abbildung 2-3: Wahrheitsmatrix

Angesichts der Tatsache, dass unser Dataset der Kreditkartentransaktionen sehr unausgewogen ist, wäre die Verwendung der Wahrheitsmatrix nicht sinnvoll. Wenn wir zum Beispiel vorhersagen, dass jede Transaktion nicht betrügerisch ist, hätten wir 284.315 richtig negative, 492 falsch negative, 0 richtig positive und 0 falsch positive Ergebnisse. Die Genauigkeit, betrügerische Transaktionen richtig zu erkennen, läge bei 0%. Bei diesem Problem mit unausgeglichenen Klassen ist die Wahrheitsmatrix schlecht geeignet, dieses suboptimale Ergebnis zu erfassen.

Für Probleme mit ausgewogeneren Klassen (bei denen also die Anzahl der richtig positiven Fälle ungefähr gleich der Anzahl der richtig negativen Fälle ist) kann die Wahrheitsmatrix ein gutes und einfaches Bewertungsmaß sein. Folglich müssen wir für unser unausgewogenes Dataset eine besser geeignete Kennzahl finden.

6 Richtig positive Fälle sind Instanzen, bei denen die Vorhersage und das tatsächliche Label beide richtig (true) sind. Richtig negative Fälle sind Instanzen, bei denen die Vorhersage und das tatsächliche Label beide falsch (false) sind. Bei falsch positiven Instanzen ist die Vorhersage richtig, das tatsächliche Label aber falsch (auch als Fehlalarm oder Typ-I-Fehler bezeichnet). Bei falsch negativen Instanzen ist die Vorhersage falsch, aber das tatsächliche Label richtig (auch als Fehltreffer oder Typ-II-Fehler bezeichnet).

Präzision/Trefferquote-Diagramm

Für unser unausgewogenes Dataset der Kreditkartentransaktionen ist es besser, die Ergebnisse mithilfe von Präzision und Trefferquote auszuwerten. *Präzision* ist die Anzahl der richtig positiven Fälle über der Anzahl der gesamten positiven Vorhersagen. Mit anderen Worten: Wie viele der betrügerischen Transaktionen erfasst das Modell?

```
Präzision = richtig Positive / (richtig Positive + falsch Positive)
```

Eine hohe Präzision bedeutet, dass von allen unseren positiven Vorhersagen viele richtig positiv sind (d.h., das Modell hat eine geringe Falsch-positiv-Rate).

Die *Trefferquote* ist die Anzahl der richtig positiven Fälle über der Anzahl der gesamten tatsächlich positiven Fälle im Dataset. Auch hier lautet die Frage: Wie viele der betrügerischen Transaktionen erfasst das Modell?[7]

```
Trefferquote = richtig Positive / (richtig Positive + falsch Negative)
```

Eine hohe Trefferquote bedeutet, dass das Modell die meisten richtig positiven Fälle erfasst hat (d.h., es hat eine geringe Falsch-negativ-Rate).

Eine Lösung mit einer hohen Trefferquote, aber geringer Präzision gibt jede Menge Ergebnisse zurück – erfasst viele der positiven –, aber mit vielen Fehlalarmen. Eine Lösung mit hoher Präzision, aber einer niedrigen Trefferquote, ist das genaue Gegenteil; sie gibt wenige Ergebnisse zurück – wobei sie einen Bruchteil aller positiven im Dataset erfasst –, doch die meisten Vorhersagen sind richtig.

Im Zusammenhang gesehen: Wenn unsere Lösung eine hohe Präzision, aber eine geringe Trefferquote hätte, würde zwar nur eine sehr kleine Anzahl von betrügerischen Transaktionen gefunden, von denen aber die meisten wirklich betrügerisch sind.

Wenn nun die Lösung eine niedrige Präzision, aber eine hohe Trefferquote hat, würde sie viele der Transaktionen als betrügerisch kennzeichnen, wodurch sehr viele als betrügerisch abgefangen würden, aber die meisten der gekennzeichneten Transaktionen wären in Wahrheit gar nicht betrügerisch.

Offenbar weisen beide Lösungen erhebliche Probleme auf. Im Fall der hohen Präzision und niedrigen Trefferquote würde das Kreditkartenunternehmen viel Geld durch Betrügereien verlieren, aber die Kunden würden nicht durch unnötige Rückweisungen von Transaktionen verärgert. Im Fall von geringer Präzision und hoher Trefferquote würde das Kreditkartenunternehmen viele Betrügereien abfangen,

7 Andere Begriffe für Trefferquote sind Sensitivität oder Richtig-positiv-Rate. Verwandt mit der Sensitivität ist ein Konzept namens Spezifität oder Richtig-negativ-Rate. Definiert ist sie als die Anzahl der richtig negativen über der Gesamtanzahl der gesamten tatsächlichen negativen Fälle im Dataset. Spezifität = Richtig-negativ-Rate = Richtig negative / (richtig negative + falsch positive).

aber die Kunden wären mit Sicherheit verärgert, da es viele normale, nicht betrügerische Transaktionen unnötig ablehnt.

Eine optimale Lösung muss eine hohe Präzision und eine hohe Trefferquote haben, darf nur diejenigen Transaktionen ablehnen, die wirklich betrügerisch sind (d.h. hohe Präzision), und die meisten der betrügerischen Fälle im Dataset abfangen (hohe Trefferquote).

Im Allgemeinen gibt es einen Kompromiss zwischen Präzision und Trefferquote, der normalerweise bestimmt wird durch den Schwellenwert, den der Algorithmus festlegt, um die positiven von den negativen Fällen zu trennen; in unserem Beispiel bedeutet positiv Betrug und negativ kein Betrug. Ist der Schwellenwert zu hoch eingestellt, werden nur wenige Fälle als positiv vorhergesagt, was in hoher Präzision, aber niedriger Trefferquote resultiert. Wenn man den Schwellenwert senkt, werden mehr Fälle als positiv vorhergesagt, was im Allgemeinen die Präzision verringert und die Trefferquote erhöht.

Für unser Dataset der Kreditkartentransaktionen können Sie sich den Schwellenwert als die Sensitivität vorstellen, mit der das Modell des maschinellen Lernens Transaktionen zurückweist. Wenn der Schwellenwert zu hoch bzw. zu streng ist, weist das Modell wenige Transaktionen ab, wobei aber die abgewiesenen höchstwahrscheinlich betrügerisch sind.

Wenn der Schwellenwert nach unten geht (d.h. weniger streng wird), weist das Modell mehr Transaktionen zurück. Zwar erfasst es dabei auch mehr betrügerische Fälle, weist aber unnötigerweise auch mehr von den normalen Fällen zurück.

Dieser Kompromiss zwischen Präzision und Trefferquote lässt sich im *Präzision/Trefferquote-Diagramm* darstellen. Um das Präzision/Trefferquote-Diagramm auszuwerten, können wir die durchschnittliche Präzision berechnen, die sich aus dem gewichteten Mittelwert der Präzision ergibt, die bei jedem Schwellenwert erreicht wird. Je höher die durchschnittliche Präzision, desto besser ist die Lösung.

Die Wahl des Schwellenwerts ist sehr wichtig und gewöhnlich von Entscheidungsträgern im Unternehmen mitzubestimmen. Data Scientists können diesen Entscheidungsträgern das Präzision/Trefferquote-Diagramm präsentieren, um herauszufinden, wo der Schwellenwert liegen soll.

Für unser Dataset der Kreditkartentransaktionen lautet die Schlüsselfrage: Wie bringen wir die Kundenerfahrung (d.h. das Abweisen normaler Transaktionen) mit der Betrugserkennung (d.h. das Abfangen der betrügerischen Transaktionen) in Einklang? Zwar lässt sich das nicht ohne die Mitwirkung des Unternehmens beantworten, doch können wir das Modell mit dem besten Präzision/Trefferquote-Verlauf finden. Dann können wir dieses Modell den Entscheidungsträgern im Unternehmen vorlegen, um den passenden Schwellenwert festzulegen.

Operationscharakteristik eines Beobachters

Eine weitere gute Bewertungsmetrik ist die Fläche unter der ROC-Kurve (auROC). Die ROC-Kurve (engl. *Receiver Operating Characteristic* – etwa Operationscharakteristik eines Beobachters) stellt die Richtig-positiv-Rate auf der y-Achse und die Falsch-positiv-Rate auf der x-Achse dar. Die Richtig-positiv-Rate lässt sich auch als *Sensitivität* bezeichnen und die Falsch-positiv-Rate als *1 – Spezifität*. Je näher die Kurve an der linken oberen Ecke des Diagramms liegt, desto besser ist die Lösung – mit einem Wert von (0,0; 1,0) als absolutem optimalem Punkt, der eine Falsch-positiv-Rate von 0 % und eine Richtig-positiv-Rate von 100 % bedeutet.

Um die Lösung zu bewerten, können wir die Fläche unter dieser Kurve berechnen. Je größer die auROC (engl. *area under the ROC*), desto besser ist die Lösung.

Das logistische Regressionsmodell bewerten

Nachdem Sie nun mit einigen der Bewertungsmetriken vertraut sind, wollen wir sie verwenden, um die Ergebnisse des logistischen Regressionsmodells besser zu verstehen.

Zuerst stellen wir die Präzision/Trefferquote-Kurve im Diagramm dar und berechnen die durchschnittliche Präzision:

```
preds = pd.concat([y_train,predictionsBasedOnKFolds.loc[:,1]], axis=1)
preds.columns = ['trueLabel','prediction']
predictionsBasedOnKFoldsLogisticRegression = preds.copy()

precision, recall, thresholds = precision_recall_curve(preds['trueLabel'],
                                                       preds['prediction'])

average_precision = average_precision_score(preds['trueLabel'],
                                            preds['prediction'])

plt.step(recall, precision, color='k', alpha=0.7, where='post')
plt.fill_between(recall, precision, step='post', alpha=0.3, color='k')

plt.xlabel('Recall')
plt.ylabel('Precision')
plt.ylim([0.0, 1.05])
plt.xlim([0.0, 1.0])

plt.title('Precision-Recall curve: Average Precision = {0:0.2f}'.format(
          average_precision))
```

Abbildung 2-4 zeigt die Präzision/Trefferquote-Kurve. Wie aus dem Diagramm hervorgeht, lassen sich ungefähr 80 % Trefferquote (d. h. Abfangen von 80 % der betrügerischen Transaktionen) erreichen bei ungefähr 70 % Präzision (d. h. von den Transaktionen, die das Modell als betrügerisch markiert, sind 70 % tatsächlich betrügerisch, während die restlichen 30 % fälschlicherweise als betrügerisch markiert worden sind).

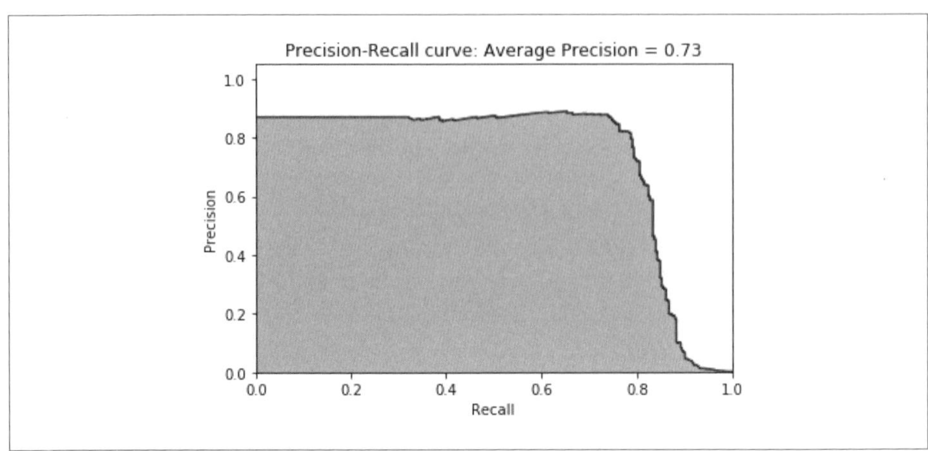

Abbildung 2-4: Präzision/Trefferquote-Kurve der logistischen Regression

Diese Präzision/Trefferquote-Kurve lässt sich zu einer einzelnen Zahl verdichten. Dazu berechnen wir die durchschnittliche Präzision, die für dieses logistische Regressionsmodell 0,73 beträgt. Wir können noch nicht sagen, ob diese durchschnittliche Präzision gut oder schlecht ist, da wir über keine anderen Modelle verfügen, gegen die wir unsere logistische Regression vergleichen könnten.

Messen wir nun die auROC:

```
fpr, tpr, thresholds = roc_curve(preds['trueLabel'],preds['prediction'])

areaUnderROC = auc(fpr, tpr)

plt.figure()
plt.plot(fpr, tpr, color='r', lw=2, label='ROC curve')
plt.plot([0, 1], [0, 1], color='k', lw=2, linestyle='--')
plt.xlim([0.0, 1.0])
plt.ylim([0.0, 1.05])
plt.xlabel('False Positive Rate')
plt.ylabel('True Positive Rate')
plt.title('Receiver operating characteristic:
          Area under the curve = {0:0.2f}'.format(areaUnderROC))
plt.legend(loc="lower right")
plt.show()
```

Wie Abbildung 2-5 zeigt, hat die auROC-Kurve einen Wert von 0,97. Diese Kennzahl ist lediglich eine weitere Möglichkeit, um die Güte des logistischen Regressionsmodells zu bewerten, sodass sich feststellen lässt, wie viel von den betrügerischen Transaktionen Sie abfangen können, während Sie die Falsch-positiv-Rate möglichst niedrig halten. Wie bei der durchschnittlichen Präzision wissen wir nicht, ob diese auROC-Kurve von 0,97 gut ist oder nicht, aber wir werden sie einmal mit denen anderer Modelle vergleichen.

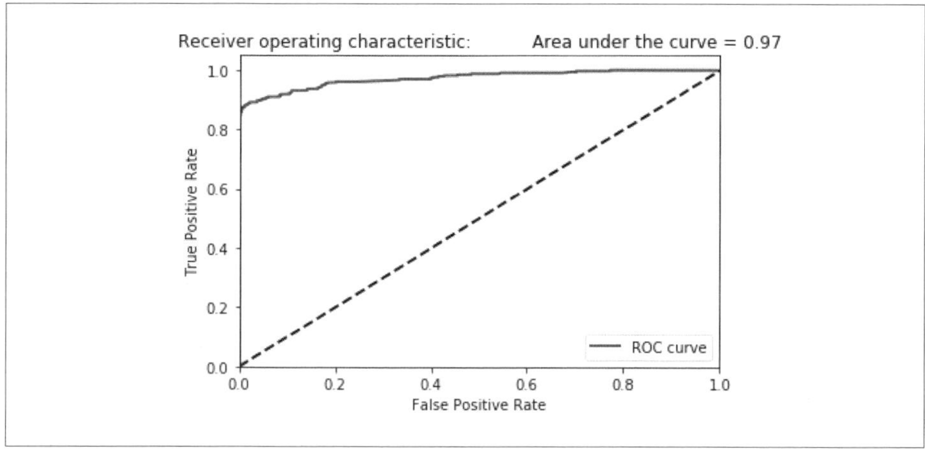

Abbildung 2-5: auROC-Diagramm der logistischen Regression

Modelle des maschinellen Lernens (Teil 2)

Um die Güte des logistischen Regressionsmodells zu vergleichen, erstellen wir einige weitere Modelle mit anderen Algorithmen für maschinelles Lernen.

Modell #2: Random Forests

Beginnen wir mit Random Forests.

Wie bei der logistischen Regression legen wir die Hyperparameter fest, trainieren das Modell und bewerten die Ergebnisse anhand des Präzision/Trefferquote-Diagramms und der auROC.

Die Hyperparameter festlegen

```
n_estimators = 10
max_features = 'auto'
max_depth = None
min_samples_split = 2
min_samples_leaf = 1
min_weight_fraction_leaf = 0.0
max_leaf_nodes = None
bootstrap = True
oob_score = False
n_jobs = -1
random_state = 2018
class_weight = 'balanced'

RFC = RandomForestClassifier(n_estimators=n_estimators,
        max_features=max_features, max_depth=max_depth,
        min_samples_split=min_samples_split, min_samples_leaf=min_samples_leaf,
        min_weight_fraction_leaf=min_weight_fraction_leaf,
        max_leaf_nodes=max_leaf_nodes, bootstrap=bootstrap,
```

```
            oob_score=oob_score, n_jobs=n_jobs, random_state=random_state,
            class_weight=class_weight)
```

Zunächst legen wir die Standardhyperparameter fest. Die Anzahl der Schätzer (`n_estimators`) setzen wir auf 10, d.h., wir erstellen zehn Bäume und mitteln die Ergebnisse über diese zehn Bäume. Für jeden Baum betrachtet das Modell die Quadratwurzel aus der Gesamtanzahl der Features (in diesem Fall die Quadratwurzel von insgesamt 30 Features, abgerundet 5).

Da die maximale Tiefe (`max_depth`) auf `none` gesetzt wird, wächst der Baum so tief wie möglich und teilt sich je nach gegebener Teilmenge der Features so weit wie möglich auf. Ähnlich wie bei der logistischen Regression gewährleistet der feste Startwert `2018` für den Zufallszahlengenerator, dass die Ergebnisse reproduzierbar sind. Schließlich wird der Parameter `class_weight` auf `balanced` gesetzt, da unser Dataset unausgewogen ist.

Das Modell trainieren

Wir führen fünfmal eine *k*-fache Kreuzvalidierung aus, wobei das Modell mit vier Fünfteln der Trainingsdaten trainiert und das jeweils fünfte Fünftel für die Vorhersage verwendet wird. Die Vorhersagen werden für alle Läufe gespeichert.

```
trainingScores = []
cvScores = []
predictionsBasedOnKFolds = pd.DataFrame(data=[],
                                        index=y_train.index,columns=[0,1])

model = RFC

for train_index, cv_index in k_fold.split(np.zeros(len(X_train)),
                                          y_train.ravel()):
    X_train_fold, X_cv_fold = X_train.iloc[train_index,:], \
        X_train.iloc[cv_index,:]
    y_train_fold, y_cv_fold = y_train.iloc[train_index], \
        y_train.iloc[cv_index]
    model.fit(X_train_fold, y_train_fold)
    loglossTraining = log_loss(y_train_fold, \
                               model.predict_proba(X_train_fold)[:,1])
    trainingScores.append(loglossTraining)

    predictionsBasedOnKFolds.loc[X_cv_fold.index,:] = \
        model.predict_proba(X_cv_fold)
    loglossCV = log_loss(y_cv_fold, \
        predictionsBasedOnKFolds.loc[X_cv_fold.index,1])
    cvScores.append(loglossCV)

    print('Training Log Loss: ', loglossTraining)
    print('CV Log Loss: ', loglossCV)

loglossRandomForestsClassifier = log_loss(y_train,
                                          predictionsBasedOnKFolds.loc[:,1])
print('Random Forests Log Loss: ', loglossRandomForestsClassifier)
```

Die Ergebnisse bewerten

Die Log-Loss-Ergebnisse von Training und Kreuzvalidierung sehen so aus:

```
Training Log Loss:       0.0003951763883952557
CV Log Loss:             0.014479198936303003
Training Log Loss:       0.0004501221178398935
CV Log Loss:             0.005712702421375242
Training Log Loss:       0.00043128813023860164
CV Log Loss:             0.00908372752510077
Training Log Loss:       0.0004341676022058672
CV Log Loss:             0.013491161736979267
Training Log Loss:       0.0004275530435950083
CV Log Loss:             0.009963232439211515
```

Beachten Sie, dass die logarithmischen Verluste des Trainings deutlich geringer sind als die logarithmischen Verluste der Kreuzvalidierung. Das deutet darauf hin, dass der Random-Forests-Klassifizierer – für den überwiegend die standardmäßigen Hyperparameter eingestellt sind – beim Training eine gewisse Überanpassung an die Daten zeigt.

Der folgende Code zeigt den logarithmischen Verlust über dem gesamten Trainingsset (mit Vorhersagen durch Kreuzvalidierung):

```
Random Forests Log Loss: 0.010546004611793962
```

Trotz der leichten Überanpassung an die Trainingsdaten hat Random Forests einen logarithmischen Verlust bei der Validierung, der ungefähr ein Zehntel des Verlusts der logistischen Regression ist – eine signifikante Verbesserung gegenüber der vorherigen Lösung zum maschinellen Lernen. Das Random-Forests-Modell schneidet besser dabei ab, den Betrug unter Kreditkartentransaktionen korrekt zu markieren.

Abbildung 2-6 zeigt die Präzision/Trefferquote-Kurve von Random Forests. Wie Sie dem Diagramm entnehmen können, ist das Modell in der Lage, ungefähr 80 % aller Betrügereien mit einer Präzision von etwa 80 % abzufangen. Dies ist beeindruckender als die rund 80 % aller Betrügereien, die das logistische Regressionsmodell mit 70 % Präzision abgefangen hat.

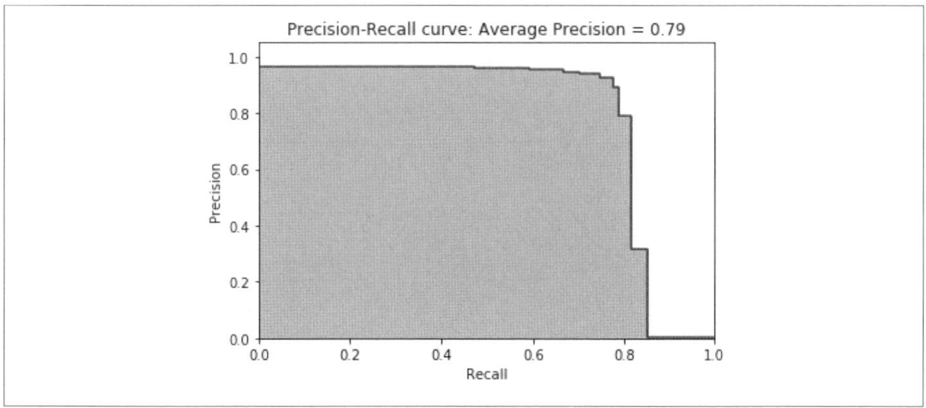

Abbildung 2-6: Präzision/Trefferquote-Kurve des Random-Forests-Modells

Die durchschnittliche Präzision von 0,79 des Random-Forests-Modells ist eine deutliche Verbesserung gegenüber der mittleren Präzision von 0,73 des logistischen Regressionsmodells. Allerdings ist die auROC, wie sie Abbildung 2-7 zeigt, etwas schlechter – 0,93 für Random Forests gegenüber 0,97 für logistische Regression.

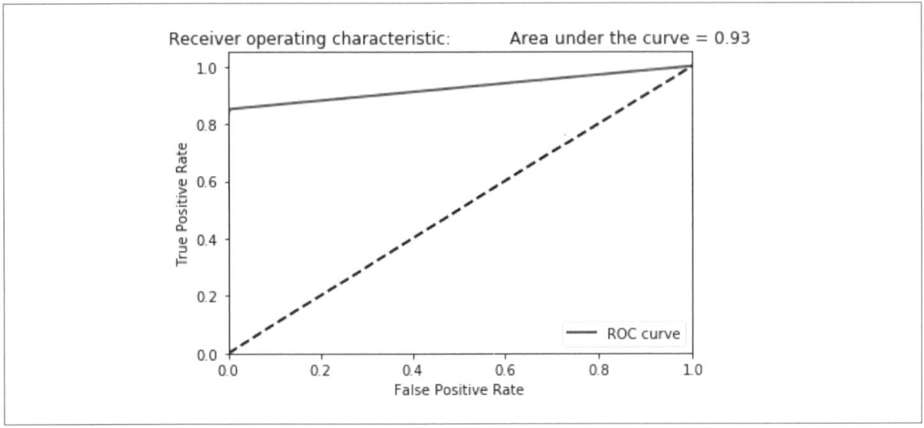

Abbildung 2-7: auROC-Kurve des Random-Forests-Modells

Modell #3: Gradient Boosting mit XGBoost

Als Nächstes trainieren wir mit *Gradient Boosting* und bewerten die Ergebnisse. Es gibt zwei populäre Versionen der Gradient-Boosting-Bibliotheken – die eine ist als XGBoost bekannt, und eine andere, wesentlich schnellere Version von Microsoft heißt LightGBM. Wir erstellen nun ein Modell mit jeder Version, beginnend mit XGBoost.[8]

Die Hyperparameter festlegen

Wir richten dies als binäres Klassifizierungsproblem ein und verwenden Log Loss als Kostenfunktion. Für die maximale Tiefe jedes Baums behalten wir den Standardwert 6 bei und für die Lernrate den Standardwert 0,3. Für jeden Baum verwenden wir alle Beobachtungen und alle Features. Dies sind ebenfalls die Standardeinstellungen. Den Zufallsgenerator initialisieren wir mit `2018`, um die Reproduzierbarkeit der Ergebnisse zu gewährleisten.

```
params_xGB = {
    'nthread':16, #Anzahl der Kerne
    'learning rate': 0.3, #Bereich 0 bis 1, Standardwert 0.3
    'gamma': 0, #Bereich 0 bis unendlich, Standardwert 0
```

8 Mehr zur Gradient-Boosting-Bibliothek XGBoost finden Sie im GitHub-Repository (*https://github.com/dmlc/xgboost*).

```
        # Erhöhen, um Komplexität zu verringern (Bias erhöhen, Varianz verringern)
    'max_depth': 6, #Bereich 1 bis unendlich, Standardwert 6
    'min_child_weight': 1, #Bereich 0 bis unendlich, Standardwert 1
    'max_delta_step': 0, #Bereich 0 bis unendlich, Standardwert 0
    'subsample': 1.0, #Bereich 0 bis 1, Standardwert 1
        # Verhältnis für Teilstichprobe der Trainingsbeispiele
    'colsample_bytree': 1.0, #Bereich 0 bis 1, Standardwert 1
        # Verhältnis für Teilstichprobe der Features
    'objective':'binary:logistic',
    'num_class':1,
    'eval_metric':'logloss',
    'seed':2018,
    'silent':1
}
```

Das Modell trainieren

Wie bisher verwenden wir die *k*-fache Kreuzvalidierung, wobei das Training auf jeweils einem anderen Vierfünftelabschnitt der Trainingsdaten stattfindet und die Vorhersage auf dem fünften Abschnitt bei insgesamt fünf Trainingsläufen.

Für jeden der fünf Läufe trainiert das Gradient-Boosting-Modell bis zu 2.000 Runden und wertet dabei aus, ob der logarithmische Verlust der Kreuzvalidierung abnimmt. Wenn sich der logarithmische Verlust der Kreuzvalidierung nicht mehr verbessert (über die vorherigen 200 Runden), stoppt das Training, um Überanpassung zu vermeiden. Die Ergebnisse des Trainingsprozesses sind ziemlich umfangreich, sodass wir sie hier nicht wiedergeben, Sie finden sie aber über den Code auf GitHub:

```
trainingScores = []
cvScores = []
predictionsBasedOnKFolds = pd.DataFrame(data=[],
                                    index=y_train.index,columns=['prediction'])

for train_index, cv_index in k_fold.split(np.zeros(len(X_train)),
                                          y_train.ravel()):
    X_train_fold, X_cv_fold = X_train.iloc[train_index,:], \
        X_train.iloc[cv_index,:]
    y_train_fold, y_cv_fold = y_train.iloc[train_index], \
        y_train.iloc[cv_index]
    dtrain = xgb.DMatrix(data=X_train_fold, label=y_train_fold)
    dCV = xgb.DMatrix(data=X_cv_fold)

    bst = xgb.cv(params_xGB, dtrain, num_boost_round=2000,
                 nfold=5, early_stopping_rounds=200, verbose_eval=50)

    best_rounds = np.argmin(bst['test-logloss-mean'])
    bst = xgb.train(params_xGB, dtrain, best_rounds)

    loglossTraining = log_loss(y_train_fold, bst.predict(dtrain))
    trainingScores.append(loglossTraining)
```

```
        predictionsBasedOnKFolds.loc[X_cv_fold.index,'prediction'] = \
            bst.predict(dCV)
        loglossCV = log_loss(y_cv_fold, \
            predictionsBasedOnKFolds.loc[X_cv_fold.index,'prediction'])
        cvScores.append(loglossCV)

        print('Training Log Loss: ', loglossTraining)
        print('CV Log Loss: ', loglossCV)

    loglossXGBoostGradientBoosting = \
        log_loss(y_train, predictionsBasedOnKFolds.loc[:,'prediction'])
    print('XGBoost Gradient Boosting Log Loss: ', loglossXGBoostGradientBoosting)
```

Die Ergebnisse bewerten

Wie aus den folgenden Ergebnissen hervorgeht, beträgt der logarithmische Verlust über das gesamte Trainingsset (mit den Vorhersagen aus der Kreuzvalidierung) ein Fünftel des Verlusts bei Random Forests und ein Fünfzigstel des Verlusts bei logistischer Regression. Das ist eine erhebliche Verbesserung gegenüber den beiden vorherigen Modellen.

```
XGBoost Gradient Boosting Log Loss: 0.0029566906288156715
```

Wie Abbildung 2-8 zeigt, liegt die durchschnittliche Präzision mit 0,82 knapp über der von Random Forests (0,79) und ist damit deutlich besser als die von logistischer Regression (0,73).

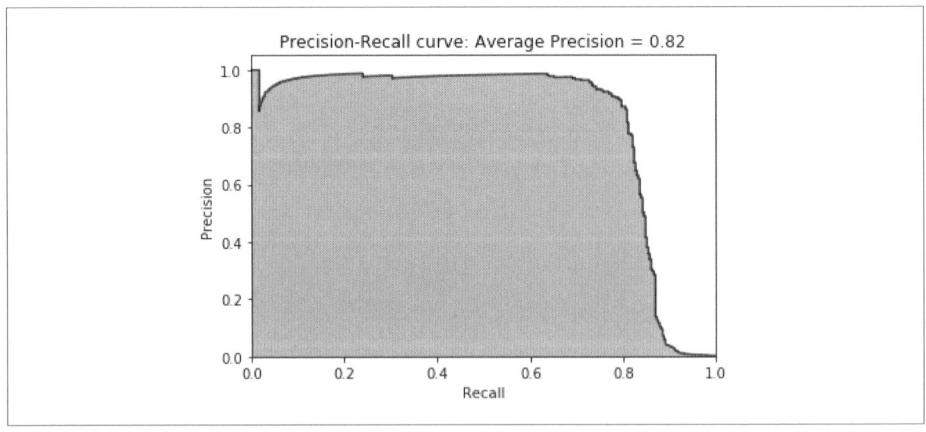

Abbildung 2-8: Präzision/Trefferquote-Kurve des Gradient Boosting mit XGBoost

Der Wert der auROC-Kurve (siehe Abbildung 2-9) ist mit 0,97 gleich dem der logistischen Regression und besser als der bei Random Forests (0,93). Bis jetzt ist Gradient Boosting das beste der drei Modelle, basierend auf dem logarithmischen Verlust, der Präzision/Trefferquote-Kurve und der auROC.

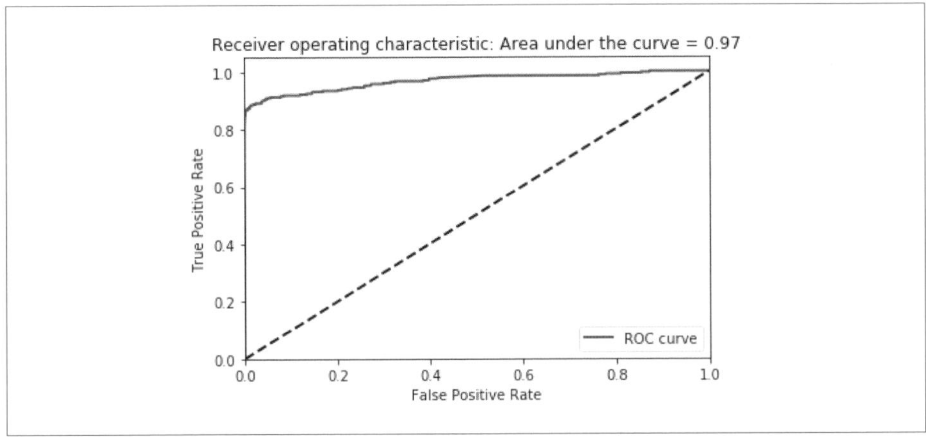

Abbildung 2-9: auROC-Kurve des Gradient Boosting mit XGBoost

Modell #4: Gradient Boosting mit LightGBM

Wir trainieren nun mit einer anderen Version des Gradient Boosting, die als LightGBM bekannt ist.[9]

Die Hyperparameter festlegen

Wir richten dieses Beispiel als binäres Klassifizierungsproblem ein und verwenden logarithmischen Verlust als Kostenfunktion. Die maximale Tiefe des Baums setzen wir auf 4 und verwenden eine Lernrate von 0,1. Für jeden Baum verwenden wir alle Stichproben und alle Features. Das sind die Standardeinstellungen. Als Anzahl der Blätter für einen Baum nehmen wir den Standardwert 31, und wir legen einen Startwert für den Zufallsgenerator fest, um die Ergebnisse reproduzierbar zu machen.

```
params_lightGB = {
    'task': 'train',
    'application':'binary',
    'num_class':1,
    'boosting': 'gbdt',
    'objective': 'binary',
    'metric': 'binary_logloss',
    'metric_freq':50,
    'is_training_metric':False,
    'max_depth':4,
    'num_leaves': 31,
    'learning_rate': 0.01,
    'feature_fraction': 1.0,
    'bagging_fraction': 1.0,
```

9 Mehr zur Gradient-Boosting-Bibliothek LightGBM von Microsoft finden Sie im GitHub-Repository (*https://github.com/Microsoft/LightGBM*).

```
        'bagging_freq': 0,
        'bagging_seed': 2018,
        'verbose': 0,
        'num_threads':16
}
```

Das Modell trainieren

Wie bisher verwenden wir *k*-fache Kreuzvalidierung und durchlaufen diese fünfmal, wobei wir die Vorhersagen auf den Validierungssets speichern:

```
trainingScores = []
cvScores = []
predictionsBasedOnKFolds = pd.DataFrame(data=[],
                                index=y_train.index,columns=['prediction'])

for train_index, cv_index in k_fold.split(np.zeros(len(X_train)),
                                          y_train.ravel()):
    X_train_fold, X_cv_fold = X_train.iloc[train_index,:], \
        X_train.iloc[cv_index,:]
    y_train_fold, y_cv_fold = y_train.iloc[train_index], \
        y_train.iloc[cv_index]

    lgb_train = lgb.Dataset(X_train_fold, y_train_fold)
    lgb_eval = lgb.Dataset(X_cv_fold, y_cv_fold, reference=lgb_train)
    gbm = lgb.train(params_lightGB, lgb_train, num_boost_round=2000,
                   valid_sets=lgb_eval, early_stopping_rounds=200)

    loglossTraining = log_loss(y_train_fold, \
                gbm.predict(X_train_fold, num_iteration=gbm.best_iteration))
    trainingScores.append(loglossTraining)

    predictionsBasedOnKFolds.loc[X_cv_fold.index,'prediction'] = \
        gbm.predict(X_cv_fold, num_iteration=gbm.best_iteration)
    loglossCV = log_loss(y_cv_fold, \
        predictionsBasedOnKFolds.loc[X_cv_fold.index,'prediction'])
    cvScores.append(loglossCV)

    print('Training Log Loss: ', loglossTraining)
    print('CV Log Loss: ', loglossCV)

loglossLightGBMGradientBoosting = \
    log_loss(y_train, predictionsBasedOnKFolds.loc[:,'prediction'])
print('LightGBM gradient boosting Log Loss: ', loglossLightGBMGradientBoosting)
```

Für jeden der fünf Läufe trainiert das Gradient-Boosting-Modell bis zu 2.000 Runden, wobei ständig ausgewertet wird, ob der logarithmische Verlust der Kreuzvalidierung sinkt. Wenn sich der logarithmische Verlust der Kreuzvalidierung verbessert (über die letzten 200 Runden), stoppt der Trainingsprozess, um Überanpassung zu vermeiden. Die Ergebnisse des Trainingsprozesses sind sehr umfangreich, sodass wir sie hier nicht wiedergeben, doch Sie können sie über den Code auf GitHub finden (*http://bit.ly/2Gd4v7e*).

Die Ergebnisse bewerten

Die folgenden Ergebnisse zeigen, dass der logarithmische Verlust über dem gesamten Trainingsset (mit Voraussagen durch Kreuzvalidierung) dem von XGBoost ähnelt – ein Fünftel des Verlusts von Random Forests und ein Fünfzigstel des Verlusts bei logistischer Regression. Aber im Vergleich zu XGBoost ist LightGBM deutlich schneller:

```
LightGBM Gradient Boosting Log Loss: 0.0029732268054261826
```

Wie Abbildung 2-10 zeigt, ist die durchschnittliche Präzision mit 0,82 die gleiche wie die von XGBoost, also besser als die von Random Forests (0,79) und deutlich besser als die von der logistischen Regression (0,73).

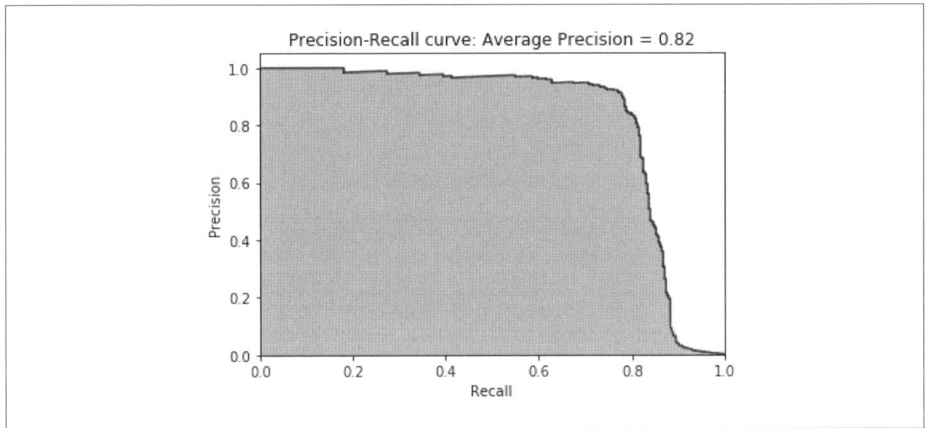

Abbildung 2-10: Präzision/Trefferquote-Kurve des Gradient Boosting mit LightGBM

Der Wert der auROC-Kurve (siehe Abbildung 2-11) stellt mit 0,98 eine Verbesserung gegenüber XGBoost (0,97), logistischer Regression (0,97) und Random Forests (0,93) dar.

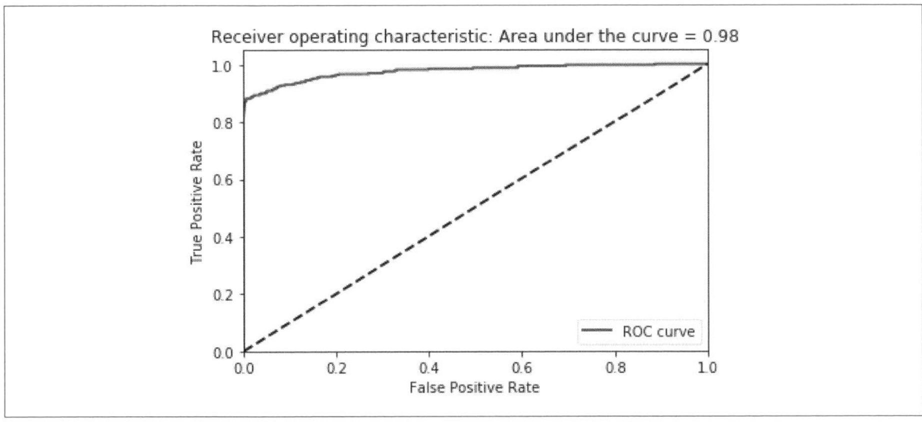

Abbildung 2-11: auROC-Kurve des Gradient Boosting mit LightGBM

Bewertung der vier Modelle mit dem Testset

In diesem Kapitel haben Sie bisher gelernt, wie Sie

- die Umgebung für Projekte des maschinellen Lernens einrichten,
- Daten beschaffen, laden, untersuchen, bereinigen und visualisieren,
- das Dataset in Trainings- und Testsets aufteilen und Sets für die *k*-fache Kreuzvalidierung einrichten,
- die geeignete Kostenfunktion auswählen,
- die Hyperparameter festlegen,
- Training und Kreuzvalidierung durchführen sowie
- die Ergebnisse bewerten.

Nicht untersucht haben wir, wie die Hyperparameter anzupassen sind (was man als Feinabstimmung oder Optimierung der Hyperparameter bezeichnet), um die Ergebnisse der Lösung mit maschinellem Lernen zu verbessern und Über-/Unteranpassung in den Griff zu bekommen. Der Code auf GitHub erlaubt es Ihnen aber, diese Experimente sehr leicht selbst durchzuführen.

Auch ohne Feinabstimmung oder Optimierung sind die Ergebnisse ziemlich klar. Basierend auf unserem Training und der *k*-fachen Kreuzvalidierung ist LightGBM die beste Lösung, dicht gefolgt von XGBoost. Random Forests und logistische Regression schneiden dagegen schlecht ab.

Wir wollen nun auf dem Testset die vier Modelle abschließend bewerten.

Für jedes Modell verwenden wir das trainierte Modell, um die Betrugswahrscheinlichkeiten für die Testset-Transaktionen vorherzusagen. Dann berechnen wir den logarithmischen Verlust für jedes Modell, indem wir die vom Modell vorhergesagten Betrugswahrscheinlichkeiten mit den richtigen Betrugs-Labels vergleichen:

```
predictionsTestSetLogisticRegression = \
    pd.DataFrame(data=[],index=y_test.index,columns=['prediction'])
predictionsTestSetLogisticRegression.loc[:,'prediction'] = \
    logReg.predict_proba(X_test)[:,1]
logLossTestSetLogisticRegression = \
    log_loss(y_test, predictionsTestSetLogisticRegression)

predictionsTestSetRandomForests = \
    pd.DataFrame(data=[],index=y_test.index,columns=['prediction'])
predictionsTestSetRandomForests.loc[:,'prediction'] = \
    RFC.predict_proba(X_test)[:,1]
logLossTestSetRandomForests = \
    log_loss(y_test, predictionsTestSetRandomForests)

predictionsTestSetXGBoostGradientBoosting = \
    pd.DataFrame(data=[],index=y_test.index,columns=['prediction'])
dtest = xgb.DMatrix(data=X_test)
predictionsTestSetXGBoostGradientBoosting.loc[:,'prediction'] = \
    bst.predict(dtest)
logLossTestSetXGBoostGradientBoosting = \
    log_loss(y_test, predictionsTestSetXGBoostGradientBoosting)
```

```
predictionsTestSetLightGBMGradientBoosting = \
    pd.DataFrame(data=[],index=y_test.index,columns=['prediction'])
predictionsTestSetLightGBMGradientBoosting.loc[:,'prediction'] = \
    gbm.predict(X_test, num_iteration=gbm.best_iteration)
logLossTestSetLightGBMGradientBoosting = \
    log_loss(y_test, predictionsTestSetLightGBMGradientBoosting)
```

Der folgende Block mit den logarithmischen Verlusten zeigt keine Überraschungen. Gradient Boosting mit LightGBM hat den kleinsten logarithmischen Verlust auf dem Testset, gefolgt von den anderen Versionen.

```
Log Loss of Logistic Regression on Test Set: 0.123732961313
Log Loss of Random Forests on Test Set: 0.00918192757674
Log Loss of XGBoost Gradient Boosting on Test Set: 0.00249116807943
Log Loss of LightGBM Gradient Boosting on Test Set: 0.002376320092424
```

Die Abbildungen 2-12 bis 2-19 zeigen die Präzision/Trefferquote-Kurven, die durchschnittlichen Präzisionen und die auROC-Kurven für alle vier Modelle. Unsere obigen Ergebnisse werden damit bestätigt.

Logistische Regression

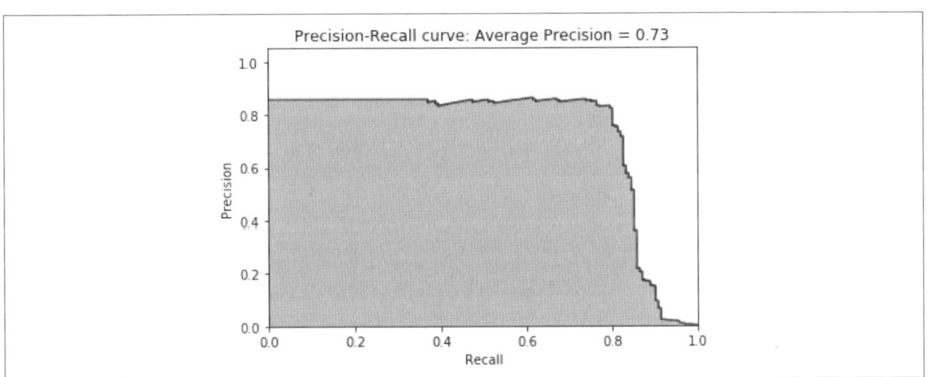

Abbildung 2-12: Präzision/Trefferquote-Kurve der logistischen Regression auf dem Testset

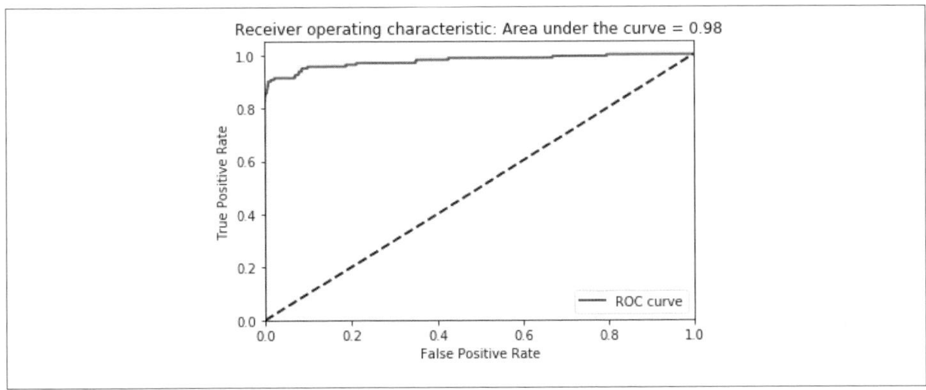

Abbildung 2-13: auROC-Kurve der logistischen Regression auf dem Testset

Random Forests

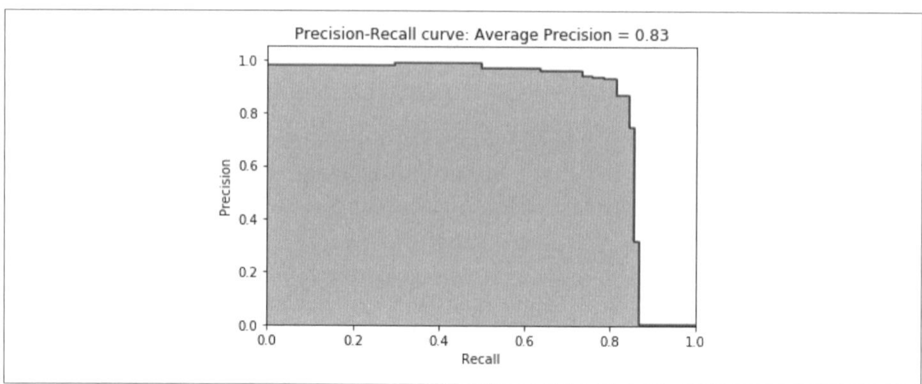

Abbildung 2-14: Präzision/Trefferquote-Kurve von Random Forests auf dem Testset

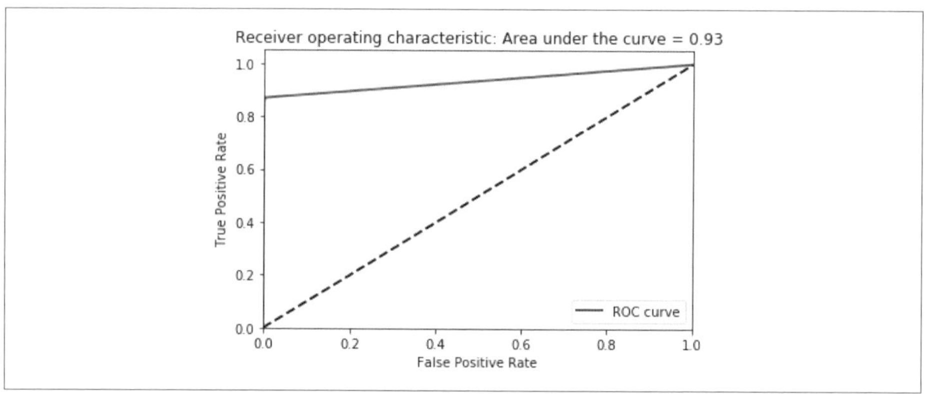

Abbildung 2-15: auROC-Kurve für Random Forests auf dem Testset

Gradient Boosting mit XGBoost

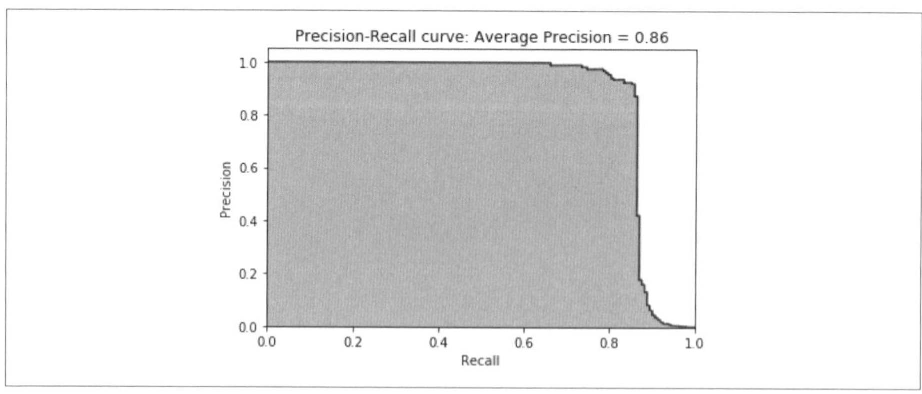

Abbildung 2-16: Präzision/Trefferquote-Kurve für Gradient Boosting mit XGBoost auf dem Testset

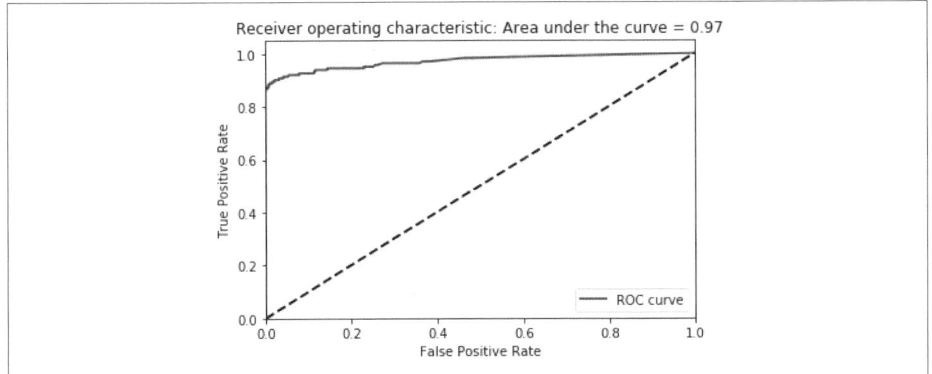

Abbildung 2-17: auROC-Kurve für Gradient Boosting mit XGBoost auf dem Testset

Gradient Boosting mit LightGBM

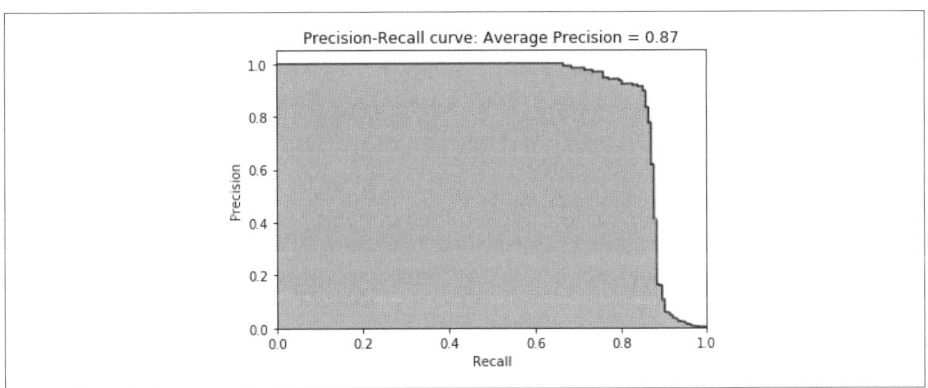

Abbildung 2-18: Präzision/Trefferquote-Kurve für Gradient Boosting mit LightGBM auf dem Testset

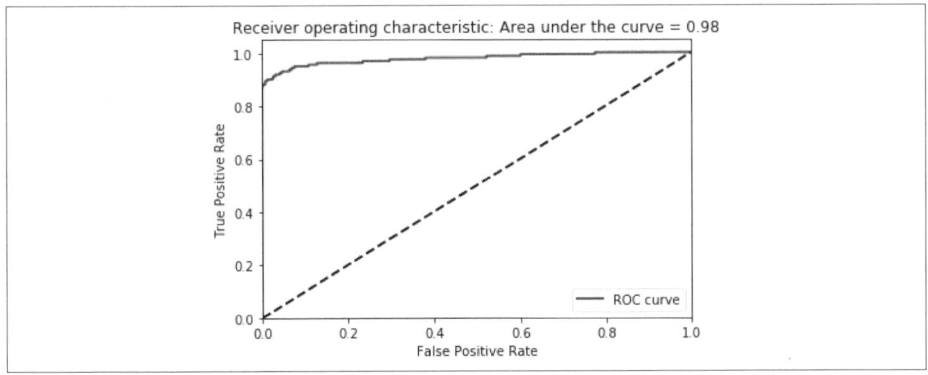

Abbildung 2-19: auROC-Kurve für Gradient Boosting mit LightGBM auf dem Testset

Die Ergebnisse des Gradient Boosting mit LightGBM sind beeindruckend – wir können über 80% der betrügerischen Transaktionen mit nahezu 90% Präzision abfangen (mit anderen Worten, das LightGBM-Modell liegt beim Abfangen von 80% der gesamten Betrugsfälle nur in 10% der Fälle falsch). In Anbetracht der wenigen Betrugsfälle, die unser Dataset enthält, ist dies eine großartige Leistung.

Ensembles

Anstatt nur eine der Lösungen für maschinelles Lernen, die wir entwickelt haben, herauszugreifen und in der Produktion einzusetzen, können wir evaluieren, ob ein *Ensemble* der Modelle zu einer verbesserten Betrugserkennungsquote führt.[10]

Wenn wir ähnlich starke Lösungen aus verschiedenen Familien des maschinellen Lernens einbeziehen (etwa eine aus Random Forests und eine aus neuronalen Netzen), wird das Ensemble der Lösungen im Allgemeinen zu einem besseren Ergebnis führen als jede der Einzellösungen. Das hängt damit zusammen, dass jede der eigenständigen Lösungen unterschiedliche Stärken und Schwächen hat. Indem Sie die eigenständigen Lösungen in einem Ensemble vereinen, kompensieren die Stärken mancher Modelle die Schwächen der anderen und umgekehrt.

Allerdings gilt es wichtige Einschränkungen zu beachten. Wenn die eigenständigen Lösungen ähnlich stark sind, wird das Ensemble eine bessere Performance zeigen als jede der eigenständigen Lösungen. Falls aber eine der Lösungen wesentlich besser als die anderen ist, wird die Performance des Ensembles gleich der besten eigenständigen Lösung sein; die suboptimalen Lösungen tragen nichts zur Performance des Ensembles bei.

Außerdem müssen eigenständige Lösungen relativ unkorreliert sein. Wenn sie stark korreliert sind, spiegeln die Stärken der einen Lösung die Stärken der übrigen wider, und das Gleiche gilt für die Schwächen. Aus der Diversifizierung über ein Ensemble werden wir dann kaum Nutzen ziehen.

Stapeln

Bei unserem Problem sind zwei der Modelle (Gradient Boosting mit LightGBM und Gradient Boosting mit XGBoost) viel stärker als die anderen (Random Forests und logistische Regression). Die beiden stärksten Modelle stammen aber aus derselben Familie, was bedeutet, dass ihre Stärken und Schwächen eng korreliert sind.

Mit *Stapeln* (einer Form der Bildung von Ensembles) lässt sich bestimmen, ob eine Verbesserung der Performance erreichbar ist, verglichen mit den eben besprochenen eigenständigen Modellen. Beim Stapeln nehmen wir die Vorhersagen aus der

10 Weitere Informationen zum Lernen von Ensembles finden Sie in *Kaggle Ensembling Guide* (*https://mlwave.com/kaggle-ensembling-guide/*), in *Introduction to Ensembling/Stacking in Python* (*http://bit.ly/2RYV4iF*) und in *A Kaggler's Guide to Model Stacking in Practice* (*http://bit.ly/2Rrs1iI*).

k-fachen Kreuzvalidierung aus jedem der vier eigenständigen Modelle (als *Vorhersagen der ersten Schicht* bekannt) und fügen sie an das ursprüngliche Trainings-Dataset an. Dann trainieren wir auf diesem ursprünglichen Features-plus-Vorhersagen-der-ersten-Schicht-Dataset mit *k*-facher Kreuzvalidierung.

Daraus entsteht ein neuer Satz von Vorhersagen aus *k*-facher Kreuzvalidierung, die sogenannten *Vorhersagen der zweiten Schicht*, die wir dahin gehend auswerten, ob es eine Verbesserung der Performance gegenüber einem der eigenständigen Modelle gibt.

Vorhersagen der ersten Schicht mit dem ursprünglichen Dataset zusammenfassen

Zuerst kombinieren wir die Vorhersagen aus jedem der vier Machine-Learning-Modelle, die wir mit dem ursprünglichen Trainings-Dataset erstellt haben:

```
predictionsBasedOnKFoldsFourModels = pd.DataFrame(data=[],index=y_train.index)
predictionsBasedOnKFoldsFourModels = predictionsBasedOnKFoldsFourModels.join(
    predictionsBasedOnKFoldsLogisticRegression['prediction'].astype(float), \
    how='left').join(predictionsBasedOnKFoldsRandomForests['prediction'] \
        .astype(float),how='left',rsuffix="2").join( \
    predictionsBasedOnKFoldsXGBoostGradientBoosting['prediction'] \
        .astype(float), how='left',rsuffix="3").join( \
    predictionsBasedOnKFoldsLightGBMGradientBoosting['prediction'] \
        .astype(float), how='left',rsuffix="4")
predictionsBasedOnKFoldsFourModels.columns = \
    ['predsLR','predsRF','predsXGB','predsLightGBM']

X_trainWithPredictions = \
    X_train.merge(predictionsBasedOnKFoldsFourModels,
                  left_index=True,right_index=True)
```

Die Hyperparameter festlegen

Als Nächstes verwenden wir Gradient Boosting mit LightGBM – den besten Algorithmus für maschinelles Lernen aus der früheren Übung –, um auf diesem ursprünglichen Features-plus-Vorhersagen-der-ersten-Schicht-Dataset zu trainieren. Die Hyperparameter bleiben unverändert:

```
params_lightGB = {
    'task': 'train',
    'application':'binary',
    'num_class':1,
    'boosting': 'gbdt',
    'objective': 'binary',
    'metric': 'binary_logloss',
    'metric_freq':50,
    'is_training_metric':False,
    'max_depth':4,
    'num_leaves': 31,
    'learning_rate': 0.01,
    'feature_fraction': 1.0,
    'bagging_fraction': 1.0,
```

```
        'bagging_freq': 0,
        'bagging_seed': 2018,
        'verbose': 0,
        'num_threads':16
    }
```

Das Modell trainieren

Wie bisher verwenden wir *k*-fache Kreuzvalidierung und generieren Betrugswahrscheinlichkeiten für die fünf verschiedenen Kreuzvalidierungssets:

```
trainingScores = []
cvScores = []
predictionsBasedOnKFoldsEnsemble = \
    pd.DataFrame(data=[],index=y_train.index,columns=['prediction'])

for train_index, cv_index in k_fold.split(np.zeros(len(X_train)), \
                                          y_train.ravel()):
    X_train_fold, X_cv_fold = \
        X_trainWithPredictions.iloc[train_index,:], \
        X_trainWithPredictions.iloc[cv_index,:]
    y_train_fold, y_cv_fold = y_train.iloc[train_index], y_train.iloc[cv_index]

    lgb_train = lgb.Dataset(X_train_fold, y_train_fold)
    lgb_eval = lgb.Dataset(X_cv_fold, y_cv_fold, reference=lgb_train)
    gbm = lgb.train(params_lightGB, lgb_train, num_boost_round=2000,
                    valid_sets=lgb_eval, early_stopping_rounds=200)

    loglossTraining = log_loss(y_train_fold, \
        gbm.predict(X_train_fold, num_iteration=gbm.best_iteration))
    trainingScores.append(loglossTraining)

    predictionsBasedOnKFoldsEnsemble.loc[X_cv_fold.index,'prediction'] = \
        gbm.predict(X_cv_fold, num_iteration=gbm.best_iteration)
    loglossCV = log_loss(y_cv_fold, \
        predictionsBasedOnKFoldsEnsemble.loc[X_cv_fold.index,'prediction'])
    cvScores.append(loglossCV)

    print('Training Log Loss: ', loglossTraining)
    print('CV Log Loss: ', loglossCV)
loglossEnsemble = log_loss(y_train, \
predictionsBasedOnKFoldsEnsemble.loc[:,'prediction'])
print('Ensemble Log Loss: ', loglossEnsemble)
```

Die Ergebnisse bewerten

In den folgenden Ergebnissen ist keine Verbesserung erkennbar. Der logarithmische Verlust des Ensembles ist dem Verlust der eigenständigen Gradient-Boosting-Modelle sehr ähnlich. Da die besten eigenständigen Lösungen aus derselben Familie (Gradient Boosting) stammen, sehen wir keine Verbesserung in den Ergebnissen. Ihre Stärken und Schwächen bei der Betrugserkennung sind stark korreliert. Es bringt also keinen Vorteil, wenn man über Modelle hinweg diversifiziert:

```
Ensemble Log Loss: 0.002885415974220497
```

Die in den Abbildungen 2-20 und 2-21 dargestellten Präzision/Trefferquote-Kurven, die durchschnittliche Präzision und die Fläche unter der ROC-Kurve bestätigen, dass es keine Verbesserung gibt.

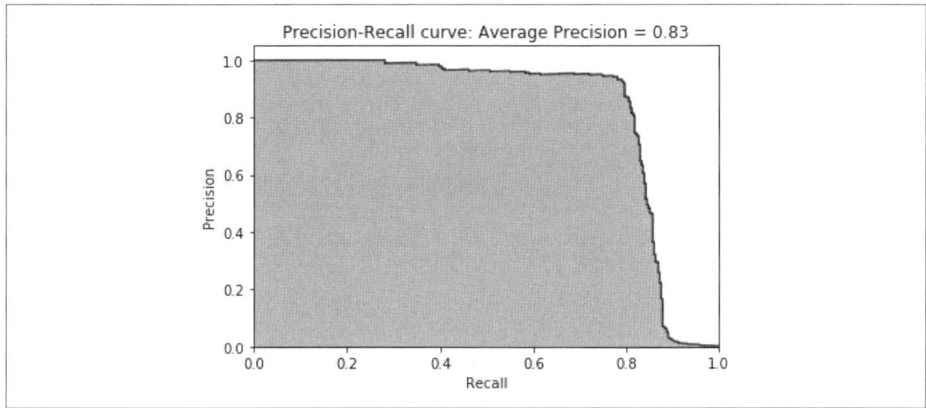

Abbildung 2-20: Präzision/Trefferquote-Kurve des Ensembles

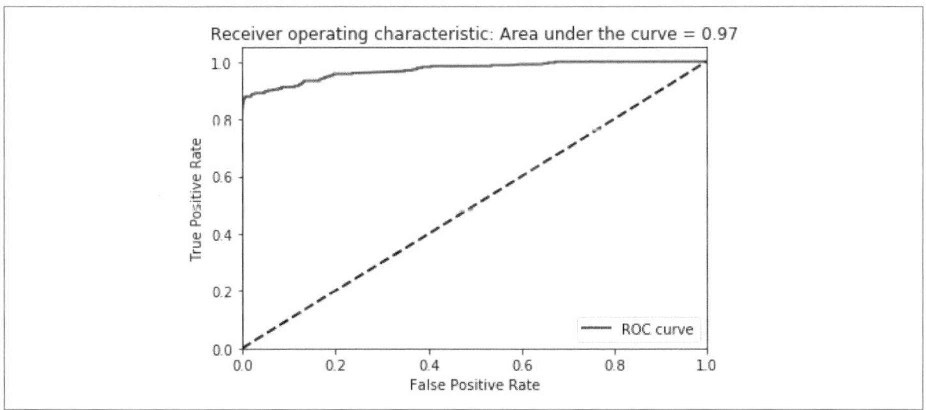

Abbildung 2-21: auROC-Kurve des Ensembles

Endgültige Modellauswahl

Da das Ensemble die Performance nicht verbessert, ziehen wir die Einfachheit des eigenständigen Gradient-Boosting-Modells LightGBM vor und setzen es in der Produktion ein.

Bevor wir eine Pipeline für neue, eingehende Transaktionen erzeugen, wollen wir grafisch darstellen, wie gut das LightGBM-Modell für das Testset die betrügerischen Transaktionen von den normalen Transaktionen trennt.

Abbildung 2-22 zeigt die vorhergesagten Wahrscheinlichkeiten auf der x-Achse. Wie diese Darstellung zeigt, schneidet das Modell ziemlich gut darin ab, den Transaktionen, die tatsächlich betrügerisch sind, eine hohe Betrugswahrscheinlichkeit zuzuordnen. Umgekehrt weist das Modell in der Regel den Transaktionen, die nicht betrügerisch sind, eine geringe Wahrscheinlichkeit zu. Gelegentlich liegt das Modell falsch und weist einem Fall, der tatsächlich betrügerisch ist, eine geringe Wahrscheinlichkeit zu und einem Fall, der eine ordnungsgemäße Transaktion darstellt, eine hohe Wahrscheinlichkeit.

Insgesamt sind die Ergebnisse aber ziemlich beeindruckend.

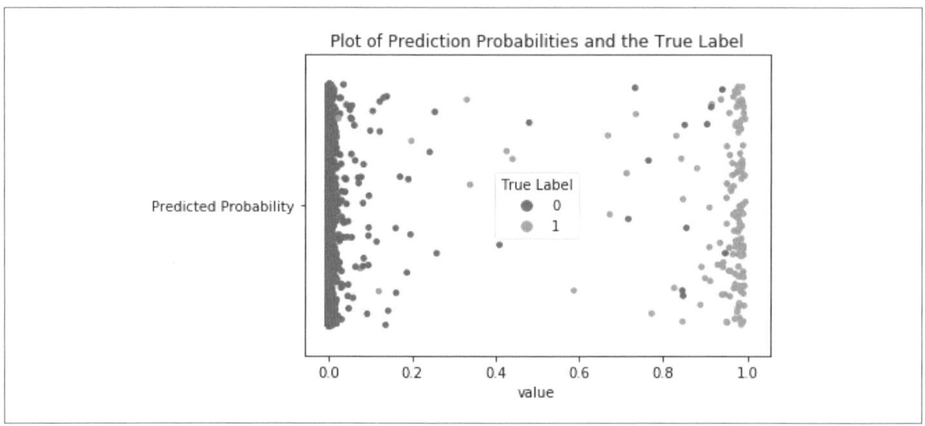

Abbildung 2-22: Diagramm der Vorhersagewahrscheinlichkeiten und der tatsächlichen Labels

Produktionspipeline

Nachdem wir ein Modell für den Produktionseinsatz ausgewählt haben, entwerfen wir eine simple Pipeline, die drei einfache Schritte auf neue, eingehende Daten anwendet: die Daten laden, die Features skalieren und die Vorhersagen mit dem LightGBM-Modell generieren, das wir bereits trainiert und für den Einsatz in der Produktion ausgewählt haben.

```
'''Pipeline für neue Daten'''
# erstens, neue Daten in ein Dataframe namens 'newData' importieren
# zweitens, die Daten skalieren
# newData.loc[:,featuresToScale] = sX.transform(newData[featuresToScale])
# drittens, mittels LightGBM vorhersagen
# gbm.predict(newData, num_iteration=gbm.best_iteration)
```

Sobald diese Vorhersagen generiert sind, können Analysten die Vorhersagen mit der höchsten Wahrscheinlichkeit für Betrugsversuche herausgreifen (d.h. weiter untersuchen) und die Liste durcharbeiten. Falls es um Automatisierung geht, bietet sich ein System an, das Transaktionen mit einer Vorhersagewahrscheinlichkeit für Betrugsversuche über einem bestimmten Schwellenwert automatisch zurückweist.

Wenn wir zum Beispiel basierend auf Abbildung 2-13 Transaktionen mit einer Vorhersagewahrscheinlichkeit über 0,90 automatisch zurückweisen, weisen wir

Fälle ab, die fast sicher betrügerisch sind, ohne ungewollt einen Fall abzulehnen, der keinen Betrug darstellt.

Zusammenfassung

Herzlich Glückwunsch! Sie haben ein System zur Erkennung von Kreditkartenbetrug aufgebaut, das mit Supervised Learning arbeitet.

Gemeinsam haben wir eine Umgebung für maschinelles Lernen eingerichtet, die Daten beschafft und vorbereitet, mehrere Modelle trainiert und bewertet, das endgültige Modell für die Produktion ausgewählt und eine Pipeline für neue, eingehende Transaktionen konzipiert.

Jetzt werden wir nach dem gleichen praktischen Ansatz angewandte maschinelle Lernlösungen mit Unsupervised Learning entwickeln.

Die obige Lösung muss im Laufe der Zeit erneut trainiert werden, wenn sich die Betrugsmuster ändern. Zudem sollten wir nach anderen Algorithmen – aus anderen Familien – des maschinellen Lernens suchen, die genauso gut abschneiden wie Gradient Boosting, und sie in ein Ensemble einbinden, um die Betrugserkennungsperformance insgesamt zu verbessern.

Schließlich ist für reale Anwendungen des maschinellen Lernens die Interpretierbarkeit sehr wichtig. Da die Features in diesem Kreditkartentransaktionen-Dataset der Ausgabe der PCA (einer Form der Dimensionsreduktion, die wir in Kapitel 3 untersuchen) entsprechen, können wir nicht in wenigen Worten erklären, warum bestimmte Transaktionen als potenziell betrügerisch gekennzeichnet sind. Für eine bessere Interpretierbarkeit der Ergebnisse ist der Zugriff auf die ursprünglichen Prä-PCA-Features notwendig, über die wir für dieses Beispiel-Dataset nicht verfügen.

TEIL II

Unsupervised Learning mit Scikit-learn

In den nächsten Kapiteln führen wir zwei wesentliche unüberwachte Lernkonzepte ein – Dimensionsreduktion und Clustering – und verwenden diese für Anomalieerkennung und Gruppensegmentierung.

Sowohl Anomalieerkennung als auch Gruppensegmentierung haben bedeutende praktische Anwendungen in vielen verschiedenen Branchen.

Mit Anomalieerkennung lassen sich seltene Ereignisse wie Betrug, Verletzungen der Cybersicherheit, Terrorismus, Menschen-, Waffen- und Drogenhandel, Geldwäsche, ungewöhnliche Handelsaktivitäten, Krankheitsausbrüche und Wartungsfehler in unternehmenskritischen Geräten erkennen.

Gruppensegmentierung ermöglicht es, das Nutzerverhalten zu verstehen, unter anderem in Bereichen wie Marketing, Onlineshopping, Musikhören, Videoüberwachung, Onlinedating und Social-Media-Aktivitäten.

KAPITEL 3

Dimensionsreduktion

In diesem Kapitel konzentrieren wir uns auf eine der großen Herausforderungen bei der Entwicklung von erfolgreichen Lösungen für angewandtes maschinelles Lernen: den Fluch der Dimensionalität. Unsupervised Learning hat ein großartiges Mittel gegen den Fluch – *Dimensionsreduktion*. In diesem Kapitel führen wir dieses Konzept ein und bauen darauf auf, sodass Sie ein Gespür dafür entwickeln können, wie das alles funktioniert.

In Kapitel 4 erstellen wir unsere eigene unüberwachte Lernlösung, die auf Dimensionsreduktion basiert – insbesondere ein System zur Erkennung von Kreditkartenbetrug, das mit Unsupervised Learning arbeitet (im Gegensatz zu dem System, das wir in Kapitel 2 mit Supervised Learning aufgebaut haben). Diese Art der unüberwachten Betrugserkennung ist die sogenannte Anomalieerkennung, ein schnell wachsender Bereich auf dem Gebiet des angewandten Unsupervised Learning.

Doch bevor wir ein Anomalieerkennungssystem entwickeln, machen wir Sie in diesem Kapitel mit der Dimensionsreduktion bekannt.

Die Motivation zur Dimensionsreduktion

Wie in Kapitel 1 erwähnt, hilft die Reduzierung der Dimensionalität – auch Dimensionsreduktion genannt –, einem der im maschinellen Lernen am häufigsten auftretenden Probleme entgegenzuwirken – dem Fluch der Dimensionalität, durch den Algorithmen aufgrund der schieren Größe des Featureraums weder effektiv noch effizient auf den Daten trainieren können.

Algorithmen zur Dimensionsreduktion projizieren hochdimensionale Daten in einen Raum mit weniger Dimensionen, wobei die wichtigen Informationen so gut wie möglich beibehalten und redundante Informationen entfernt werden. Wenn sich die Daten im Raum mit weniger Dimensionen befinden, sind maschinelle Lernalgorithmen in der Lage, interessante Muster effektiver und effizienter zu identifizieren, da das Rauschen zu einem Großteil verringert wurde.

Manchmal ist die Dimensionsreduktion das Ziel selbst – um zum Beispiel Anomalieerkennungssysteme zu erstellen, wie wir im nächsten Kapitel zeigen werden.

In anderen Anwendungen ist die Dimensionsreduktion kein Selbstzweck, sondern ein Mittel für einen anderen Zweck. So ist Dimensionsreduktion üblicherweise ein Teil der Pipeline für maschinelles Lernen, um große, rechenintensive Probleme mit Bildern, Videos, Sprache und Text zu lösen.

Die MNIST-Zifferndatenbank

Bevor wir die Algorithmen zur Dimensionsreduktion einführen, untersuchen wir das Dataset, mit dem wir in diesem Kapitel arbeiten. Es handelt sich dabei um ein einfaches Dataset für Computervision: die MNIST-Datenbank handgeschriebener Ziffern (MNIST steht für *Mixed National Institute of Standards and Technology*), eins der bekanntesten Datasets für maschinelles Lernen. Wir verwenden die Version des MNIST-Datasets, die auf der Website von Yann LeCun öffentlich zugänglich ist.[1] Zur Vereinfachung greifen wir auf die aufbereitete Version von *deeplearning.net* zurück.[2]

Diese Version des Datasets ist in drei Sets aufgeteilt worden – ein Trainingsset mit 50.000 Beispielen, ein Validierungsset mit 10.000 Beispielen und ein Testset mit 10.000 Beispielen. Sämtliche Beispiele haben wir mit Labels versehen.

Das Dataset besteht aus Bildern handgeschriebener Ziffern mit einer Größe von 28 × 28 Pixeln. Jeder einzelne Datenpunkt (d. h. jedes Bild) lässt sich als Array von Zahlen vermitteln, wobei jede Zahl beschreibt, wie dunkel jedes Pixel ist. Mit anderen Worten: Ein 28 × 28-Array mit Zahlen entspricht einem Bild mit 28 × 28 Pixeln.

Um eine einfachere Darstellung zu erhalten, können wir jedes Array zu einem Vektor mit 28 × 28 oder 784 Dimensionen abflachen. Jede Komponente des Vektors ist eine Gleitkommazahl zwischen 0 und 1, die die Intensität für jedes Pixel im Bild angibt. Der Wert 0 steht für Schwarz, der Wert 1 für Weiß. Die Labels sind Zahlen zwischen 0 und 9 und zeigen an, welche Ziffer das Bild darstellt.

Daten erfassen und untersuchen

Bevor wir mit den Algorithmen zur Dimensionsreduktion arbeiten, laden wir zuerst die erforderlichen Bibliotheken:

```
# Bibliotheken importieren
'''Main'''

import numpy as np
import pandas as pd
```

1 Siehe die Website *MNIST database of handwritten digits* (*http://yann.lecun.com/exdb/mnist/*), mit freundlicher Genehmigung von Yann LeCun.

2 Siehe die Website *http://deeplearning.net/tutorial/gettingstarted.html*, mit freundlicher Genehmigung von *deeplearning.net*.

```
import os, time
import pickle, gzip


'''Daten visualisieren'''
import matplotlib.pyplot as plt
import seaborn as sns
color = sns.color_palette()
import matplotlib as mpl

%matplotlib inline

'''Daten vorbereiten und Modell bewerten'''
from sklearn import preprocessing as pp
from scipy.stats import pearsonr
from numpy.testing import assert_array_almost_equal
from sklearn.model_selection import train_test_split
from sklearn.model_selection import StratifiedKFold
from sklearn.metrics import log_loss
from sklearn.metrics import precision_recall_curve, average_precision_score
from sklearn.metrics import roc_curve, auc, roc_auc_score
from sklearn.metrics import confusion_matrix, classification_report

'''Algorithmen'''
from sklearn.linear_model import LogisticRegression
from sklearn.ensemble import RandomForestClassifier
import xgboost as xgb
import lightgbm as lgb
```

Die MNIST-Datasets laden

Laden Sie nun die MNIST-Datasets:

```
# Die Datasets laden
current_path = os.getcwd()
file = '\\datasets\\mnist_data\\mnist.pkl.gz'

f = gzip.open(current_path+file, 'rb')
train_set, validation_set, test_set = pickle.load(f, encoding='latin1')
f.close()

X_train, y_train = train_set[0], train_set[1]
X_validation, y_validation = validation_set[0], validation_set[1]
X_test, y_test = test_set[0], test_set[1]
```

Die Form der Datasets überprüfen

Überprüfen Sie als Nächstes die Form der Datasets, um sich davon zu überzeugen, dass sie richtig geladen wurden:

```
# Die Form der Datasets verifizieren
print("Shape of X_train: ", X_train.shape)
print("Shape of y_train: ", y_train.shape)
print("Shape of X_validation: ", X_validation.shape)
print("Shape of y_validation: ", y_validation.shape)
print("Shape of X_test: ", X_test.shape)
print("Shape of y_test: ", y_test.shape)
```

Die Ausgabe des obigen Codes bestätigt, dass die Datasets wie erwartet aussehen:

```
Shape of X_train:       (50000, 784)
Shape of y_train:       (50000,)
Shape of X_validation:  (10000, 784)
Shape of y_validation:  (10000,)
Shape of X_test:        (10000, 784)
Shape of y_test:        (10000,)
```

Pandas-DataFrames aus den Datasets erzeugen

Konvertieren wir nun die numpy-Arrays in Pandas-DataFrames, sodass es leichter ist, sie zu untersuchen und mit ihnen zu arbeiten:

```
# Pandas-DataFrames aus den Datasets erzeugen
train_index = range(0,len(X_train))
validation_index = range(len(X_train), \
                         len(X_train)+len(X_validation))
test_index = range(len(X_train)+len(X_validation), \
                   len(X_train)+len(X_validation)+len(X_test))

X_train = pd.DataFrame(data=X_train,index=train_index)
y_train = pd.Series(data=y_train,index=train_index)

X_validation = pd.DataFrame(data=X_validation,index=validation_index)
y_validation = pd.Series(data=y_validation,index=validation_index)

X_test = pd.DataFrame(data=X_test,index=test_index)
y_test = pd.Series(data=y_test,index=test_index)
```

Die Daten untersuchen

Der folgende Code erzeugt eine Zusammenfassungsansicht der Daten:

```
# Die Trainingsmatrix beschreiben
X_train.describe()
```

Tabelle 3-1: Datenuntersuchung

	0	1	2	3	4	5	6
count	50000.0	50000.0	50000.0	50000.0	50000.0	50000.0	50000.0
mean	0.0	0.0	0.0	0.0	0.0	0.0	0.0
std	0.0	0.0	0.0	0.0	0.0	0.0	0.0
min	0.0	0.0	0.0	0.0	0.0	0.0	0.0
25%	0.0	0.0	0.0	0.0	0.0	0.0	0.0
50%	0.0	0.0	0.0	0.0	0.0	0.0	0.0
75%	0.0	0.0	0.0	0.0	0.0	0.0	0.0
max	0.0	0.0	0.0	0.0	0.0	0.0	0.0
8 rows x 784 columns							

Tabelle 3-1 zeigt eine Zusammenfassungsansicht der Bilddaten. Viele Werte sind Nullen – d.h., die meisten Pixel in den Bildern sind schwarz. Das ist verständlich, da die Ziffern weiß sind und in der Mitte des Bilds auf einem schwarzen Hintergrund erscheinen.

Die Label-Daten stehen in einem eindimensionalen Vektor, der den eigentlichen Bildinhalt darstellt. Die Labels für die ersten Bilder lauten wie folgt:

```
# Die Labels anzeigen
y_train.head()
```

```
 0  5
 1  0
 2  4
 3  1
 4  9
 dtype: int64
```

Die Bilder anzeigen

Um das Bild zusammen mit seinem Label anzuzeigen, definieren wir folgende Funktion:

```
def view_digit(example):
    label = y_train.loc[0]
    image = X_train.loc[example,:].values.reshape([28,28])
    plt.title('Example: %d Label: %d' % (example, label))
    plt.imshow(image, cmap=plt.get_cmap('gray'))
    plt.show()
```

Eine Ansicht des ersten Bilds – nachdem der 784-dimensionale Vektor in ein 28 x 28-Pixel-Bild umgeformt wurde – zeigt die Ziffer Fünf (siehe Abbildung 3-1).

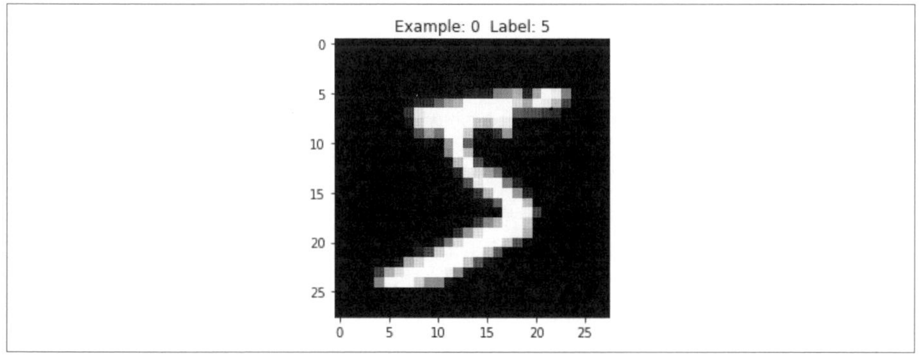

Abbildung 3-1: Ansicht der ersten Ziffer

Algorithmen zur Dimensionsreduktion

Nachdem wir das MNIST-Ziffern-Dataset geladen und untersucht haben, geht es jetzt um Algorithmen zur Dimensionsreduktion. Für jeden Algorithmus führen wir zuerst das Konzept ein und vertiefen dann unser Verständnis dafür, indem wir den Algorithmus auf das MNIST-Ziffern-Dataset anwenden.

Lineare Projektion vs. Manifold Learning

Es gibt zwei Hauptzweige der Dimensionsreduktion. Der erste ist als *lineare Projektion* bekannt und projiziert Daten aus einem hochdimensionalen Raum in einen Raum mit weniger Dimensionen. Dazu gehören Techniken wie *Hauptkomponentenanalyse*, *Singulärwertzerlegung* und *Zufallsprojektion*.

Der zweite Zweig ist das sogenannte *Manifold Learning*, das auch als *nicht lineare Dimensionsreduktion* bezeichnet wird. Hierzu gehören Techniken wie *Isomap*, die den gekrümmten Abstand (auch *geodätischer Weg* genannt) zwischen zwei Punkten statt des euklidischen Abstands lernt. Andere Techniken sind *multidimensionale Skalierung* (*MDS*), *lokal lineare Einbettung* (*LLE*), *stochastische Nachbarschaftseinbettung mit Student-t-Verteilung* (*t-SNE*), *Dictionary Learning*, *Random-Trees-Einbettung* und *Unabhängigkeitsanalyse*.

Hauptkomponentenanalyse

Wir untersuchen mehrere Versionen der Hauptkomponentenanalyse (PCA), einschließlich Standard-PCA, inkrementelle PCA, sparse PCA und Kernel-PCA.

Hauptkomponentenanalyse, das Konzept

Beginnen wir mit Standard-PCA, einer der am häufigsten verwendeten Techniken der linearen Dimensionsreduktion. In PCA sucht der Algorithmus eine niederdimensionale Repräsentation der Daten, wobei möglichst viele der Variationen (d.h. wichtige Informationen) beibehalten werden.

PCA betrachtet hierzu die Korrelation zwischen den Features. Wenn die Korrelation in einer Teilmenge der Features sehr hoch ist, versucht PCA, die stark korrelierten Features zusammenzufassen und diese Daten mit einer kleineren Anzahl von linear unkorrelierten Features zu repräsentieren. Der Algorithmus führt diese Reduzierung der Korrelation fort, wobei er nach den Richtungen der maximalen Varianz in den ursprünglich hochdimensionalen Daten sucht und sie in einen Raum mit weniger Dimensionen projiziert. Diese neu abgeleiteten Komponenten werden als Hauptkomponenten bezeichnet.

Mit diesen Komponenten lassen sich die ursprünglichen Features rekonstruieren – zwar nicht genau, aber im Allgemeinen nahe genug. Der PCA-Algorithmus versucht während seiner Suche nach den optimalen Komponenten, den Rekonstruktionsfehler aktiv zu minimieren.

In unserem MNIST-Beispiel hat der ursprüngliche Featureraum 784 Dimensionen, als d Dimensionen bezeichnet. PCA projiziert nun die Daten auf einen kleineren

Teilraum von k Dimensionen (wobei $k < d$), während möglichst viele der wichtigen Informationen beibehalten werden. Diese k Dimensionen sind die sogenannten Hauptkomponenten.

Die Anzahl der für uns verbleibenden bedeutungsvollen Hauptkomponenten ist beträchtlich kleiner als die Anzahl der Dimensionen im ursprünglichen Dataset. Beim Übergang in diesen Raum mit weniger Dimensionen haben wir etwas Varianz (d.h. Informationen) eingebüßt, doch die zugrunde liegende Struktur der Daten lässt sich leichter identifizieren. Dadurch können wir auch Aufgaben wie Anomalieerkennung und Clustering effektiver und effizienter ausführen.

Durch die reduzierte Dimensionalität verringert PCA auch die Größe der Daten. Das wiederum verbessert die Performance der maschinellen Lernalgorithmen in der maschinellen Lernpipeline (zum Beispiel für Aufgaben wie die Bildklassifizierung).

Es ist wichtig, vor der Ausführung der Hauptkomponentenanalyse die Features zu skalieren. PCA ist sehr empfindlich gegenüber den relativen Bereichen der ursprünglichen Features. Wir müssen die Daten im Allgemeinen skalieren, um sicherzustellen, dass sich die Features im gleichen relativen Bereich befinden. Da aber für unser MNIST-Ziffern-Dataset die Features bereits in einen Bereich von 0 bis 1 skaliert wurden, können wir diesen Schritt überspringen.

PCA in der Praxis

Da Sie nun eine bessere Vorstellung davon haben werden, wie PCA funktioniert, wenden wir PCA auf das MNIST-Ziffern-Dataset an und sehen, wie PCA die wichtigsten Informationen über die Ziffern erfasst, wenn der Algorithmus die Daten aus dem ursprünglichen 784-dimensionalen Raum in einen Raum mit weniger Dimensionen projiziert.

Die Hyperparameter festlegen

Der folgende Code legt die Hyperparameter für den PCA-Algorithmus fest:

```
from sklearn.decomposition import PCA

n_components = 784
whiten = False
random_state = 2018

pca = PCA(n_components=n_components, whiten=whiten, \
    random_state=random_state)
```

PCA anwenden

Die Anzahl der Hauptkomponenten legen wir auf die ursprüngliche Anzahl von Dimensionen fest (d.h. 784). Dann erfasst die Hauptkomponentenanalyse die wichtigen Informationen von den ursprünglichen Dimensionen und beginnt, die Hauptkomponenten zu erzeugen. Sobald diese Komponenten erzeugt sind, bestimmen wir, wie viele Hauptkomponenten wir benötigen, um die größte Varianz (d.h. die meisten Informationen) aus diesem ursprünglichen Featureset zu erfassen.

Wir passen nun unsere Trainingsdaten an und transformieren sie, um diese Hauptkomponenten zu generieren:

```
X_train_PCA = pca.fit_transform(X_train)
X_train_PCA = pd.DataFrame(data=X_train_PCA, index=train_index)
```

PCA bewerten

Da wir die Dimensionalität überhaupt noch nicht reduziert (sondern lediglich die Daten transformiert) haben, sollte die Varianz (die Informationen) der ursprünglichen Daten, die von den 784 Hauptkomponenten erfasst wurde, 100% betragen:

```
# Prozentuale Varianz, die von 784 Hauptkomponenten erfasst wurde
print("Variance Explained by all 784 principal components: ", \
    sum(pca.explained_variance_ratio_))

Variance Explained by all 784 principal components: 0.9999999999999997
```

Beachten Sie aber, dass die Wichtigkeit der 784 Hauptkomponenten sehr unterschiedlich ist. Die Wichtigkeiten der ersten X Hauptkomponenten werden hier summiert:

```
# Prozentuale Varianz, die von X Hauptkomponenten erfasst wurde
importanceOfPrincipalComponents = \
    pd.DataFrame(data=pca.explained_variance_ratio_)
importanceOfPrincipalComponents = importanceOfPrincipalComponents.T

print('Variance Captured by First 10 Principal Components: ',
    importanceOfPrincipalComponents.loc[:,0:9].sum(axis=1).values)
print('Variance Captured by First 20 Principal Components: ',
    importanceOfPrincipalComponents.loc[:,0:19].sum(axis=1).values)
print('Variance Captured by First 50 Principal Components: ',
    importanceOfPrincipalComponents.loc[:,0:49].sum(axis=1).values)
print('Variance Captured by First 100 Principal Components: ',
    importanceOfPrincipalComponents.loc[:,0:99].sum(axis=1).values)
print('Variance Captured by First 200 Principal Components: ',
    importanceOfPrincipalComponents.loc[:,0:199].sum(axis=1).values)
print('Variance Captured by First 300 Principal Components: ',
    importanceOfPrincipalComponents.loc[:,0:299].sum(axis=1).values)

Variance Captured by First 10 Principal Components: [0.48876238]
Variance Captured by First 20 Principal Components: [0.64398025]
Variance Captured by First 50 Principal Components: [0.8248609]
Variance Captured by First 100 Principal Components: [0.91465857]
Variance Captured by First 200 Principal Components: [0.96650076]
Variance Captured by First 300 Principal Components: [0.9862489]
```

Die ersten zehn Komponenten erfassen insgesamt etwa 50% der Varianz, die ersten 100 Komponenten über 90% und die ersten 300 Komponenten fast 99% der Varianz; die Informationen in den übrigen Hauptkomponenten können vernachlässigt werden.

Die Wichtigkeit jeder Hauptkomponente kann man auch grafisch darstellen, geordnet von der ersten zur letzten Hauptkomponente. Damit die Übersicht nicht verloren geht, zeigt Abbildung 3-2 nur die ersten zehn Komponenten.

Die Leistungsfähigkeit der Hauptkomponentenanalyse sollte damit deutlicher werden. Mit nur den ersten 200 Hauptkomponenten (weit weniger als die ursprünglichen 784 Dimensionen) erfassen wir über 96 % der Varianz beziehungsweise Informationen.

PCA ermöglicht uns, die Dimensionalität der ursprünglichen Daten erheblich zu reduzieren, dabei aber die meisten der wichtigen Informationen beizubehalten. Im Featureset, das durch PCA reduziert wurde, ist es für andere Algorithmen – die in der Pipeline des maschinellen Lernens nachgelagert sind – einfacher, die Datenpunkte im Raum zu trennen (d. h. Aufgaben wie Anomalieerkennung und Clustering auszuführen) und dabei mit weniger Rechenressourcen auszukommen.

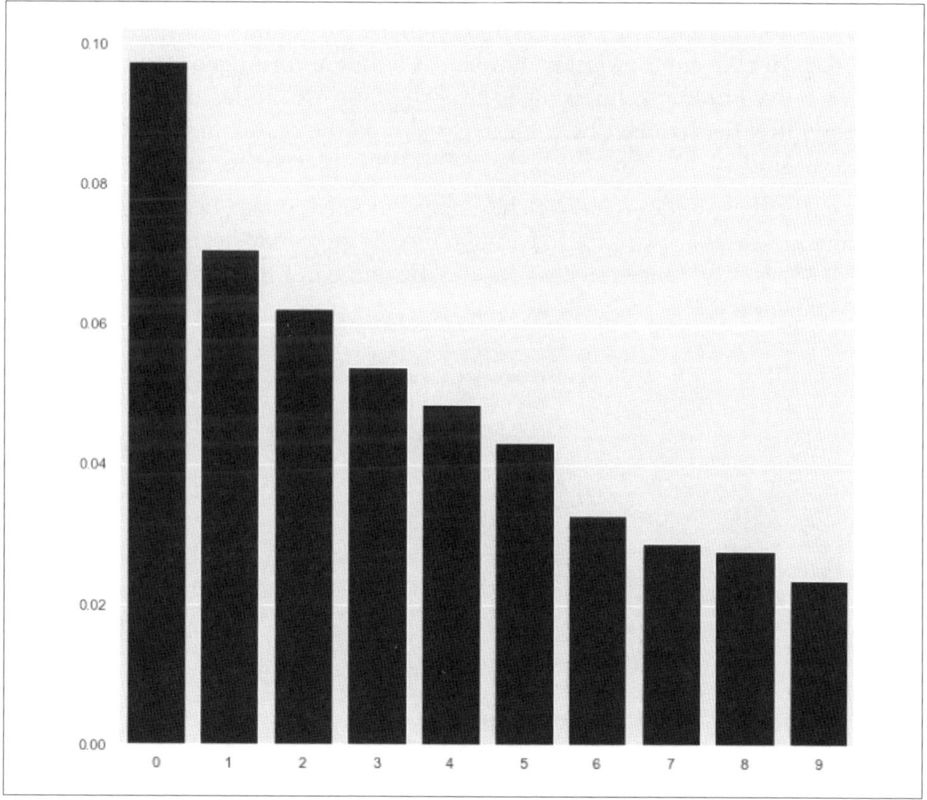

Abbildung 3-2: Wichtigkeit der PCA-Komponenten

Die Trennung der Punkte im Raum visualisieren

Um zu demonstrieren, wie leistungsfähig die Hauptkomponentenanalyse ist, um effizient und kompakt die Varianz (die Informationen) in den Daten zu erfassen, stellen wir die Beobachtungen in zwei Dimensionen dar. Hierzu zeichnen wir ein *Streudiagramm* der ersten und zweiten Hauptkomponente und markieren die Beobachtungen mit dem wahren Label. Zu diesem Zweck erstellen wir eine Funktion scatterPlot(), da wir später auch Visualisierungen für die anderen Dimensionalitätsalgorithmen darstellen wollen:

```
def scatterPlot(xDF, yDF, algoName):
    tempDF = pd.DataFrame(data=xDF.loc[:,0:1], index=xDF.index)
    tempDF = pd.concat((tempDF,yDF), axis=1, join="inner")
    tempDF.columns = ["First Vector", "Second Vector", "Label"]
    sns.lmplot(x="First Vector", y="Second Vector", hue="Label", \
               data=tempDF, fit_reg=False)
    ax = plt.gca()
    ax.set_title("Separation of Observations using "+algoName)

scatterPlot(X_train_PCA, y_train, "PCA")
```

Wie aus Abbildung 3-3 hervorgeht, ist die Hauptkomponentenanalyse allein mit zwei Hauptkomponenten in der Lage, die Punkte im Raum einwandfrei zu trennen, sodass der Abstand zwischen ähnlichen Punkten im Allgemeinen kleiner ist als zu anderen Punkten, die weniger ähnlich sind. Mit anderen Worten: Bilder derselben Ziffer liegen enger beieinander, während die Bilder anderer Ziffern weiter entfernt sind.

PCA erreicht dies, ohne irgendwelche Labels zu verwenden. Dies zeigt die Leistungsfähigkeit des Unsupervised Learning, um die zugrunde liegende Struktur der Daten zu erfassen, wodurch sich verdeckte Muster beim Fehlen von Labels leichter entdecken lassen.

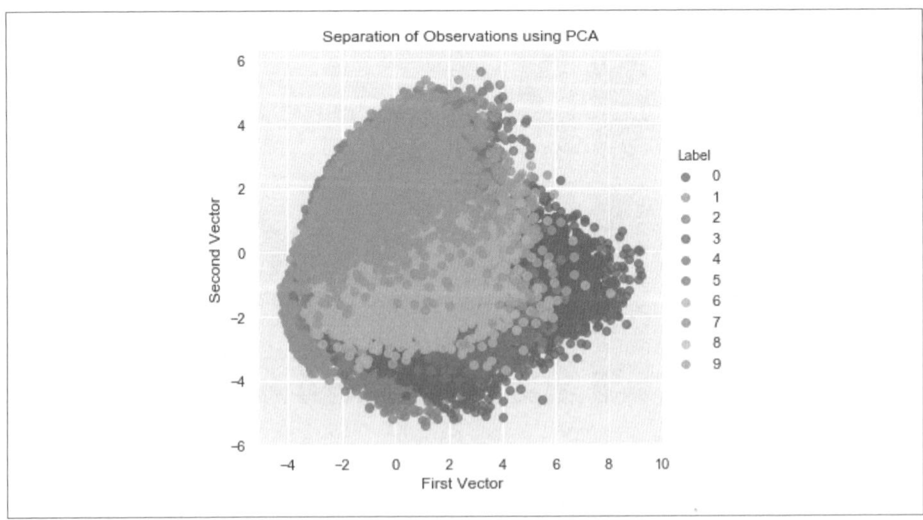

Abbildung 3-3: Trennung von Beobachtungen mithilfe der Hauptkomponentenanalyse

Wenn wir das gleiche zweidimensionale Streudiagramm mit den beiden wichtigsten Features aus der ursprünglichen 784-Feature-Menge – bestimmt durch das

Training eines überwachten Lernmodells – darstellen, ist die Trennung bestenfalls schlecht (siehe Abbildung 3-4).

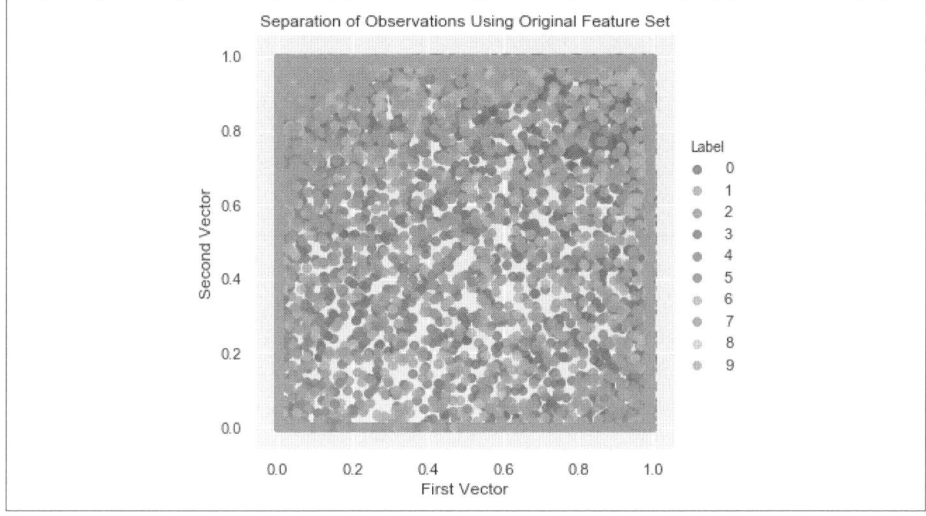

Abbildung 3-4: Trennung von Beobachtungen ohne Hauptkomponentenanalyse

Der Vergleich zwischen Abbildung 3-3 und Abbildung 3-4 zeigt, wie leistungsfähig PCA dahin gehend ist, die zugrunde liegende Struktur des Datasets ohne irgendwelche Labels zu lernen – selbst mit nur zwei Dimensionen können wir die Bilder nach den angezeigten Ziffern sinnvoll trennen.

Die Hauptkomponentenanalyse ist nicht nur dabei behilflich, die Daten zu trennen, damit wir versteckte Muster leichter entdecken können, sie hilft auch, die Größe der Featuremenge zu verringern, wodurch es – sowohl hinsichtlich der Zeit als auch in Bezug auf die rechentechnischen Ressourcen – kostengünstiger wird, Modelle des maschinellen Lernens zu trainieren.

Mit dem MNIST-Dataset wird die Verringerung der Trainingszeit bestenfalls moderat ausfallen, da das Dataset sehr klein ist – wir haben nur 784 Features und 50.000 Beobachtungen. Aber bei einem Dataset mit Millionen von Features und Milliarden von Beobachtungen würde durch die Dimensionsreduktion die Trainingszeit der Algorithmen in der Pipeline für maschinelles Lernen erheblich verkürzt.

Schließlich verwirft PCA einige Informationen, die im ursprünglichen Featureset vorhanden sind, tut dies aber so raffiniert, dass die wichtigsten Elemente erfasst und die weniger wertvollen geopfert werden. Zwar schneidet ein Modell, das auf einem per PCA reduzierten Featureset trainiert wird, hinsichtlich Genauigkeit möglicherweise nicht so gut ab wie ein Modell, das auf dem gesamten Featureset trainiert wird, doch laufen sowohl das Training als auch die Vorhersage wesentlich schneller ab. Dies ist einer der wichtigen Kompromisse, die Sie bei der Entscheidung berücksichtigen müssen, ob Sie Dimensionsreduktion in Ihrem Produkt des maschinellen Lernens einsetzen wollen.

Inkrementelle Hauptkomponentenanalyse

Für sehr große Datasets, die nicht in den Arbeitsspeicher passen, lässt sich die Hauptkomponentenanalyse inkrementell in kleinen Batches durchführen, wobei jeder Batch vollständig im Arbeitsspeicher untergebracht werden kann. Die Batch-Größe kann entweder manuell festgelegt oder automatisch bestimmt werden. Diese Batch-basierte Form der PCA bezeichnet man als *inkrementelle PCA*. Die resultierenden Hauptkomponenten von PCA und inkrementeller PCA sind im Allgemeinen recht ähnlich (siehe Abbildung 3-5). Der Code für inkrementelle PCA sieht folgendermaßen aus:

```
# Inkrementelle PCA
from sklearn.decomposition import IncrementalPCA

n_components = 784
batch_size = None

incrementalPCA = IncrementalPCA(n_components=n_components, \
                                batch_size=batch_size)

X_train_incrementalPCA = incrementalPCA.fit_transform(X_train)
X_train_incrementalPCA = \
    pd.DataFrame(data=X_train_incrementalPCA, index=train_index)
X_validation_incrementalPCA = incrementalPCA.transform(X_validation)
X_validation_incrementalPCA = \
    pd.DataFrame(data=X_validation_incrementalPCA, index=validation_index)

scatterPlot(X_train_incrementalPCA, y_train, "Incremental PCA")
```

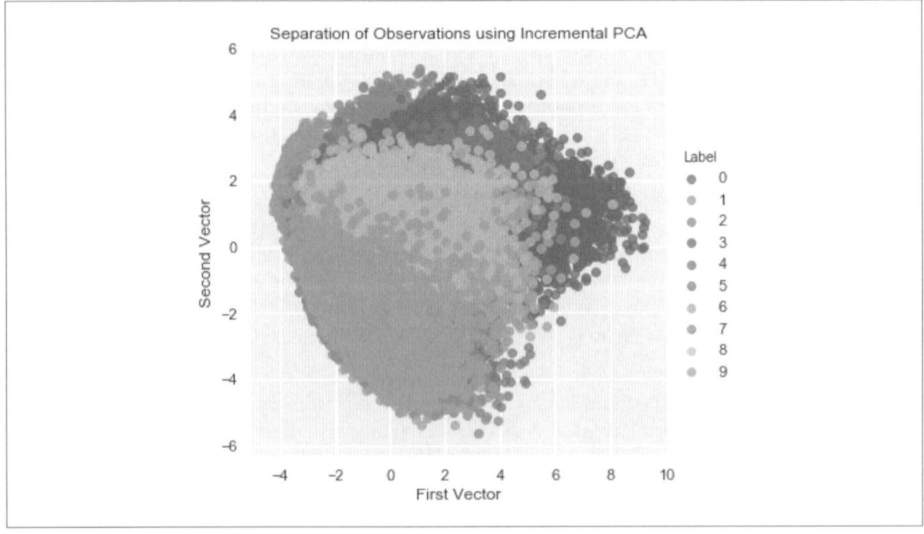

Abbildung 3-5: Trennung von Beobachtungen mittels inkrementeller PCA

Sparse PCA

Der normale PCA-Algorithmus sucht in allen Eingabevariablen nach Linearkombinationen und reduziert dabei den ursprünglichen Featureraum so dicht wie möglich. Für manche Probleme des maschinellen Lernens kann aber ein gewisses Maß an Sparsamkeit von Vorteil sein. Eine Version der PCA, die ein gewisses Maß an Sparsamkeit beibehält – gesteuert durch einen Hyperparameter `alpha` –, wird als *sparse PCA* bezeichnet. Der Sparse-PCA-Algorithmus sucht nur in einigen der Eingabevariablen nach Linearkombinationen, wodurch der ursprüngliche Featureraum auf ein gewisses Maß reduziert wird, das Ergebnis aber nicht so kompakt ist wie bei normaler PCA.

Da dieser Algorithmus etwas langsamer trainiert als die normale PCA, werden wir nur die ersten 10.000 Beispiele in unserem Trainingsset (von den insgesamt 50.000 Beispielen) trainieren. Wir setzen diese Trainingspraxis mit weniger als der Gesamtzahl der Beobachtungen fort, sofern die Trainingszeiten des Algorithmus zu lang dauern.

Für unsere Zwecke (d.h. die Entwicklung einer Intuition, wie diese Algorithmen der Dimensionsreduktion arbeiten) geht dieser Trainingsprozess in Ordnung. Als bessere Lösung empfiehlt sich ein Training auf dem vollständigen Trainingsset:

```
# Sparse PCA
from sklearn.decomposition import SparsePCA

n_components = 100
alpha = 0.0001
random_state = 2018
n_jobs = -1

sparsePCA = SparsePCA(n_components=n_components, \
                alpha=alpha, random_state=random_state, n_jobs=n_jobs)

sparsePCA.fit(X_train.loc[:10000,:])
X_train_sparsePCA = sparsePCA.transform(X_train)
X_train_sparsePCA = pd.DataFrame(data=X_train_sparsePCA, index=train_index)

X_validation_sparsePCA = sparsePCA.transform(X_validation)
X_validation_sparsePCA = \
    pd.DataFrame(data=X_validation_sparsePCA, index=validation_index)

scatterPlot(X_train_sparsePCA, y_train, "Sparse PCA")
```

Abbildung 3-6 zeigt ein zweidimensionales Streudiagramm der beiden ersten Hauptkomponenten mittels sparse PCA.

Wie erwartet, unterscheidet sich dieses Streudiagramm von dem der normalen PCA. Normale und sparse PCA generieren Hauptkomponenten unterschiedlich, und auch die Trennung der Punkte erfolgt auf eine etwas andere Weise.

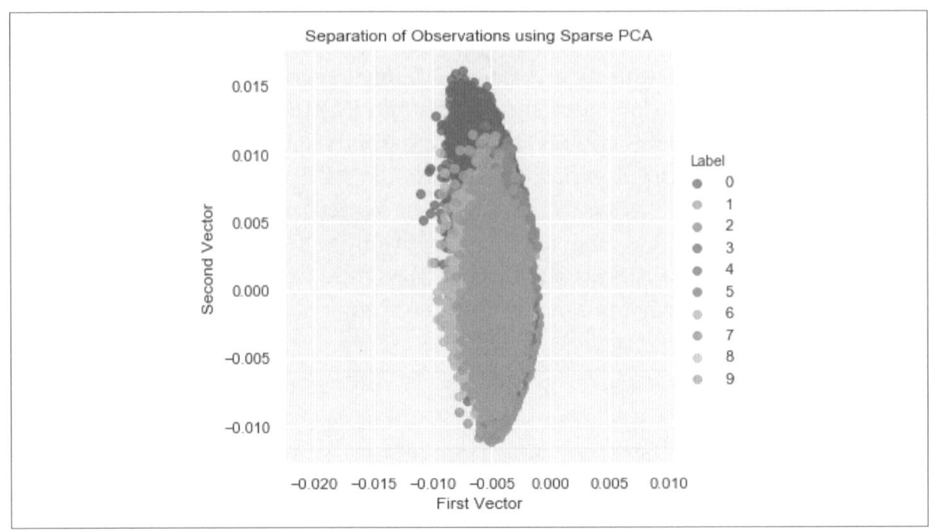

Abbildung 3-6: Trennung von Beobachtungen mittels sparse PCA

Kernel-PCA

Normale, inkrementelle und sparse PCA projizieren die Originaldaten linear in einen niedrigdimensionalen Raum. Es gibt aber auch eine nicht lineare Form von PCA, die sogenannte *Kernel-PCA*, die eine Ähnlichkeitsfunktion über Paaren von Originaldatenpunkten ausführt, um eine nicht lineare Dimensionsreduktion durchzuführen.

Durch das Lernen dieser Ähnlichkeitsfunktion (als *Kernel-Methode* bezeichnet) bildet die Kernel-PCA den impliziten Featureraum ab, in dem die Mehrheit der Datenpunkte liegt, und erzeugt diesen impliziten Featureraum in einer wesentlich kleineren Anzahl von Dimensionen als die Dimensionen im ursprünglichen Featureset. Diese Methode ist besonders effektiv, wenn das ursprüngliche Featureset nicht linear trennbar ist.

Für den Kernel-PCA-Algorithmus müssen wir die gewünschte Anzahl der Komponenten, den Typ des Kernels und den Kernel-Koeffizienten – das sogenannte *gamma* – festlegen. Der gängigste Kernel arbeitet mit der *radialen Basisfunktion*, daher die Bezeichnung *RBF-Kernel*. Diesen Kernel werden wir auch hier verwenden:

```
# Kernel-PCA
from sklearn.decomposition import KernelPCA

n_components = 100
kernel = 'rbf'
gamma = None
random_state = 2018
n_jobs = 1
```

```
kernelPCA = KernelPCA(n_components=n_components, kernel=kernel, \
                      gamma=gamma, n_jobs=n_jobs, random_state=random_state)

kernelPCA.fit(X_train.loc[:10000,:])
X_train_kernelPCA = kernelPCA.transform(X_train)
X_train_kernelPCA = pd.DataFrame(data=X_train_kernelPCA,index=train_index)

X_validation_kernelPCA = kernelPCA.transform(X_validation)
X_validation_kernelPCA = \
    pd.DataFrame(data=X_validation_kernelPCA, index=validation_index)

scatterPlot(X_train_kernelPCA, y_train, "Kernel PCA")
```

Das zweidimensionale Streudiagramm der Kernel-PCA ist nahezu identisch dem Diagramm der linearen PCA für unser MNIST-Ziffern-Dataset (siehe Abbildung 3-7). Das Lernen des RBF-Kernels verbessert nicht die Dimensionsreduktion.

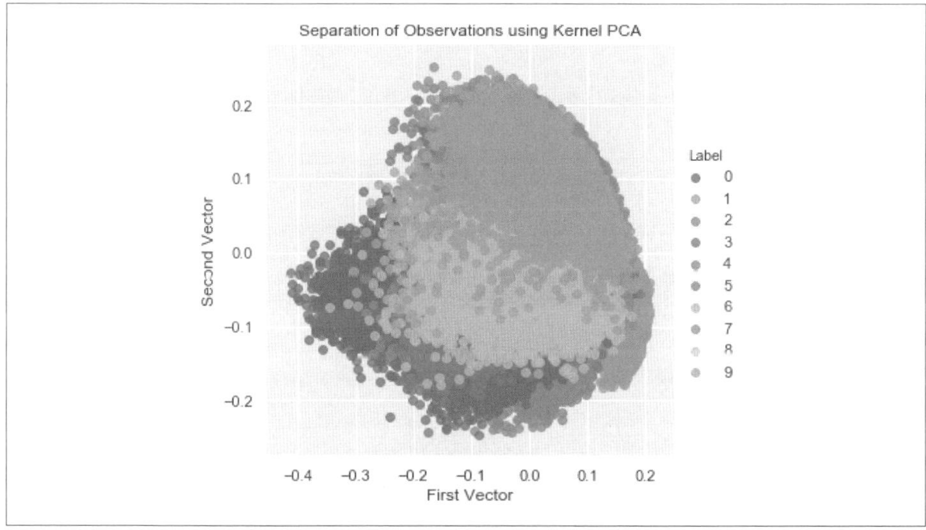

Abbildung 3-7: Trennung von Beobachtungen mittels Kernel-PCA

Singulärwertzerlegung

Die zugrunde liegende Struktur der Daten kann auch gelernt werden, wenn man den Rang der ursprünglichen Featurematrix auf einen kleineren Rang reduziert, sodass sich die Originalmatrix mit einer linearen Kombination einiger Vektoren in der Matrix mit dem kleineren Rang neu erstellen lässt. Diese Methode heißt *Singulärwertzerlegung* (engl. *Singular Value Decomposition*, SVD).

Um die Matrix mit dem kleineren Rang zu erzeugen, übernimmt SVD aus der Originalmatrix die Vektoren, die die meisten Informationen (d.h. den höchsten Singulärwert) enthalten. Die Matrix mit dem kleineren Rang erfasst die wichtigsten Elemente aus dem ursprünglichen Featureraum.

Dies ist der PCA sehr ähnlich. PCA verringert die Dimensionalität anhand der Eigenwerte bzw. Eigenvektoren der Kovarianzmatrix. SVD verwendet die Singulärwertzerlegung, wie der Name schon sagt. Praktisch steckt SVD in den Berechnungen von PCA, doch ausführlich darauf einzugehen, würde den Rahmen dieses Buchs überschreiten.

SVD funktioniert folgendermaßen:

```
# Singulärwertzerlegung
from sklearn.decomposition import TruncatedSVD

n_components = 200
algorithm = 'randomized'
n_iter = 5
random_state = 2018

svd = TruncatedSVD(n_components=n_components, algorithm=algorithm, \
                   n_iter=n_iter, random_state=random_state)

X_train_svd = svd.fit_transform(X_train)
X_train_svd = pd.DataFrame(data=X_train_svd, index=train_index)

X_validation_svd = svd.transform(X_validation)
X_validation_svd = pd.DataFrame(data=X_validation_svd, index=validation_index)

scatterPlot(X_train_svd, y_train, "Singular Value Decomposition")
```

Abbildung 3-8 zeigt die Trennung der Punkte, die wir mit den beiden wichtigsten Vektoren von SVD erreichen.

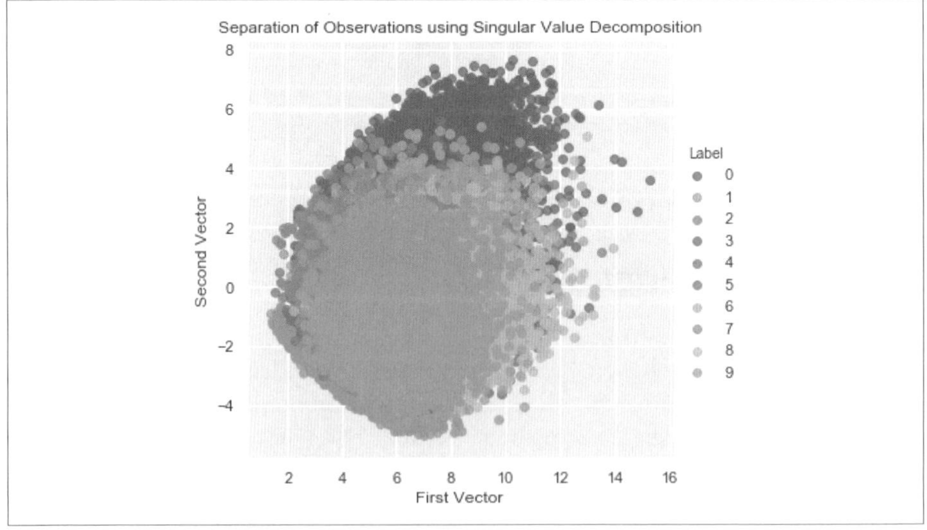

Abbildung 3-8: Trennen der Beobachtungen mittels SVD

Zufallsprojektion

Eine weitere Technik der linearen Dimensionsreduktion ist die Zufallsprojektion, die sich auf das *Johnson-Lindenstrauss-Lemma* stützt. Entsprechend dem Johnson-Lindenstrauss-Lemma können Punkte in einem hochdimensionalen Raum in einen Raum mit deutlich weniger Dimensionen eingebettet werden, sodass Abstände zwischen den Punkten nahezu erhalten bleiben. Mit anderen Worten: Selbst wenn wir von einem hochdimensionalen Raum in einen niedrigdimensionalen Raum wechseln, wird die relevante Struktur der ursprünglichen Featuremenge bewahrt.

Gaußsche Zufallsprojektion

Es gibt zwei Versionen der Zufallsprojektion – die als *gaußsche Zufallsprojektion* bezeichnete Standardversion und eine sparse Version, die *sparse Zufallsprojektion* genannt wird.

Für die gaußsche Zufallsprojektion können wir entweder die Anzahl der Komponenten, die wir im reduzierten Featureraum haben möchten, oder den Hyperparameter eps spezifizieren. Der Parameter eps steuert die Qualität der Einbettung entsprechend dem Johnson-Lindenstrauss-Lemma, wobei kleinere Werte eine höhere Anzahl von Dimensionen generieren. In unserem Fall entscheiden wir uns dafür, diesen Hyperparameter festzulegen:

```
# gaußsche Zufallsprojektion
from sklearn.random_projection import GaussianRandomProjection

n_components = 'auto'
eps = 0.5
random_state = 2018

GRP = GaussianRandomProjection(n_components=n_components, eps=eps, \
                               random_state=random_state)

X_train_GRP = GRP.fit_transform(X_train)
X_train_GRP = pd.DataFrame(data=X_train_GRP, index=train_index)

X_validation_GRP = GRP.transform(X_validation)
X_validation_GRP = pd.DataFrame(data=X_validation_GRP, index=validation_index)

scatterPlot(X_train_GRP, y_train, "Gaussian Random Projection")
```

Abbildung 3-9 zeigt das zweidimensionale Streudiagramm, das mit gaußscher Zufallsprojektion erzeugt wurde.

Obwohl es sich um eine Form linearer Projektion wie PCA handelt, ist die Zufallsprojektion eine vollkommen andere Familie der Dimensionsreduktion. Folglich sieht das Streudiagramm der Zufallsprojektion ganz anders aus als das Streudiagramm der normalen, der inkrementellen, der sparse und der Kernel-PCA.

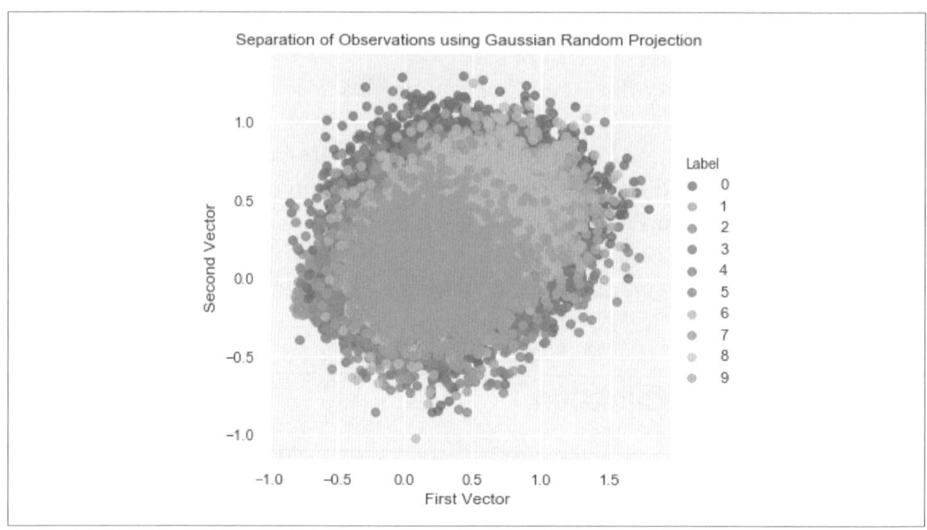

Abbildung 3-9: Trennung von Beobachtungen mittels gaußscher Zufallsprojektion

Sparse Zufallsprojektion

So wie es eine sparse-Version der PCA gibt, existiert auch eine sogenannte *sparse Zufallsprojektion*. Sie behält einen gewissen Grad an Sparsamkeit in der transformierten Featuremenge bei und ist im Allgemeinen wesentlich effizienter, da sie die ursprünglichen Daten viel schneller in den reduzierten Raum transformiert als die normale gaußsche Zufallsprojektion:

```
# Sparse Zufallsprojektion
from sklearn.random_projection import SparseRandomProjection

n_components = 'auto'
density = 'auto'
eps = 0.5
dense_output = False
random_state = 2018

SRP = SparseRandomProjection(n_components=n_components, \
        density=density, eps=eps, dense_output=dense_output, \
        random_state=random_state)

X_train_SRP = SRP.fit_transform(X_train)
X_train_SRP = pd.DataFrame(data=X_train_SRP, index=train_index)

X_validation_SRP = SRP.transform(X_validation)
X_validation_SRP = pd.DataFrame(data=X_validation_SRP, index=validation_index)

scatterPlot(X_train_SRP, y_train, "Sparse Random Projection")
```

Abbildung 3-10 zeigt das zweidimensionale Streudiagramm, das mit sparse Zufallsprojektion entstanden ist.

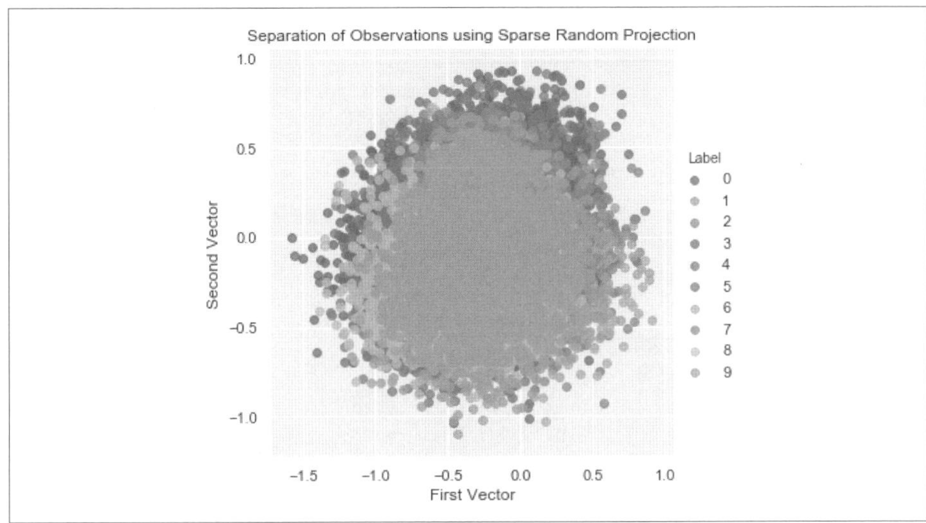

Abbildung 3-10: Trennung von Beobachtungen mittels sparse Zufallsprojektion

Isomap

Anstatt die Daten von einem hochdimensionalen Raum linear in einen niedrigdimensionalen Raum zu projizieren, können wir auch nicht lineare Methoden der Dimensionsreduktion verwenden. Diese Methoden firmieren unter dem Oberbegriff *Manifold Learning* (d.h. Lernen einer Mannigfaltigkeit).

Die allereinfachste Form des Manifold Learning wird *isometrische Merkmalsabbildung* genannt, kurz *Isomap* (von engl. Isometric Mapping). Wie Kernel-PCA lernt Isomap eine neue, niedrigdimensionale Einbettung der ursprünglichen Merkmalsmenge, indem die Distanzen paarweise zwischen allen Punkten berechnet werden, wobei es sich um die *gekrümmte Distanz* oder den *geodätischen Weg* und nicht um den euklidischen Abstand handelt. Mit anderen Worten: Isomap lernt die intrinsische Geometrie der ursprünglichen Daten basierend darauf, wo jeder Punkt relativ zu seinen Nachbarn in einer Mannigfaltigkeit liegt:

```
# Isomap

from sklearn.manifold import Isomap

n_neighbors = 5
n_components = 10
n_jobs = 4

isomap = Isomap(n_neighbors=n_neighbors, \
                n_components=n_components, n_jobs=n_jobs)

isomap.fit(X_train.loc[0:5000,:])
X_train_isomap = isomap.transform(X_train)
```

```
X_train_isomap = pd.DataFrame(data=X_train_isomap, index=train_index)

X_validation_isomap = isomap.transform(X_validation)
X_validation_isomap = pd.DataFrame(data=X_validation_isomap, \
                                   index=validation_index)

scatterPlot(X_train_isomap, y_train, "Isomap")
```

Abbildung 3-11 zeigt das zweidimensionale Streudiagramm, das mit Isomap erzeugt wurde.

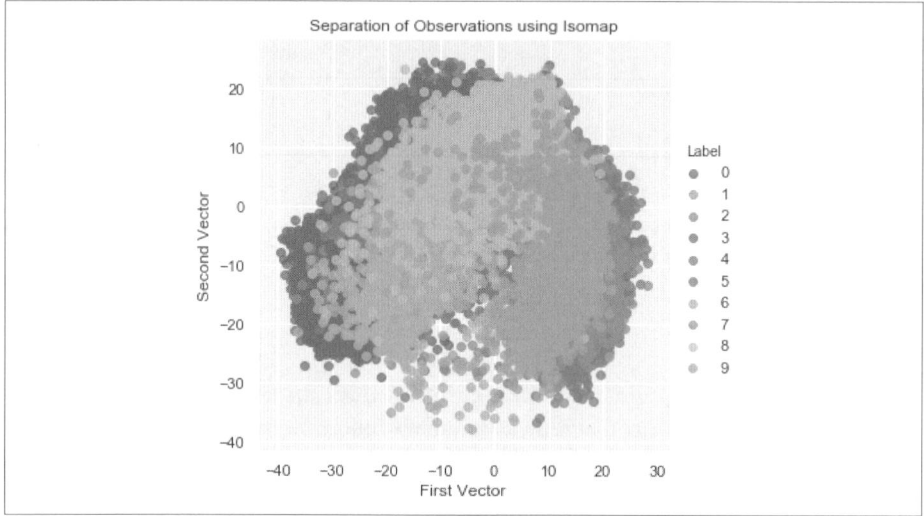

Abbildung 3-11: Trennung von Beobachtungen mittels Isomap

Multidimensionale Skalierung

Die *multidimensionale Skalierung* (engl. *Multidimensional Scaling*, MDS) ist eine Form nicht linearer Dimensionsreduktion, die die Ähnlichkeit von Punkten im ursprünglichen Dataset lernt und diese mit den gelernten Ähnlichkeiten in einem niederdimensionalen Raum modelliert:

```
# Multidimensionale Skalierung
from sklearn.manifold import MDS

n_components = 2
n_init = 12
max_iter = 1200
metric = True
n_jobs = 4
random_state = 2018

mds = MDS(n_components=n_components, n_init=n_init, max_iter=max_iter, \
          metric=metric, n_jobs=n_jobs, random_state=random_state)
```

```
X_train_mds = mds.fit_transform(X_train.loc[0:1000,:])
X_train_mds = pd.DataFrame(data=X_train_mds, index=train_index[0:1001])

scatterPlot(X_train_mds, y_train, "Multidimensional Scaling")
```

Abbildung 3-12 zeigt das zweidimensionale Streudiagramm, das mit MDS erzeugt wurde.

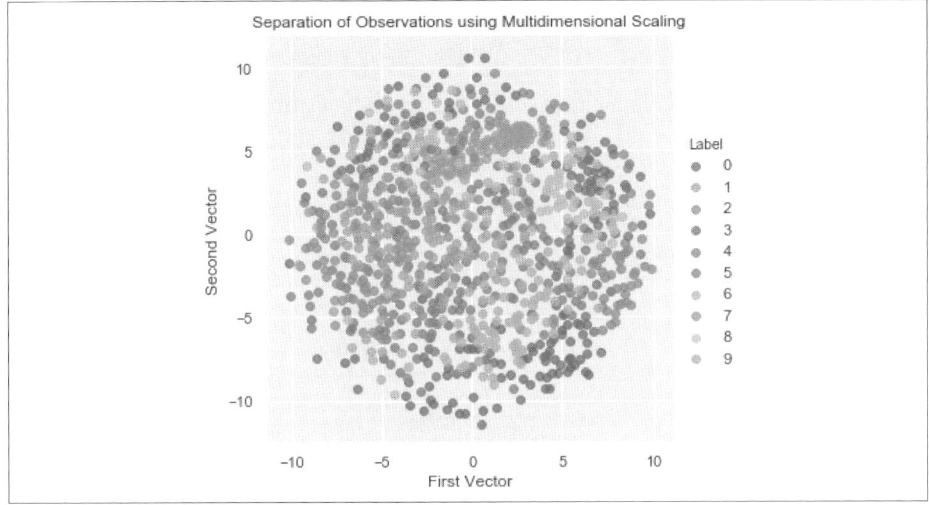

Abbildung 3-12. Trennung von Beobachtungen mittels MDS

Lokal lineare Einbettung

Eine weitere gängige Methode für nicht lineare Dimensionsreduktion ist die *lokal lineare Einbettung* (engl. *Locally Linear Embedding*, LLE). Diese Methode bewahrt die Abstände innerhalb lokaler Nachbarschaften, wenn sie die Daten aus dem ursprünglichen Featureraum in einen reduzierten Raum projiziert. LLE entdeckt die nicht lineare Struktur in den originalen, hochdimensionalen Daten, indem sie die Daten in kleinere Komponenten (d.h. in Nachbarschaften von Punkten) segmentiert und jede Komponente als lineare Einbettung modelliert.

Für diesen Algorithmus spezifizieren wir die Anzahl der gewünschten Komponenten und geben die Anzahl der Punkte an, die in einer bestimmten Nachbarschaft zu betrachten sind:

```
# lokal lineare Einbettung (LLE)
from sklearn.manifold import LocallyLinearEmbedding

n_neighbors = 10
n_components = 2
method = 'modified'
n_jobs = 4
random_state = 2018
```

```
lle = LocallyLinearEmbedding(n_neighbors=n_neighbors, \
        n_components=n_components, method=method, \
        random_state=random_state, n_jobs=n_jobs)

lle.fit(X_train.loc[0:5000,:]) X_train_lle = lle.transform(X_train)
X_train_lle = pd.DataFrame(data=X_train_lle, index=train_index)

X_validation_lle = lle.transform(X_validation)
X_validation_lle = pd.DataFrame(data=X_validation_lle, index=validation_index)

scatterPlot(X_train_lle, y_train, "Locally Linear Embedding")
```

Abbildung 3-13 zeigt das zweidimensionale Streudiagramm, das mit LLE erzeugt wurde.

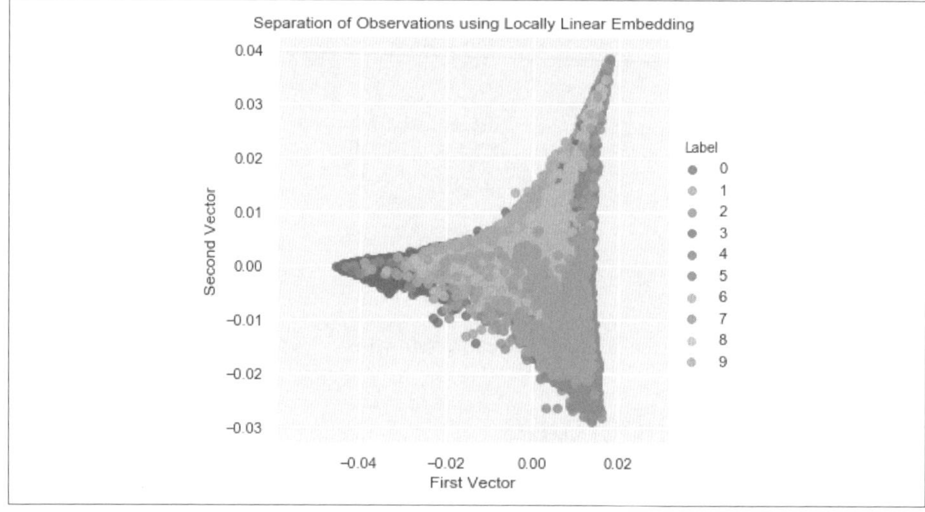

Abbildung 3-13: Trennung von Beobachtungen mittels LLE

Stochastische Nachbarschaftseinbettung mit Student-t-Verteilung

Die *stochastische Nachbarschaftseinbettung mit Student-t-Verteilung* (engl. *t-distributed Stochastic Neighbor Embedding*, t-SNE) ist eine nicht lineare Dimensionsreduktionstechnik für die Visualisierung hochdimensionaler Daten. t-SNE erreicht das durch Modellierung jedes hochdimensionalen Punkts in einen zwei- oder dreidimensionalen Raum, in dem ähnliche Punkte nahe beieinander und unähnliche Punkte weiter voneinander entfernt modelliert werden. Hierfür konstruiert der Algorithmus zwei Wahrscheinlichkeitsverteilungen, eine über Punktpaaren im hochdimensionalen Raum und eine andere über Punktpaaren im niedrigdimensionalen Raum, sodass ähnliche Punkte eine hohe Wahrscheinlichkeit und unähnliche Punkte eine geringere Wahrscheinlichkeit haben. Insbesondere minimiert t-SNE die *Kullback-Leibler-Divergenz* zwischen den beiden Wahrscheinlichkeitsverteilungen.

In realen Anwendungen von t-SNE ist es am besten, eine andere Technik zur Dimensionsreduktion zu verwenden (beispielsweise PCA, wie es hier geschieht), um die Anzahl der Dimensionen zu reduzieren, bevor t-SNE angewendet wird. Indem zuerst eine andere Form der Dimensionsreduktion angewandt wird, reduzieren wir das Rauschen in den Features, die in die t-SNE eingespeist werden, und beschleunigen die Berechnung des Algorithmus:

```
# t-SNE
from sklearn.manifold import TSNE

n_components = 2
learning_rate = 300
perplexity = 30
early_exaggeration = 12
init = 'random'
random_state = 2018

tSNE = TSNE(n_components=n_components, learning_rate=learning_rate, \
            perplexity=perplexity, early_exaggeration=early_exaggeration, \
            init=init, random_state=random_state)

X_train_tSNE = tSNE.fit_transform(X_train_PCA.loc[:5000,:9])
X_train_tSNE = pd.DataFrame(data=X_train_tSNE, index=train_index[:5001])

scatterPlot(X_train_tSNE, y_train, "t-SNE")
```

t-SNE hat eine nicht konvexe Kostenfunktion. Das heißt, dass verschiedene Initialisierungen des Algorithmus unterschiedliche Ergebnisse erzeugen. Es gibt keine stabile Lösung.

Abbildung 3-14 zeigt das zweidimensionale Streudiagramm der t-SNE.

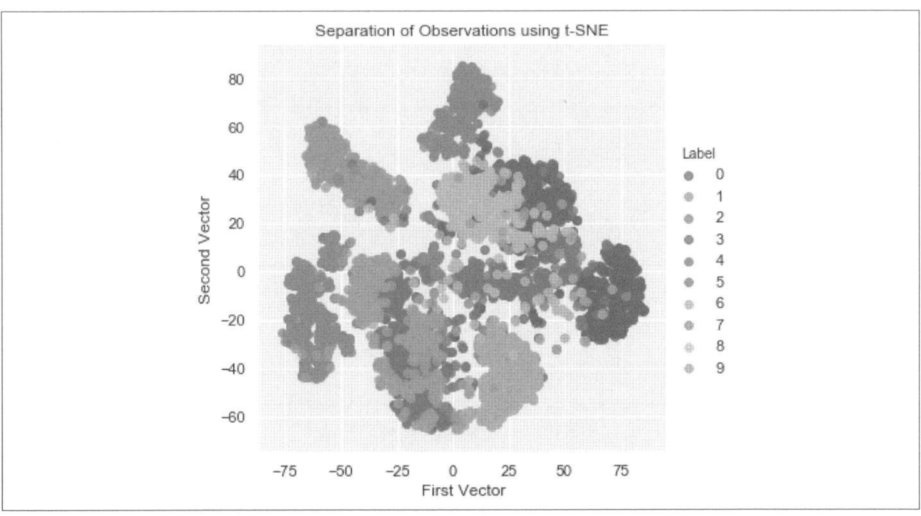

Abbildung 3-14: Trennung von Beobachtungen mittels t-SNE

Andere Methoden zur Dimensionsreduktion

Wir haben sowohl lineare als auch nicht lineare Formen der Dimensionsreduktion beschrieben. Nun wenden wir uns Methoden zu, die sich nicht auf irgendeine Geometrie- oder Abstandsmetrik stützen.

Dictionary Learning

Eine derartige Methode ist das *Dictionary Learning*, das die sparse Darstellung der Originaldaten lernt. Die resultierende Matrix ist das sogenannte *Dictionary* (Wörterbuch), und die Vektoren im Dictionary heißen *Atome*. Diese Atome sind einfache binäre Vektoren, die mit Nullen und Einsen besetzt sind. Jede Instanz in den ursprünglichen Daten kann als gewichtete Summe dieser Atome rekonstruiert werden.

Angenommen, es gäbe d Features in den Originaldaten und n Atome im Dictionary. Dann kann ein Dictionary entweder *untervollständig* sein (engl. *Undercomplete Dictionary*), wobei $n < d$, oder überbesetzt, wobei $n > d$. Das untervollständige Dictionary erreicht eine Dimensionsreduktion, indem es die Originaldaten mit einer geringeren Anzahl von Vektoren darstellt. Auf diesen Fall konzentrieren wir uns.[3]

Es gibt eine Mini-Batch-Version des Dictionary Learning, die wir auf unser Dataset der Ziffern anwenden werden. Wie bei den anderen Methoden zur Dimensionsreduktion legen wir die Anzahl der Komponenten fest. Außerdem geben wir die Batch-Größe und die Anzahl der Iterationen an, die das Training absolvieren soll.

Da wir die Bilder in einem zweidimensionalen Streudiagramm visualisieren möchten, werden wir ein sehr dichtes Dictionary lernen, doch in der Praxis würden wir eher eine sparsamere Version verwenden:

```
# Mini-Batch-Dictionary-Learning

from sklearn.decomposition import MiniBatchDictionaryLearning

n_components = 50
alpha = 1
batch_size = 200
n_iter = 25
random_state = 2018

miniBatchDictLearning = MiniBatchDictionaryLearning( \
                        n_components=n_components, alpha=alpha, \
                        batch_size=batch_size, n_iter=n_iter, \
                        random_state=random_state)

miniBatchDictLearning.fit(X_train.loc[:,:10000])
X_train_miniBatchDictLearning = miniBatchDictLearning.fit_transform(X_train)
```

3 Das übervollständige Dictionary dient einem anderen Zweck und wird zum Beispiel bei der Bildkomprimierung angewendet.

```
X_train_miniBatchDictLearning = pd.DataFrame( \
    data=X_train_miniBatchDictLearning, index=train_index)

X_validation_miniBatchDictLearning = \
    miniBatchDictLearning.transform(X_validation)
X_validation_miniBatchDictLearning = \
    pd.DataFrame(data=X_validation_miniBatchDictLearning, \
    index=validation_index)

scatterPlot(X_train_miniBatchDictLearning, y_train, \
            "Mini-batch Dictionary Learning")
```

Abbildung 3-15 zeigt das zweidimensionale Streudiagramm, das mit Dictionary Learning erzeugt wurde.

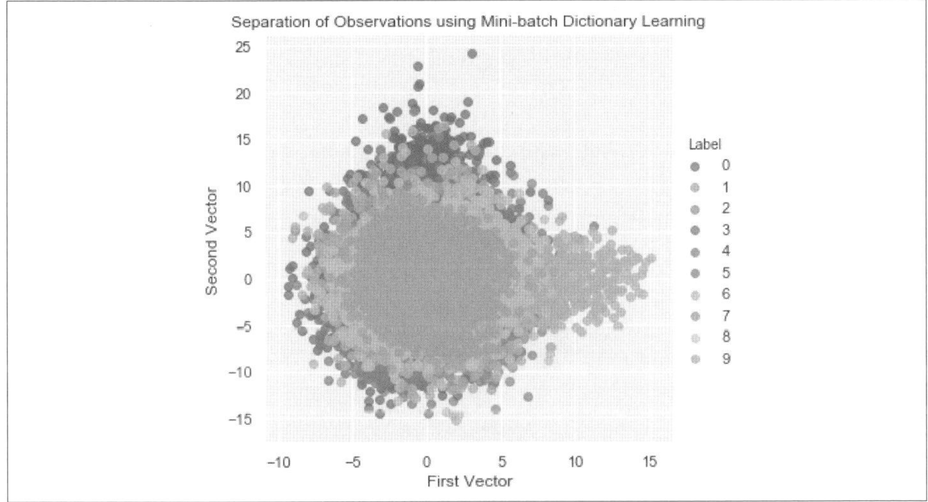

Abbildung 3-15: Trennung von Beobachtungen mittels Dictionary Learning

Unabhängigkeitsanalyse

Bei ungelabelten Daten besteht häufig das Problem, dass es viele unabhängige Signale gibt, die zusammen in die gegebenen Features eingebettet sind. Mittels *Unabhängigkeitsanalyse* (engl. *Independent Component Analysis*, ICA) können wir diese gemischten Signale in ihre einzelnen Komponenten aufteilen. Wenn die Trennung vollständig ist, können wir jedes der ursprünglichen Features rekonstruieren, indem wir eine Kombination der von uns generierten Einzelkomponenten addieren. ICA wird häufig für Aufgaben der Signalverarbeitung eingesetzt (um zum Beispiel die einzelnen Stimmen im Audioclip aus einem belebten Café zu identifizieren).

Der folgende Code zeigt, wie ICA funktioniert:

```
# Unabhängigkeitsanalyse
from sklearn.decomposition import FastICA
```

```
n_components = 25
algorithm = 'parallel'
whiten = True
max_iter = 100
random_state = 2018

fastICA = FastICA(n_components=n_components, algorithm=algorithm, \
                  whiten=whiten, max_iter=max_iter, random_state=random_state)

X_train_fastICA = fastICA.fit_transform(X_train)
X_train_fastICA = pd.DataFrame(data=X_train_fastICA, index=train_index)

X_validation_fastICA = fastICA.transform(X_validation)
X_validation_fastICA = pd.DataFrame(data=X_validation_fastICA, \
                                    index=validation_index)
scatterPlot(X_train_fastICA, y_train, "Independent Component Analysis")
```

Abbildung 3-16 zeigt das zweidimensionale Streudiagramm bei Verwendung der Unabhängigkeitsanalyse.

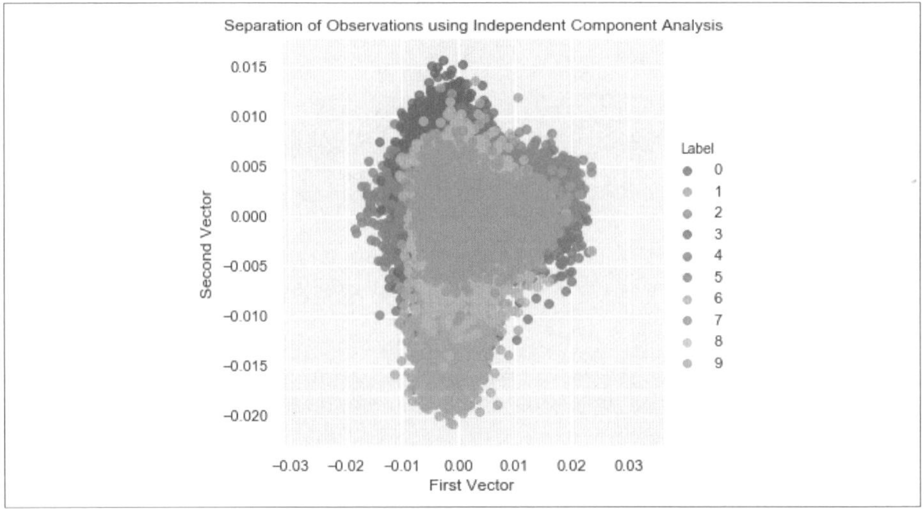

Abbildung 3-16: Trennung von Beobachtungen mithilfe der Unabhängigkeitsanalyse

Zusammenfassung

In diesem Kapitel haben wir eine Reihe von Algorithmen zur Dimensionsreduktion eingeführt und untersucht, beginnend bei linearen Methoden wie zum Beispiel Hauptkomponentenanalyse und Zufallsprojektion. Dann sind wir zu nicht linearen Methoden – auch Manifold Learning genannt – übergegangen, wie zum Beispiel Isomap, multidimensionales Skalieren, LLE und t-SNE. Außerdem haben wir Methoden beschrieben, die nicht auf der Entfernung basieren, beispielsweise Dictionary Learning und Unabhängigkeitsanalyse (*Independent Component Analysis*, ICA).

Dimensionsreduktion erfasst die hervorstechenden Informationen eines Datasets in wenigen Dimensionen, indem die zugrunde liegende Struktur der Daten gelernt wird. Dies geschieht, ohne irgendwelche Labels zu verwenden. Wenn diese Algorithmen auf das MNIST-Dataset der handgeschriebenen Ziffern angewendet werden, können wir die Bilder entsprechend den Ziffern, die sie darstellen, allein mit den beiden obersten Dimensionen trennen.

Dies unterstreicht die Leistungsfähigkeit der Dimensionsreduktion.

In Kapitel 4 erstellen wir eine angewandte unüberwachte Lernlösung mit diesen Algorithmen der Dimensionsreduktion. Insbesondere wenden wir uns erneut dem Problem der Betrugserkennung zu, das Kapitel 2 vorgestellt hat, und versuchen, ohne Zuhilfenahme von Labels die betrügerischen Transaktionen von den normalen Transaktionen zu trennen.

KAPITEL 4

Anomalieerkennung

In Kapitel 3 haben wir die Kernalgorithmen für die Dimensionsreduktion eingeführt und ihre Fähigkeit untersucht, die wichtigsten Informationen in der MNIST-Zifferndatenbank in deutlich weniger Dimensionen als den ursprünglichen 784 zu erfassen. Selbst in nur zwei Dimensionen und sogar ohne Labels haben die Algorithmen die Ziffern sinnvoll getrennt. Hier zeigt sich die Stärke von Algorithmen für Unsupervised Learning – sie können die zugrunde liegende Struktur der Daten lernen und dabei helfen, versteckte Muster in Abwesenheit von Labels zu entdecken.

Wir werden eine Lösung mit angewandtem, maschinellem Lernen erstellen, die solche Methoden zur Dimensionsreduzierung verwendet. Hierzu wenden wir uns dem in Kapitel 2 eingeführten Problem zu und erstellen ein System für Kreditkartenbetrugserkennung ohne Labels.

In der realen Welt bleibt Betrug oftmals unentdeckt, und nur aufgedeckte Betrügereien liefern Labels für die Datasets. Darüber hinaus ändern sich die Betrugsmuster im Laufe der Zeit, sodass überwachte Systeme – wie das in Kapitel 2 –, die mithilfe von Betrugs-Labels arbeiten, veralten. Zwar erfassen sie Betrugsmuster aus der Vergangenheit, doch sie sind nicht in der Lage, sich auf neu entstehende Muster einzustellen.

Aus diesen Gründen (Mangel an brauchbaren Labels und Notwendigkeit, sich an neu entstehende Betrugsmuster so schnell wie möglich anzupassen) liegen Betrugserkennungssysteme mit Unsupervised Learning im Trend.

In diesem Kapitel erstellen wir eine derartige Lösung mit einigen der Dimensionsreduktionsalgorithmen, die wir im vorherigen Kapitel untersucht haben.

Kreditkartenbetrugserkennung

Sehen wir uns das Problem der Kreditkartentransaktionen aus Kapitel 2 noch einmal an.

Die Daten vorbereiten

Wie in Kapitel 2 laden wir das Dataset mit den Kreditkartentransaktionen, erzeugen die Featurematrix und das Labels-Array und teilen die Daten in Trainings- und Testsets auf. Für die Anomalieerkennung verwenden wir die Labels nicht, greifen aber auf sie zurück, um die erstellten Betrugserkennungssysteme leichter bewerten zu können.

Zur Erinnerung: Es gibt insgesamt 284.807 Kreditkartentransaktionen, von denen 492 betrügerisch und mit einem positiven Label von 1 (»Betrug«) versehen sind. Der Rest sind normale Transaktionen, denen ein negatives Label von 0 (»Kein Betrug«) zugeordnet ist.

Für die Anomalieerkennung stehen uns 30 Features zur Verfügung – Zeit, Betrag und 28 Hauptkomponenten. Wir teilen das Dataset in ein Trainingsset (mit 190.820 Transaktionen und 330 Betrugsfällen) und ein Testset (mit den übrigen 93.987 Transaktionen und 162 Betrugsfällen):

```
# Datasets laden
current_path = os.getcwd()
file = '\\datasets\\credit_card_data\\credit_card.csv'
data = pd.read_csv(current_path + file)

dataX = data.copy().drop(['Class'],axis=1)
dataY = data['Class'].copy()

featuresToScale = dataX.columns
sX = pp.StandardScaler(copy=True)
dataX.loc[:,featuresToScale] = sX.fit_transform(dataX[featuresToScale])

X_train, X_test, y_train, y_test = \
    train_test_split(dataX, dataY, test_size=0.33, \
                     random_state=2018, stratify=dataY)
```

Anomalie-Score-Funktion definieren

Als Nächstes müssen wir eine Funktion definieren, die berechnet, wie anomal jede Transaktion ist. Je anomaler die Transaktion ist, desto wahrscheinlicher ist sie betrügerisch, vorausgesetzt, dass Betrug selten vorkommt und etwas anders aussieht als die Mehrheit der Transaktionen, die normal sind.

Wie wir bereits im letzten Kapitel diskutiert haben, verringern Algorithmen zur Dimensionsreduktion die Dimensionalität der Daten, wobei sie versuchen, den Rekonstruktionsfehler zu minimieren. Mit anderen Worten: Diese Algorithmen versuchen, die wichtigsten Informationen der originalen Features in einer Weise zu erfassen, dass sie die ursprüngliche Featuremenge aus der reduzierten Featuremenge so gut wie möglich rekonstruieren können. Allerdings können diese Algorithmen zur Dimensionsreduktion nicht sämtliche Informationen der originalen Features erfassen; demzufolge ist mit einem gewissen Fehler zu rechnen, wenn die Algorithmen die reduzierte Featuremenge in die ursprüngliche Anzahl von Dimensionen rekonstruieren.

Im Kontext unseres Datasets mit Kreditkartentransaktionen werden die Algorithmen den größten Rekonstruktionsfehler bei denjenigen Transaktionen zeigen, die am schwersten zu modellieren sind – d.h. denjenigen, die am seltensten auftreten und die am anomalsten sind. Da betrügerische Transaktionen selten vorkommen und vermutlich anders als normale Transaktionen aussehen, sollten die betrügerischen Transaktionen den größten Rekonstruktionsfehler aufweisen. Definieren wir also den Anomalie-Score als den Rekonstruktionsfehler. Der Rekonstruktionsfehler für jede Transaktion ist die Summe der quadrierten Differenzen zwischen der ursprünglichen Featurematrix und der rekonstruierten Matrix unter Verwendung des Algorithmus zur Dimensionsreduktion. Wir skalieren die Summe der quadrierten Differenzen nach dem Max-Min-Bereich der Summe der quadrierten Differenzen für das gesamte Dataset, sodass alle Rekonstruktionsfehler innerhalb des Bereichs von 0 bis 1 liegen.

Die Transaktionen mit der größten Summe der quadrierten Differenzen haben einen Fehler nahe 1, während diejenigen mit der kleinsten Summe der quadrierten Differenzen einen Fehler nahe 0 haben.

Dies sollte bekannt sein. Wie die überwachte Betrugserkennungslösung, die wir in Kapitel 2 erstellt haben, wird der Algorithmus zur Dimensionsreduktion effektiv jeder Transaktion einen Anomalie-Score zwischen 0 und 1 zuweisen, wobei 0 für die normale Transaktion steht und 1 für die anomale (und höchstwahrscheinlich betrügerische).

Die Funktion sieht folgendermaßen aus:

```
def anomalyScores(originalDF, reducedDF):
    loss = np.sum((np.array(originalDF)-np.array(reducedDF))**2, axis=1)
    loss = pd.Series(data=loss,index=originalDF.index)
    loss = (loss-np.min(loss))/(np.max(loss)-np.min(loss))
    return loss
```

Bewertungskennzahlen definieren

Obwohl wir die Betrugs-Labels nicht verwenden, um die Lösungen der unüberwachten Betrugserkennung zu erstellen, ziehen wir sie heran, um die von uns entwickelten unüberwachten Lösungen zu bewerten. Die Labels helfen uns, zu verstehen, wie gut diese Lösungen darin sind, bekannte Betrugsmuster zu erfassen.

Wie in Kapitel 2 verwenden wir die Präzision/Trefferquote-Kurve, die durchschnittliche Präzision und den auROC-Wert als unsere Bewertungskennzahlen.

Die Funktion, die diese Ergebnisse als Diagramm darstellt, sieht folgendermaßen aus:

```
def plotResults(trueLabels, anomalyScores, returnPreds = False):
    preds = pd.concat([trueLabels, anomalyScores], axis=1)
    preds.columns = ['trueLabel', 'anomalyScore']
    precision, recall, thresholds = \
        precision_recall_curve(preds['trueLabel'],preds['anomalyScore'])
    average_precision = \
        average_precision_score(preds['trueLabel'],preds['anomalyScore'])

    plt.step(recall, precision, color='k', alpha=0.7, where='post')
    plt.fill_between(recall, precision, step='post', alpha=0.3, color='k')

    plt.xlabel('Recall')
    plt.ylabel('Precision')
    plt.ylim([0.0, 1.05])
    plt.xlim([0.0, 1.0])

    plt.title('Precision-Recall curve: Average Precision = \
    {0:0.2f}'.format(average_precision))

    fpr, tpr, thresholds = roc_curve(preds['trueLabel'], \
                                     preds['anomalyScore'])
    areaUnderROC = auc(fpr, tpr)

    plt.figure()
    plt.plot(fpr, tpr, color='r', lw=2, label='ROC curve')
    plt.plot([0, 1], [0, 1], color='k', lw=2, linestyle='--')
    plt.xlim([0.0, 1.0])
    plt.ylim([0.0, 1.05])
    plt.xlabel('False Positive Rate')
    plt.ylabel('True Positive Rate')
    plt.title('Receiver operating characteristic: \
    Area under the curve = {0:0.2f}'.format(areaUnderROC))
    plt.legend(loc="lower right")
    plt.show()

    if returnPreds==True:
        return preds
```

Anhand der Betrugs-Labels und der Bewertungskennzahlen können wir beurteilen, wie gut die unüberwachten Systeme der Betrugserkennung bekannte Betrugsmuster abfangen – Betrugsmuster, die wir in der Vergangenheit erfasst und mit Labels versehen haben.

Allerdings werden wir nicht beurteilen können, wie gut die unüberwachten Betrugserkennungssysteme unbekannte Betrugsmuster erfassen. Das heißt, das Dataset kann eine betrügerische Transaktion enthalten, die fälschlicherweise als »nicht betrügerisch« gelabelt ist, weil die Kreditkartengesellschaft sie bisher nicht entdeckt hat.

Wie Sie bereits jetzt sehen können, sind unüberwachte Lernsysteme viel schwieriger zu bewerten als überwachte Lernsysteme. Oftmals werden unüberwachte Lernsysteme gemessen an ihrer Fähigkeit, bekannte Betrugsmuster abzufangen. Eine solche Beurteilung ist unvollständig; besser wäre es, sie nach ihrer Fähigkeit zu beurteilen, unbekannte Betrugsmuster sowohl in der Vergangenheit als auch in der Zukunft zu erkennen. Da wir nicht zur Kreditkartengesellschaft zurückgehen und alle von uns identifizierten unbekannten Betrugsmuster bewerten lassen können, müssen wir diese unüberwachten Systeme ausschließlich danach bewerten, wie gut sie bekannte Betrugsmuster erkennen können. Es ist wichtig, diese Einschränkung zu berücksichtigen, wenn wir mit der Bewertung der Ergebnisse fortfahren.

Eine Diagrammfunktion definieren

Wir verwenden wieder die Funktion `scatterPlot()` aus Kapitel 3, um die Trennung der Punkte darzustellen, die der Algorithmus zur Dimensionsreduktion allein in den beiden ersten Dimensionen erreicht:

```
def scatterPlot(xDF, yDF, algoName):
    tempDF = pd.DataFrame(data=xDF.loc[:,0:1], index=xDF.index)
    tempDF = pd.concat((tempDF,yDF), axis=1, join="inner")
    tempDF.columns = ["First Vector", "Second Vector", "Label"]
    sns.lmplot(x="First Vector", y="Second Vector", hue="Label", \
               data=tempDF, fit_reg=False)
    ax = plt.gca()
    ax.set_title("Separation of Observations using "+algoName)
```

Anomalieerkennung mit normaler PCA

In Kapitel 3 haben wir gezeigt, wie PCA die Mehrheit der Informationen im MNIST-Ziffern-Dataset mit nur wenigen Hauptkomponenten erfasst hat – viel weniger als die ursprunglichen Dimensionen. Tatsächlich war es mit nur zwei Dimensionen möglich, die Bilder visuell in verschiedene Gruppen zu trennen, und zwar basierend auf den angezeigten Ziffern.

Auf diesem Konzept aufbauend, werden wir nun mittels PCA die zugrunde liegende Struktur im Dataset der Kreditkartentransaktionen lernen. Anhand dieses gelernten Modells rekonstruieren wir die Kreditkartentransaktionen und berechnen dann, wie sehr sich die rekonstruierten Transaktionen von den ursprünglichen Transaktionen unterscheiden. Diejenigen Transaktionen, die die PCA am schlechtesten rekonstruiert, sind die anomalsten (und höchstwahrscheinlich betrügerisch).

Denken Sie daran, dass die verfügbaren Features im Dataset der Kreditkartentransaktionen bereits die Ausgabe der PCA sind – diese Daten sind es, die wir von der Kreditkartengesellschaft erhalten haben. Allerdings ist es durchaus üblich, PCA für die Anomalieerkennung auf einem bereits dimensionsreduzierten Dataset durchzuführen. Wir behandeln einfach die ursprünglichen Hauptkomponenten, die wir bekommen haben, als die ursprünglichen Features. Und genauso werden wir es in Zukunft handhaben. Jede zukünftige Erwähnung von Hauptkomponenten bezieht sich auf die Hauptkomponenten aus dem PCA-Prozess und nicht auf die ursprünglichen Features, die wir bekommen haben.

Zunächst wollen wir uns näher damit befassen, wie PCA – und Dimensionsreduktion im Allgemeinen – bei der Anomalieerkennung hilft. Entsprechend unserer Definition stützt sich Anomalieerkennung auf den Rekonstruktionsfehler. Unser Ziel ist ein möglichst großer Rekonstruktionsfehler für seltene Transaktionen – diejenigen, die höchstwahrscheinlich betrügerisch sind – und ein möglichst kleiner Rekonstruktionsfehler für die restlichen Transaktionen.

Für PCA hängt der Rekonstruktionsfehler weitgehend von der Anzahl der Hauptkomponenten ab, die wir beibehalten und für die Rekonstruktion der ursprünglichen Transaktionen heranziehen. Je mehr Hauptkomponenten wir übernehmen, desto besser schneidet PCA beim Lernen der zugrunde liegenden Struktur der ursprünglichen Transaktionen ab.

Es gibt jedoch ein Gleichgewicht. Wenn wir zu viele Hauptkomponenten beibehalten, hat es PCA eventuell zu leicht, die ursprünglichen Transaktionen zu rekonstruieren, sodass der Rekonstruktionsfehler letztlich für alle Transaktionen minimal ist. Übernehmen wir zu wenige Hauptkomponenten, kann PCA vielleicht keine der originalen Transaktionen gut genug rekonstruieren – nicht einmal die normalen, betrugsfreien Transaktionen.

Suchen wir also nach der richtigen Anzahl von Hauptkomponenten, die beizubehalten sind, um ein gutes Betrugserkennungssystem zu erstellen.

PCA-Komponenten gleich der Anzahl ursprünglicher Dimensionen

Stellen wir zunächst einige Überlegungen an. Wenn wir mit PCA die gleiche Anzahl von Hauptkomponenten generieren wie die Anzahl der ursprünglichen Features, sind wir dann in der Lage, Anomalieerkennung durchzuführen?

Denkt man genauer darüber nach, sollte die Antwort klar sein. Nehmen Sie das PCA-Beispiel im vorherigen Kapitel für das MNIST-Ziffern-Dataset.

Ist die Anzahl der Hauptkomponenten gleich der Anzahl der ursprünglichen Dimensionen, erfasst PCA nahezu 100 % der Varianz beziehungsweise Informationen in den Daten, wenn die Hauptkomponenten generiert werden.

Wenn also PCA die Transaktionen aus den Hauptkomponenten rekonstruiert, wird der Rekonstruktionsfehler für sämtliche Transaktionen zu klein, ob betrügerisch oder nicht. Wir sind dann nicht in der Lage, zwischen seltenen und normalen Transaktionen zu unterscheiden – die Anomalieerkennung wird, anders ausgedrückt, also schlecht abschneiden. Um das zu verdeutlichen, generieren wir mit PCA die gleiche Anzahl von Hauptkomponenten wie die Anzahl der ursprünglichen Features (30 für unser Dataset der Kreditkartentransaktionen). Dies lässt sich mit der Funktion `fit_transform()` aus Scikit-learn realisieren.

Um die ursprünglichen Transaktionen aus den von uns generierten Hauptkomponenten zu rekonstruieren, verwenden wir die Funktion `inverse_transform()` aus Scikit-learn:

```
# 30 Hauptkomponenten
from sklearn.decomposition import PCA

n_components = 30
whiten = False
random_state = 2018

pca = PCA(n_components=n_components, whiten=whiten, \
          random_state=random_state)

X_train_PCA = pca.fit_transform(X_train)
X_train_PCA = pd.DataFrame(data=X_train_PCA, index=X_train.index)

X_train_PCA_inverse = pca.inverse_transform(X_train_PCA)
X_train_PCA_inverse = pd.DataFrame(data=X_train_PCA_inverse, \
                                   index=X_train.index)

scatterPlot(X_train_PCA, y_train, "PCA")
```

Das Streudiagramm in Abbildung 4-1 zeigt die Trennung von Transaktionen mithilfe der ersten beiden Hauptkomponenten der PCA.

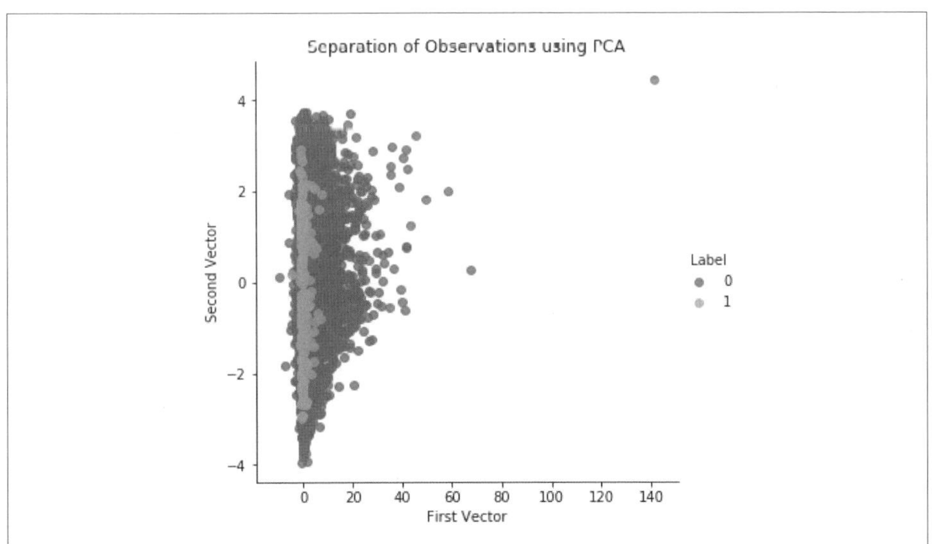

Abbildung 4-1: Trennung von Beobachtungen mit PCA und 30 Hauptkomponenten

Berechnen wir nun die Präzision/Trefferquote- und die ROC-Kurve:

```
anomalyScoresPCA = anomalyScores(X_train, X_train_PCA_inverse)
preds = plotResults(y_train, anomalyScoresPCA, True)
```

Mit einer durchschnittlichen Präzision von 0,11 ist dies eine schlechte Betrugserkennungslösung (siehe Abbildung 4-2). Sie fängt nur wenige der betrügerischen Transaktionen ab.

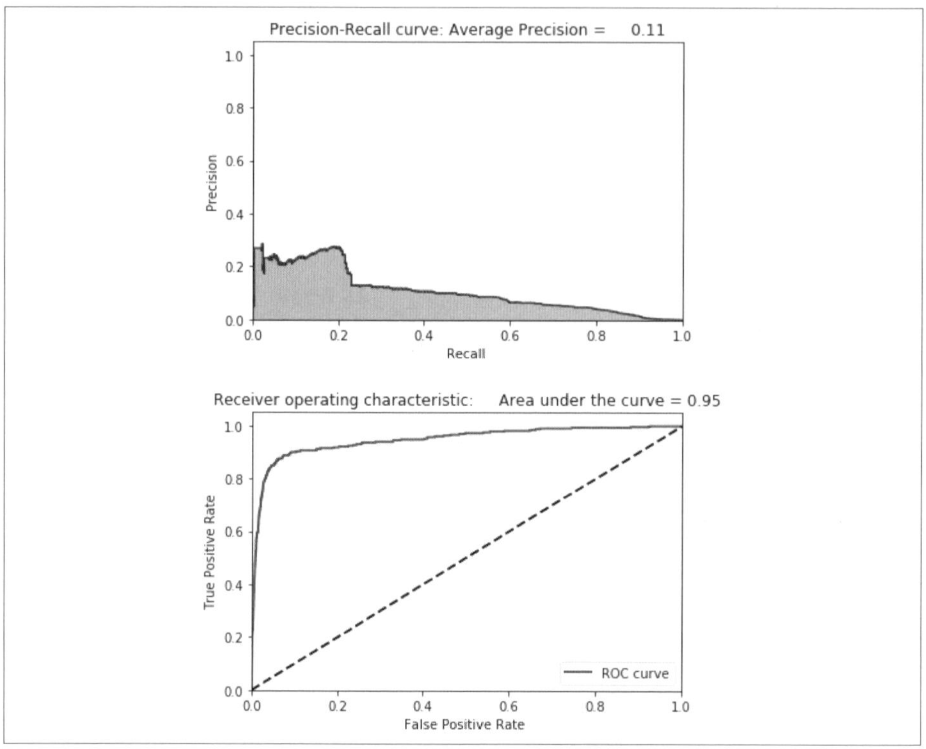

Abbildung 4-2: Ergebnisse bei Verwendung von 30 Hauptkomponenten

Suche nach der optimalen Anzahl von Hauptkomponenten

In einigen Experimenten wollen wir nun die Anzahl der Hauptkomponenten, die PCA generiert, verringern und die Ergebnisse der Betrugserkennung auswerten. Die PCA-basierte Betrugserkennungslösung soll einen ausreichend großen Fehler liefern für die seltenen Fälle, für die sie die Betrugsfälle von den normalen Transaktionen sinnvoll trennen kann. Doch der Fehler kann nicht bei allen Transaktionen so niedrig oder so hoch sein, dass die seltenen und normalen Transaktionen praktisch nicht unterscheidbar sind.

Nachdem Sie einige Experimente durchgeführt haben (wofür Sie den GitHub-Code unter *http://bit.ly/2Gd4v7e* nutzen können), werden Sie feststellen, dass 27 die optimale Anzahl der Hauptkomponenten für dieses Dataset der Kreditkartentransaktionen ist.

Das Streudiagramm in Abbildung 4-3 zeigt die Trennung der Transaktionen mit den ersten beiden Hauptkomponenten der PCA.

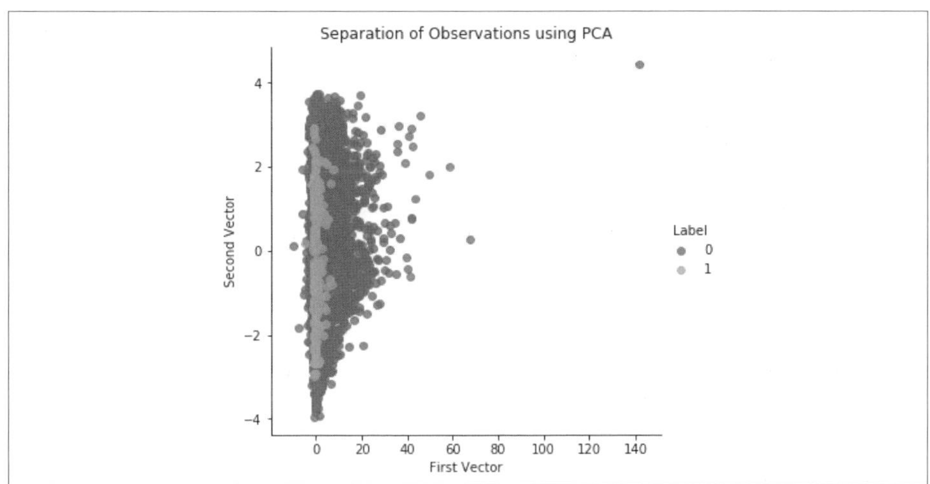

Abbildung 4-3: Trennung von Beobachtungen mit normaler PCA und 27 Hauptkomponenten

Abbildung 4-4 zeigt die Präzision/Trefferquote-Kurve, die durchschnittliche Präzision und die auROC-Kurve.

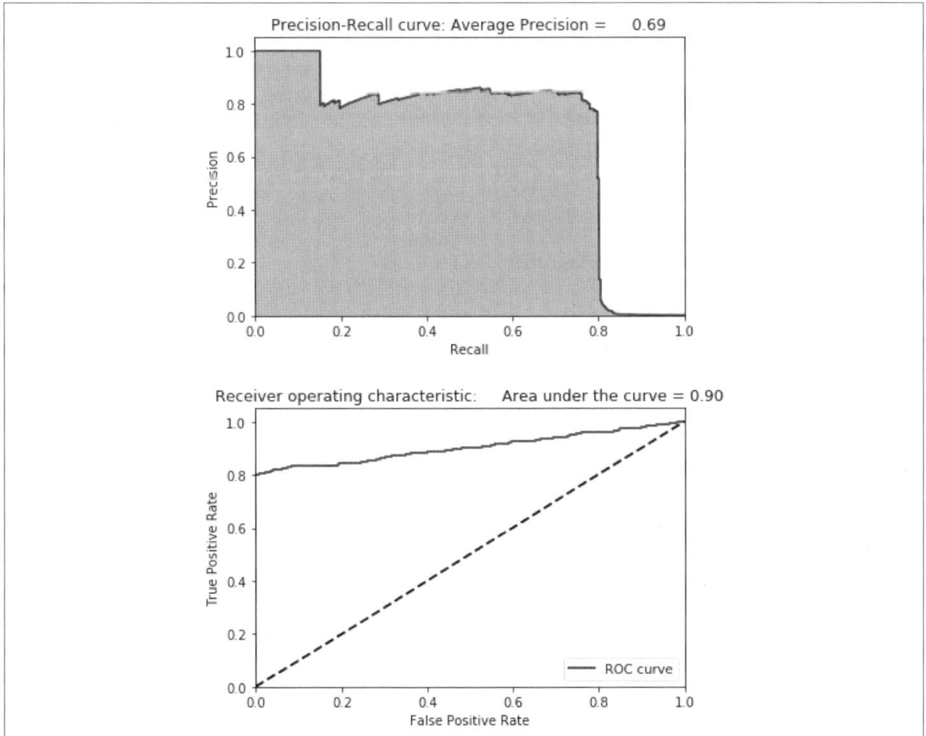

Abbildung 4-4: Ergebnisse mit normaler PCA und 27 Hauptkomponenten

Wie Sie sich selbst überzeugen können, sind wir in der Lage, 80% der betrügerischen Transaktionen mit einer Präzision von 75% zu erfassen. Angesichts der Tatsache, dass wir keine Labels verwenden, ist das sehr beeindruckend. Um diese Ergebnisse greifbarer zu machen, sollten Sie bedenken, dass es im Trainingsset 190.820 Transaktionen gibt und nur 330 davon betrügerisch sind.

Mit PCA haben wir den Rekonstruktionsfehler für jede dieser 190.820 Transaktionen berechnet. Wenn wir diese Transaktionen vom höchsten Rekonstruktionsfehler (auch als Anomalie-Score bezeichnet) absteigend sortieren und die obersten 350 Transaktionen aus der Liste extrahieren, zeigt sich, dass 264 dieser Transaktionen betrügerisch sind.

Das ist eine Präzision von 75%. Darüber hinaus repräsentieren die 264 Transaktionen, die wir aus den 350 herausgegriffen haben, 80% aller betrügerischen Transaktionen im Trainingsset (264 von 330 betrügerischen Fällen). Und nicht zu vergessen: Wir haben das gänzlich ohne Labels erreicht. Dies ist eine wirklich unüberwachte Betrugserkennungslösung.

Der folgende Code macht es deutlich:

```
preds.sort_values(by="anomalyScore",ascending=False,inplace=True)
cutoff = 350
predsTop = preds[:cutoff]
print("Precision: ",np.round(predsTop. \
            anomalyScore[predsTop.trueLabel==1].count()/cutoff,2))
print("Recall: ",np.round(predsTop. \
            anomalyScore[predsTop.trueLabel==1].count()/y_train.sum(),2))
```

Die Ergebnisse sehen so aus:

```
Precision: 0.75
Recall: 0.8
Fraud Caught out of 330 Cases: 264
```

Obwohl dies bereits eine ziemlich gute Lösung ist, versuchen wir, Betrugserkennungssysteme noch mit einigen der anderen Methoden zur Dimensionsreduktion zu entwickeln.

Anomalieerkennung mit sparse PCA

Wir wollen nun versuchen, eine Betrugserkennungslösung mit sparce PCA zu konzipieren. Wie Sie inzwischen wissen, ähnelt sparse PCA der normalen PCA, liefert aber eine weniger dichte Version – mit anderen Worten: Sparse PCA bietet eine sparse Darstellung der Hauptkomponenten.

Dennoch müssen wir nicht nur die gewünschte Anzahl an Hauptkomponenten, sondern auch den Parameter `alpha` festlegen, der den Grad der Sparsamkeit steuert. Wir experimentieren mit verschiedenen Werten für die Hauptkomponenten und den Parameter `alpha`, während wir nach der optimalen Betrugserkennungslösung mit sparse PCA suchen.

Beachten Sie, dass Scikit-learn für die normale PCA eine Funktion `fit_transform()` verwendet hat, um die Hauptkomponenten zu generieren, und eine Funktion `inverse_transform()`, um die ursprünglichen Dimensionen aus den Hauptkomponenten zu rekonstruieren. Mit diesen beiden Funktionen waren wir in der Lage, den Rekonstruktionsfehler zwischen der ursprünglichen Featuremenge und der rekonstruierten Featuremenge, die von der PCA abgeleitet wurde, zu berechnen.

Leider bietet Scikit-learn keine Funktion `inverse_transform()` für die sparse PCA. Deshalb müssen wir die ursprünglichen Dimensionen in eigener Regie rekonstruieren, nachdem wir sparce PCA ausgeführt haben.

Zuerst generieren wir die sparse PCA-Matrix mit 27 Hauptkomponenten und dem Parameter `alpha` mit dem Standardwert 0,0001:

```
# Sparse PCA
from sklearn.decomposition import SparsePCA

n_components = 27
alpha = 0.0001
random_state = 2018
n_jobs = -1

sparsePCA = SparsePCA(n_components=n_components, \
                alpha=alpha, random_state=random_state, n_jobs=n_jobs)

sparsePCA.fit(X_train.loc[:,:])
X_train_sparsePCA = sparsePCA.transform(X_train)
X_train_sparsePCA = pd.DataFrame(data=X_train_sparsePCA, index=X_train.index)

scatterPlot(X_train_sparsePCA, y_train, "Sparse PCA")
```

Abbildung 4-5 zeigt das Streudiagramm für die sparse PCA.

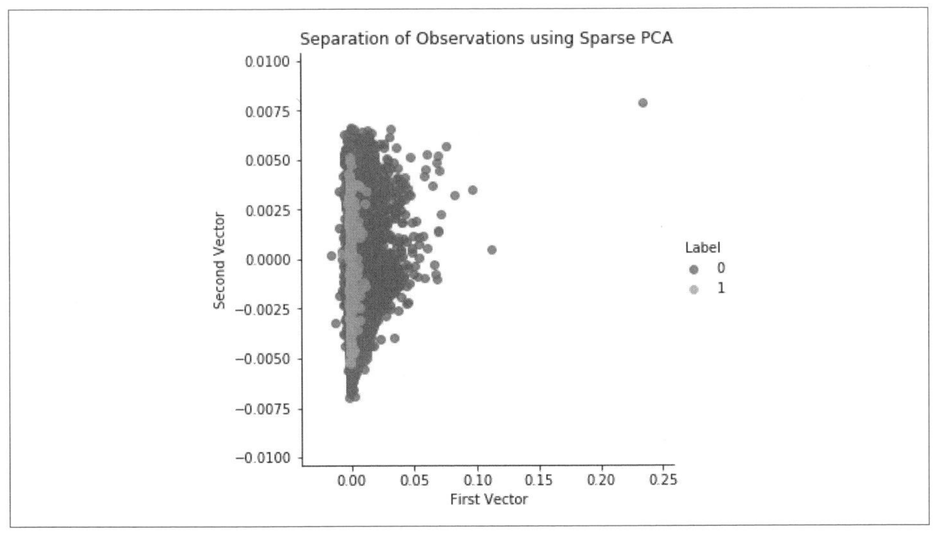

Abbildung 4-5: Trennung von Beobachtungen mit sparse PCA und 27 Hauptkomponenten

Als Nächstes generieren wir die ursprünglichen Dimensionen aus der sparse PCA-Matrix durch einfache Matrixmultiplikation (wie sie die Scikit-learn-Bibliothek bereitstellt) der sparse PCA-Matrix (mit 190.820 Stichproben und 27 Dimensionen) und den sparse PCA-Komponenten (einer 27 x 30-Matrix). Dadurch entsteht eine Matrix in der Originalgröße (eine 190.820 × 30-Matrix). Außerdem müssen wir den Mittelwert jedes ursprünglichen Features zu dieser neuen Matrix addieren. Und schon ist es geschafft.

Von dieser neu abgeleiteten inversen Matrix können wir die Rekonstruktionsfehler (Anomalie-Scores) berechnen, wie Sie es von der normalen PCA kennen:

```
X_train_sparsePCA_inverse = np.array(X_train_sparsePCA). \
    dot(sparsePCA.components_) + np.array(X_train.mean(axis=0))
X_train_sparsePCA_inverse = \
    pd.DataFrame(data=X_train_sparsePCA_inverse, index=X_train.index)

anomalyScoresSparsePCA = anomalyScores(X_train, X_train_sparsePCA_inverse)
preds = plotResults(y_train, anomalyScoresSparsePCA, True)
```

Schließlich erzeugen wir die Präzision/Trefferquote- und die ROC-Kurven.

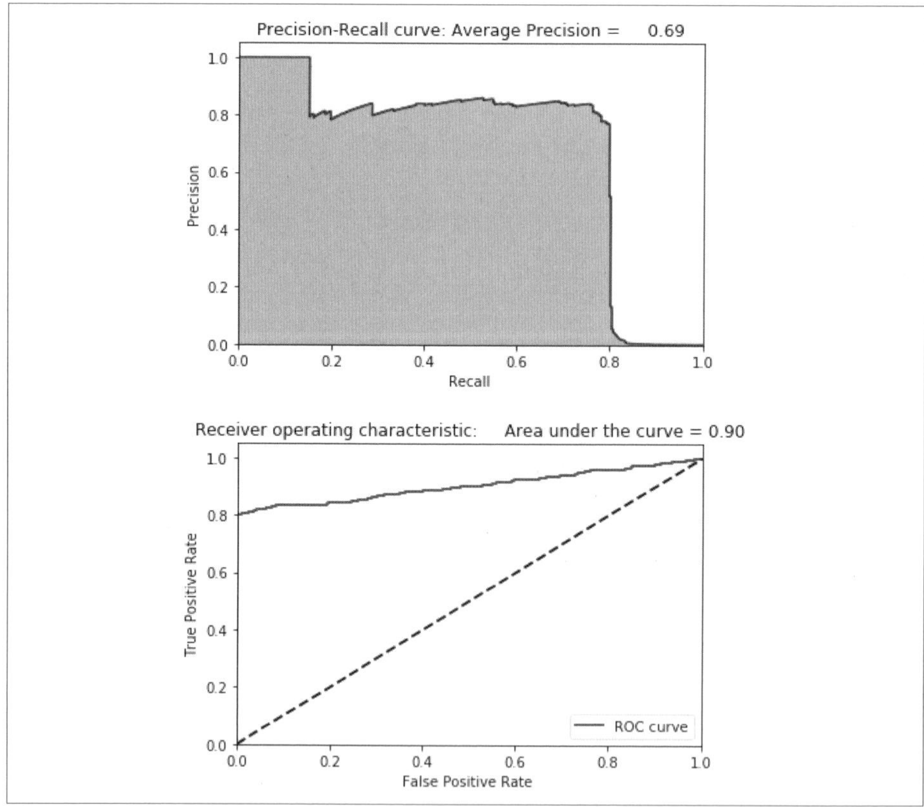

Abbildung 4-6: Ergebnisse mit sparse PCA und 27 Hauptkomponenten

Wie aus Abbildung 4-6 hervorgeht, sind die Ergebnisse identisch mit denen der normalen PCA. Das war zu erwarten, da normale und sparce PCA sehr ähnlich sind – die zweite Version ist lediglich eine sparsamere Repräsentation der ersten.

Mit dem GitHub-Code (*http://bit.ly/2Gd4v7e*) können Sie experimentieren, indem Sie die Anzahl der generierten Hauptkomponenten und den Parameter `alpha` ändern. Nach unseren Experimenten ist dies aber die beste sparse PCA-basierte Betrugserkennungslösung.

Anomalieerkennung mit Kernel-PCA

Nun entwerfen wir eine Betrugserkennungslösung mit Kernel-PCA, die eine nicht lineare Form der PCA ist und infrage kommt, wenn die Betrugstransaktionen von den ordnungsgemäßen Transaktionen nicht linear separierbar sind. Zunächst müssen wir die gewünschte Anzahl der zu generierenden Komponenten, den Kernel (wir verwenden den RBF-Kernel wie im vorherigen Kapitel) und den Parameter `gamma` (der standardmäßig auf `1/n_features` gesetzt wird, in unserem Fall also 1/30) festlegen. Außerdem ist `fit_inverse_transform` auf `true` zu setzen, um die integrierte Funktion `inverse_transform()` aus der Scikit-learn-Bibliothek anzuwenden.

Und da es sehr aufwendig ist, mit Kernel-PCA zu trainieren, werden wir schließlich nur auf den ersten 2.000 Stichproben im Transaktions-Dataset trainieren. Das ist zwar nicht ideal, aber notwendig, um die Experimente einigermaßen schnell durchzuführen. Wir verwenden dieses Training, um die gesamte Trainingsmenge zu transformieren und die Hauptkomponenten zu generieren. Dann rekonstruieren wir mit der Funktion `inverse_transform()` die ursprünglichen Dimensionen aus den Hauptkomponenten, die durch die Kernel-PCA abgeleitet wurden:

```
# Kernel-PCA
from sklearn.decomposition import KernelPCA

n_components = 27
kernel = 'rbf'
gamma = None
fit_inverse_transform = True
random_state = 2018
n_jobs = 1

kernelPCA = KernelPCA(n_components=n_components, kernel=kernel, \
                gamma=gamma, fit_inverse_transform= \
                fit_inverse_transform, n_jobs=n_jobs, \
                random_state=random_state)

kernelPCA.fit(X_train.iloc[:2000])
X_train_kernelPCA = kernelPCA.transform(X_train)
X_train_kernelPCA = pd.DataFrame(data=X_train_kernelPCA, \
                                 index=X_train.index)

X_train_kernelPCA_inverse = kernelPCA.inverse_transform(X_train_kernelPCA)
X_train_kernelPCA_inverse = pd.DataFrame(data=X_train_kernelPCA_inverse, \
                                         index=X_train.index)

scatterPlot(X_train_kernelPCA, y_train, "Kernel PCA")
```

Abbildung 4-7 zeigt das Streudiagramm für Kernel-PCA.

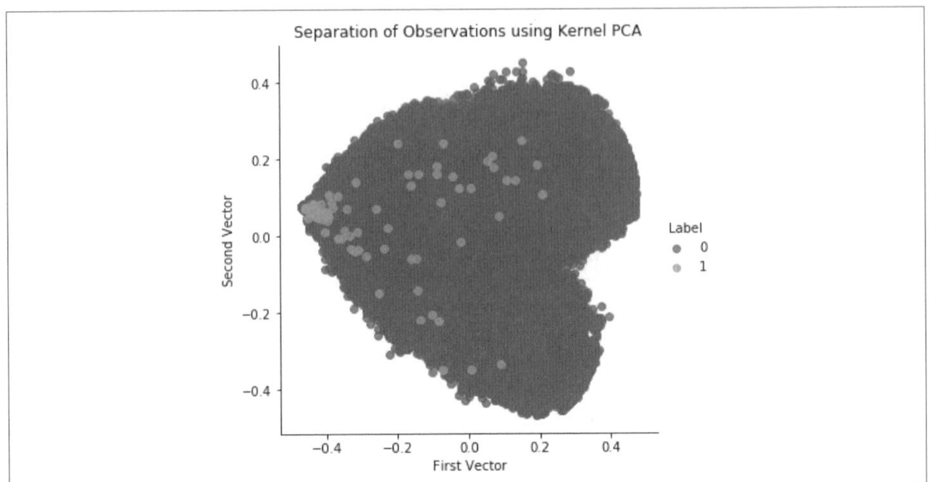

Abbildung 4-7: Trennung von Beobachtungen mit Kernel-PCA und 27 Hauptkomponenten

Nun berechnen wir die Anomalie-Scores und geben die Ergebnisse aus:

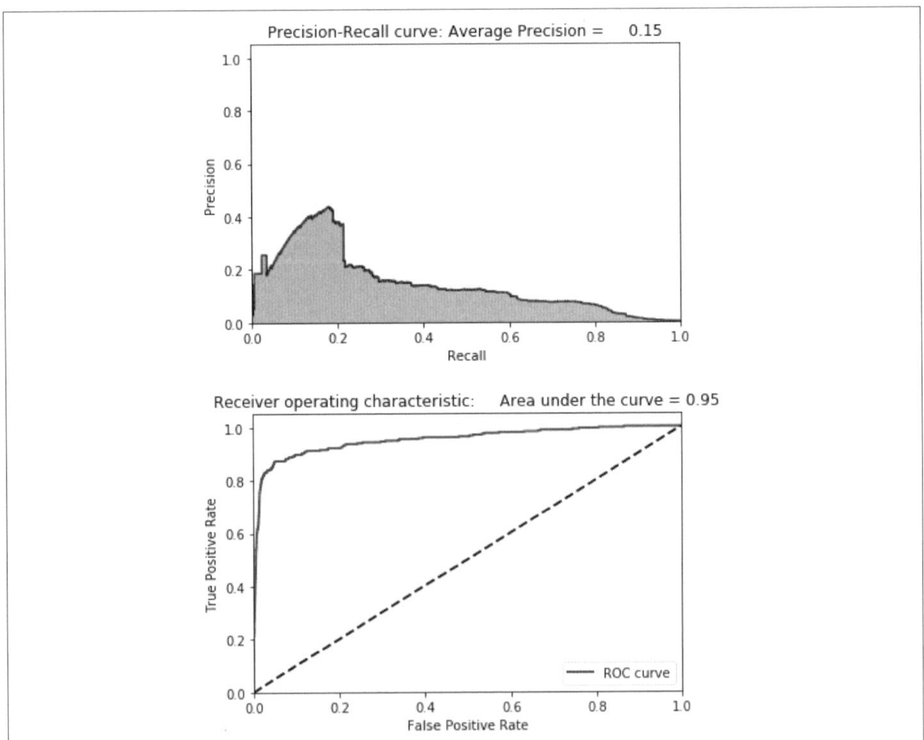

Abbildung 4-8: Ergebnisse mit Kernel-PCA und 27 Hauptkomponenten

Wie Abbildung 4-8 zeigt, sind die Ergebnisse weitaus schlechter als die für normale und sparse PCA. Es hat sich zwar gelohnt, mit Kernel-PCA zu experimentieren, doch wir werden diese Lösung nicht für die Betrugserkennung verwenden, da wir in den bisherigen Kapiteln schon bessere Lösungen entwickelt haben.

Mit SVD werden wir keine Anomalieerkennungslösung erstellen, da sie ähnlich der von normaler PCA ist. Das war zu erwarten – PCA und SVD sind eng miteinander verwandt.

Stattdessen befassen wir uns mit der Anomalieerkennung auf Basis von Zufallsprojektion.

Anomalieerkennung mit gaußscher Zufallsprojektion

Versuchen wir nun, eine Betrugserkennungslösung mithilfe der gaußschen Zufallsprojektion zu entwickeln. Wie Kapitel 3 erläutert hat, können wir entweder die gewünschte Anzahl der Komponenten festlegen oder mit dem Parameter eps die Qualität der Einbettung entsprechend dem Johnson-Lindenstrauss-Lemma steuern.

Wir entscheiden uns dafür, die Anzahl der Komponenten explizit festzulegen. Da die gaußsche Zufallsprojektion sehr schnell trainiert, können wir es uns erlauben, auf dem gesamten Trainingsset zu trainieren.

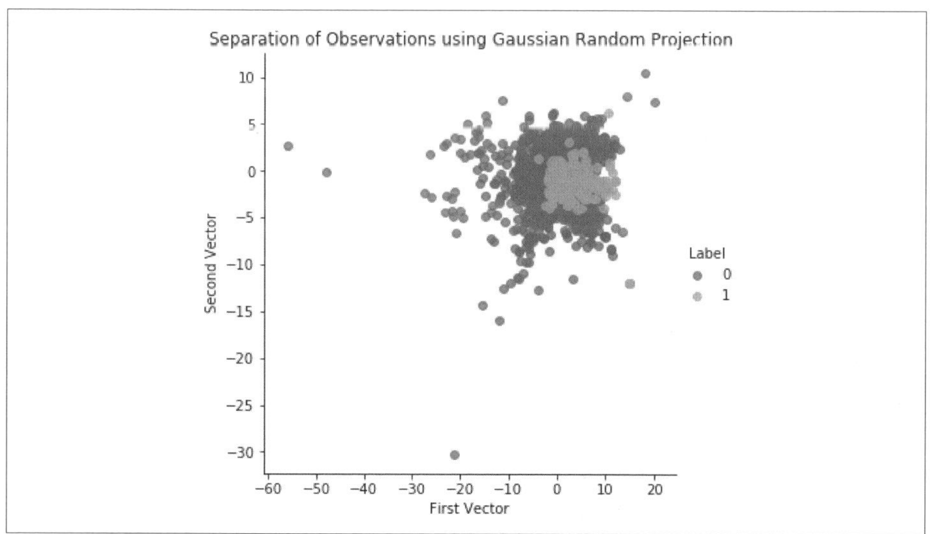

Abbildung 4-9: Trennung von Beobachtungen mit gaußscher Zufallsprojektion und 27 Komponenten

Wie bei der sparse PCA müssen wir unsere eigene inverse_transform()-Funktion ableiten, da Scikit-learn keine derartige Funktion bereitstellt:

```
# Gaußsche Zufallsprojektion
from sklearn.random_projection import GaussianRandomProjection
```

```
n_components = 27
eps = None
random_state = 2018

GRP = GaussianRandomProjection(n_components=n_components, \
                               eps=eps, random_state=random_state)

X_train_GRP = GRP.fit_transform(X_train)
X_train_GRP = pd.DataFrame(data=X_train_GRP, index=X_train.index)

scatterPlot(X_train_GRP, y_train, "Gaussian Random Projection")
```

Abbildung 4-9 zeigt das Streudiagramm für die gaußsche Zufallsprojektion. In Abbildung 4-10 sind die Ergebnisse für die gaußsche Zufallsprojektion zu sehen.

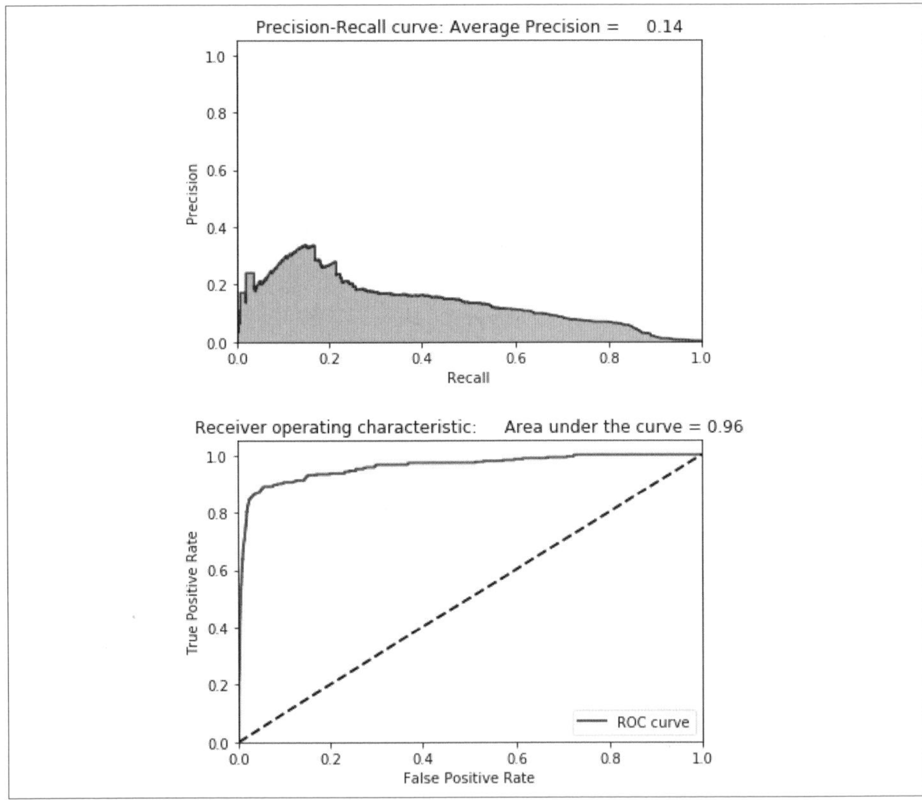

Abbildung 4-10: Ergebnisse mit gaußscher Zufallsprojektion und 27 Komponenten

Da diese Ergebnisse schlecht sind, werden wir die gaußsche Zufallsprojektion für die Betrugserkennung nicht einsetzen.

Anomalieerkennung mit sparse Zufallsprojektion

Versuchen wir nun, eine Betrugserkennungslösung mithilfe von sparse Zufallsprojektion zu entwerfen.

Wir geben die Anzahl der gewünschten Komponenten an (anstatt den Parameter eps festzulegen). Und wie bei der gaußschen Zufallsprojektion verwenden wir unsere eigene inverse_transform()-Funktion, um die ursprünglichen Dimensionen aus den Komponenten zu erzeugen, die von der sparse Zufallsprojektion abgeleitet wurden:

```
# Sparse Zufallsprojektion

from sklearn.random_projection import SparseRandomProjection

n_components = 27
density = 'auto'
eps = .01
dense_output = True
random_state = 2018

SRP = SparseRandomProjection(n_components=n_components, \
        density=density, eps=eps, dense_output=dense_output, \
                                random_state=random_state)

X_train_SRP = SRP.fit_transform(X_train)
X_train_SRP = pd.DataFrame(data=X_train_SRP, index=X_train.index)

scatterPlot(X_train_SRP, y_train, "Sparse Random Projection")
```

Abbildung 4-11 zeigt das Streudiagramm für sparse Zufallsprojektion. In Abbildung 4-12 sind die Ergebnisse für sparse Zufallsprojektion zu sehen.

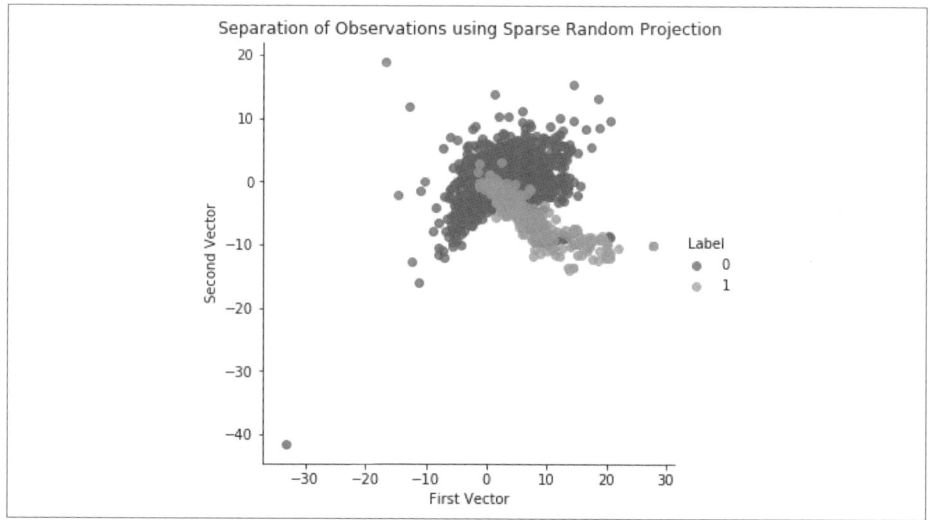

Abbildung 4-11: Trennung von Beobachtungen mit sparse Zufallsprojektion und 27 Komponenten

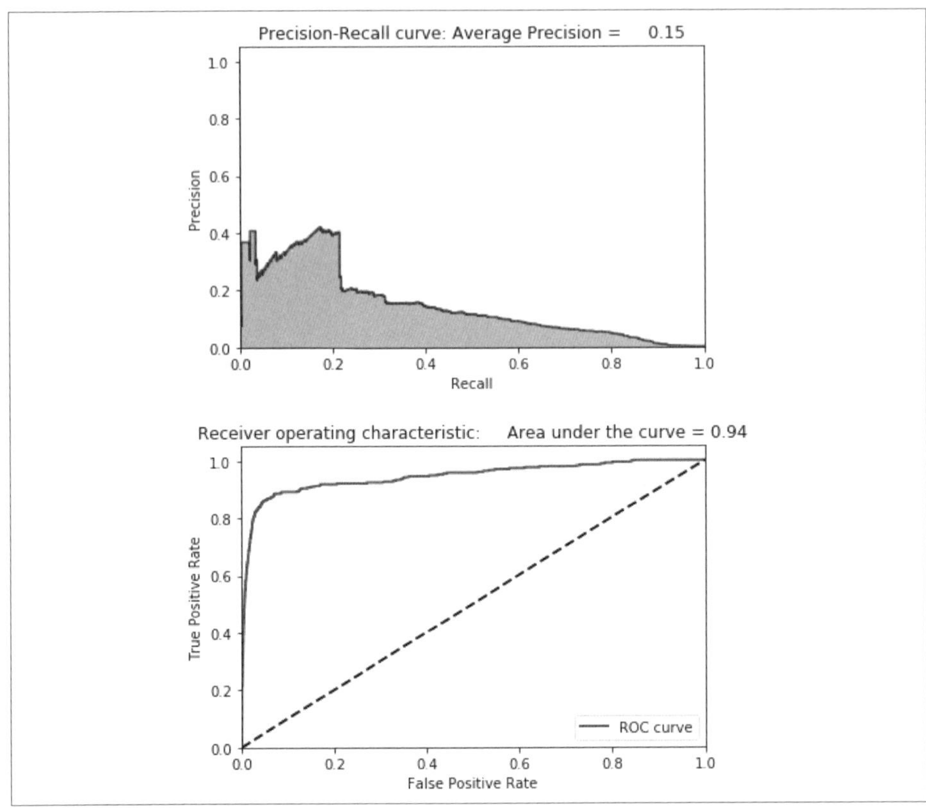

Abbildung 4-12: Ergebnisse mit sparse Zufallsprojektion und 27 Komponenten

Wie bei der gaußschen Zufallsprojektion sind auch diese Ergebnisse schlecht. Aber wir probieren noch weitere Methoden zur Dimensionsreduktion aus, um Anomalieerkennungssysteme aufzubauen.

Nicht lineare Anomalieerkennung

Bislang haben wir Betrugserkennungslösungen mit linearen Methoden der Dimensionsreduktion wie normale PCA, sparse PCA, gaußsche Zufallsprojektion und sparse Zufallsprojektion entwickelt. Außerdem haben wir eine Lösung mit der nicht linearen Version von PCA – Kernel-PCA – ausprobiert.

Momentan ist PCA die mit Abstand beste Lösung.

Wir könnten uns nicht linearen Algorithmen zur Dimensionsreduktion zuwenden, doch die Open-Source-Versionen dieser Algorithmen laufen sehr langsam und sind für eine schnelle Betrugserkennung nicht brauchbar. Deshalb überspringen wir dieses Thema und gehen direkt zu Methoden der Dimensionsreduktion über, die nicht auf Abständen basieren: Dictionary Learning und Unabhängigkeitsanalyse.

Anomalieerkennung mit Dictionary Learning

Wir entwickeln nun eine Betrugserkennungslösung mit Dictionary Learning. Wie Sie bereits wissen, lernt der Algorithmus beim Dictionary Learning die sparse Repräsentation der ursprünglichen Daten. Anhand der Vektoren im gelernten Dictionary lässt sich jede Instanz in den ursprünglichen Daten als gewichtete Summe dieser gelernten Vektoren rekonstruieren.

Für die Anomalieerkennung werden wir ein untervollständiges Dictionary lernen, sodass die Anzahl der Vektoren im Dictionary geringer ist als die Anzahl der ursprünglichen Dimensionen. Mit dieser Einschränkung ist es einfacher, die häufiger vorkommenden normalen Transaktionen zu rekonstruieren, und wesentlich schwieriger, die selteneren Betrugstransaktionen zu konstruieren.

In unserem Fall generieren wir 28 Vektoren (oder Komponenten). Um das Dictionary zu lernen, speisen wir zehn Batches ein, wobei jeder Batch aus 200 Stichproben besteht.

Und wir müssen wieder unsere eigene `inverse_transform()`-Funktion verwenden:

```
# Mini-Batch-Dictionary Learning
from sklearn.decomposition import MiniBatchDictionaryLearning

n_components = 28
alpha = 1
batch_size = 200
n_iter = 10
random_state = 2018

miniBatchDictLearning = MiniBatchDictionaryLearning( \
    n_components=n_components, alpha=alpha, batch_size=batch_size, \
    n_iter=n_iter, random_state=random_state)

miniBatchDictLearning.fit(X_train)

X_train_miniBatchDictLearning = \
    miniBatchDictLearning.fit_transform(X_train)
X_train_miniBatchDictLearning = \
    pd.DataFrame(data=X_train_miniBatchDictLearning, index=X_train.index)

scatterPlot(X_train_miniBatchDictLearning, y_train, \
            "Mini-batch Dictionary Learning")
```

Abbildung 4-13 zeigt das Streudiagramm für Dictionary Learning. In Abbildung 4-14 sind die Ergebnisse für das Dictionary Learning zu sehen.

Diese Ergebnisse sind viel besser als die für Kernel-PCA, gaußsche Zufallsprojektion und sparse Zufallsprojektion, aber der normalen PCA nicht ebenbürtig.

Experimentieren Sie ruhig mit dem Code auf GitHub, ob Sie diese Lösung verbessern können, für den Moment aber bleibt PCA die beste Betrugserkennungslösung für dieses Dataset mit Kreditkartentransaktionen.

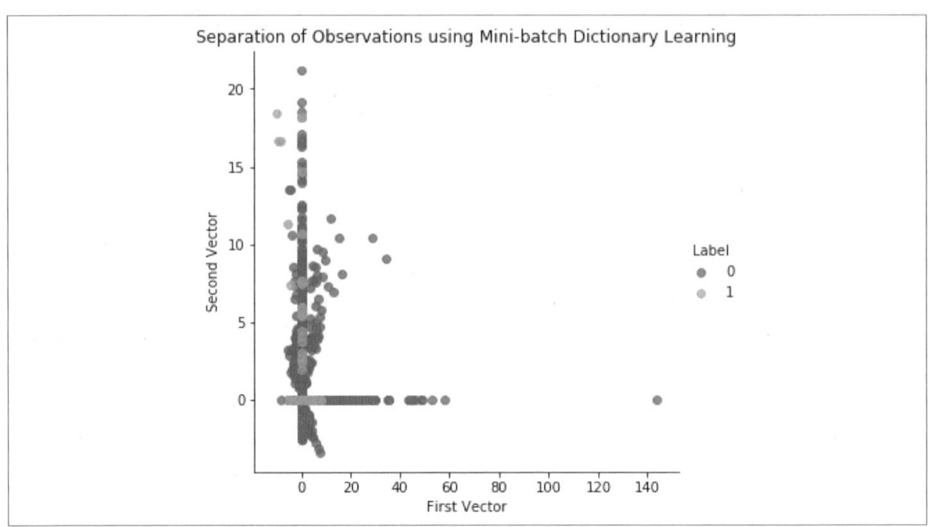

Abbildung 4-13: Trennung von Beobachtungen mit Dictionary Learning und 28 Komponenten

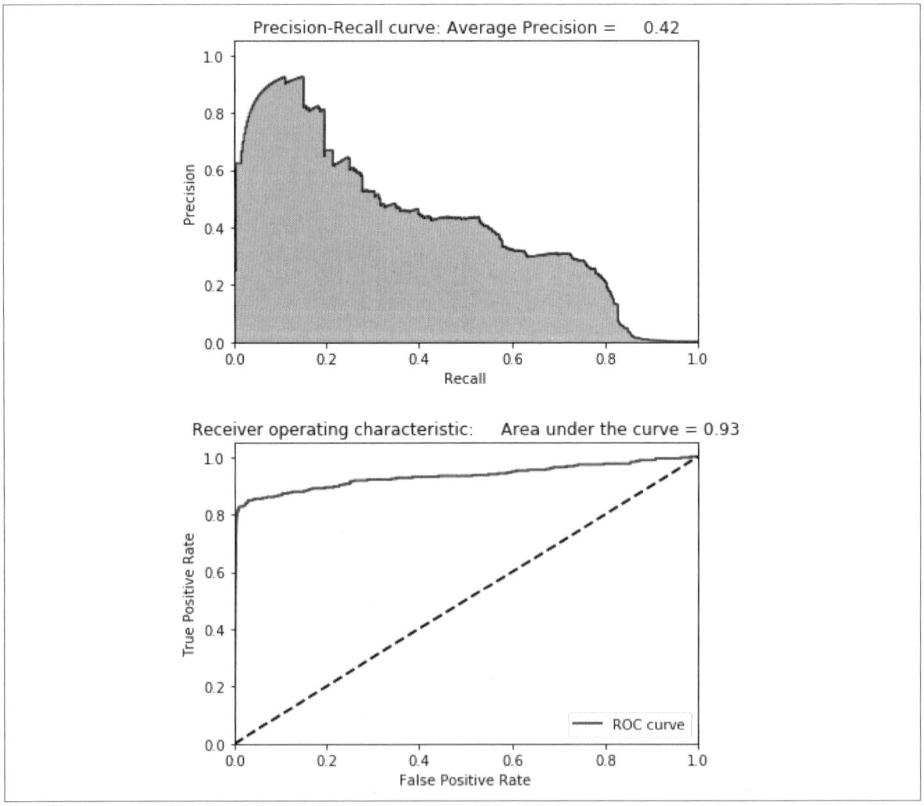

Abbildung 4-14: Ergebnisse mit Dictionary Learning und 28 Komponenten

Anomalieerkennung mit Unabhängigkeitsanalyse

Unsere letzte Betrugserkennungslösung wollen wir mit der Unabhängigkeitsanalyse (ICA) entwickeln.

Als Anzahl der Komponenten, die wir festlegen müssen, wählen wir 27. Da Scikit-learn eine Funktion `inverse_transform()` bereitstellt, brauchen wir keine eigene Funktion zu schreiben:

```
# Unabhängigkeitsanalyse

from sklearn.decomposition import FastICA

n_components = 27
algorithm = 'parallel'
whiten = True
max_iter = 200
random_state = 2018

fastICA = FastICA(n_components=n_components, \
    algorithm=algorithm, whiten=whiten, max_iter=max_iter, \
    random_state=random_state)

X_train_fastICA = fastICA.fit_transform(X_train)
X_train_fastICA = pd.DataFrame(data=X_train_fastICA, index=X_train.index)

X_train_fastICA_inverse = fastICA.inverse_transform(X_train_fastICA)
X_train_fastICA_inverse = pd.DataFrame(data=X_train_fastICA_inverse, \
                                       index=X_train.index)

scatterPlot(X_train_fastICA, y_train, "Independent Component Analysis")
```

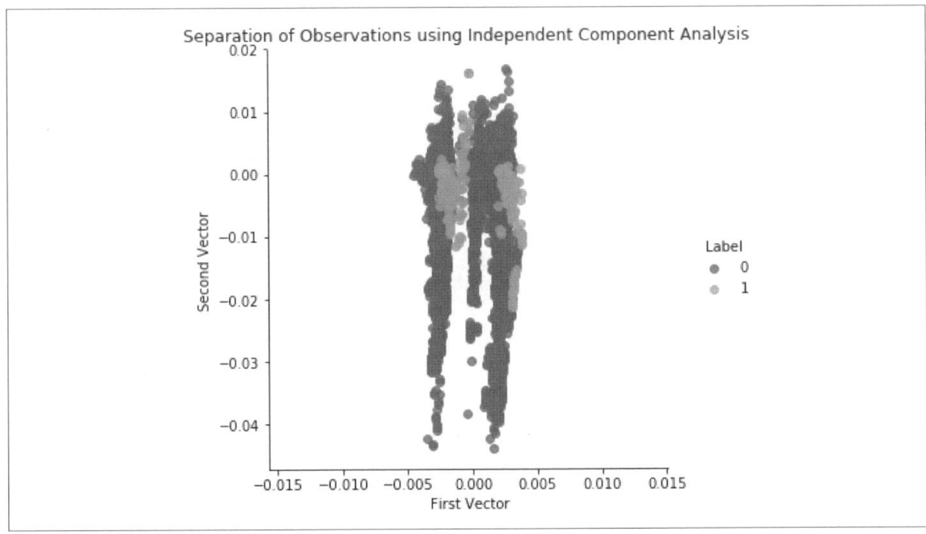

Abbildung 4-15: Trennung der Beobachtungen mit ICA und 27 Komponenten

Abbildung 4-15 zeigt das Streudiagramm für ICA, Abbildung 4-16 die Ergebnisse dafür.

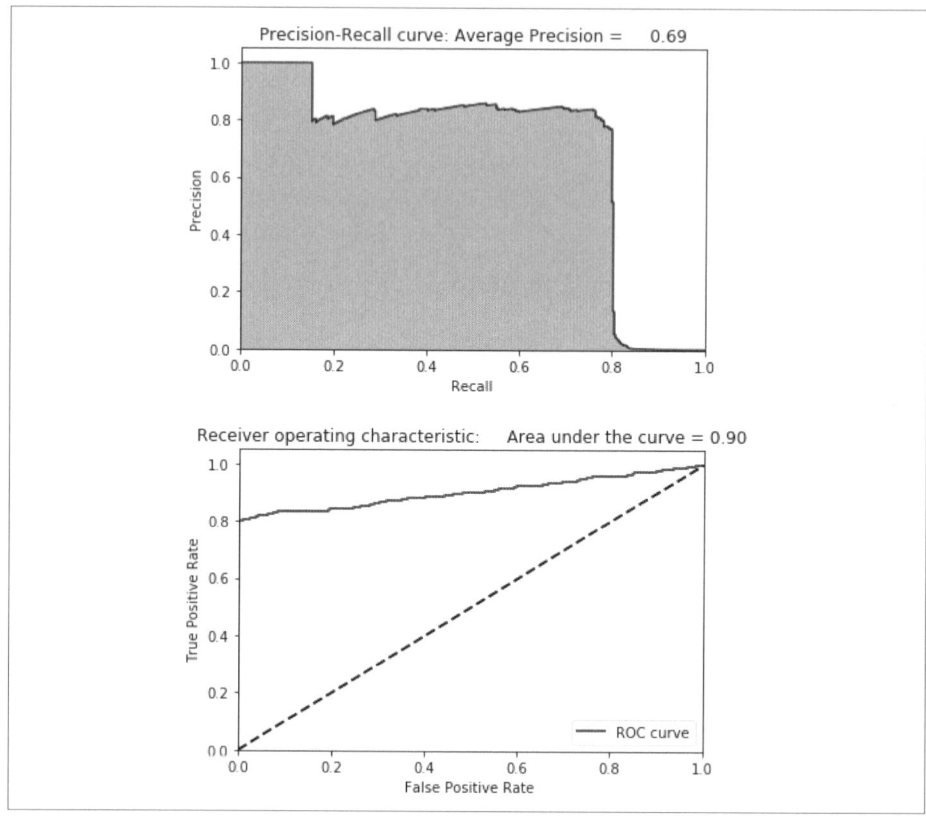

Abbildung 4-16: Ergebnisse mit ICA und 27 Komponenten

Diese Ergebnisse sind identisch mit denen der normalen PCA. Die Betrugserkennungslösung mit ICA entspricht der besten Lösung, die wir bisher entwickelt haben.

Betrugserkennung auf dem Testset

Um nun unsere Betrugserkennungslösungen zu bewerten, wenden wir sie auf das nie zuvor gesehene Testset an, und zwar für die besten drei Lösungen, die wir entwickelt haben: normale PCA, ICA und Dictionary Learning. Sparse PCA lassen wir weg, da sie der normalen PCA-Lösung sehr ähnlich ist.

Anomalieerkennung mit normaler PCA auf dem Testset

Beginnen wir mit normaler PCA. Wir verwenden die PCA-Einbettung, die der PCA-Algorithmus aus dem Trainingsset gelernt hat, und verwenden diese, um das Testset zu transformieren. Dann rufen wir die Scikit-learn-Funktion `inverse_transform()` auf, um die ursprünglichen Dimensionen aus der Hauptkomponentenmatrix des Testsets wiederherzustellen.

Indem wir die ursprüngliche Testset-Matrix mit der neu rekonstruierten Matrix vergleichen, können wir die Anomalie-Scores berechnen (wie wir es schon mehrmals in diesem Kapitel getan haben):

```
# PCA auf Testset
X_test_PCA = pca.transform(X_test)
X_test_PCA = pd.DataFrame(data=X_test_PCA, index=X_test.index)

X_test_PCA_inverse = pca.inverse_transform(X_test_PCA)
X_test_PCA_inverse = pd.DataFrame(data=X_test_PCA_inverse, \
                                  index=X_test.index)

scatterPlot(X_test_PCA, y_test, "PCA")
```

Abbildung 4-17 zeigt das Streudiagramm für PCA auf dem Testset und Abbildung 4-18 die entsprechenden Ergebnisse.

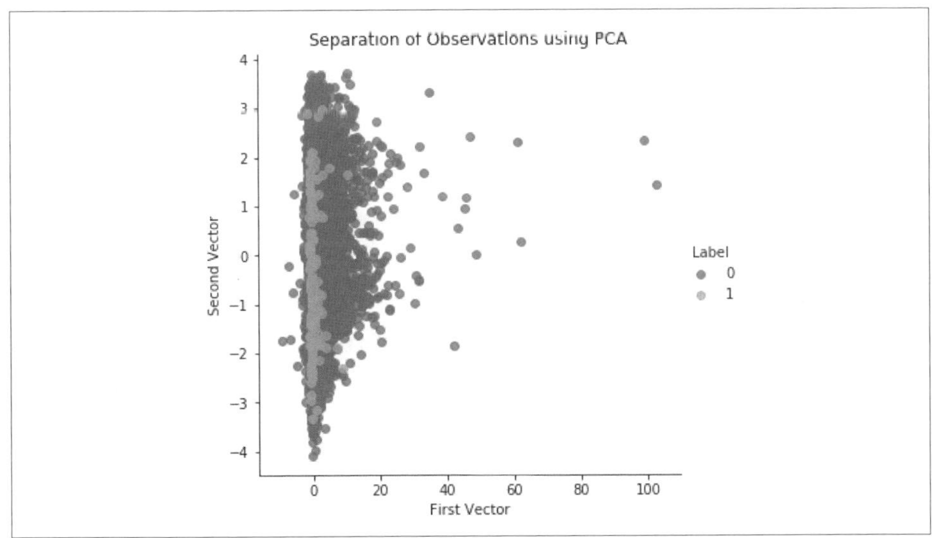

Abbildung 4-17: Trennung von Beobachtungen mit PCA und 27 Komponenten auf dem Testset

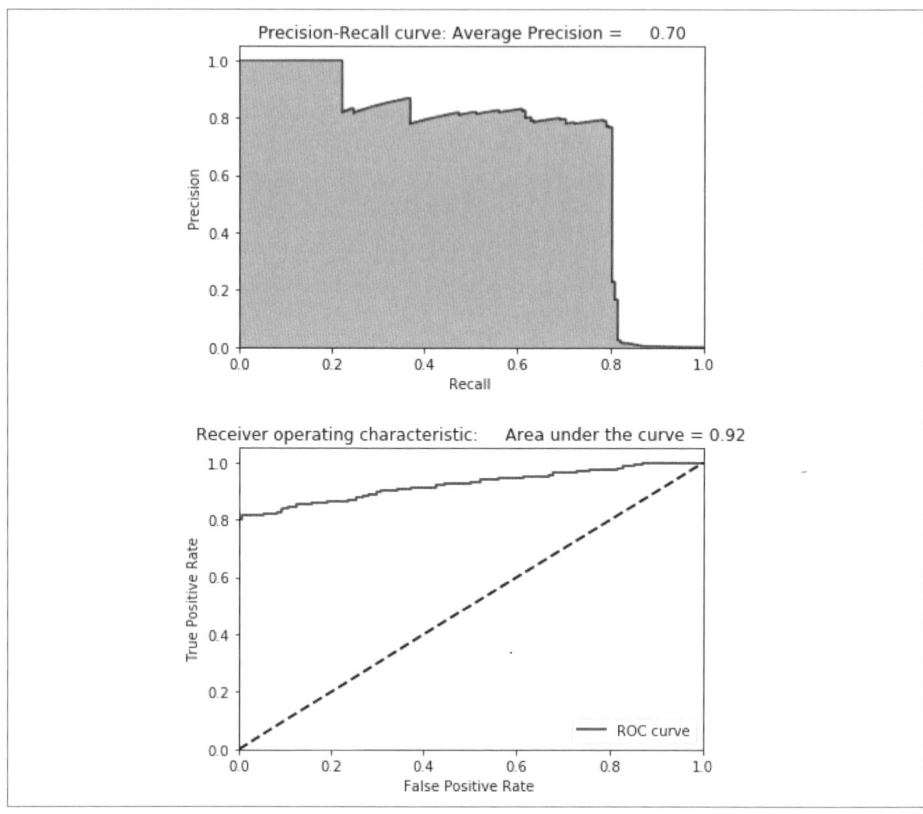

Abbildung 4-18: Ergebnisse mit PCA und 27 Komponenten auf dem Testset

Dies sind beeindruckende Ergebnisse. Wir sind in der Lage, 80 % der bekannten Betrügereien im Testset mit einer 80%igen Präzision zu erfassen – und das alles ohne Verwendung von Labels.

Anomalieerkennung auf dem Testset mit Unabhängigkeitsanalyse

Wechseln wir nun zu ICA und führen wir die Betrugserkennung auf dem Testset durch:

```
# Unabhängigkeitsanalyse auf dem Testset
X_test_fastICA = fastICA.transform(X_test)
X_test_fastICA = pd.DataFrame(data=X_test_fastICA, index=X_test.index)

X_test_fastICA_inverse = fastICA.inverse_transform(X_test_fastICA)
X_test_fastICA_inverse = pd.DataFrame(data=X_test_fastICA_inverse, \
                                      index=X_test.index)

scatterPlot(X_test_fastICA, y_test, "Independent Component Analysis")
```

Abbildung 4-19 zeigt das Streudiagramm für ICA auf dem Testset und Abbildung 4-20 die entsprechenden Ergebnisse.

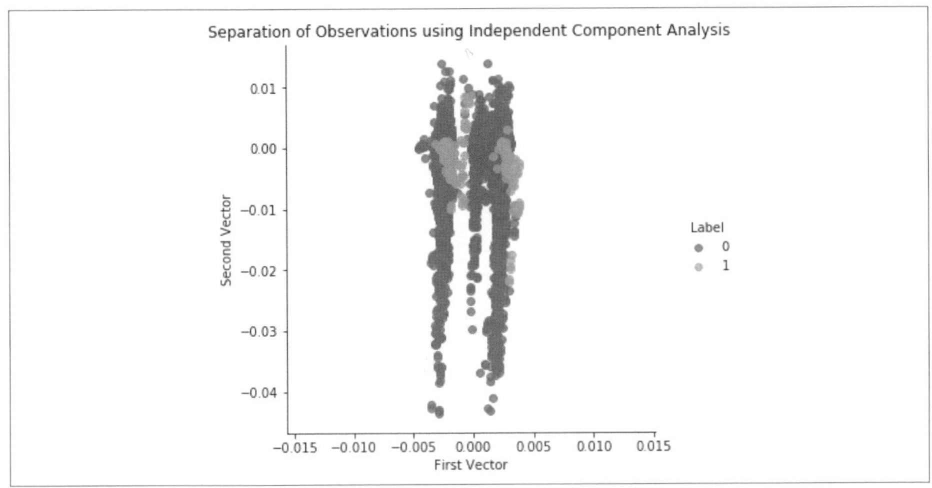

Abbildung 4-19: Trennung von Beobachtungen mit ICA und 27 Komponenten auf dem Testset

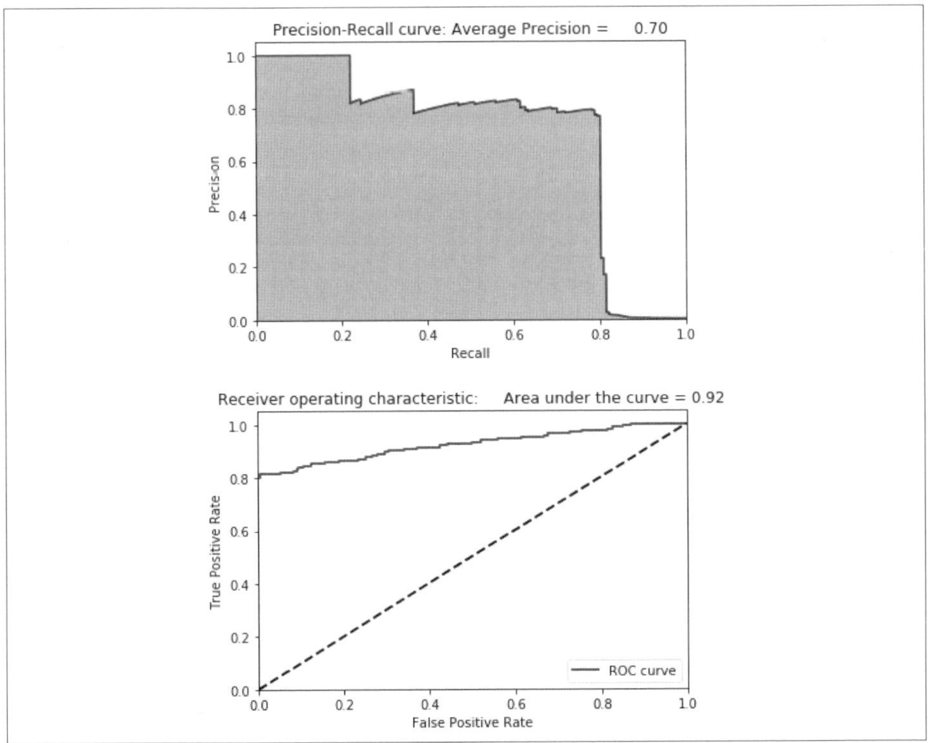

Abbildung 4-20: Ergebnisse mit ICA und 27 Komponenten auf dem Testset

Die Ergebnisse sind identisch mit normaler PCA und daher recht beeindruckend.

Anomalieerkennung mit Dictionary Learning auf dem Testset

Kommen wir nun zum Dictionary Learning, das nicht so gut abgeschnitten hat wie normale PCA und ICA, aber einen abschließenden Blick wert ist:

```
X_test_miniBatchDictLearning = miniBatchDictLearning.transform(X_test)
X_test_miniBatchDictLearning = \
    pd.DataFrame(data=X_test_miniBatchDictLearning, index=X_test.index)

scatterPlot(X_test_miniBatchDictLearning, y_test, \
            "Mini-batch Dictionary Learning")
```

Abbildung 4-22 zeigt das Streudiagramm für Dictionary Learning auf dem Testset und Abbildung 4-21 die entsprechenden Ergebnisse.

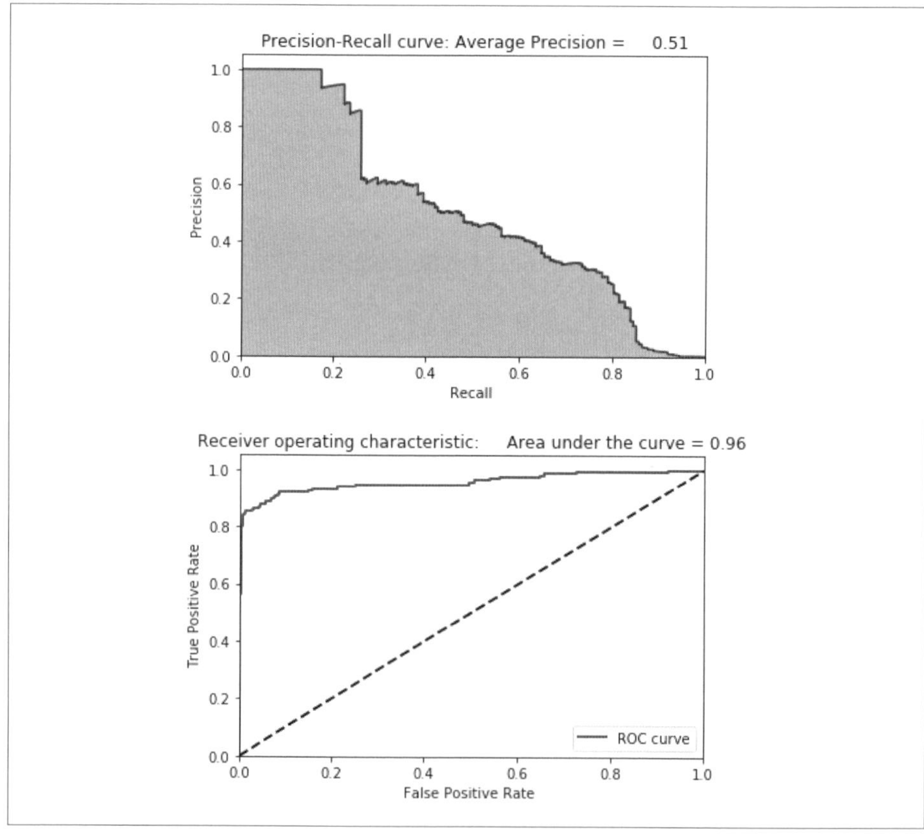

Abbildung 4-21: Ergebnisse mit Dictionary Learning und 28 Komponenten auf dem Testset

Obwohl die Ergebnisse nicht furchtbar schlecht sind – immerhin können wir 80 % der Betrügereien mit einer Präzision von 20 % erfassen –, bleiben sie weit hinter den Ergebnissen von normaler PCA und ICA zurück.

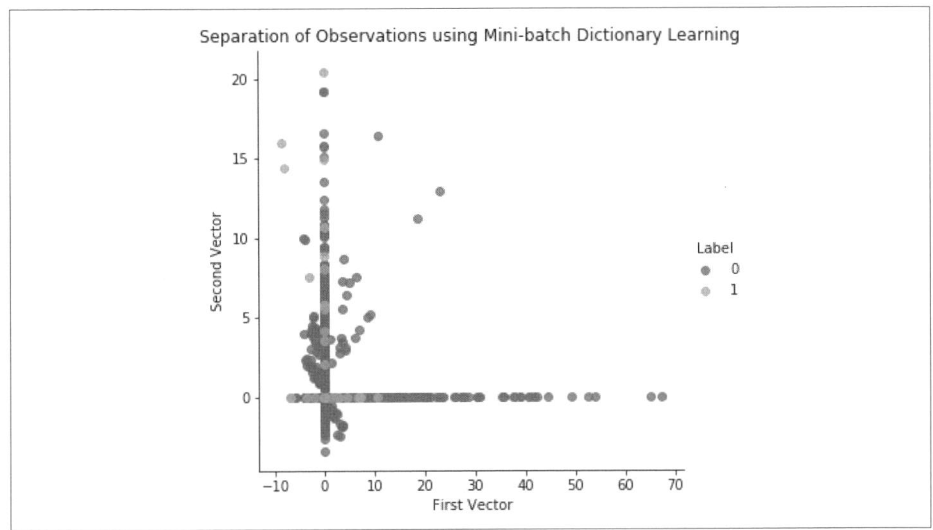

Abbildung 4-22: Trennung von Beobachtungen mit Dictionary Learning und 28 Komponenten auf dem Testset

Zusammenfassung

In diesem Kapitel haben wir die Kernalgorithmen für die Dimensionsreduktion aus dem vorherigen Kapitel eingesetzt, um Betrugserkennungslösungen für das Dataset mit Kreditkartentransaktionen aus Kapitel 2 zu entwickeln.

Die Betrugserkennungslösung in Kapitel 2 hat sich noch auf Labels gestützt, doch in diesem Kapitel sind wir im Trainingsprozess ganz ohne Labels ausgekommen. Es ist mit anderen Worten ein angewandtes Betrugserkennungssystem auf Basis von Unsupervised Learning entstanden.

Auch wenn nicht alle Algorithmen zur Dimensionsreduktion auf diesem Dataset mit Kreditkartentransaktionen gut abgeschnitten haben, stechen doch zwei mit beachtenswerten Ergebnissen hervor – normale PCA und ICA. Beide haben über 80 % der bekannten betrügerischen Transaktionen mit einer Präzision von 80 % abgefangen. Im Vergleich dazu hat das beste Betrugserkennungssystem mit Supervised Learning aus Kapitel 2 nahezu 90 % der bekannten Betrügereien mit einer Präzision von 80 % erkannt. Das unüberwachte Betrugserkennungssystem ist nur marginal schlechter als das überwachte System, wenn es darum geht, bekannte Betrugsmuster zu erfassen.

Unüberwachte Betrugserkennungssysteme benötigen keine Labels für das Training, passen sich gut an sich ändernde Betrugsmuster an und können Betrügereien abfangen, die bislang unentdeckt geblieben sind. Angesichts dieser zusätzlichen Vorteile schneidet die Lösung auf Basis unüberwachten Lernens im Allgemeinen besser ab als die überwachte Lernlösung, wenn bekannte und unbekannte oder neu entstehende Betrugsmuster in der Zukunft zu erfassen sind. Am besten ist es aber, beide Methoden Hand in Hand arbeiten zu lassen.

Nachdem wir uns mit der Dimensionsreduktion und der Anomalieerkennung befasst haben, wenden wir uns nun dem Clustering zu, einem weiteren wichtigen Konzept auf dem Gebiet des Unsupervised Learning.

KAPITEL 5

Clustering

Kapitel 3 hat die wichtigsten Algorithmen für die Dimensionsreduktion beim unüberwachten Lernen eingeführt und ihre Fähigkeit hervorgehoben, Informationen dicht zu erfassen. In Kapitel 4 haben wir mit den Algorithmen zur Dimensionsreduktion ein Anomalieerkennungssystem aufgebaut. Im Speziellen haben wir diese Algorithmen angewendet, um Kreditkartenbetrügereien aufzudecken, ohne irgendwelche Labels zu verwenden. Dann haben wir basierend auf dem Rekonstruktionsfehler die normalen Transaktionen von den seltenen, potenziell betrügerischen Transaktionen getrennt.

Nun bauen wir in diesem Kapitel auf diesen Konzepten des Unsupervised Learning auf und führen *Clustering* ein, das Objekte basierend auf ihrer Ähnlichkeit zu gruppieren versucht. Beim Clustering lässt sich das ohne Labels erreichen, wobei verglichen wird, wie sehr die Daten für eine Beobachtung den Daten für andere Beobachtungen und Gruppen ähneln.

Clustering hat viele Anwendungsmöglichkeiten. So kann es zum Beispiel bei der Kreditkartenbetrugserkennung betrügerische Transaktionen gruppieren und sie damit von normalen Transaktionen trennen. Oder wir könnten, wenn wir nur wenige Labels für die Beobachtungen in unserem Dataset haben, per Clustering zunächst die Beobachtungen gruppieren (ohne Labels zu verwenden) und dann die Labels der wenigen gelabelten Beobachtungen auf die übrigen Beobachtungen innerhalb derselben Gruppe übertragen. Dies ist eine Form des *Transferlernens*, eines schnell wachsenden Bereichs des maschinellen Lernens.

In Bereichen wie Online- und Einzelhandel, Marketing, Social Media, Empfehlungssystemen für Filme, Musik und Bücher, beim Dating usw. kann Clustering ähnliche Personen nach ihrem Verhalten gruppieren. Sobald diese Gruppen eingerichtet sind, bekommen kommerzielle Nutzer einen besseren Einblick in ihre Kundenbasis und können gezielte Geschäftsstrategien für jede der verschiedenen Gruppen entwickeln.

Wie bei der Dimensionsreduktion stellen wir in diesem Kapitel die Konzepte zunächst vor und erstellen dann im nächsten Kapitel eine angewandte Lösung mit Unsupervised Learning.

Das MNIST-Ziffern-Dataset

Um die Dinge einfach zu halten, arbeiten wir wieder mit dem MNIST-Dataset handgeschriebener Ziffern, das wir in Kapitel 3 eingeführt haben.

Datenvorbereitung

Zuerst laden wir die erforderlichen Bibliotheken:

```
# Bibliotheken importieren
'''Main'''
import numpy as np
import pandas as pd
import os, time
import pickle, gzip

'''Datenvisualisierung'''
import matplotlib.pyplot as plt
import seaborn as sns
color = sns.color_palette()
import matplotlib as mpl

%matplotlib inline

'''Datenvorbereitung und Modellbewertung'''
from sklearn import preprocessing as pp
from sklearn.model_selection import train_test_split
from sklearn.metrics import precision_recall_curve, average_precision_score
from sklearn.metrics import roc_curve, auc, roc_auc_score
```

Als Nächstes laden wir das Dataset und erstellen Pandas-DataFrames:

```
# Die Datasets laden
current_path = os.getcwd()
file = '\\datasets\\mnist_data\\mnist.pkl.gz'

f = gzip.open(current_path+file, 'rb')
train_set, validation_set, test_set = pickle.load(f, encoding='latin1')
f.close()

X_train, y_train = train_set[0], train_set[1]
X_validation, y_validation = validation_set[0], validation_set[1]
X_test, y_test = test_set[0], test_set[1]

# Pandas-DataFrames aus den Datasets erzeugen
train_index = range(0,len(X_train))
validation_index = range(len(X_train), \
                         len(X_train)+len(X_validation))
test_index = range(len(X_train)+len(X_validation), \
                   len(X_train)+len(X_validation)+len(X_test))

X_train = pd.DataFrame(data=X_train,index=train_index)
```

```
y_train = pd.Series(data=y_train,index=train_index)

X_validation = pd.DataFrame(data=X_validation,index=validation_index)
y_validation = pd.Series(data=y_validation,index=validation_index)

X_test = pd.DataFrame(data=X_test,index=test_index)
y_test = pd.Series(data=y_test,index=test_index)
```

Clustering-Algorithmen

Bevor wir Clustering durchführen, reduzieren wir die Dimensionalität der Daten mithilfe der Hauptkomponentenanalyse (PCA). Wie Kapitel 3 gezeigt hat, erfassen die Algorithmen zur Dimensionsreduktion die wichtigsten Informationen in den ursprünglichen Daten und verringern dabei die Größe des Datasets.

Wenn wir von einer großen Anzahl von Dimensionen zu einer niedrigeren Anzahl übergehen, wird auch das Rauschen im Dataset minimiert, weil der Algorithmus zur Dimensionsreduktion (PCA in diesem Fall) die wichtigsten Aspekte der ursprünglichen Daten erfassen muss und sich nicht um die seltener vorkommenden Elemente (wie zum Beispiel das Rauschen im Dataset) kümmern kann. Wie Sie inzwischen wissen, sind die Algorithmen zur Dimensionsreduktion sehr leistungsfähig darin, die zugrunde liegende Struktur in den Daten zu lernen. In Kapitel 3 haben wir gezeigt, dass es möglich ist, die MNIST-Bilder basierend auf den Ziffern, die sie anzeigen, nach der Dimensionsreduktion mit nur zwei Dimensionen zu trennen.

Wenden wir nun wieder die Hauptkomponentenanalyse auf das MNIST-Dataset an:

```
# Hauptkomponentenanalyse
from sklearn.decomposition import PCA

n_components = 784
whiten = False
random_state = 2018

pca = PCA(n_components=n_components, whiten=whiten, \
          random_state=random_state)

X_train_PCA = pca.fit_transform(X_train)
X_train_PCA = pd.DataFrame(data=X_train_PCA, index=train_index)
```

Obwohl wir die Dimensionalität nicht verringert haben, geben wir die Anzahl der Hauptkomponenten an, die wir in der Clustering-Phase verwenden werden, und reduzieren damit effektiv die Dimensionalität.

Kommen wir nun zum Clustering. Die drei wichtigsten Clustering-Algorithmen sind der *k-Means-Algorithmus*, das *hierarchische Clustering* sowie *DBSCAN*. Mit den einzelnen Algorithmen befassen wir uns jetzt.

k-Means-Algorithmus

Clustering verfolgt das Ziel, unterschiedliche Gruppen in einem Dataset so zu identifizieren, dass die Beobachtungen innerhalb einer Gruppe einander ähnlich sind, aber verschieden von Beobachtungen in anderen Gruppen. Im *k*-Means-Algorithmus geben wir die gewünschte Anzahl an Clustern *k* an, und der Algorithmus weist jede Beobachtung genau einem dieser *k* Cluster zu. Der Algorithmus optimiert die Gruppen, indem er die clusterinterne Variation (auch als *Trägheit* bekannt) minimiert, sodass die Summe der *clusterinternen Variationen* über alle *k* Cluster so klein wie möglich ist.

Verschiedene Läufe von *k*-Means führen zu leicht veränderten Clusterzuweisungen, weil *k*-Means jede Beobachtung zufällig einem der *k* Cluster zuweist, um den Clustering-Vorgang einzuleiten. Der Algorithmus *k*-Means führt die zufällige Initialisierung durch, um den Clustering-Vorgang zu beschleunigen. Nach dieser zufälligen Initialisierung weist *k*-Means die Beobachtungen verschiedenen Clustern zu, während der Algorithmus versucht, den euklidischen Abstand zwischen jeder Beobachtung und dem Mittelpunkt bzw. Schwerpunkt seines Clusters zu minimieren. Diese zufällige Initialisierung ist eine Quelle der Zufälligkeit, was in leicht verschiedenen Clustering-Zuweisungen von einem *k*-Means-Lauf zu einem anderen resultiert.

In der Regel führt der *k*-Means-Algorithmus mehrere Läufe durch und wählt den Lauf mit der besten Trennung aus, wobei die beste Trennung definiert wird als die kleinste Gesamtsumme der clusterinternen Variationen über alle *k* Cluster.

k-Means-Trägheit

Sehen wir uns nun den Algorithmus an. Festlegen müssen wir die Anzahl der gewünschten Cluster (`n_clusters`), die Anzahl der durchzuführenden Initialisierungen (`n_init`), die maximale Anzahl der Durchläufe, die der Algorithmus ausführt, um Beobachtungen zuzuweisen und die Trägheit zu minimieren (`max_iter`), sowie die Toleranz, um Konvergenz zu deklarieren (`tol`).

Die Standardwerte für die Anzahl der Initialisierungen (`10`), die maximale Anzahl der Iterationen (`300`) und die Toleranz (`0.0001`) behalten wir bei. Und im Moment übernehmen wir auch die ersten Hauptkomponenten der Hauptkomponentenanalyse (`cutoff`). Um zu testen, wie die Anzahl der von uns festgelegten Cluster das Trägheitsmaß beeinflusst, wollen wir *k*-Means für Clustergrößen von 2 bis 20 ausführen und die Trägheit für jede Clustergröße aufzeichnen.

Der Code sieht folgendermaßen aus:

```
# k-Means-Trägheit, wenn die Anzahl der Cluster variiert
from sklearn.cluster import KMeans

n_clusters = 10
```

```
n_init = 10
max_iter = 300
tol = 0.0001
random_state = 2018
n_jobs = 2

kMeans_inertia = pd.DataFrame(data=[],index=range(2,21), \
                              columns=['inertia'])
for n_clusters in range(2,21):
    kmeans = KMeans(n_clusters=n_clusters, n_init=n_init, \
                max_iter=max_iter, tol=tol, random_state=random_state, \
                n_jobs=n_jobs)

    cutoff = 99
    kmeans.fit(X_train_PCA.loc[:,0:cutoff])
    kMeans_inertia.loc[n_clusters] = kmeans.inertia_
```

Wie Abbildung 5-1 zeigt, nimmt die Trägheit mit steigender Anzahl von Clustern ab. Das ist verständlich, denn je mehr Cluster wir haben, desto größter ist die Homogenität zwischen Beobachtungen innerhalb jedes Clusters. Allerdings ist es einfacher, mit weniger Clustern zu arbeiten als mit einer größeren Anzahl, sodass es eine wichtige Betrachtung ist, die richtige Anzahl der zu generierenden Cluster zu finden, wenn *k*-Means ausgeführt wird.

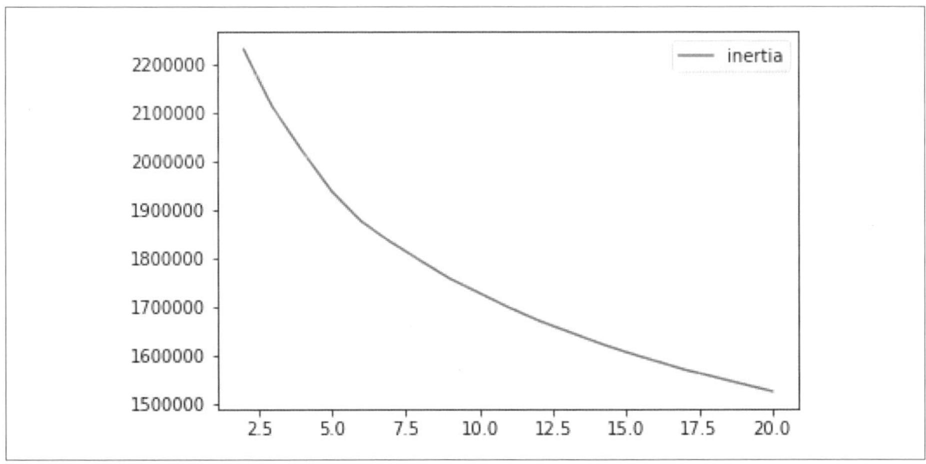

Abbildung 5-1: k-Means-Trägheit für Clustergrößen von 2 bis 20

Die Clustering-Ergebnisse bewerten

Um zu demonstrieren, wie *k*-Means arbeitet und wie die Erhöhung der Clusteranzahl zu homogeneren Clustern führt, definieren wir eine Funktion, um die Ergebnisse jedes ausgeführten Experiments zu analysieren. Die Clusterzuweisungen – generiert durch den Clustering-Algorithmus – werden in einem Pandas-DataFrame namens `clusterDF` gespeichert.

Wir zählen die Beobachtungen in jedem Cluster und speichern diese in einem Pandas-DataFrame namens countByCluster:

```
def analyzeCluster(clusterDF, labelsDF):
    countByCluster = \
        pd.DataFrame(data=clusterDF['cluster'].value_counts())
    countByCluster.reset_index(inplace=True,drop=False)
    countByCluster.columns = ['cluster','clusterCount']
```

Als Nächstes verknüpfen wir den clusterDF mit dem Array der wahren Labels, das wir labelsDF nennen:

```
preds = pd.concat([labelsDF,clusterDF], axis=1)
preds.columns = ['trueLabel','cluster']
```

Wir zählen auch die Anzahl der Beobachtungen für jedes wahre Label im Trainingsset (das ändert nichts, ist aber gut für uns zu wissen):

```
countByLabel = pd.DataFrame(data=preds.groupby('trueLabel').count())
```

Nun zählen wir für jeden Cluster die Anzahl der Beobachtungen für jedes eindeutige Label innerhalb eines Clusters. Wenn zum Beispiel ein gegebener Cluster 3.000 Beobachtungen umfasst, könnten 2.000 die Ziffer 2, 500 vielleicht die Ziffer 1, 300 die Ziffer 0 und die übrigen 200 die Ziffer 9 darstellen.

Nachdem wir das berechnet haben, speichern wir die Anzahl für die am häufigsten vorkommende Ziffer für jeden Cluster. Im obigen Beispiel würden wir für diesen Cluster einen Zählerstand von 2.000 speichern:

```
countMostFreq = \
    pd.DataFrame(data=preds.groupby('cluster').agg( \
                    lambda x:x.value_counts().iloc[0]))
countMostFreq.reset_index(inplace=True,drop=False)
countMostFreq.columns = ['cluster','countMostFrequent']
```

Schließlich beurteilen wir den Erfolg jedes Clustering-Laufs danach, wie eng die gruppierten Beobachtungen innerhalb jedes Clusters liegen. So umfasst der Cluster im obigen Beispiel 2.000 Beobachtungen mit dem gleichen Label unter den insgesamt 3.000 Beobachtungen im Cluster.

Dieser Cluster ist nicht zielführend, denn im Idealfall wollen wir ähnliche Beobachtungen im selben Cluster zusammenfassen und unähnliche ausschließen.

Wir definieren die Gesamtgenauigkeit des Clusterings als Summe der Anzahl der am häufigsten auftretenden Beobachtungen über allen Clustern, dividiert durch die Gesamtanzahl der Beobachtungen im Trainingsset (d.h. 50.000):

```
accuracyDF = countMostFreq.merge(countByCluster, \
                    left_on="cluster",right_on="cluster")
overallAccuracy = accuracyDF.countMostFrequent.sum()/ \
                    accuracyDF.clusterCount.sum()
```

Die Genauigkeit können wir auch nach Clustern beurteilen:

```
accuracyByLabel = accuracyDF.countMostFrequent/ \
                  accuracyDF.clusterCount
```

Der Kürze wegen haben wir den gesamten Code in einer einzelnen Funktion untergebracht, die auf GitHub verfügbar ist.

k-Means-Genauigkeit

Wir führen nun die Experimente wie schon weiter oben durch, doch statt der Trägheit berechnen wir die gesamte Homogenität der Cluster basierend auf dem Genauigkeitsmaß, das wir für dieses MNIST-Dataset von Ziffern definiert haben:

```
# k-Means-Genauigkeit, wenn die Anzahl der Cluster variiert

n_clusters = 5
n_init = 10
max_iter = 300
tol = 0.0001
random_state = 2018
n_jobs = 2

kMeans_inertia = \
    pd.DataFrame(data=[],index=range(2,21),columns=['inertia'])
overallAccuracy_kMeansDF = \
    pd.DataFrame(data=[],index=range(2,21),columns=['overallAccuracy'])

for n_clusters in range(2,21):
    kmeans = KMeans(n_clusters=n_clusters, n_init=n_init, \
                max_iter=max_iter, tol=tol, random_state=random_state, \
                n_jobs=n_jobs)

    cutoff = 99
    kmeans.fit(X_train_PCA.loc[:,0:cutoff])
    kMeans_inertia.loc[n_clusters] = kmeans.inertia_
    X_train_kmeansClustered = kmeans.predict(X_train_PCA.loc[:,0:cutoff])
    X_train_kmeansClustered = \
        pd.DataFrame(data=X_train_kmeansClustered, index=X_train.index, \
                     columns=['cluster'])

    countByCluster_kMeans, countByLabel_kMeans, countMostFreq_kMeans, \
        accuracyDF_kMeans, overallAccuracy_kMeans, accuracyByLabel_kMeans \
        = analyzeCluster(X_train_kmeansClustered, y_train)

    overallAccuracy_kMeansDF.loc[n_clusters] = overallAccuracy_kMeans
```

Abbildung 5-2 zeigt den Verlauf der Gesamtgenauigkeit für verschiedene Clustergrößen.

Wie Abbildung 5-2 zeigt, ist die Genauigkeit umso besser, je mehr Cluster vorhanden sind. Mit anderen Worten, Cluster werden homogener, wenn wir ihre Anzahl erhöhen, weil jeder Cluster kleiner und kompakter geformt wird.

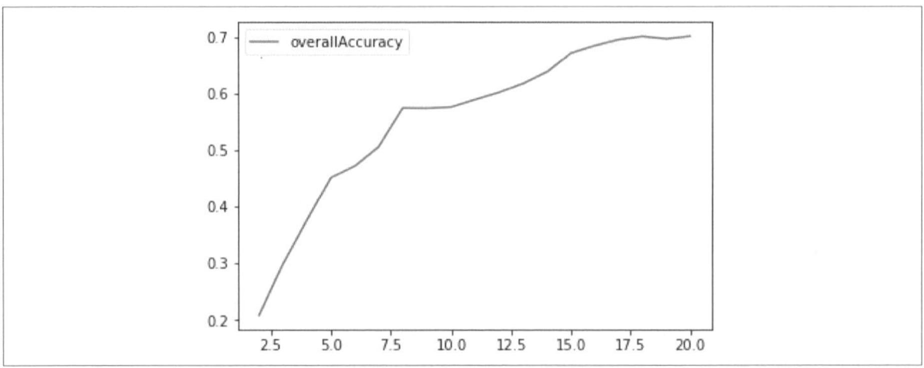

Abbildung 5-2: k-Means-Genauigkeit für Clustergrößen von 2 bis 20

Die Genauigkeit schwankt je nach Cluster sehr stark, wobei einige Cluster homogener sind als andere. Zum Beispiel haben in manchen Clustern über 90% der Bilder die gleiche Ziffer; in anderen Clustern zeigen weniger als 50% der Bilder die gleiche Ziffer:

```
0     0.636506
1     0.928505
2     0.848714
3     0.521805
4     0.714337
5     0.950980
6     0.893103
7     0.919040
8     0.404707
9     0.500522
10    0.381526
11    0.587680
12    0.463382
13    0.958046
14    0.870888
15    0.942325
16    0.791192
17    0.843972
18    0.455679
19    0.926480
dtype: float64
```

k-Means und die Anzahl der Hauptkomponenten

Führen wir noch ein Experiment durch – dieses Mal wollen wir beurteilen, wie sich eine variierende Anzahl von Hauptkomponenten, die wir im Clustering-Algorithmus verwenden, auf die Homogenität der Cluster (definiert als *Genauigkeit*) auswirkt.

In den früheren Experimenten haben wir 100 Hauptkomponenten verwendet, die sich aus der normalen Hauptkomponentenanalyse ergeben haben. Die ursprüngliche Anzahl der Dimensionen für das Dataset der MNIST-Ziffern ist bekanntlich 784. Wenn die Hauptkomponentenanalyse in der Lage ist, die zugrunde liegende

Struktur in den Daten so kompakt wie möglich zu erfassen, ist es für den Clustering-Algorithmus leicht, ähnliche Bilder zu gruppieren, unabhängig davon, ob sich das Clustering nur auf einen Teil der Hauptkomponenten oder sehr viele davon stützt. Mit anderen Worten, Clustering sollte gleichermaßen gut mit 10 oder 50 Hauptkomponenten wie mit 100 oder sogar mehreren Hundert Hauptkomponenten funktionieren.

Diese Hypothese testen wir nun. Wir übergeben 10, 50, 100, 200, 300, 400, 500, 600, 700 und 784 Hauptkomponenten und messen die Genauigkeit bei jedem Clustering-Experiment. Dann stellen wir diese Ergebnisse grafisch dar, um zu sehen, wie die verschiedenen Anzahlen von Hauptkomponenten die Clustering-Genauigkeit beeinflussen:

```
# k-Means-Genauigkeit bei verschiedener Anzahl von Komponenten

n_clusters = 20
n_init = 10
max_iter = 300
tol = 0.0001
random_state = 2018
n_jobs = 2

kMeans_inertia = pd.DataFrame(data=[],index=[9, 49, 99, 199, \
                    299, 399, 499, 599, 699, 784],columns=['inertia'])
overallAccuracy_kMeansDF = pd.DataFrame(data=[],index=[9, 49, \
                    99, 199, 299, 399, 499, 599, 699, 784], \
                    columns=['overallAccuracy'])

for cutoffNumber in [9, 49, 99, 199, 299, 399, 499, 599, 699, 784]:
    kmeans = KMeans(n_clusters=n_clusters, n_init=n_init, \
                max_iter=max_iter, tol=tol, random_state=random_state, \
                n_jobs=n_jobs)

    cutoff = cutoffNumber
    kmeans.fit(X_train_PCA.loc[:,0:cutoff])
    kMeans_inertia.loc[cutoff] = kmeans.inertia_
    X_train_kmeansClustered = kmeans.predict(X_train_PCA.loc[:,0:cutoff])
    X_train_kmeansClustered = pd.DataFrame(data=X_train_kmeansClustered, \
                                index=X_train.index, columns=['cluster'])

    countByCluster_kMeans, countByLabel_kMeans, countMostFreq_kMeans, \
        accuracyDF_kMeans, overallAccuracy_kMeans, accuracyByLabel_kMeans \
        = analyzeCluster(X_train_kmeansClustered, y_train)

    overallAccuracy_kMeansDF.loc[cutoff] = overallAccuracy_kMeans
```

Abbildung 5-3 zeigt das Diagramm der Clustering-Genauigkeit für die verschiedenen Anzahlen von Hauptkomponenten.

Dieses Diagramm untermauert unsere Hypothese. Wenn die Anzahl der Hauptkomponenten von 10 bis 784 variiert, bleibt die Clustering-Genauigkeit stabil und konstant bei etwa 70 %. Dies ist ein Grund dafür, dass Clustering auf dimensionsreduzierten Datasets ausgeführt werden sollte – die Clustering-Algorithmen schneiden auf dimensionsreduzierten Datasets im Allgemeinen besser ab, sowohl in Bezug auf die Zeit als auch in Bezug auf die Clustering-Genauigkeit.

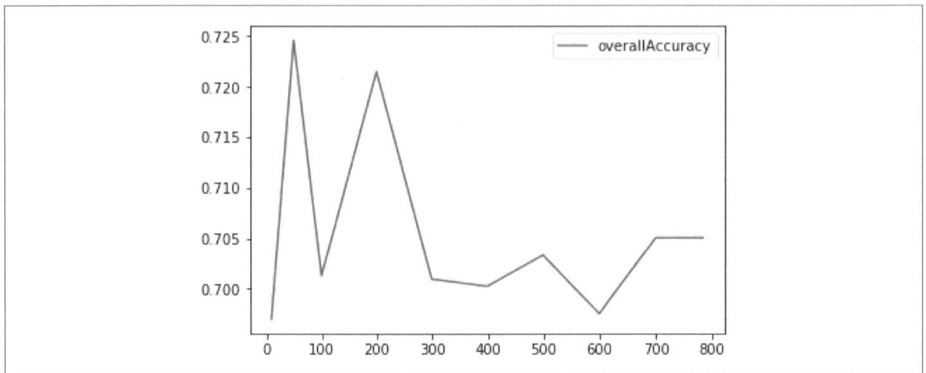

Abbildung 5-3: Genauigkeit des k-Means-Algorithmus bei unterschiedlicher Anzahl von Hauptkomponenten

In unserem Fall sind mit dem MNIST-Dataset die ursprünglichen 784 Dimensionen für einen Clustering-Algorithmus durchaus beherrschbar, doch stellen Sie sich vor, das Original-Dataset umfasse Tausende oder Millionen von Dimensionen. In einem derartigen Szenario ist es erst recht von Vorteil, zunächst die Dimensionalität zu reduzieren und erst dann zu clustern.

k-Means auf dem ursprünglichen Dataset

Um diesen Punkt zu verdeutlichen, clustern wir auf dem ursprünglichen Dataset und messen, wie bei verschiedenen Anzahlen von Dimensionen, die wir an den Clustering-Algorithmus übergeben, die Clustering-Genauigkeit beeinflusst wird.

Für das PCA-reduzierte Dataset im vorherigen Abschnitt hat das Variieren der Anzahl von Hauptkomponenten, die wir an den Clustering-Algorithmus übergeben, die Clustering-Genauigkeit nicht beeinflusst. Diese ist stabil und konstant bei ungefähr 70% geblieben. Gilt das auch für das ursprüngliche Dataset?

```
# k-Means-Genauigkeit, wenn die Anzahl der Komponenten variiert
# Auf den ursprünglichen MNIST-Daten (nicht PCA-reduziert) ausgeführt

n_clusters = 20
n_init = 10
max_iter = 300
tol = 0.0001
random_state = 2018
n_jobs = 2

kMeans_inertia = pd.DataFrame(data=[],index=[9, 49, 99, 199, \
                    299, 399, 499, 599, 699, 784],columns=['inertia'])
overallAccuracy_kMeansDF = pd.DataFrame(data=[],index=[9, 49, \
                    99, 199, 299, 399, 499, 599, 699, 784], \
                    columns=['overallAccuracy'])
```

```
for cutoffNumber in [9, 49, 99, 199, 299, 399, 499, 599, 699, 784]:
    kmeans = KMeans(n_clusters=n_clusters, n_init=n_init, \
                max_iter=max_iter, tol=tol, random_state=random_state, \
                n_jobs=n_jobs)

    cutoff = cutoffNumber
    kmeans.fit(X_train.loc[:,0:cutoff])
    kMeans_inertia.loc[cutoff] = kmeans.inertia_
    X_train_kmeansClustered = kmeans.predict(X_train.loc[:,0:cutoff])
    X_train_kmeansClustered = pd.DataFrame(data=X_train_kmeansClustered, \
                                index=X_train.index, columns=['cluster'])

    countByCluster_kMeans, countByLabel_kMeans, countMostFreq_kMeans, \
        accuracyDF_kMeans, overallAccuracy_kMeans, accuracyByLabel_kMeans \
        = analyzeCluster(X_train_kmeansClustered, y_train)

    overallAccuracy_kMeansDF.loc[cutoff] = overallAccuracy_kMeans
```

Abbildung 5-4 stellt die Clustering-Genauigkeit bei den verschiedenen Originaldimensionen grafisch dar.

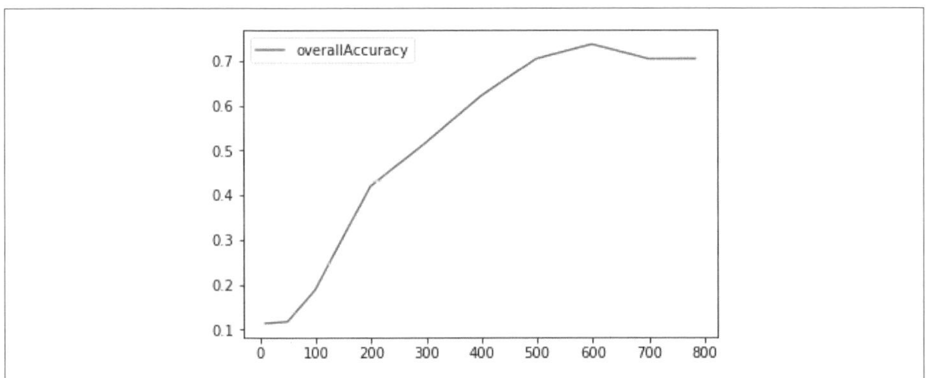

Abbildung 5-4: Genauigkeit des k-Means-Clusterings mit variierender Anzahl von Originaldimensionen

Wie aus dem Diagramm hervorgeht, ist die Clustering-Genauigkeit bei wenigen Dimensionen sehr schlecht, verbessert sich aber auf nahezu 70 % allein dadurch, dass die Anzahl der Dimensionen auf 600 anwächst.

Im PCA-Fall erreicht die Clustering-Genauigkeit rund 70 % sogar bei zehn Dimensionen. Das veranschaulicht die Leistungsfähigkeit der Dimensionsreduktion, wichtige Informationen im ursprünglichen Dataset zu erfassen.

Hierarchisches Clustering

Kommen wir nun zu einem zweiten Clustering-Ansatz namens *hierarchisches Clustering*. Bei diesem Ansatz müssen wir uns nicht von vornherein auf eine bestimmte Anzahl von Clustern festlegen. Stattdessen können wir wählen, wie viele Cluster wir haben möchten, nachdem das hierarchische Clustering abgeschlossen ist.

Mit den Beobachtungen in unserem Dataset erstellt der hierarchische Clustering-Algorithmus ein *Dendrogramm*, das sich als umgekehrter Baum darstellen lässt, wobei sich die Blätter unten und der Stamm oben befinden.

Die Blätter ganz unten sind einzelne Instanzen im Dataset. Hierarchisches Clustering verbindet dann die Blätter miteinander – wenn wir uns senkrecht im auf dem Kopf stehenden Baum nach oben bewegen –, basierend darauf, wie ähnlich sie einander sind. Die Instanzen (oder Gruppen von Instanzen), die am ähnlichsten sind, werden früher verbunden, während die Instanzen, die sich nicht so ähnlich sind, später verknüpft werden.

Dieser iterative Prozess verknüpft schließlich alle Instanzen zu einem einzigen Baumstamm.

Diese vertikale Darstellung ist sehr hilfreich. Sobald der hierarchische Clustering-Algorithmus beendet ist, können wir das Dendrogramm betrachten und bestimmen, wo wir den Baum schneiden wollen – je niedriger wir schneiden, desto mehr einzelne Zweige (d. h. mehr Cluster) bleiben uns übrig. Wenn wir weniger Cluster wollen, können wir im Dendrogramm höher schneiden, näher am einzelnen Stamm ganz oben in diesem umgekehrten Baum.

Die Platzierung dieses vertikalen Schnitts ist ähnlich der Auswahl der Anzahl von *k* Clustern im *k*-Means-Algorithmus.

Agglomeratives hierarchisches Clustering

Die Version des hierarchischen Clusterings, die wie untersuchen werden, heißt *agglomeratives Clustering*. Scikit-learn bringt zwar eine Bibliothek hierfür mit, doch ist ihre Performance schlecht, und wir verwenden eine andere Version des hierarchischen Clusterings namens *fastcluster*. Bei diesem Paket handelt es sich um eine C++-Bibliothek mit einer Schnittstelle in Python/SciPy.[1]

Die Hauptfunktion, die wir in diesem Paket nutzen, ist `fastcluster.linkage_vector()`. Diese Funktion übernimmt mehrere Argumente, darunter die Trainingsmatrix *X*, die *Methode* und die *Metrik*. Die Methode – die auf `single`, `centroid`, `median` oder `ward` gesetzt werden kann – spezifiziert, welches Clustering-Schema verwendet werden soll, um den Abstand von einem neuen Knoten im Dendrogramm zu den anderen Knoten zu bestimmen. Für die Metrik empfiehlt sich in den meisten Fällen die Einstellung `euclidean`, und sie ist erforderlich, wenn als Methode `centroid`, `median` oder `ward` festgelegt ist. Mehr zu diesen Argumenten finden Sie in der Dokumentation zu `fastcluster`.

Legen wir nun den hierarchischen Clustering-Algorithmus für unsere Daten fest. Wie bisher trainieren wir den Algorithmus auf den ersten 100 Hauptkomponenten

1 Weitere Informationen zu *fastcluster* finden Sie auf der Webseite des Projekts (*https://pypi.org/project/fastcluster/*).

des PCA-reduzierten MNIST-Bild-Datasets. Die Methode setzen wir auf `ward` (die in den Experimenten bei Weitem am besten abgeschnitten hat) und die Metrik auf `euclidean`.

`ward` steht kurz für die *Methode der minimalen Varianz nach Ward*. Mehr zu dieser Methode finden Sie online. Die `ward`-Methode ist eine gute Standardoption für hierarchisches Clustering, doch wie immer ist es am besten, dass Sie mit Ihren Datasets in der Praxis experimentieren.

```
import fastcluster
from scipy.cluster.hierarchy import dendrogram, cophenet
from scipy.spatial.distance import pdist

cutoff = 100
Z = fastcluster.linkage_vector(X_train_PCA.loc[:,0:cutoff], \
                               method='ward', metric='euclidean')
Z_dataFrame = pd.DataFrame(data=Z, \
    columns=['clusterOne','clusterTwo','distance','newClusterSize'])
```

Der hierarchische Clustering-Algorithmus gibt eine Matrix Z zurück. Der Algorithmus behandelt jede Beobachtung in unserem 50.000-MNIST-Ziffern-Dataset als einen Einzelpunktcluster, und in jeder Iteration des Trainings fasst der Algorithmus die beiden Cluster zusammen, die den kleinsten Abstand zueinander haben.

Anfangs fasst der Algorithmus lediglich Einzelpunktcluster zusammen, doch mit fortschreitender Zeit fasst er auch Mehrpunktcluster mit entweder Einzelpunkt- oder Mehrpunktclustern zusammen. Schließlich werden über diesen iterativen Prozess sämtliche Cluster zusammengefasst, sodass sie den Stamm im Diagramm (Dendrogramm) bilden.

Das Dendrogramm

Tabelle 5-1 zeigt die Matrix Z, die der Clustering-Algorithmus angelegt hat, und verdeutlicht damit, was der Algorithmus alles erreichen kann.

Tabelle 5-1: Die ersten Zeilen der Matrix Z beim hierarchischen Clustering

	clusterOne	clusterTwo	distance	newClusterSize
0	42194.0	43025.0	0.562682	2.0
1	28350.0	37674.0	0.590866	2.0
2	26696.0	44705.0	0.621506	2.0
3	12634.0	32823.0	0.627762	2.0
4	24707.0	43151.0	0.637668	2.0
5	20465.0	24483.0	0.662557	2.0
6	466.0	42098.0	0.664189	2.0
7	46542.0	49961.0	0.665520	2.0
8	2301.0	5732.0	0.671215	2.0

Tabelle 5-1: Die ersten Zeilen der Matrix Z beim hierarchischen Clustering (Fortsetzung)

	clusterOne	clusterTwo	distance	newClusterSize
9	37564.0	47668.0	0.675121	2.0
10	3375.0	26243.0	0.685797	2.0
11	15722.0	30368.0	0.686356	2.0
12	21247.0	21575.0	0.694412	2.0
13	14900.0	42486.0	0.696769	2.0
14	30100.0	41908.0	0.699261	2.0
15	12040.0	13254.0	0.701134	2.0
16	10508.0	25434.0	0.708872	2.0
17	30695.0	30757.0	0.710023	2.0
18	31019.0	31033.0	0.712052	2.0
19	36264.0	37285.0	0.713130	2.0

Die ersten beiden Spalten in dieser Tabelle, `clusterOne` und `clusterTwo`, listen auf, welche beiden Cluster – seien es Einzelpunktcluster (d. h. die originalen Beobachtungen) oder Mehrpunktcluster – aufgrund ihres Abstands zueinander zusammengeführt werden. Die dritte Spalte, `distance`, liefert diesen Abstand, der nach der `ward`-Methode mit euklidischer Metrik bestimmt wurde, die wir an den Clustering-Algorithmus übergeben haben.

Wie Sie der Tabelle entnehmen können, nimmt der Abstand monoton zu. Mit anderen Worten, die Cluster mit dem kleinsten Abstand werden zuerst zusammengeführt, und der Algorithmus fasst iterativ die Cluster mit dem jeweils nächstkürzeren Abstand zusammen, bis alle Punkte zu einem einzigen Cluster an der Spitze des Dendrogramms zusammengeführt sind.

Anfangs fasst der Algorithmus Einzelpunktcluster zusammen und bildet dabei neue Cluster mit einer Größe von zwei, wie es in der vierten Spalte, `newClusterSize`, zu sehen ist. Nach einer ganzen Weile verbindet der Algorithmus aber große Mehrpunktcluster mit anderen großen Mehrpunktclustern, wie Tabelle 5-2 zeigt. Beim allerletzten Durchlauf (49.998) werden zwei große Cluster zusammengeführt und bilden einen einzigen Cluster – den Baumstamm ganz oben – mit allen 50.000 originalen Beobachtungen.

Tabelle 5-2: Die letzten Zeilen der Z-Matrix beim hierarchischen Clustering

	clusterOne	clusterTwo	distance	newClusterSize
49980	99965.0	99972.0	161.106998	5197.0
49981	99932.0	99980.0	172.070003	6505.0
49982	99945.0	99960.0	182.840860	3245.0
49983	99964.0	99976.0	184.475761	3683.0

Tabelle 5-2: Die letzten Zeilen der Z-Matrix beim hierarchischen Clustering (Fortsetzung)

	clusterOne	clusterTwo	distance	newClusterSize
49984	99974.0	99979.0	185.027847	7744.0
49985	99940.0	99975.0	185.345207	5596.0
49986	99957.0	99967.0	211.854714	5957.0
49987	99938.0	99983.0	215.494857	4846.0
49988	99978.0	99984.0	216.760365	11072.0
49989	99970.0	99973.0	217.355871	4899.0
49990	99969.0	99986.0	225.468298	8270.0
49991	99981.0	99982.0	238.845135	9750.0
49992	99968.0	99977.0	266.146782	5567.0
49993	99985.0	99989.0	270.929453	10495.0
49994	99990.0	99991.0	346.840948	18020.0
49995	99988.0	99993.0	394.365194	21567.0
49996	99987.0	99995.0	425.142387	26413.0
49997	99992.0	99994.0	440.148301	23587.0
49998	99996.0	99997.0	494.383855	50000.0

Möglicherweise werfen die Einträge in den Spalten `clusterOne` und `clusterTwo` dieser Tabelle bei Ihnen Fragen auf. So wird zum Beispiel in der letzten Zeile – 49.998 – der Cluster 99.996 mit dem Cluster 99.997 verbunden. Doch wie Sie wissen, gibt es nur 50.000 Beobachtungen im MNIST-Ziffern-Dataset.

Die Spalten `clusterOne` und `clusterTwo` verweisen mit den Zahlen 0 bis 49.999 auf die ursprünglichen Beobachtungen. Bei Zahlen über 49.999 beziehen sich die Clusternummern auf zuvor gruppierte Punkte. So verweist 50.000 auf den in Zeile 0 neu gebildeten Cluster, 50.001 bezieht sich auf den in Zeile 1 neu gebildeten Cluster usw.

In Zeile 49.998 verweist `clusterOne` mit 99.996 auf den in Zeile 49.996 gebildeten Cluster und `clusterTwo` mit 99.997 auf den in Zeile 49.997 gebildeten Cluster. Nach diesem Schema können Sie sich weiter durch diese Tabelle arbeiten, um zu verfolgen, wie die Cluster miteinander verbunden werden.

Die Clustering-Ergebnisse auswerten

Nachdem wir über das Dendrogramm verfügen, können wir bestimmen, wo der Schnitt im Dendrogramm erfolgen soll, um die gewünschte Anzahl von Clustern zu erhalten. Damit wir die Ergebnisse des hierarchischen Clusterings leichter mit denen von *k*-Means vergleichen können, schneiden wir das Dendrogramm so, dass genau 20 Cluster bleiben. Dann beurteilen wir anhand der Clustering-Genauigkeitsmetrik – die im `kmeans`-Abschnitt definiert ist –, wie homogen die Cluster des hierarchischen Clusterings sind.

Um die gemäß Dendrogramm gewünschten Cluster zu erzeugen, greifen wir auf die Bibliothek fcluster aus SciPy zurück. Wir müssen den *Distanzschwellenwert* des Dendrogramms angeben, um die Anzahl der uns verbleibenden Cluster zu bestimmen. Je größer der Distanzschwellenwert ist, desto weniger Cluster haben wir. Datenpunkte innerhalb des festgelegten Distanzschwellenwerts werden demselben Cluster zugeordnet. Ein größerer Distanzschwellenwert ähnelt dem Schneiden des auf dem Kopf stehenden Baums an einem sehr hohen Punkt. Da immer mehr Punkte zusammengefasst werden, je höher wir im Baum gehen, desto weniger Cluster bleiben.

Um genau 20 Cluster zu bekommen, müssen wir mit dem Distanzschwellenwert experimentieren, wie es hier geschieht. Die Bibliothek fcluster übernimmt unser Dendrogramm und schneidet es beim angegebenen Distanzschwellenwert. Jede der 50.000 Beobachtungen des MNIST-Ziffern-Datasets erhält ein Label, und diese Labels speichern wir in einem Pandas-DataFrame:

```
from scipy.cluster.hierarchy import fcluster

distance_threshold = 160
clusters = fcluster(Z, distance_threshold, criterion='distance')
X_train_hierClustered = \
    pd.DataFrame(data=clusters,index=X_train_PCA.index,columns=['cluster'])
```

Kontrollieren wir, ob es mit unserem gewählten Distanzschwellenwert genau 20 verschiedene Cluster gibt:

```
print("Number of distinct clusters: ", \
    len(X_train_hierClustered['cluster'].unique()))
```

Wie erwartet, werden die 20 Cluster bestätigt:

```
Number of distinct clusters: 20
```

Nun bewerten wir die Ergebnisse:

```
countByCluster_hierClust, countByLabel_hierClust, \
    countMostFreq_hierClust, accuracyDF_hierClust, \
    overallAccuracy_hierClust, accuracyByLabel_hierClust \
    = analyzeCluster(X_train_hierClustered, y_train)

print("Overall accuracy from hierarchical clustering: ", \
    overallAccuracy_hierClust)
```

Wir stellen fest, dass die Gesamtgenauigkeit etwa 77% beträgt und damit sogar besser liegt als die rund 70%ige Genauigkeit von *k*-Means:

```
Overall accuracy from hierarchical clustering: 0.76882
```

Wir bewerten auch die Genauigkeit nach Clustern. Wie hier gezeigt, variiert die Genauigkeit etwas. Bei manchen Clustern liegt die Genauigkeit mit fast 100% bemerkenswert hoch, bei anderen beträgt sie weniger als 50%:

```
0    0.987962
1    0.983727
```

```
2     0.988998
3     0.597356
4     0.678642
5     0.442478
6     0.950033
7     0.829060
8     0.976062
9     0.986141
10    0.990183
11    0.992183
12    0.971033
13    0.554273
14    0.553617
15    0.720183
16    0.538891
17    0.484590
18    0.957732
19    0.977310
dtype: float64
```

Insgesamt liefert hierarchisches Clustering auf dem MNIST-Ziffern-Dataset gute Ergebnisse – und das ohne jegliche Verwendung von Labels!

Das würde auch in der Praxis so funktionieren: Zuerst wenden wir Dimensionsreduktion an (etwa als PCA), dann clustern wir (etwa mit hierarchischem Clustering), und schließlich versehen wir einige Punkte pro Cluster manuell mit Labels. Hätten wir zum Beispiel für das MNIST-Ziffern-Dataset keinerlei Labels zur Verfügung, würden wir uns einige Bilder pro Cluster ansehen und diese Bilder entsprechend den jeweils dargestellten Ziffern labeln. Sofern die Cluster ausreichend homogen sind, lassen sich die wenigen manuell generierten Labels automatisch auf alle anderen Bilder im Cluster anwenden.

Ohne großen Aufwand hätten wir mit einem Schlag alle Bilder in unserem 50.000er-Dataset mit einer Genauigkeit von 77% gelabelt. Das ist sehr eindrucksvoll und unterstreicht die Leistungsfähigkeit des Unsupervised Learning.

DBSCAN

Kommen wir nun zum dritten und letzten großen Clustering-Algorithmus: *DBSCAN*. Dieses Akronym steht für *Density-Based Spatial Clustering of Applications with Noise* (etwa dichtebasierte räumliche Clusteranalyse mit Rauschen). Wie aus dem Namen hervorgeht, gruppiert dieser Clustering-Algorithmus nach der Dichte der Punkte.

DBSCAN gruppiert dicht gepackte Punkte, wobei »nahe beieinander« definiert ist als eine minimale Anzahl von Punkten, die sich innerhalb einer bestimmten Distanz befinden müssen. Liegt der Punkt in einer bestimmten Distanz von mehreren Clustern, wird er dem Cluster zugeordnet, dem er am nächsten ist. Jede Instanz, die sich nicht innerhalb dieser bestimmten Distanz zu einem anderen Cluster befindet, gilt als Ausreißer.

In *k*-Means und hierarchischem Clustering mussten alle Punkte gruppiert werden, und Ausreißer erfuhren wenig Beachtung. In DBSCAN können wir explizit Punkte als Ausreißer labeln und vermeiden, sie einem Cluster zuzuschlagen. Das ist ein starkes Argument. Verglichen mit anderen Clustering-Algorithmen, ist DBSCAN wesentlich weniger anfällig für Verzerrungen, die typischerweise durch Ausreißer in den Daten entstehen. Zudem ist es nicht erforderlich, wie beim hierarchischen Clustering – und im Gegensatz zu *k*-Means – die Anzahl der Cluster vorzugeben.

DBSCAN-Algorithmus

Zuerst werden wir die DBSCAN-Bibliothek von Scikit-learn verwenden. Wir müssen die *maximale Distanz* (namens `eps`) zwischen zwei Punkten angeben, damit sie als in derselben Nachbarschaft liegend betrachtet werden, und die minimale Anzahl an Stichproben (namens `min_samples`), damit eine Gruppe als Cluster gilt. Der Standardwert für `eps` ist 0,5, der Standardwert für `min_samples` ist 5. Wenn `eps` zu niedrig eingestellt ist, können keine Punkte nahe genug zu anderen Punkten liegen, damit sie als in derselben Nachbarschaft liegend betrachtet werden. Folglich bleiben alle Punkte ungruppiert. Ist `eps` zu groß, werden möglicherweise viele Punkte zusammengefasst, und nur eine Handvoll Punkte bliebe ungruppiert, wodurch sie im Dataset als Ausreißer abgestempelt würden.

Wir müssen also den optimalen `eps`-Wert für unser MNIST-Ziffern-Dataset suchen. Der Parameter `min_samples` gibt an, wie viele Punkte innerhalb der `eps`-Distanz liegen müssen, damit diese Punkte als Cluster gelten. Sobald es eine Anzahl `min_samples` von dicht beieinanderliegenden Punkten gibt, ist jeder andere Punkt, der sich innerhalb der `eps`-Distanz von einem dieser sogenannten *Kernpunkte* befindet, Teil dieses Clusters, selbst wenn um diese anderen Punkte nicht die Anzahl `min_samples` von Punkten innerhalb der `eps`-Distanz versammelt ist. Diese anderen Punkte – falls weniger als `min_samples` Punkte innerhalb der `eps`-Distanz um sie herum liegen – sind die sogenannten *Grenzpunkte* des Clusters.

Bei größeren Werten von `min_samples` nimmt die Anzahl der Cluster im Allgemeinen ab. Wie bei `eps` müssen wir für unser MNIST-Ziffern-Dataset nach dem optimalen Wert von `min_samples` suchen. Cluster haben Kernpunkte und Grenzpunkte, die aber im Grunde genommen zur selben Gruppe gehören. Alle Punkte, die keiner Gruppe zugeordnet werden – entweder als Kern- oder als Grenzpunkte eines Clusters –, werden als Ausreißer gelabelt.

DBSCAN auf unser Dataset anwenden

Kommen wir nun zu unserem konkreten Problem. Wie bisher wenden wir DBSCAN auf die ersten 100 Hauptkomponenten des PCA-reduzierten MNIST-Ziffern-Datasets an:

```
from sklearn.cluster import DBSCAN
```

```
eps = 3
min_samples = 5
leaf_size = 30
n_jobs = 4

db = DBSCAN(eps=eps, min_samples=min_samples, leaf_size=leaf_size,
            n_jobs=n_jobs)

cutoff = 99
X_train_PCA_dbscanClustered = db.fit_predict(X_train_PCA.loc[:,0:cutoff])
X_train_PCA_dbscanClustered = \
    pd.DataFrame(data=X_train_PCA_dbscanClustered, index=X_train.index, \
                 columns=['cluster'])

countByCluster_dbscan, countByLabel_dbscan, countMostFreq_dbscan, \
    accuracyDF_dbscan, overallAccuracy_dbscan, accuracyByLabel_dbscan \
    = analyzeCluster(X_train_PCA_dbscanClustered, y_train)

overallAccuracy_dbscan
```

Für min_samples behalten wir den Standardwert 5 bei, setzen aber den eps-Wert auf 3, um zu vermeiden, dass zu wenige Punkte zusammengefasst werden.

Die Gesamtgenauigkeit sieht folgendermaßen aus:

```
Overall accuracy from DBSCAN: 0.242
```

Verglichen mit *k*-Means und hierarchischem Clustering ist die Genauigkeit sehr schlecht. Wir konnen zwar an den Parametern eps und min_samples drehen, um dıe Ergebnisse zu verbessern, doch es scheint, dass DBSCAN schlecht geeignet ist, die Beobachtungen für dieses konkrete Dataset zu clustern.

Sehen Sie sich die Cluster an, um die Ursachen zu finden (siehe Tabelle 5-3).

Tabelle 5-3: Clusterergebnisse für DBSCAN

	cluster	clusterCount
0	–1	39575
1	0	8885
2	8	720
3	5	92
4	18	51
5	38	38
6	41	22
7	39	22
8	4	16
9	20	16

Die meisten Punkte sind keinem Cluster zugeordnet. In der Tabelle ist das deutlich zu sehen. In Cluster –1 liegen 39.651 Punkte – von den 50.000 Beobachtungen im

Trainingsset –, was heißt, dass sie keinem Cluster angehören. Sie sind als Ausreißer, also als Rauschen, gekennzeichnet.

Cluster 0 umfasst 8.885 Punkte. Dann folgt ein langer Schwanz kleinerer Cluster. DBSCAN fällt es offenbar schwer, unterschiedlich dichte Gruppen von Punkten zu finden, und gruppiert deshalb die MNIST-Ziffern basierend auf den angezeigten Ziffern nur schlecht.

HDBSCAN

Wir probieren nun eine andere Version von DBSCAN aus und sehen, ob sich die Ergebnisse verbessern. Es handelt sich um den sogenannten *hierarchischen DBSCAN-Algorithmus*, kurz *HDBSCAN*. Er übernimmt den DBSCAN-Algorithmus, den wir bereits vorgestellt haben, und überführt ihn in einen hierarchischen Clustering-Algorithmus. Mit anderen Worten: Er gruppiert basierend auf der Dichte und verknüpft dann die dichtebasierten Cluster nach ihrer Distanz iterativ – wie im hierarchischen Clustering-Algorithmus, den Sie weiter oben kennengelernt haben.

Die beiden Hauptparameter für diesen Algorithmus sind `min_cluster_size` und `min_samples`. Wenn `min_samples` auf `None` gesetzt ist, nimmt dieser Parameter den Standardwert `min_cluster_size` an. Zunächst wollen wir sehen, ob HDBSCAN mit den vordefinierten Parameterwerten und Maßen für unser MNIST-Ziffern-Dataset besser abschneidet als DBSCAN:

```
import hdbscan

min_cluster_size = 30
min_samples = None
alpha = 1.0
cluster_selection_method = 'eom'

hdb = hdbscan.HDBSCAN(min_cluster_size=min_cluster_size, \
        min_samples=min_samples, alpha=alpha, \
        cluster_selection_method=cluster_selection_method)

cutoff = 10
X_train_PCA_hdbscanClustered = \
    hdb.fit_predict(X_train_PCA.loc[:,0:cutoff])

X_train_PCA_hdbscanClustered = \
    pd.DataFrame(data=X_train_PCA_hdbscanClustered, \
    index=X_train.index, columns=['cluster'])

countByCluster_hdbscan, countByLabel_hdbscan, \
    countMostFreq_hdbscan, accuracyDF_hdbscan, \
    overallAccuracy_hdbscan, accuracyByLabel_hdbscan \
    = analyzeCluster(X_train_PCA_hdbscanClustered, y_train)
```

Die Gesamtgenauigkeit sieht so aus:

```
Overall accuracy from HDBSCAN: 0.24696
```

Mit 25% ist dieses Ergebnis nur marginal besser als das von DBSCAN und weit schlechter als die mehr als 70%, die *k*-Means und hierarchisches Clustering erreicht haben. Tabelle 5-4 zeigt die Genauigkeit der verschiedenen Cluster.

Tabelle 5-4: Clusterergebnisse für HDBSCAN

	cluster	clusterCount
0	–1	42570
1	4	5140
2	7	942
3	0	605
4	6	295
5	3	252
6	1	119
7	5	45
8	2	32

Hier ist ein ähnliches Phänomen wie bei DBSCAN erkennbar. Die meisten Punkte sind keinem Cluster zugeordnet, und dann folgt ein langer Schwanz kleinerer Cluster. Die Ergebnisse sind nicht wesentlich besser.

Zusammenfassung

In diesem Kapitel haben wir drei Haupttypen von Clustering-Algorithmen vorgestellt – *k*-Means, hierarchisches Clustering und DBSCAN – und sie auf eine dimensionsreduzierte Version des MNIST-Ziffern-Datasets angewendet. Die ersten beiden Clustering-Algorithmen zeigten eine sehr gute Leistung auf dem Dataset und gruppierten die Bilder gut genug, um eine Konstanz von über 70 % in den Labels über die Cluster hinweg zu erzielen.

DBSCAN hat für dieses Dataset nicht ganz so gut abgeschnitten, bleibt aber ein brauchbarer Clustering-Algorithmus. Nachdem wir nun die Clustering-Algorithmen eingeführt haben, erstellen wir in Kapitel 6 eine Lösung des angewandten Unsupervised Learning mit diesen Algorithmen.

KAPITEL 6
Gruppensegmentierung

In Kapitel 5 haben wir mit Clustering einen unüberwachten Lernansatz eingeführt, um die zugrunde liegende Struktur in den Daten zu identifizieren und Punkte basierend auf Ähnlichkeit zu gruppieren. Diese Gruppen (auch Cluster genannt) sollten homogen sein und sich deutlich von Mitgliedern jeder anderen Gruppe unterscheiden. Mit anderen Worten, die Mitglieder sollten innerhalb einer Gruppe einander sehr ähnlich sein und sich von Mitgliedern jeder anderen Gruppe sehr deutlich unterscheiden.

Aus anwendungsorientierter Sicht ist die Fähigkeit, Mitglieder basierend auf Ähnlichkeit und ohne irgendwelche Führung durch Labels in Gruppen zu segmentieren, sehr wertvoll. Zum Beispiel ließe sich eine derartige Technik anwenden, um verschiedene Konsumentengruppen für Onlinehändler zu finden und jeweils eine eigene Marketingstrategie für jede der verschiedenen Gruppen (d. h. Schnäppchenjäger, Modefans, Sneakerfans, Techies, Audiophile usw.) zu entwickeln. Gruppensegmentierung könnte das Targeting in der Onlinewerbung wie auch die Empfehlungen in Empfehlungssystemen für Filme, Musik, Nachrichten, Social Networking, Dating usw. verbessern.

In diesem Kapitel erstellen wir eine unüberwachte Lernlösung mit den Clustering-Algorithmen aus dem vorherigen Kapitel – dabei wenden wir speziell Gruppensegmentierung an.

Lending-Club-Daten

Für dieses Kapitel verwenden wir die Kreditdaten des US-amerikanischen Unternehmens Lending Club, das Peer-to-Peer-Kredite über das Internet vermittelt. Kreditnehmer auf dieser Plattform können zwischen 1.000 und 40.000 US-Dollar in Form von unbesicherten privaten Krediten für eine Laufzeit von drei oder fünf Jahren aufnehmen.

Investoren können die Kreditanträge durchsuchen und sich dafür entscheiden, die Kredite auf der Grundlage der Geschichte des Kreditnehmers, der Höhe des Kredits, der Kreditwürdigkeit und des Kreditzwecks zu finanzieren. Geld verdienen können die Investoren über die Verzinsung der Kredite, wobei das Unternehmen Lending Club vom Kreditnehmer Vermittlungsgebühren und von den Anlegern Anlagegebühren erhebt.

Wir verwenden hier die Kreditdaten aus den Jahren 2007 bis 2011, die auf der Lending-Club-Website öffentlich zugänglich sind. Außerdem steht dort ein Datenwörterbuch zur Verfügung.

Datenvorbereitung

Wie in den vorherigen Kapiteln bereiten wir zunächst die Umgebung auf das Arbeiten mit den Lending-Club-Daten vor.

Bibliotheken laden

Zuerst laden wir die erforderlichen Bibliotheken:

```
# Bibliotheken importieren
'''Main'''
import numpy as np
import pandas as pd
import os, time, re
import pickle, gzip

'''Datenvisualisierung'''
import matplotlib.pyplot as plt
import seaborn as sns
color = sns.color_palette()
import matplotlib as mpl

%matplotlib inline

'''Datenvorbereitung und Modellbewertung'''
from sklearn import preprocessing as pp
from sklearn.model_selection import train_test_split
from sklearn.metrics import precision_recall_curve, average_precision_score
from sklearn.metrics import roc_curve, auc, roc_auc_score

'''Algorithmen'''
from sklearn.decomposition import PCA
from sklearn.cluster import KMeans
import fastcluster
from scipy.cluster.hierarchy import dendrogram, cophenet, fcluster
from scipy.spatial.distance import pdist
```

Die Daten erkunden

Als Nächstes laden wir die Kreditdaten und geben an, welche Spalten beibehalten werden sollen:

Die ursprüngliche Kreditdatendatei umfasst 144 Spalten, die aber größtenteils leer und für uns von geringem Wert sind. Deshalb kennzeichnen wir eine Teilmenge der Spalten, die meistens gefüllt sind und sich für unsere Clustering-Anwendung eignen. Zu diesen Feldern gehören Attribute des Darlehens wie zum Beispiel der angeforderte Betrag, der Finanzierungsbetrag, die Laufzeit, der Zinssatz, die Kreditqualität usw. sowie Attribute des Kreditnehmers wie zum Beispiel die Beschäftigungsdauer, Status bezüglich Wohneigentum, jährliches Einkommen, Adresse und Zweck der Geldaufnahme.

Wir werden die Daten auch ein wenig näher untersuchen:

```
# Die Daten laden
current_path = os.getcwd()
file = '\\datasets\\lending_club_data\\LoanStats3a.csv'
data = pd.read_csv(current_path + file)

# Die beizubehaltenden Spalten auswählen
columnsToKeep = ['loan_amnt','funded_amnt','funded_amnt_inv','term', \
                 'int_rate','installment','grade','sub_grade', \
                 'emp_length','home_ownership','annual_inc', \
                 'verification_status','pymnt_plan','purpose', \
                 'addr_state','dti','delinq_2yrs','earliest_cr_line', \
                 'mths_since_last_delinq','mths_since_last_record', \
                 'open_acc','pub_rec','revol_bal','revol_util', \
                 'total_acc','initial_list_status','out_prncp', \
                 'out_prncp_inv','total_pymnt','total_pymnt_inv', \
                 'total_rec_prncp','total_rec_int','total_rec_late_fee', \
                 'recoveries','collection_recovery_fee','last_pymnt_d', \
                 'last_pymnt_amnt']

data = data.loc[:,columnsToKeep]

data.shape

data.head()
```

Die Daten umfassen 42.542 Darlehen und 37 Features (42.542, 37).

Tabelle 6-1 gibt eine Vorschau auf die Daten.

Tabelle 6-1: Die ersten Zeilen der Kreditdaten

	loan_amnt	funded_amnt	funded_amnt_inv	term	int_rate	instsallment	grade
0	5000.0	5000.0	4975.0	36 months	10.65%	162.87	B
1	2500.0	2500.0	2500.0	60 months	15.27%	59.83	C
2	2400.0	2400.0	2400.0	35 months	15.96%	84.33	C
3	10000.0	10000.0	10000.0	36 months	13.49%	339.31	C
4	3000.0	3000.0	3000.0	60 months	12.69%	67.79	B

String-Format in numerisches Format überführen

Einige der Features – die Laufzeit des Darlehens, der Zinssatz des Darlehens, die Beschäftigungsdauer des Kreditnehmers und die revolvierende Inanspruchnahme durch den Kreditnehmer – müssen aus einem String-Format in ein numerisches Format geändert werden. Die Transformation lässt sich wie folgt ausführen:

```
# Features vom String- in ein numerisches Format transformieren
for i in ["term","int_rate","emp_length","revol_util"]:
    data.loc[:,i] = \
        data.loc[:,i].apply(lambda x: re.sub("[^0-9]", "", str(x)))
    data.loc[:,i] = pd.to_numeric(data.loc[:,i])
```

Für unsere Clustering-Anwendung betrachten wir nur die numerischen Features und ignorieren alle kategorischen Features, weil unsere Clustering-Algorithmen in ihrer aktuellen Form keine nicht numerischen Features verarbeiten können.

Fehlende Werte imputieren

Wir suchen nun diese numerischen Features und ermitteln die Anzahl der NaNs pro Feature. Dann imputieren wir diese NaNs entweder durch den Mittelwert des Features oder in manchen Fällen einfach mit der Zahl Null, abhängig davon, was das Feature aus geschäftlicher Sicht darstellt:

```
# Ermitteln, welche Features numerisch sind
numericalFeats = [x for x in data.columns if data[x].dtype != 'object']

# NaNs nach Feature anzeigen
nanCounter = np.isnan(data.loc[:,numericalFeats]).sum()
nanCounter
```

Die folgende Ausgabe zeigt die Anzahl der NaNs nach Feature an:

```
loan_amnt                  7
funded_amnt                7
funded_amnt_inv            7
term                       7
int_rate                   7
installment                7
emp_length                 1119
annual_inc                 11
dti                        7
delinq_2yrs                36
mths_since_last_delinq     26933
mths_since_last_record     38891
open_acc                   36
pub_rec                    36
revol_bal                  7
revol_util                 97
total_acc                  36
out_prncp                  7
out_prncp_inv              7
total_pymnt                7
total_pymnt_inv            7
total_rec_prncp            7
total_rec_int              7
total_rec_late_fee         7
recoveries                 7
collection_recovery_fee    7
last_pymnt_amnt            7
dtype: int64
```

Die meisten Features weisen wenige NaNs auf und einige viele – wie etwa die Monate seit der letzten Straffälligkeit (mths_since_last_delinq) und der letzten Änderung im Datensatz (mths_since_last_record).

Wir werden diese imputieren, damit wir uns während des Clusterings nicht mit NaNs abgeben müssen:

```
# NaNs durch den Mittelwert imputieren
fillWithMean = ['loan_amnt','funded_amnt','funded_amnt_inv','term', \
                'int_rate','installment','emp_length','annual_inc',\
                'dti','open_acc','revol_bal','revol_util','total_acc',\
                'out_prncp','out_prncp_inv','total_pymnt', \
                'total_pymnt_inv','total_rec_prncp','total_rec_int', \
                'last_pymnt_amnt']

# NaNs mit 0 imputieren
fillWithZero = ['delinq_2yrs','mths_since_last_delinq', \
                'mths_since_last_record','pub_rec','total_rec_late_fee', \
                'recoveries','collection_recovery_fee']

# Imputation durchführen
im = pp.Imputer(strategy='mean')
data.loc[:,fillWithMean] = im.fit_transform(data[fillWithMean])

data.loc[:,fillWithZero] = data.loc[:,fillWithZero].fillna(value=0,axis=1)
```

Wir suchen noch einmal nach NaNs, um sicherzustellen, dass keine NaNs verblieben sind.

Jetzt können wir sicher sein. Alle NaNs sind aufgefüllt worden:

```
numericalFeats = [x for x in data.columns if data[x].dtype != 'object']

nanCounter = np.isnan(data.loc[:,numericalFeats]).sum()
nanCounter

loan_amnt               0
funded_amnt             0
funded_amnt_inv         0
term                    0
int_rate                0
installment             0
emp_length              0
annual_inc              0
dti                     0
delinq_2yrs             0
mths_since_last_delinq  0
mths_since_last_record  0
open_acc                0
pub_rec                 0
revol_bal               0
revol_util              0
total_acc               0
out_prncp               0
out_prncp_inv           0
total_pymnt             0
```

```
total_pymnt_inv          0
total_rec_prncp          0
total_rec_int            0
total_rec_late_fee       0
recoveries               0
collection_recovery_fee 0
last_pymnt_amnt          0
dtype: int64
```

Features konstruieren

Wir werden auch ein paar weitere Features konstruieren und sie dem vorhandenen Merkmalssatz hinzufügen. Bei diesen neuen Features handelt es sich vorwiegend um Verhältnisse zwischen Kreditbetrag, revolvierendem Saldo, Zahlungen und dem Jahreseinkommen des Kreditnehmers:

```
# Features konstruieren
data['installmentOverLoanAmnt'] = data.installment/data.loan_amnt
data['loanAmntOverIncome'] = data.loan_amnt/data.annual_inc
data['revol_balOverIncome'] = data.revol_bal/data.annual_inc
data['totalPymntOverIncome'] = data.total_pymnt/data.annual_inc
data['totalPymntInvOverIncome'] = data.total_pymnt_inv/data.annual_inc
data['totalRecPrncpOverIncome'] = data.total_rec_prncp/data.annual_inc
data['totalRecIncOverIncome'] = data.total_rec_int/data.annual_inc

newFeats = ['installmentOverLoanAmnt','loanAmntOverIncome', \
            'revol_balOverIncome','totalPymntOverIncome', \
            'totalPymntInvOverIncome','totalRecPrncpOverIncome', \
            'totalRecIncOverIncome']
```

Den endgültigen Merkmalssatz auswählen und skalieren

Als Nächstes generieren wir den Trainings-DataFrame und skalieren die Features für unsere Clustering-Algorithmen:

```
# Features für das Training auswählen
numericalPlusNewFeats = numericalFeats+newFeats
X_train = data.loc[:,numericalPlusNewFeats]

# Daten skalieren
sX = pp.StandardScaler()
X_train.loc[:,:] = sX.fit_transform(X_train)
```

Labels für die Bewertung benennen

Clustering ist ein unüberwachtes Lernverfahren, und es werden demzufolge keine Labels verwendet. Um jedoch zu beurteilen, wie gut unser Clustering-Algorithmus verschiedene und homogene Gruppen von Kreditnehmern in diesem Lending-Club-Dataset findet, nutzen wir die Bonität als Proxy-Label.

Die Bonität (Loan Grade) wird derzeit mit Buchstaben eingestuft, wobei Bonität »A« für höchste Kreditwürdigkeit und Sicherheit steht und Bonität »G« für die niedrigste:

```
labels = data.grade
labels.unique()
```

```
array(['B', 'C', 'A', 'E', 'F', 'D', 'G', nan], dtype=object)
```

In der Bonität sind einige NaNs vorhanden. Diese füllen wir mit dem Wert Z auf und verwenden dann den LabelEncoder von Scikit-learn, um die Buchstabeneinstufungen in numerische Stufen zu transformieren. Um einheitlich vorzugehen, laden wir diese Labels in eine Python-Reihe y_train:

```
# Fehlende Labels auffüllen
labels = labels.fillna(value="Z")

# Labels in numerische Werte konvertieren
lbl = pp.LabelEncoder()
lbl.fit(list(labels.values))
labels = pd.Series(data=lbl.transform(labels.values), name="grade")

# Speichern als y_train
y_train = labels

labelsOriginalVSNew = pd.concat([labels, data.grade],axis=1)
labelsOriginalVSNew
```

Tabelle 6-2: Numerische und alphabetische Bonitäten

	grade	grade
0	1	B
1	2	C
2	2	C
3	2	C
4	1	B
5	0	A
6	2	C
7	4	E
8	5	F
9	1	B
10	2	C
11	1	B
12	2	C
13	1	B
14	1	B
15	3	D
16	2	C

Wie aus Tabelle 6-2 hervorgeht, sind alle »A«-Einstufungen in 0 transformiert worden, die »B«-Einstufungen in 1 usw.

Außerdem überprüfen wir, ob Kredite mit der Einstufung »A« im Allgemeinen mit dem niedrigsten Zinssatz belastet sind, da sie das geringste Risiko bedeuten, und andere Kredite zunehmend höhere Zinssätze aufweisen:

```
# Krediteinstufungen mit Zinssätzen vergleichen
interestAndGrade = pd.DataFrame(data=[data.int_rate,labels])
interestAndGrade = interestAndGrade.T

interestAndGrade.groupby("grade").mean()
```

Tabelle 6-3 bestätigt dies. Kredite mit höheren Buchstaben (die im Alphabet weiter hinten liegen) haben höhere Zinssätze.[1]

Tabelle 6-3: Einstufung im Vergleich zum Zinssatz

grade	int_rate
0.0	734.270844
1.0	1101.420857
2.0	1349.988902
3.0	1557.714927
4.0	1737.676783
5.0	1926.530361
6.0	2045.125000
7.0	1216.501563

Güte der Cluster

Die Daten sind damit bereit. Wir haben ein `X_train` mit allen unseren 34 numerischen Features und ein `y_train` mit den numerischen Krediteinstufungen, die wir nur für die Bewertung der Ergebnisse heranziehen, nicht aber, um mit dem Algorithmus zu trainieren, wie es bei einem Problem des überwachten maschinellen Lernens der Fall wäre. Bevor wir aber unsere erste Clustering-Anwendung erstellen, führen wir eine Funktion ein, um die Güte der Cluster zu analysieren, die wir bei Verwendung des Clustering-Algorithmus generieren. Speziell nutzen wir das Konzept der Homogenität, um die Güte jedes Clusters zu bewerten.

Wenn der Clustering-Algorithmus die Kreditnehmer im Lending-Club-Dataset gut trennt, sollte jeder Cluster Kreditnehmer enthalten, die einander sehr ähnlich sind und sich deutlich von denen in anderen Gruppen unterscheiden. Vermutlich soll-

1 Die Einstufung »7«, die der Krediteinstufung »Z« entspricht, können wir ignorieren. Das sind die Kredite mit fehlenden Krediteinstufungen, die wir auffüllen mussten.

ten Kreditnehmer, die sich ähneln und zusammen gruppiert sind, ähnliche Kreditprofile aufweisen – mit anderen Worten, ihre jeweilige Kreditwürdigkeit sollten ähnlich sein.

Wenn das der Fall ist (und bei Problemen in der realen Welt treffen diese Annahmen meist nur teilweise zu), sollten Kreditnehmern in einem bestimmten Cluster im Allgemeinen die gleichen numerischen Krediteinstufungen zugeordnet sein, was wir mithilfe der numerischen Krediteinstufungen validieren, die wir in `y_train` festgelegt haben. Je höher der Prozentsatz der Kreditnehmer ist, die in praktisch jedem Cluster die am häufigsten vorkommende numerische Krediteinstufung haben, desto besser ist die Clustering-Anwendung.

Betrachten wir als Beispiel einen Cluster mit 100 Kreditnehmern. Wenn 30 Kreditnehmer eine Krediteinstufung von 0 haben, 25 Kreditnehmer eine Krediteinstufung von 1, 20 Kreditnehmer eine Einstufung von 2 und die Einstufungen der übrigen Kreditnehmer von 3 bis 7 reichen, würde man sagen, dass der Cluster eine Genauigkeit von 30% hat, da die am häufigsten vorkommende Krediteinstufung für diesen Cluster nur für 30% der Kreditnehmer in diesem Cluster gilt.

Hätten wir kein `y_train` mit den numerischen Krediteinstufungen, um die Güte der Cluster zu validieren, könnten wir alternativ aus jedem Cluster stichprobenartig einige Kreditnehmer ziehen, die numerische Krediteinstufung für sie manuell ermitteln und feststellen, ob wir diesen Kreditnehmern ungefähr die gleiche numerische Krediteinstufung geben würden. Wenn ja, handelt es sich um einen guten Cluster – er ist genügend homogen, sodass wir den als Stichprobe gezogenen Kreditnehmern ungefähr die gleiche numerische Krediteinstufung geben würden. Andernfalls ist der Cluster nicht gut genug – die Kreditnehmer sind zu heterogen, und wir sollten versuchen, die Lösung mit mehr Daten, einem anderen Clustering-Algorithmus usw. zu verbessern.

Wenn wir die numerischen Krediteinstufungen bereits zur Hand haben, brauchen wir keine Kreditnehmer mehr als Stichproben zu ziehen und sie manuell zu labeln, doch sollten Sie diese Möglichkeit im Hinterkopf behalten, wenn Sie für Ihr konkretes Problem keine Labels haben.

Die Cluster analysieren wir wie folgt:

```
def analyzeCluster(clusterDF, labelsDF):
    countByCluster = \
        pd.DataFrame(data=clusterDF['cluster'].value_counts())
    countByCluster.reset_index(inplace=True,drop=False)
    countByCluster.columns = ['cluster','clusterCount']

    preds = pd.concat([labelsDF,clusterDF], axis=1)
    preds.columns = ['trueLabel','cluster']

    countByLabel = pd.DataFrame(data=preds.groupby('trueLabel').count())

    countMostFreq = pd.DataFrame(data=preds.groupby('cluster').agg( \
        lambda x:x.value_counts().iloc[0]))
    countMostFreq.reset_index(inplace=True,drop=False)
```

```
    countMostFreq.columns = ['cluster','countMostFrequent']

    accuracyDF = countMostFreq.merge(countByCluster, \
        left_on="cluster",right_on="cluster")

    overallAccuracy = accuracyDF.countMostFrequent.sum()/ \
        accuracyDF.clusterCount.sum()

    accuracyByLabel = accuracyDF.countMostFrequent/ \
        accuracyDF.clusterCount

    return countByCluster, countByLabel, countMostFreq, \
        accuracyDF, overallAccuracy, accuracyByLabel
```

k-Means-Anwendung

Unsere erste Clustering-Anwendung, die mit dem Lending-Club-Dataset arbeitet, verwendet den *k*-Means-Algorithmus, den Kapitel 5 eingeführt hat. Beim *k*-Means-Clustering müssen Sie die gewünschte Anzahl der Cluster *k* angeben, und der Algorithmus weist jeden Kreditnehmer genau einem dieser *k* Cluster zu.

Der Algorithmus erreicht dies, indem er die Variation innerhalb des Clusters minimiert, was auch als *Trägheit* bezeichnet wird, sodass die Summe der Variationen innerhalb des Clusters über alle *k* Cluster so klein wie möglich ist.

Anstatt nur einen Wert für *k* anzugeben, führen wir ein Experiment durch, bei dem wir *k* auf einen Bereich von 10 bis 30 einstellen und die Ergebnisse des im letzten Abschnitt definierten Genauigkeitsmaßes darstellen.

Mit diesem *k*-Maß, das die beste Performance ergibt, können wir nun die Pipeline für das Clustering aufbauen:

```
from sklearn.cluster import KMeans

n_clusters = 10
n_init = 10
max_iter = 300
tol = 0.0001
random_state = 2018
n_jobs = 2

kmeans = KMeans(n_clusters=n_clusters, n_init=n_init, \
                max_iter=max_iter, tol=tol, \
                random_state=random_state, n_jobs=n_jobs)

kMeans_inertia = pd.DataFrame(data=[],index=range(10,31), \
                              columns=['inertia'])

overallAccuracy_kMeansDF = pd.DataFrame(data=[], \
    index=range(10,31),columns=['overallAccuracy'])

for n_clusters in range(10,31):
    kmeans = KMeans(n_clusters=n_clusters, n_init=n_init, \
                    max_iter=max_iter, tol=tol, \
```

```
                                random_state=random_state, n_jobs=n_jobs)

    kmeans.fit(X_train)
    kMeans_inertia.loc[n_clusters] = kmeans.inertia_
    X_train_kmeansClustered = kmeans.predict(X_train)
    X_train_kmeansClustered = pd.DataFrame(data= \
        X_train_kmeansClustered, index=X_train.index, \
        columns=['cluster'])

    countByCluster_kMeans, countByLabel_kMeans, \
    countMostFreq_kMeans, accuracyDF_kMeans, \
    overallAccuracy_kMeans, accuracyByLabel_kMeans = \
    analyzeCluster(X_train_kmeansClustered, y_train)

    overallAccuracy_kMeansDF.loc[n_clusters] = \
        overallAccuracy_kMeans

overallAccuracy_kMeansDF.plot()
```

Abbildung 6-1 zeigt das Diagramm der Ergebnisse.

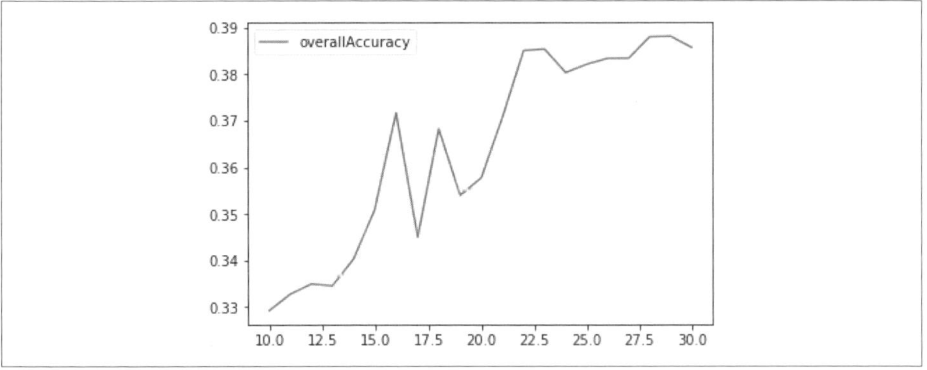

Abbildung 6-1: Gesamtgenauigkeit für verschiedene k-Maße mittels k-Means-Algorithmus

Wie das Diagramm zeigt, wird bei 30 Clustern die beste Genauigkeit erreicht, die sich dann bei ungefähr 39 % einpendelt. Anders ausgedrückt, gilt für einen beliebigen Cluster, dass das am häufigsten vorkommende Label für diesen Cluster auf etwa 39 % der Kreditnehmer zutrifft. Die restlichen 61 % der Kreditnehmer sind mit Labels versehen, die nicht die am häufigsten vorkommenden sind.

Der folgende Liste gibt die Genauigkeit nach Cluster für $k = 30$ an:

```
0       0.326633
1       0.258993
2       0.292240
3       0.234242
4       0.388794
5       0.325654
6       0.303797
7       0.762116
8       0.222222
9       0.391381
```

```
10      0.292910
11      0.317533
12      0.206897
13      0.312709
14      0.345233
15      0.682208
16      0.327250
17      0.366605
18      0.234783
19      0.288757
20      0.500000
21      0.375466
22      0.332203
23      0.252252
24      0.338509
25      0.232000
26      0.464418
27      0.261583
28      0.376327
29      0.269129
dtype: float64
```

Die Genauigkeit variiert recht stark zwischen den Clustern. Manche Cluster sind homogener als andere. Zum Beispiel hat Cluster 7 eine Genauigkeit von 76% und Cluster 12 eine Genauigkeit von nur 21%. Von diesem Ausgangspunkt aus können wir nun eine Clustering-Anwendung aufbauen, um automatisch neue Kreditnehmer, die einen Lending-Club-Kredit beantragen, einer bereits existierenden Gruppe zuzuweisen, und zwar abhängig davon, wie ähnlich sie anderen Kreditnehmern sind. Basierend auf diesem Clustering ist es möglich, dem neuen Kreditnehmer automatisch eine vorläufige Krediteinstufung zuzuweisen, die in etwa 39% der Fälle korrekt ist.

Dies ist nicht die bestmögliche Lösung, und wir sollten überlegen, ob sich die Ergebnisse verbessern lassen, wenn wir zusätzliche Daten beschaffen, mehr Featurekonstruktion und -auswahl betreiben, andere Parameter für den *k*-Means-Algorithmus auswählen oder zu einem anderen Clustering-Algorithmus wechseln. Möglicherweise verfügen wir nicht über genügend Daten, um die Kreditnehmer noch mehr als bisher in klar abgegrenzte und homogene Gruppen zu trennen; in diesem Fall sind mehr Daten und mehr Feature Engineering erforderlich. Es könnte auch sein, dass der *k*-Means-Algorithmus für die begrenzte Datenmenge, die uns zur Verfügung steht, nicht besonders gut geeignet ist, um diese Trennung durchzuführen.

Probieren wir nun, ob sich mit hierarchischem Clustering bessere Ergebnisse erreichen lassen.

Anwendung mit hierarchischem Clustering

Wie Sie bereits wissen, ist es beim hierarchischen Clustering nicht erforderlich, eine bestimmte Anzahl von Clustern vorab festzulegen. Stattdessen können wir die gewünschte Anzahl der Cluster frei wählen, nachdem das hierarchische Clustering abgeschlossen ist. Beim hierarchischen Clustering entsteht ein Dendrogramm, das sich konzeptuell als auf dem Kopf stehender Baum interpretieren lässt. Die Blätter ganz unten sind die einzelnen Kreditnehmer, die bei Lending Club Kredite beantragen.

Hierarchisches Clustering verbindet die Kreditnehmer miteinander, wenn wir im auf dem Kopf stehenden Baum senkrecht nach oben gehen, und zwar abhängig davon, wie ähnlich sie einander sind. Die Kreditnehmer, die sich am ähnlichsten sind, werden früher zusammengefasst, während die Kreditnehmer, die einander nicht so ähnlich sind, wesentlich später zugeordnet werden. Schließlich sind aber alle Kreditnehmer an der Spitze – im Stamm – des auf dem Kopf stehenden Baums miteinander verbunden.

Aus geschäftlicher Sicht ist dieser Clustering-Vorgang zweifellos sehr leistungsfähig. Wenn wir in der Lage sind, einander ähnliche Kreditnehmer zu finden und zu gruppieren, können wir sie in Bezug auf die Kreditwürdigkeit effizienter einschätzen. Darüber hinaus ist es möglich, spezifische Strategien für verschiedene Gruppen von Kreditnehmern zu entwickeln und sie unter dem Blickwinkel der Kundenbeziehungen besser zu verwalten und damit einen insgesamt besseren Kundenservice zu bieten.

Sobald der hierarchische Clustering-Algorithmus abgeschlossen ist, können wir bestimmen, wo wir den Baum schneiden wollen. Je tiefer wir schneiden, desto mehr Gruppen von Kreditnehmern bleiben übrig.

Zuerst trainieren wir den hierarchischen Clustering-Algorithmus, wie wir es in Kapitel 5 getan haben:

```
import fastcluster
from scipy.cluster.hierarchy import dendrogram
from scipy.cluster.hierarchy import cophenet
from scipy.spatial.distance import pdist

Z = fastcluster.linkage_vector(X_train, method='ward', \
                               metric='euclidean')

Z_dataFrame = pd.DataFrame(data=Z,columns=['clusterOne', \
              'clusterTwo','distance','newClusterSize'])
```

Tabelle 6-4 zeigt, wie der ausgegebene DataFrame aussieht. Die ersten Zeilen sind die anfänglichen Verknüpfungen der am weitesten unten liegenden Kreditnehmer.

Tabelle 6-4: Die am weitesten unten liegenden Blätter des hierarchischen Clusterings

	clusterOne	clusterTwo	distance	newClusterSize
0	39786.0	39787.0	0.000000e+00	2.0
1	39788.0	42542.0	0.000000e+00	3.0
2	42538.0	42539.0	0.000000e+00	2.0

Tabelle 6-4: Die am weitesten unten liegenden Blätter des hierarchischen Clusterings (Fortsetzung)

	clusterOne	clusterTwo	distance	newClusterSize
3	42540.0	42544.0	0.000000e+00	3.0
4	42541.0	42545.0	3.399350e-17	4.0
5	42543.0	42546.0	5.139334e-17	7.0
6	33251.0	33261.0	1.561313e-01	2.0
7	42512.0	42535.0	3.342654e-01	2.0
8	42219.0	42316.0	3.368231e-01	2.0
9	6112.0	21928.0	3.384368e-01	2.0
10	33248.0	33275.0	3.583819e-01	2.0
11	33253.0	33265.0	3.595331e-01	2.0
12	33258.0	42552.0	3.719377e-01	3.0
13	20430.0	23299.0	3.757307e-01	2.0
14	5455.0	32845.0	3.828709e-01	2.0
15	28615.0	30306.0	3.900294e-01	2.0
16	9056 .0	9769.0	3.967378e-01	2.0
17	11162.0	13857.0	3.991124e-01	2.0
18	33270.0	42548.0	3.995620e-01	3.0
19	17422.0	17986.0	4.061704e-01	2.0

Beachten Sie, dass die letzten Zeilen die Spitze des auf dem Kopf stehenden Baums darstellen und alle 42.541 Kreditnehmer letztlich zusammengefasst werden (siehe Tabelle 6-5).

Tabelle 6-5: Die obersten Blätter des hierarchischen Clusterings

	clusterOne	clusterTwo	distance	newClusterSize
42521	85038.0	85043.0	132.715723	3969.0
42522	85051.0	85052.0	141.386569	2899.0
42532	85026.0	85027.0	146.976703	2351.0
42524	85048.0	85049.0	152.660192	5691.0
42525	85036.0	85059.0	153.512281	5956.0
42526	85033.0	85044.0	160.825959	2203.0
42527	85055.0	85061.0	163.701428	668.0
42528	85062.0	85066.0	168.199295	6897.0
42529	85054.0	85060.0	168.924039	9414.0
42530	85028.0	85064.0	185.215769	3118.0

Tabelle 6-5: Die obersten Blätter des hierarchischen Clusterings (Fortsetzung)

	clusterOne	clusterTwo	distance	newClusterSize
42531	85067.0	85071.0	187.832588	15370.0
42532	85056.0	85073.0	203.212147	17995.0
42533	85057.0	85063.0	205.285993	9221.0
42534	85068.0	85072.0	207.902660	5321.0
42535	85069.0	85075.0	236.754581	9889.0
42536	85070.0	85077.0	298.587755	16786.0
42537	85058.0	85078.0	309.946867	16875.0
42538	85074.0	85079.0	375.698458	34870.0
42539	85065.0	85080.0	400.711547	37221.0
42504	85076.0	85081.0	644.047472	42542.0

Nun schneiden wird das Dendrogramm so, dass uns eine überschaubare Anzahl von Clustern bleibt. Hierfür gibt es die Einstellung `distance_threshold`. Durch Versuch und Irrtum finden wir heraus, dass sich 32 Cluster für einen `distance_threshold` von 100 ergeben. Diesen Wert verwenden wir auch für dieses Beispiel.

```
from scipy.cluster.hierarchy import fcluster
distance_threshold = 100
clusters = fcluster(Z, distance_threshold, criterion='distance')
X_train_hierClustered = pd.DataFrame(data=clusters,
  index=X_train_PCA.index,columns=['cluster'])

print("Number of distinct clusters: ",
  len(X_train_hierClustered['cluster'].unique()))
```

Die Anzahl der verschiedenen Cluster beim ausgewählten Distanzschwellenwert beträgt 32:

```
countByCluster_hierClust, countByLabel_hierClust, countMostFreq_hierClust,
  accuracyDF_hierClust, overallAccuracy_hierClust, accuracyByLabel_hierClust =
  analyzeCluster(X_train_hierClustered, y_train)

print("Overall accuracy from hierarchical clustering: ",
  overallAccuracy_hierClust)
```

Der folgende Code zeigt die Gesamtgenauigkeit des hierarchischen Clusterings:

```
Overall accuracy from hierarchical clustering: 0.3651685393258427
```

Die Gesamtgenauigkeit liegt mit ungefähr 37 % etwas schlechter als mit *k*-Means-Clustering. Abgesehen davon arbeitet hierarchisches Clustering anders als der *k*-Means-Algorithmus und kann einige Kreditnehmer genauer als *k*-Means gruppieren, während wiederum *k*-Means andere Kreditnehmer genauer als hierarchisches Clustering gruppieren kann.

Beide Clustering-Algorithmen können sich also einander ergänzen, und es lohnt sich, dies zu untersuchen, indem man die beiden als Ensemble anwendet und die

Ergebnisse des Ensembles jeweils in Bezug auf die Ergebnisse der eigenständigen Lösungen bewertet.[2] Wie bei *k*-Means variiert die Genauigkeit zwischen den Clustern erheblich. Manche Cluster sind viel homogener als andere:

```
Accuracy by cluster for hierarchical clustering
0     0.304124
1     0.219001
2     0.228311
3     0.379722
4     0.240064
5     0.272011
6     0.314560
7     0.263930
8     0.246138
9     0.318942
10    0.302752
11    0.269772
12    0.335717
13    0.330403
14    0.346320
15    0.440141
16    0.744155
17    0.502227
18    0.294118
19    0.236111
20    0.254727
21    0.241042
22    0.317979
23    0.308771
24    0.284314
25    0.243243
26    0.500000
27    0.289157
28    0.365283
29    0.479693
30    0.393559
31    0.340875
```

Anwendung mit HDBSCAN

Wir kommen nun zu HDBSCAN und wenden diesen Clustering-Algorithmus an, um im Lending-Club-Dataset ähnliche Kreditnehmer zu gruppieren.

Wie bereits erwähnt, gruppiert HDBSCAN Kreditnehmer basierend darauf, wie eng ihre Attribute in einem höherdimensionalen Raum gepackt sind. Im Unterschied zu *k*-Means und hierarchischem Clustering werden nicht alle Kreditnehmer gruppiert. Einige Kreditnehmer, die sich sehr von anderen Gruppen von Kreditnehmern unterscheiden, bleiben gegebenenfalls ungruppiert. Diese Ausreißer-Kreditnehmer sind eine Untersuchung wert, um festzustellen, ob es einen triftigen

2 Mit Ensembles hat sich Kapitel 2 beschäftigt. Falls Sie eine Auffrischung benötigen, sei auf den Abschnitt »Ensembles« auf Seite 66 verwiesen.

Geschäftsgrund gibt, durch den sie sich von anderen Kreditnehmern unterscheiden. Es ist eventuell möglich, einigen dieser Kreditnehmergruppen numerische Krediteinstufungen automatisch zuzuweisen, doch andere Kreditnehmer – die sich unähnlich sind – können einen Ansatz für das Kredit-Scoring erfordern, der differenzierender ist.

Sehen Sie sich an, wie gut HDBSCAN abschneidet:

```
import hdbscan

min_cluster_size = 20
min_samples = 20
alpha = 1.0
cluster_selection_method = 'leaf'

hdb = hdbscan.HDBSCAN(min_cluster_size=min_cluster_size, \
    min_samples=min_samples, alpha=alpha, \
    cluster_selection_method=cluster_selection_method)

X_train_hdbscanClustered = hdb.fit_predict(X_train)
X_train_hdbscanClustered = pd.DataFrame(data= \
    X_train_hdbscanClustered, index=X_train.index, \
    columns=['cluster'])

countByCluster_hdbscan, countByLabel_hdbscan, \
    countMostFreq_hdbscan, accuracyDF_hdbscan, \
    overallAccuracy_hdbscan, accuracyByLabel_hdbscan = \
    analyzeCluster(X_train_hdbscanClustered, y_train)
```

Die folgende Ausgabe zeigt die Gesamtgenauigkeit für HDBSCAN:

```
Overall accuracy from HDBSCAN: 0.3246203751586667
```

Demnach beträgt die Gesamtgenauigkeit etwa 32 %, was schlechter ist als *k*-Means und als hierarchisches Clustering.

Tabelle 6-6 zeigt die verschiedenen Cluster und ihre Clustergrößen.

Tabelle 6-6: Clusterergebnisse für HDBSCAN

	cluster	clusterCount
0	–1	32708
1	7	4070
2	2	3668
3	1	1096
4	4	773
5	0	120
6	6	49
7	3	38
8	5	20

Die 32.708 Kreditnehmer in Cluster −1 sind ungruppiert. Die folgende Liste zeigt die Genauigkeit nach Cluster:

```
0       0.284487
1       0.341667
2       0.414234
3       0.332061
4       0.552632
5       0.438551
6       0.400000
7       0.408163
8       0.590663
```

Die Genauigkeit unter diesen Clustern reicht von 28 % bis 59 %.

Zusammenfassung

In diesem Kapitel haben wir eine unüberwachte Clustering-Anwendung erstellt, basierend auf Kreditnehmern, die von 2007 bis 2011 unbesicherte persönliche Kredite beim Lending Club beantragt haben. Die Anwendungen beruhten auf *k*-Means, hierarchischem Clustering und hierarchischem DBSCAN. Am besten hat der *k*-Means-Algorithmus abgeschnitten, der eine Gesamtgenauigkeit von etwa 39 % erreicht hat.

Auch wenn diese Anwendungen gut funktioniert haben, lassen sie sich noch um einiges verbessern. Experimentieren Sie mit den Algorithmen, um die Lösung von hier aus zu verbessern.

Damit ist der Teil des Buchs abgeschlossen, in dem es um Unsupervised Learning mit Scikit-learn geht. Als Nächstes untersuchen wir Formen des Unsupervised Learning basierend auf neuronalen Netzen mit TensorFlow und Keras. Los geht es in Kapitel 7 mit Darstellungslernen und Autoencodern.

TEIL III

Unsupervised Learning mit TensorFlow und Keras

Wir haben eben den Teil des Buchs abgeschlossen, der sich mit Unsupervised Learning auf Basis von Scikit-learn befasst. Nun kommen wir zum Unsupervised Learning, das auf neuronalen Netzen basiert. In den nächsten Kapiteln führen wir neuronale Netze ein, stellen die populären Frameworks TensorFlow und Keras vor und wenden sie an.

In Kapitel 7 verwenden wir einen Autoencoder – ein flaches neuronales Netz –, um Merkmalskonstruktion (Feature Engineering) und Merkmalsauswahl (Feature Selection) automatisch durchzuführen. Von hier ausgehend, wenden wir in Kapitel 8 Autoencoder auf ein Problem aus der Praxis an. Daran anschließend untersucht Kapitel 9, wie sich Probleme des Unsupervised Learning in Semi-supervised Learning überführen lassen, indem man die wenigen Labels nutzt, die uns zur Verfügung stehen, um Präzision und Trefferquote eines rein unüberwachten Modells zu verbessern.

Sobald wir flache neuronale Netze durchgearbeitet haben, befassen wir uns im letzten Teil des Buchs mit tiefen neuronalen Netzen.

KAPITEL 7

Autoencoder

Die ersten sechs Kapitel dieses Buchs haben sich damit beschäftigt, wie man Unsupervised Learning einsetzt, um Dimensionsreduktion zu erreichen. Die behandelten Konzepte helfen Ihnen dabei, Anwendungen zu erstellen, um Anomalien zu erkennen und Gruppen basierend auf Ähnlichkeiten zu segmentieren. Unsupervised Learning kann jedoch noch viel mehr. Ein Bereich, in dem sich unüberwachtes Lernen besonders auszeichnet, ist die *Merkmalsextraktion* (engl. Feature Extraction). Das ist eine Methode, mit der sich eine neue Merkmalsdarstellung aus einem ursprünglichen Merkmalssatz generieren lässt. Die neue Merkmalsdarstellung ist eine *gelernte Darstellung* und wird verwendet, um die Performance bei überwachten Lernproblemen zu verbessern. Mit anderen Worten, Feature Extraction ist ein unüberwachtes Instrument für einen überwachten Zweck.

Autoencoder sind eine solche Form der Feature Extraction. Sie verwenden ein *nicht rekurrentes neuronales Feedforward-Netz*, um *Repräsentationslernen* durchzuführen. Repräsentationslernen ist ein Kernelement eines ganzen Zweigs des maschinellen Lernens, bei dem neuronale Netze im Spiel sind.

In Autoencodern – die eine Form des Repräsentationslernens verkörpern – lernt jede Schicht des neuronalen Netzes eine Repräsentation der ursprünglichen Features, und nachfolgende Schichten bauen auf der Repräsentation auf, die von vorhergehenden Schichten gelernt wurde. Der Autoencoder lernt Schicht für Schicht zunehmend kompliziertere Repräsentationen von einfacheren und baut somit eine sogenannte Hierarchie von Konzepten auf, die immer abstrakter werden.

Die Output-Schicht ist die letzte neu gelernte Repräsentation der ursprünglichen Features. Diese gelernte Repräsentation lässt sich dann als Eingabe in ein Modell des Supervised Learning verwenden, um den Generalisierungsfehler zu verbessern.

Doch bevor wir zu weit vorgreifen, führen wir zunächst neuronale Netze und die Python-Frameworks TensorFlow und Keras ein.

Neuronale Netze

Neuronale Netze führen im Wesentlichen Repräsentationslernen aus, wobei jede Schicht des neuronalen Netzes eine Repräsentation von der vorherigen Schicht lernt. Indem von Schicht zu Schicht immer nuanciertere und detailliertere Darstellungen gelernt werden, können neuronale Netze recht erstaunliche Aufgaben realisieren, wie zum Beispiel Computervision, Spracherkennung und maschinelle Übersetzung.

Bei neuronalen Netzen unterscheidet man zwei Formen – flach und tief. Flache Netze haben weniger Schichten, tiefe Netze viele Schichten. *Deep Learning* (tiefes Lernen) bezieht seinen Namen von den tiefen (vielschichtigen) neuronalen Netzen, mit denen es arbeitet. Flache neuronale Netze sind nicht besonders leistungsfähig, da der Grad des Repräsentationslernens durch die geringe Anzahl der Schichten begrenzt ist. Deep Learning dagegen ist unglaublich leistungsfähig und derzeit einer der angesagtesten Bereiche im maschinellen Lernen.

Um es klar zu sagen: Flaches und tiefes Lernen mit neuronalen Netzen macht nur einen Teil im gesamten Ökosystem des maschinellen Lernens aus. Maschinelles Lernen mit neuronalen Netzen und klassisches maschinelles Lernen unterscheiden sich in erster Linie darin, dass ein Großteil der Merkmalsdarstellung im Fall von neuronalen Netzen automatisch erfolgt und beim klassischen maschinellen Lernen manuell gestaltet wird.

Neuronale Netze besitzen eine *Input-Schicht*, eine oder viele *Hidden-Schichten* (verdeckte Schichten) und eine *Output-Schicht*. Die Anzahl der Hidden-Schichten definiert lediglich die Tiefe des neuronalen Netzes. Diese Hidden-Schichten können Sie als Zwischenberechnungen auffassen; insgesamt erlauben diese Hidden-Schichten dem gesamten Netz, komplexe Funktionen zu approximieren.

Jede Schicht besteht aus einer bestimmten Anzahl von *Knoten* (auch *Neuronen* oder *Einheiten* genannt). Die Knoten jeder Schicht werden dann mit den Knoten der nächsten Schicht verbunden. Während des Trainings bestimmt das neuronale Netz die optimalen Gewichte, die jedem Knoten zuzuweisen sind.

Einem neuronalen Netz können wir nicht nur mehr Schichten, sondern auch mehr Knoten hinzufügen, um die Kapazität des neuronalen Netzes zu erhöhen und komplexe Beziehungen zu modellieren. Diese Knoten werden in eine *Aktualisierungsfunktion* eingespeist, die bestimmt, welcher Wert der aktuellen Schicht in die nächste Schicht des neuronalen Netzes eingeht. Gängige Aktualisierungsfunktionen sind *lineare*, *sigmoide*, *Tanh*- und *ReLU*-Funktionen (ReLU, *Rectified Linear Unit*). Die letzte Aktualisierungsfunktion ist üblicherweise die *Softmax-Funktion*. Sie gibt die Wahrscheinlichkeit für eine Klasse an, in die die Eingabebeobachtung fällt. Dies ist recht typisch für Klassifizierungsprobleme.

Neuronale Netze können zudem *Bias-Knoten* enthalten, die immer einen konstanten Wert beisteuern und im Unterschied zu normalen Knoten nicht mit der vorherigen Schicht verbunden sind. Vielmehr erlauben sie uns, die Ausgabe einer

Aktualisierungsfunktion nach unten oder oben zu verschieben. Mit den Hidden-Schichten – einschließlich Knoten, Bias-Knoten und Aktualisierungsfunktionen – versucht das neuronale Netz, die richtige Funktionsapproximation zu lernen, um die Input-Schicht auf die Output-Schicht abzubilden.

Bei Problemen mit Supervised Learning ist dies ziemlich einfach. Die Input-Schicht repräsentiert die Features, die in das neuronale Netz eingespeist werden, und die Output-Schicht repräsentiert das Label, das jeder Beobachtung zugewiesen ist. Während des Trainings bestimmt das neuronale Netz, welche *Gewichte* über das neuronale Netz helfen, den Fehler zwischen seinem vorhergesagten Label für jede Beobachtung und dem wahren Label zu minimieren. Bei Problemen des Unsupervised Learning lernt das neuronale Netz Repräsentationen der Input-Schicht über die verschiedenen Hidden-Schichten, wird aber nicht von Labels geleitet.

Neuronale Netze sind unglaublich leistungsfähig und in der Lage, komplexe nicht lineare Beziehungen in einem Maß zu modellieren, mit dem klassische Algorithmen des maschinellen Lernens nur schwer mithalten können. Im Allgemeinen ist dies eine großartige Eigenschaft von neuronalen Netzen, doch es besteht ein potenzielles Risiko. Da neuronale Netze solche komplexen nicht linearen Beziehungen modellieren können, sind sie auch anfälliger für Überanpassungen. Dessen sollten Sie sich bewusst sein, wenn Sie Anwendungen des maschinellen Lernens mit neuronalen Netzen entwerfen.[1]

Obwohl es mehrere Arten von neuronalen Netzen gibt, wie zum Beispiel *rekurrente neuronale Netze*, in denen die Daten in jede Richtung fließen können (für Spracherkennung und maschinelle Übersetzung verwendet), und *Convolutional Neural Networks* (CNNs, für Computervision verwendet), konzentrieren wir uns auf die einfachen neuronalen Feedforward-Netze, in denen die Daten lediglich in eine Richtung fließen: vorwärts.

Wir müssen auch viel mehr Hyperparameter optimieren, um neuronale Netze mit guter Performance zu erhalten. Dazu gehören die Wahl der Kostenfunktion, der Algorithmus zum Minimieren des Verlusts, die Art der Initialisierung für die anfänglichen Gewichte, die Anzahl der Iterationen, die beim Training des neuronalen Netzes zu absolvieren sind (d. h. die Anzahl der Epochen), die Anzahl der Beobachtungen, die vor jeder Gewichtsaktualisierung einzuspeisen sind (d. h. die Batch-Größe), und die Schrittweite, mit der die Gewichte während des Trainings geändert werden sollen (d. h. die Lernrate).

TensorFlow

Bevor wir Autoencoder einführen, wollen wir die Bibliothek kennenlernen, mit der wir neuronale Netze in erster Linie erstellen: *TensorFlow*. Diese Open-Source-Bibliothek ist für hochperformante numerische Berechnungen vorgesehen und wurde

1 Dieser Vorgang wird als Regularisierung bezeichnet.

ursprünglich vom Google-Brain-Team für die Google-interne Nutzung entwickelt. Im November 2015 wurde sie als Open-Source-Software veröffentlicht.[2]

TensorFlow ist für viele Betriebssysteme verfügbar (einschließlich Linux, macOS, Windows, Android und iOS) und lässt sich auf mehreren CPUs und GPUs ausführen, wodurch die Software in Bezug auf Performance sehr skalierbar ist und sich für die meisten Benutzer über Desktop, Mobiltelefon, Web und Cloud einsetzen lässt.

Das Schöne an TensorFlow ist, dass Benutzer ein neuronales Netz – oder allgemeiner einen Berechnungsgraphen – in Python definieren und dann dieses neuronale Netz im Rahmen von C++-Code ausführen können, was wesentlich schneller ist als Python.

TensorFlow ist auch in der Lage, die Berechnungen zu *parallelisieren*, indem ganze Operationsfolgen in separate Blöcke (engl. Chunks) zerlegt und diese auf mehreren CPUs und GPUs parallel ausgeführt werden. Derartige Performancebetrachtungen sind sehr wichtig für Anwendungen des maschinellen Lernens im großen Maßstab, wie sie Google für seine Kernoperationen – z.B. die Suche – ausführt.

Es gibt zwar noch andere Open-Source-Bibliotheken mit ähnlichen Features, doch TensorFlow hat sich zur beliebtesten Bibliothek entwickelt, was zum Teil auch auf die Marke Google zurückzuführen ist.

TensorFlow-Beispiel

Zunächst erstellen wir einen TensorFlow-Graphen und führen eine Berechnung durch. Hierzu importieren wir TensorFlow, definieren einige Variablen mit der TensorFlow-API (die der Scikit-learn-API ähnelt, die wir in vorherigen Kapiteln verwendet haben) und berechnen dann die Werte für diese Variablen:

```
import tensorflow as tf

b = tf.constant(50)
x = b * 10
y = x + b

with tf.Session() as sess:
    result = y.eval()
    print(result)
```

Hier ist wichtig, dass es zwei Phasen gibt. Zuerst definieren wir `b`, `x` und `y`, um den Berechnungsgraphen zu konstruieren. Dann rufen wir `tf.Session()` auf, um den Graphen auszuführen. Bis zu diesem Aufruf werden keinerlei Berechnungen von der CPU und/oder der GPU ausgeführt. Vielmehr werden nur die Anweisungen für die Berechnungen gespeichert. Nachdem Sie diesen Codeblock ausgeführt haben, erscheint das Ergebnis »550« wie erwartet.

Später werden wir mit TensorFlow auch echte neuronale Netze aufbauen.

2 Weitere Informationen zu TensorFlow finden Sie auf der Website unter *https://www.tensorflow.org/*.

Keras

Keras ist eine Open-Source-Softwarebibliothek, die eine High-Level-API bietet, die auf TensorFlow aufsetzt. Diese Bibliothek realisiert eine wesentlich benutzerfreundlichere Oberfläche für TensorFlow, sodass Data Scientists und Forscher schneller und leichter experimentieren können, als müssten sie direkt mit den TensorFlow-Befehlen arbeiten. Keras wurde ebenfalls hauptsächlich von einem Google-Techniker, Francois Chollet, geschrieben.

Sobald wir mithilfe von TensorFlow Modelle erstellen, arbeiten wir praxisnah mit der Keras-Bibliothek und untersuchen deren Vorteile.

Autoencoder: der Encoder und der Decoder

Nach diesem kurzen Überblick über neuronale Netze und die populären Python-Bibliotheken TensorFlow und Keras, die Ihnen für neuronale Netze zur Verfügung stehen, erstellen wir einen Autoencoder – eines der einfachsten neuronalen Netze für Unsupervised Learning.

Ein Autoencoder besteht aus zwei Teilen: einem *Encoder* und einem *Decoder*. Der Encoder konvertiert den Eingabesatz der Features – via Repräsentationslernen – in eine andere Darstellung, und der Decoder konvertiert diese neu gelernte Darstellung in das Ursprungsformat.

Das Kernkonzept eines Autoencoders gleicht dem Konzept der Dimensionsreduktion, das Kapitel 3 beschrieben hat. Ähnlich wie bei der Dimensionsreduktion merkt sich ein Autoencoder nicht die ursprünglichen Beobachtungen und Features, was einer sogenannten *Identitätsfunktion* entsprechen würde. Hätte der Autoencoder die exakte Identitätsfunktion gelernt, wäre er nicht nützlich. Vielmehr müssen Autoencoder die ursprünglichen Beobachtungen mit einer neu gelernten Repräsentation so nahe wie möglich – aber nicht genau – approximieren. Mit anderen Worten: Der Autoencoder lernt eine Approximation der Identitätsfunktion.

Da der Autoencoder eingeschränkt ist, muss er gezwungenermaßen die wichtigsten Eigenschaften der Originaldaten lernen und dabei die zugrunde liegende Struktur der Daten erfassen; dies ähnelt dem, was bei Dimensionsreduktion passiert. Die Einschränkung ist ein sehr wichtiges Attribut von Autoencodern – sie zwingt den Autoencoder dazu, intelligent auszuwählen, welche wichtigen Informationen erfasst und welche irrelevanten oder weniger wichtigen Informationen verworfen werden sollen.

Autoencoder gibt es schon seit Jahrzehnten, und wie Sie vielleicht schon vermutet haben, wurden sie häufig zur Dimensionsreduktion und zum automatischen Feature Engineering bzw. automatischen Lernen eingesetzt. Heute werden sie oftmals verwendet, um *generative Modelle* zu erstellen, beispielsweise *Generative Adversarial Networks*.

Untervollständige Autoencoder

Im Autoencoder geht es uns vor allem um den Encoder, weil diese Komponente die einzige ist, die eine neue Darstellung der Originaldaten lernt. Diese neue Darstellung ist der neue Satz von Features, der vom ursprünglichen Satz von Features und Beobachtungen abgeleitet wurde.

Die Encoder-Funktion des Autoencoders bezeichnen wir als $h = f(x)$. Sie übernimmt die Originalbeobachtungen x und verwendet die neu gelernte Darstellung, die in der Funktion f erfasst wird, um h auszugeben. Die Decoder-Funktion, die die ursprünglichen Beobachtungen mithilfe der Encoder-Funktion rekonstruiert, lautet $r = g(h)$.

Wie Sie sehen, speist die Decoder-Funktion die Ausgabe h des Encoders ein und rekonstruiert mit der Rekonstruktionsfunktion g die mit r bezeichneten Beobachtungen. Bei korrekter Ausführung wird $g(f(x))$ nicht überall gleich x sein, aber immerhin nahe genug.

Wie schränken wir die Encoder-Funktion ein, um x anzunähern, sodass sie gezwungen ist, nur die wichtigsten Eigenschaften von x zu lernen, ohne sie genau zu kopieren?

Wir können die Ausgabe h der Encoder-Funktion einschränken, sodass sie weniger Dimensionen als x hat. Man spricht hier von einem *untervollständigen Autoencoder*, da der Encoder weniger Dimensionen als die ursprünglichen Eingabedimensionen hat. Auch dies ähnelt dem, was bei der Dimensionsreduktion passiert, wo wir die ursprünglichen Eingabedimensionen übernehmen und auf einen wesentlich kleineren Satz reduzieren.

Auf diese Weise eingeschränkt, versucht der Autoencoder eine Verlustfunktion zu minimieren, die wir so definieren, dass der Rekonstruktionsfehler – nachdem der Decoder die Beobachtungen mithilfe der Ausgabe des Encoders näherungsweise rekonstruiert hat – so klein wie möglich wird. Wichtig ist, dass die Dimensionen in den Hidden-Schichten eingeschränkt werden. Anders ausgedrückt, hat die Ausgabe des Encoders weniger Dimensionen als die ursprüngliche Eingabe. Da aber die Ausgabe des Decoders die rekonstruierten Originaldaten darstellt, weist sie die gleiche Anzahl an Dimensionen wie die Originaleingabe auf.

Wenn der Decoder linear arbeitet und die Verlustfunktion die mittlere quadratische Abweichung liefert, lernt der Decoder die gleiche Art von neuer Darstellung wie die Hauptkomponentenanalyse (PCA), eine Form der Dimensionsreduktion, die Kapitel 3 beschrieben hat. Wenn jedoch Encoder- und Decoder-Funktionen nicht linear sind, kann der Autoencoder wesentlich komplexere nicht lineare Darstellungen lernen. Darum geht es uns vor allem. Doch Obacht! Wenn man dem Autoencoder zu viel Kapazität und Spielraum zugesteht, um komplexe, nicht lineare Darstellungen zu modellieren, merkt er sich bzw. kopiert er die Originalbeobachtungen, anstatt die wichtigsten Informationen aus ihnen herauszuziehen. Demzufolge müssen wir den Autoencoder geschickt und sinnvoll einschränken, um dies zu verhindern.

Übervollständige Autoencoder

Lernt der Encoder eine Darstellung in einer größeren Anzahl von Dimensionen, als es ursprüngliche Eingabedimensionen gibt, gilt der Autoencoder als übervollständig. Derartige Autoencoder kopieren einfach die originalen Beobachtungen und werden nicht gezwungen, Informationen über die ursprüngliche Verteilung so effizient und kompakt zu erfassen wie untervollständige Autoencoder. Wenn wir davon abgesehen eine Form der Regularisierung nutzen, die das neuronale Netz für das Lernen unnötig komplexer Funktionen bestraft, können übervollständige Autoencoder erfolgreich für Dimensionsreduktion und automatisches Feature Engineering eingesetzt werden.

Verglichen mit untervollständigen Autoencodern, ist es schwieriger, *regularisierte übervollständige Autoencoder* erfolgreich zu entwerfen, doch sind diese potenziell leistungsfähiger, weil sie komplexere – wenn auch nicht übermäßig komplexe – Darstellungen lernen können, die die Originalbeobachtungen besser annähern, ohne sie exakt zu kopieren.

Kurz gesagt, sind gut funktionierende Autoencoder solche, die neue Darstellungen lernen, die die ursprünglichen Beobachtungen genügend nahe, aber nicht genau approximieren. Hierzu lernt der Autoencoder im Wesentlichen eine neue Wahrscheinlichkeitsverteilung.

Dichte vs. sparsame Autoencoder

In Kapitel 3 hatten wir sowohl dichte (die normalen) als auch sparsame (engl. sparse) Versionen der Dimensionsreduktionsalgorithmen kennengelernt. Autoencoder arbeiten ähnlich. Bislang haben wir nur die normalen Autoencoder behandelt, die eine dichte finale Matrix ausgeben, sodass eine Handvoll Features die wichtigsten Informationen enthalten, die über die ursprünglichen Daten erfasst wurden. Allerdings möchten wir stattdessen eine sparse finale Matrix ausgeben, sodass die erfassten Informationen besser über die Features verteilt sind, die der Autoencoder lernt.

Dazu müssen wir nicht nur einen *Rekonstruktionsfehler* als Teil des Autoencoders, sondern auch eine *Sparsity Penalty* (Sparsamkeitsstrafe) einbauen, sodass der Autoencoder die Sparsamkeit der finalen Matrix berücksichtigen muss. Sparse Autoencoder sind im Allgemeinen übervollständig – die Hidden-Schichten enthalten mehr Einheiten als die Anzahl der Input-Features mit dem Vorbehalt, dass nur ein kleiner Teil der verdeckten Einheiten gleichzeitig aktiv sein darf. Auf diese Weise definiert, gibt ein *Sparse Autoencoder* eine finale Matrix aus, in die viel mehr Nullen eingebettet sind, und die erfassten Informationen werden besser über die gelernten Features verteilt.

Bei bestimmten Anwendungen des maschinellen Lernens schneiden Sparse Autoencoder besser ab und lernen etwas andere Darstellungen als die normalen (dichten) Autoencoder. Später werden wir anhand realer Beispiele den Unterschied zwischen diesen beiden Typen von Autoencodern kennenlernen.

Autoencoder zur Rauschunterdrückung

Wie Sie inzwischen wissen, sind Autoencoder in der Lage, neue (und verbesserte) Darstellungen aus den ursprünglichen Eingabedaten zu lernen und dabei die wichtigsten Elemente zu erfassen, aber das Rauschen in den Originaldaten zu ignorieren.

In manchen Fällen möchten wir vielleicht, dass der zu konzipierende Autoencoder das Rauschen in den Daten aggressiver unterdrückt, vor allem wenn wir vermuten, dass die Originaldaten bis zu einem gewissen Grad beschädigt sind. Stellen Sie sich vor, Sie zeichnen ein Gespräch zwischen zwei Personen mitten am Tag in einem lauten Coffeeshop auf und möchten das Gespräch (das Signal) vom Hintergrundgeräusch (dem Rauschen) trennen. Oder stellen Sie sich ein Dataset mit Bildern vor, die aufgrund geringer Auflösung oder eines Unschärfeeffekts grobkörnig oder verzerrt sind. Hier möchten wir das Kernbild (das Signal) von der Verzerrung (dem Rauschen) isolieren.

Für diese Probleme können wir einen *Autoencoder zur Rauschunterdrückung* entwerfen, der die gestörten Daten als Eingabe empfängt und trainiert wird, um die originalen, ungestörten Daten bestmöglich auszugeben. Obwohl sich dies natürlich nicht so leicht realisieren lässt, ist es zweifellos eine sehr leistungsfähige Anwendung von Autoencodern, um reale Probleme zu lösen.

Variational Autoencoder

Bisher haben wir erläutert, wie man Autoencoder einsetzt, um neue Darstellungen der ursprünglichen Eingabedaten zu lernen (über den Encoder), um den Rekonstruktionsfehler zwischen den neu rekonstruierten Daten (über den Decoder) und den ursprünglichen Eingabedaten zu minimieren.

In diesen Beispielen hat der Encoder eine feste Größe n, wobei n in der Regel kleiner als die Anzahl der ursprünglichen Dimensionen ist – wir trainieren also einen untervollständigen Autoencoder. Die Größe n kann auch über der Anzahl der ursprünglichen Dimensionen liegen – dann haben wir es mit einem übervollständigen Autoencoder zu tun –, aber durch eine Regularisierungsstrafe, eine Sparsity Penalty usw. beschränkt sein. Doch in allen diesen Fällen gibt der Encoder einen einzelnen Vektor einer festen Größe n aus.

Ein alternativer Autoencoder, der als *Variational Autoencoder* bezeichnet wird, besitzt einen Encoder, der zwei Vektoren statt nur einen ausgibt: einen Vektor von Mittelwerten, *mu*, und einen Vektor von Standardabweichungen, *sigma*. Diese beiden Vektoren bilden Zufallsvariablen, sodass das *i*-te Element von *mu* und *sigma* dem *Mittelwert* und der *Standardabweichung* der *i*-ten Zufallsvariablen entspricht. Durch Bildung dieser stochastischen Ausgabe über seinen Encoder ist der Variational Autoencoder in der Lage, Stichproben über einen kontinuierlichen Raum hinweg zu entnehmen, basierend auf dem, was er aus den Eingabedaten gelernt hat.

Der Variational Autoencoder ist nicht auf die Beispiele beschränkt, auf denen er trainiert hat, sondern kann verallgemeinern und neue Beispiele hervorbringen, selbst wenn er vielleicht noch nie zuvor genau solche gesehen hat. Das ist wirklich bewundernswert, da nun die Variational Autoencoder neue synthetische Daten generieren können, die in die Verteilung passen, die der Variational Autoencoder aus den ursprünglichen Eingabedaten gelernt hat. Derartige Fortschritte haben zu einem gänzlich neuen und zukunftsweisenden Feld im unüberwachten Lernen geführt, dem sogenannten generativen Modellieren, das auch die *Generative Adversarial Networks* einschließt. Mit diesen Modellen ist es möglich, synthetische Bilder, Sprache, Musik, Kunst usw. zu generieren, was eine Welt voller Möglichkeiten für KI-generierte Daten eröffnet.

Zusammenfassung

Dieses Kapitel hat neuronale Netze und die beliebten Open-Source-Bibliotheken TensorFlow und Keras eingeführt. Außerdem haben Sie Autoencoder kennengelernt und die Fähigkeit, neue Darstellungen aus den ursprünglichen Eingabedaten zu lernen. Zu den Variationen gehören unter anderem Sparse Autoencoder, rauschunterdrückende Autoencoder und Variational Autoencoder.

In Kapitel 8 erstellen wir praktische Anwendungen mit Techniken, die wir in diesem Kapitel diskutiert haben.

Bevor wir fortfahren, sehen wir uns noch einmal an, warum die automatische Feature Extraction so wichtig ist. Ohne die Fähigkeit, Features automatisch zu extrahieren, müssten Data Scientists und Experten für maschinelles Lernen Features manuell entwerfen, die bei der Lösung von realen Problemen wichtig sein könnten. Das ist sehr zeitaufwendig und würde den Fortschritt auf dem Gebiet der KI drastisch einschränken.

Bis Geoffrey Hinton und die anderen Forscher Methoden entwickelten, um automatisch neue Features mithilfe von neuronalen Netzen zu lernen – was den Beginn der Deep-Learning-Revolution in 2006 markiert –, blieben Probleme in Bezug auf Computervision, Spracherkennung, maschinelle Übersetzung usw. weitgehend unlösbar.

Seit damit begonnen wurde, Autoencoder und andere Varianten von neuronalen Netzen einzusetzen, um Features aus den Eingabedaten automatisch zu extrahieren, sind viele dieser Probleme lösbar geworden, was zu großen Durchbrüchen im maschinellen Lernen im letzten Jahrzehnt führte.

Die Leistung der automatischen Feature Extraction lernen Sie in Kapitel 8 in praktischen Anwendungen von Autoencodern kennen.

KAPITEL 8

Praktische Autoencoder

In diesem Kapitel erstellen wir Anwendungen mit verschiedenen Versionen von Autoencodern, einschließlich untervollständiger, übervollständiger, sparse, rauschunterdrückender und variationaler Autoencoder.

Zu Beginn kommen wir auf das Problem der Kreditkartenbetrugserkennung zurück, das Kapitel 3 vorgestellt hat. Bei diesem Problem haben wir 284.807 Kreditkartentransaktionen untersucht, von denen nur 492 betrügerisch sind. Mit einem überwachten Modell haben wir eine durchschnittliche Präzision von 0,82 erreicht, was recht beeindruckend ist. Mit einer Präzision von über 80% decken wir weit über 80% der Betrügereien auf. Mit einem unüberwachten Modell haben wir eine durchschnittliche Präzision von 0,69 erreicht, was angesichts der Tatsache, dass wir ohne Labels auskommen, ebenfalls sehr gut ist. Wir können über 75% der betrügerischen Transaktionen mit einer Präzision von über 75% finden.

Sehen wir uns nun an, wie sich das gleiche Problem mit einem Autoencoder lösen lässt, der ebenfalls einen unüberwachten Algorithmus verkörpert, aber ein neuronales Netz verwendet.

Datenvorbereitung

Zuerst laden wir die erforderlichen Bibliotheken:

```
'''Main'''
import numpy as np
import pandas as pd
import os, time, re
import pickle, gzip

'''Datenvisualisierung'''
import matplotlib.pyplot as plt
import seaborn as sns
color = sns.color_palette()
import matplotlib as mpl
```

```
%matplotlib inline

'''Datenvorbereitung und Modellbewertung'''
from sklearn import preprocessing as pp
from sklearn.model_selection import train_test_split
from sklearn.model_selection import StratifiedKFold
from sklearn.metrics import log_loss
from sklearn.metrics import precision_recall_curve, average_precision_score
from sklearn.metrics import roc_curve, auc, roc_auc_score

'''Algos'''
import lightgbm as lgb

'''TensorFlow und Keras'''
import tensorflow as tf
import keras
from keras import backend as K
from keras.models import Sequential, Model
from keras.layers import Activation, Dense, Dropout
from keras.layers import BatchNormalization, Input, Lambda
from keras import regularizers
from keras.losses import mse, binary_crossentropy
```

Als Nächstes laden wir das Dataset und bereiten es für den Einsatz vor. Dazu erstellen wir eine dataX-Matrix mit allen PCA-Komponenten und dem Feature Amount, verwerfen aber Class und Time. Die Class-Labels speichern wir in der Matrix dataY. Außerdem skalieren wir die Features in der Matrix dataX, sodass alle Features einen Mittelwert von 0 und eine Standardabweichung von 1 haben:

```
data = pd.read_csv('creditcard.csv')
dataX = data.copy().drop(['Class','Time'],axis=1)
dataY = data['Class'].copy()
featuresToScale = dataX.columns
sX = pp.StandardScaler(copy=True, with_mean=True, with_std=True)
dataX.loc[:,featuresToScale] = sX.fit_transform(dataX[featuresToScale])
```

Wie in Kapitel 3 erzeugen wir ein Trainingsset mit zwei Dritteln der Daten und Labels sowie ein Testset mit einem Drittel der Daten und Labels.

Wir speichern das Trainingsset und das Testset als X_train_AE und X_test_AE. Auf diese Variablen greifen wir in den Autoencodern in Kürze zurück:

```
X_train, X_test, y_train, y_test = \
    train_test_split(dataX, dataY, test_size=0.33, \
                     random_state=2018, stratify=dataY)
X_train_AE = X_train.copy()
X_test_AE = X_test.copy()
```

Wir werden auch die Funktion anomalyScores, die wir weiter oben in diesem Buch eingeführt haben, erneut verwenden, um den Rekonstruktionsfehler zwischen der ursprünglichen Featurematrix und der neu rekonstruierten Featurematrix zu berechnen. Die Funktion übernimmt die Summe der quadrierten Fehler und normalisiert sie in einen Bereich zwischen 0 und 1.

Dies ist eine entscheidende Funktion. Die Transaktionen mit Fehlern nahe 1 sind diejenigen, die am anomalsten sind (d.h. den höchsten Rekonstruktionsfehler aufweisen) und demzufolge höchstwahrscheinlich betrügerisch sind. Die Transaktionen mit Fehlern nahe 0 haben den geringsten Rekonstruktionsfehler und sind am wahrscheinlichsten normal:

```
def anomalyScores(originalDF, reducedDF):
    loss = np.sum((np.array(originalDF) - \
                   np.array(reducedDF))**2, axis=1)
    loss = pd.Series(data=loss,index=originalDF.index)
    loss = (loss-np.min(loss))/(np.max(loss)-np.min(loss))
    return loss
```

Auch die Funktion `plotResults`, die das Präzision/Trefferquote-Diagramm, die durchschnittliche Präzision und die ROC-Kurve plottet, verwenden wir erneut:

```
def plotResults(trueLabels, anomalyScores, returnPreds = False):
    preds = pd.concat([trueLabels, anomalyScores], axis=1)
    preds.columns = ['trueLabel', 'anomalyScore']
    precision, recall, thresholds = \
        precision_recall_curve(preds['trueLabel'], \
                               preds['anomalyScore'])
    average_precision = average_precision_score( \
                        preds['trueLabel'], preds['anomalyScore'])

    plt.step(recall, precision, color='k', alpha=0.7, where='post')
    plt.fill_between(recall, precision, step='post', alpha=0.3, color='k')

    plt.xlabel('Recall')
    plt.ylabel('Precision')
    plt.ylim([0.0, 1.05])
    plt.xlim([0.0, 1.0])

    plt.title('Precision-Recall curve: Average Precision = \
        {0:0.2f}'.format(average_precision))

    fpr, tpr, thresholds = roc_curve(preds['trueLabel'], \
                                     preds['anomalyScore'])
    areaUnderROC = auc(fpr, tpr)

    plt.figure()
    plt.plot(fpr, tpr, color='r', lw=2, label='ROC curve')
    plt.plot([0, 1], [0, 1], color='k', lw=2, linestyle='--')
    plt.xlim([0.0, 1.0])
    plt.ylim([0.0, 1.05]) plt.xlabel('False Positive Rate')
    plt.ylabel('True Positive Rate')
    plt.title('Receiver operating characteristic: Area under the \
        curve = {0:0.2f}'.format(areaUnderROC))
    plt.legend(loc="lower right")
    plt.show()

    if returnPreds==True:
        return preds
```

Die Bestandteile eines Autoencoders

Zuerst erstellen wir einen sehr einfachen Autoencoder mit der Input-Schicht, einer einzelnen Hidden-Schicht und der Output-Schicht. Die originale Featurematrix x speisen wir in den Autoencoder ein – dies wird durch die Input-Schicht dargestellt. Dann wird eine Aktivierungsfunktion auf die Input-Schicht angewendet, wodurch die Hidden-Schicht entsteht. Diese Aktivierungsfunktion f repräsentiert den Encode-Teil des Autoencoders. Die Hidden-Schicht ist mit h benannt (was gleich $f(x)$ ist) und repräsentiert die neu gelernte Darstellung.

Als Nächstes wird eine Aktivierungsfunktion auf die Hidden-Schicht (d.h. die neu gelernte Darstellung) angewendet, um die originalen Beobachtungen zu rekonstruieren. Diese Aktivierungsfunktion heißt g und repräsentiert den Decoder-Teil des Autoencoders. Die Output-Schicht r (die gleich $g(h)$ ist) stellt die neu rekonstruierten Beobachtungen dar. Um den Rekonstruktionsfehler zu berechnen, vergleichen wir die neu konstruierten Beobachtungen r mit den ursprünglichen Beobachtungen x.

Aktivierungsfunktionen

Bevor wir festlegen, wie viele Knoten wir in diesem Autoencoder mit einer einzelnen Hidden-Schicht verwenden, sehen wir uns verschiedene Aktivierungsfunktionen genauer an.

Ein neuronales Netz lernt die Gewichte, die auf die Knoten in jeder Schicht anzuwenden sind, doch ob die Knoten (für die nächste Schicht) aktiviert werden oder nicht, ergibt sich aus der Aktivierungsfunktion. Mit anderen Worten: Eine Aktivierungsfunktion wird auf die gewichtete Eingabe (plus Bias, falls vorhanden) jeder Schicht angewendet. Die gewichtete Eingabe plus Bias bezeichnen wir mit Y.

Die Aktivierungsfunktion übernimmt Y und aktiviert die Knoten (wenn Y oberhalb eines bestimmten Schwellenwerts liegt) oder nicht. Bei Aktivierung wird die Information in einem gegebenen Knoten an die nächste Schicht weitergegeben, andernfalls nicht. Allerdings sind nicht immer die einfachen binären Aktivierungen gefragt. Stattdessen sind wir an einem Bereich von Aktivierungswerten interessiert. Hierfür können wir eine lineare Aktivierungsfunktion oder eine nicht lineare Aktivierungsfunktion auswählen. Die lineare Aktivierungsfunktion ist unbegrenzt. Sie kann Aktivierungswerte zwischen negativ unendlich und positiv unendlich erzeugen. Gängige nicht lineare Aktivierungsfunktionen sind Sigmoid, Tanh (*Tangens hyperbolicus*), ReLU (*Rectified Linear Unit*) und Softmax:

Sigmoid-Funktion
: Die Sigmoid-Funktion ist beschränkt und kann Aktivierungswerte zwischen 0 und 1 generieren.

Tanh-Funktion
: Die Tanh-Funktion ist ebenfalls beschränkt und kann Aktivierungswerte zwischen –1 und +1 generieren. Ihr Gradient ist steiler als der der Sigmoid-Funktion.

ReLU-Funktion
: Die ReLU-Funktion besitzt eine interessante Eigenschaft: Ist *Y* positiv, gibt ReLU *Y* zurück. Andernfalls ist der Rückgabewert 0. Demzufolge ist die ReLU-Funktion für positive Werte von *Y* unbeschränkt.

Softmax-Funktion
: Die Softmax-Funktion wird in einem neuronalen Netz für Klassifizierungsprobleme als letzte Aktivierungsfunktion verwendet, weil sie Klassifizierungswahrscheinlichkeiten auf Werte normiert, deren Summe eine Wahrscheinlichkeit von 1 ergibt.

Von allen diesen Funktionen ist die lineare Aktivierungsfunktion die einfachste und rechentechnisch am wenigsten aufwendig. ReLU benötigt den zweitgeringsten Rechenaufwand, bei den anderen Funktionen ist der Aufwand höher.

Unser erster Autoencoder

Den Anfang soll ein zweischichtiger Autoencoder machen mit einer linearen Aktivierungsfunktion sowohl für die Encoder- als auch die Decoder-Funktionen. Beachten Sie, dass nur die Anzahl der Hidden-Schichten plus die Output-Schicht in die *Zählung der Schichten* eines neuronalen Netzes eingehen. Da wir nur eine einzige Hidden-Schicht haben, sprechen wir von einem zweischichtigen neuronalen Netz.

Um dieses Netz mit TensorFlow und Keras zu erstellen, müssen wir zuerst die *API für sequenzielle Modelle* aufrufen. Das `Sequential`-Modell ist ein linearer Stack von Schichten, und wir übergeben die Arten der Schichten, die wir in das Modell einbeziehen möchten, bevor wir das Modell kompilieren und auf unseren Daten trainieren.[1]

```
# Modell eins
# Zweischichtiger vollständiger Autoencoder mit linearer Aktivierung
# API für neuronale Netze aufrufen
model = Sequential()
```

Nachdem wir das `Sequential`-Modell aufgerufen haben, müssen wir die Input-Form spezifizieren, indem wir die Anzahl der Dimensionen angeben, die der Anzahl der Dimensionen in der ursprünglichen Feature-Matrix `dataX` entsprechen sollte. Diese Anzahl ist 29.

1 Besuchen Sie die offizielle Dokumentation (*http://bit.ly/2FZbUrq*), in der Sie mehr zum `Sequential`-Modell von Keras erfahren.

Außerdem müssen wir die Aktivierungsfunktion (auch Encoder-Funktion genannt) festlegen, die auf die Input-Schicht anzuwenden ist, und die Anzahl der Knoten, die die Hidden-Schicht haben soll. Für die Aktivierungsfunktion übergeben wir `linear`.

Zu Anfang verwenden wir einen vollständigen Autoencoder, bei dem die Anzahl der Knoten in der Hidden-Schicht gleich der Anzahl der Knoten in der Input-Schicht ist, nämlich 29. Das geschieht alles in einer einzigen Codezeile:

```
model.add(Dense(units=29, activation='linear',input_dim=29))
```

Analog dazu müssen wir die Aktivierungsfunktion (auch Decoder-Funktion genannt) festlegen, die auf die Hidden-Schicht angewendet wird, um die Beobachtungen und die Anzahl der Dimensionen, die wir für die Output-Schicht haben wollen, zu rekonstruieren. Da die endgültig rekonstruierte Matrix die gleichen Dimensionen wie die ursprüngliche Matrix haben soll, muss die Anzahl der Dimensionen 29 sein. Und wir verwenden auch eine lineare Aktivierungsfunktion für den Decoder:

```
model.add(Dense(units=29, activation='linear'))
```

Als Nächstes müssen wir die Schichten, die wir für das neuronale Netz vorgesehen haben, zusammensetzen. Dazu ist es erforderlich, eine Verlustfunktion (auch Zielfunktion genannt) auszuwählen, um das Lernen der Gewichte zu steuern, einen Optimizer einzurichten, um den Lernprozess der Gewichte festzulegen, und eine Liste der auszugebenden Kennzahlen bereitzustellen, die uns helfen, die Güte des neuronalen Netzes zu bewerten.

Verlustfunktion

Beginnen wir mit der Verlustfunktion. Wie schon beschrieben, bewerten wir das Modell anhand des Rekonstruktionsfehlers zwischen der neu rekonstruierten Featurematrix, die auf dem Autoencoder basiert, und der ursprünglichen Featurematrix, die wir in den Autoencoder eingespeist haben.

Deshalb werden wir uns auf den *mittleren quadratischen Fehler* als Bewertungsmetrik stützen. (In unserer benutzerdefinierten Bewertungsfunktion verwenden wir mit der Summe der quadrierten Fehler eine ähnliche Methode.)[2]

Optimizer

Neuronale Netze absolvieren viele Trainingsdurchläufe (*Epochen* genannt). In jeder dieser Epochen passt das neuronale Netz seine gelernten Gewichte neu an, um den Verlust aus der vorherigen Epoche zu verringern. Der Ablauf für das Lernen dieser Gewichte wird durch den Optimizer eingerichtet. Gesucht ist ein Prozess, der dem

2 Nähere Informationen zu Verlustfunktionen finden Sie in der offiziellen Keras-Dokumentation unter *https://keras.io/losses/*.

neuronalen Netz hilft, die optimalen Gewichte für die verschiedenen Knoten über alle Schichten hinweg effizient zu lernen, sodass unsere gewählte Verlustfunktion ein minimales Ergebnis liefert.

Um die optimalen Gewichte zu lernen, muss das neuronale Netz seine »Vermutung« für die optimalen Gewichte auf intelligente Weise anpassen. Man könnte die Gewichte in die Richtung verschieben, die es ermöglicht, die Verlustfunktion inkrementell zu verringern. Ein besserer Ansatz verschiebt zwar die Gewichte in diese Richtung, aber mit einer gewissen Zufälligkeit – d.h., die Gewichte werden stochastisch verschoben.

Auch wenn dazu noch mehr gehört, ist dieser sogenannte *stochastische Gradientenabstieg* (engl. *Stochastic Gradient Descent*, kurz SGD) der gebräuchlichste Optimizer beim Trainieren von neuronalen Netzen.[3] Bei SGD gibt es eine einzige Lernrate *alpha*, die für alle ausgeführten Gewichtsaktualisierungen gilt und die sich während des Trainings nicht ändert. Allerdings ist es in den meisten Fällen besser, die Lernrate im Verlauf des Trainings anzupassen. Zum Beispiel ist es in den früheren Epochen sinnvoller, die Gewichte stärker anzupassen – d.h. eine große Lernrate bzw. ein großes *alpha* zu verwenden.

In späteren Epochen, wenn die Gewichte schon fast optimal sind, ist es sinnvoller, die Gewichte nur geringfügig anzupassen, um sie behutsamer zu optimieren, als massive Schritte in die eine oder andere Richtung zu vollführen. Ein noch besserer Optimizer als SGD ist daher der *Adam Optimierungsalgorithmus*, der von adaptiver Momentschätzung abgeleitet ist. Im Unterschied zu SGD passt der Adam-Optimizer die Lernrate im Verlauf des Trainings dynamisch an. Er ist der Optimizer, den wir verwenden.[4]

Für diesen Optimizer können wir das `alpha` festlegen, um das Tempo zu bestimmen, mit dem die Gewichte aktualisiert werden. Größere `alpha`-Werte bewirken anfangs ein schnelleres Lerntempo, bevor die Lernrate aktualisiert wird.

Das Modell trainieren

Schließlich müssen wir die Bewertungsmetrik wählen. Der Einfachheit halber setzen wir sie auf `accuracy`.[5]

```
model.compile(optimizer='adam',
              loss='mean_squared_error',
              metrics=['accuracy'])
```

3 Mehr zum stochastischen Gradientenabstieg finden Sie in der (englischen) Wikipedia unter *http://bit.ly/2G3Ak30*, zum Gradientenabstieg allgemein auch in der (deutschen) Wikipedia unter *https://de.wikipedia.org/wiki/Gradientenverfahren*.

4 Weitere Informationen zu Optimizern finden Sie in der Dokumentation (*https://keras.io/optimizers/*).

5 Weitere Informationen zu Bewertungsmetriken finden Sie in der Dokumentation (*https://keras.io/metrics/*).

Als Nächstes legen wir die Anzahl der Epochen und die Batch-Größe fest. Dann rufen wir die Methode `fit` auf, um das Training zu starten. Die Anzahl der Epochen bestimmt, wie oft das Training über dem gesamten Dataset stattfindet, das wir an das neuronale Netz übergeben. Für den Anfang setzen wir sie auf 10.

Der Batch bestimmt die Anzahl der Stichproben, auf denen das neuronale Netz trainiert, bevor die nächste Gradientenaktualisierung vorgenommen wird. Wenn der Batch gleich der Gesamtanzahl der Beobachtungen ist, führt das neuronale Netz einmal pro Epoche eine Gradientenaktualisierung durch. Andernfalls finden mehrere Aktualisierungen pro Epoche statt. Fürs Erste legen wir generische 32 Stichproben fest.

An die Methode `fit` übergeben wir die anfängliche Eingabematrix *x* und die Zielmatrix *y*. In unserem Fall sind sowohl *x* als auch *y* die originale Featurematrix `X_train_AE`, da wir die Ausgabe des Autoencoders – die rekonstruierte Featurematrix – mit der ursprünglichen Featurematrix vergleichen wollen, um den Rekonstruktionsfehler zu berechnen.

Da dies eine rein unüberwachte Lösung ist, brauchen wir die Matrix *y* überhaupt nicht. Außerdem validieren wir unser Modell, indem wir den Rekonstruktionsfehler auf der gesamten Trainingsmatrix testen:

```
num_epochs = 10
batch_size = 32

history = model.fit(x=X_train_AE, y=X_train_AE,
                    epochs=num_epochs,
                    batch_size=batch_size,
                    shuffle=True,
                    validation_data=(X_train_AE, X_train_AE),
                    verbose=1)
```

Weil dies ein vollständiger Autoencoder ist – bei dem die Hidden-Schicht die gleiche Anzahl von Dimensionen hat wie die Input-Schicht –, ist der Verlust sowohl für das Trainings- als auch das Validierungsset sehr gering:

```
Trainingsverlauf für vollständigen Autoencoder

Trainieren auf 190820 Stichproben, Validieren auf 190820 Stichproben
Epoch 1/10
190820/190820 [==============================] - 29s 154us/step - loss: 0.1056
- acc: 0.8728 - val_loss: 0.0013 - val_acc: 0.9903
Epoch 2/10
190820/190820 [==============================] - 27s 140us/step - loss: 0.0012
- acc: 0.9914 - val_loss: 1.0425e-06 - val_acc: 0.9995
Epoch 3/10
190820/190820 [==============================] - 23s 122us/step - loss: 6.6244
e-04 - acc: 0.9949 - val_loss: 5.2491e-04 - val_acc: 0.9913
Epoch 4/10
190820/190820 [==============================] - 23s 119us/step - loss: 0.0016
- acc: 0.9929 - val_loss: 2.2246e-06 - val_acc: 0.9995
Epoch 5/10
```

```
190820/190820 [==============================] - 23s 119us/step - loss: 5.7424
e-04 - acc: 0.9943 - val_loss: 9.0811e-05 - val_acc: 0.9970
Epoch 6/10
190820/190820 [==============================] - 22s 118us/step - loss: 5.4950
e-04 - acc: 0.9941 - val_loss: 6.0598e-05 - val_acc: 0.9959
Epoch 7/10
190820/190820 [==============================] - 22s 117us/step - loss: 5.2291
e-04 - acc: 0.9946 - val_loss: 0.0023 - val_acc: 0.9675
Epoch 8/10
190820/190820 [==============================] - 22s 117us/step - loss: 6.5130
e-04 - acc: 0.9932 - val_loss: 4.5059e-04 - val_acc: 0.9945
Epoch 9/10
190820/190820 [==============================] - 23s 122us/step - loss: 4.9077
e-04 - acc: 0.9952 - val_loss: 7.2591e-04 - val_acc: 0.9908
Epoch 10/10

190820/190820 [==============================] - 23s 118us/step - loss: 6.1469
e-04 - acc: 0.9945 - val_loss: 4.4131e-06 - val_acc: 0.9991
```

Dies ist nicht optimal – der Autoencoder hat die ursprüngliche Featurematrix zu genau rekonstruiert, er hat sich die Eingaben gemerkt.

Wie Sie wissen, soll der Autoencoder eine neue Darstellung lernen, die die wichtigsten Informationen der ursprünglichen Matrix erfasst und die weniger relevanten Informationen weglässt. Sich einfach die Eingaben zu merken – auch als Lernen der *Identitätsfunktion* bekannt –, führt nicht zu einem neuen und verbesserten Repräsentationslernen.

Auf dem Testset bewerten

Anhand des Testsets wollen wir bewerten, wie erfolgreich dieser Autoencoder Betrügereien im Dataset der Kreditkartentransaktionen erkennen kann. Hierfür rufen wir die Methode predict auf:

```
predictions = model.predict(X_test, verbose=1)
anomalyScoresAE = anomalyScores(X_test, predictions)
preds = plotResults(y_test, anomalyScoresAE, True)
```

Wie Abbildung 8-1 zeigt, beträgt die durchschnittliche Präzision 0,30, was nicht sehr gut ist. Die beste durchschnittliche Präzision mit unüberwachtem Lernen in Kapitel 4 war 0,69, und das überwachte System hatte eine durchschnittliche Präzision von 0,82. Allerdings liefert jeder Trainingsdurchlauf etwas abweichende Ergebnisse für den trainierten Autoencoder, sodass Sie für Ihren Lauf möglicherweise nicht die gleiche Performance erhalten werden.

Um ein besseres Gefühl dafür zu bekommen, wie ein zweischichtiger vollständiger Autoencoder auf dem Testset abschneidet, führen wir diesen Trainingslauf zehnmal durch und speichern die durchschnittliche Präzision auf dem Testset für jeden Lauf. Wie gut dieser vollständige Autoencoder Betrügereien erfassen kann, bewerten wir anhand des Mittelwerts der durchschnittlichen Präzision aus diesen zehn Läufen.

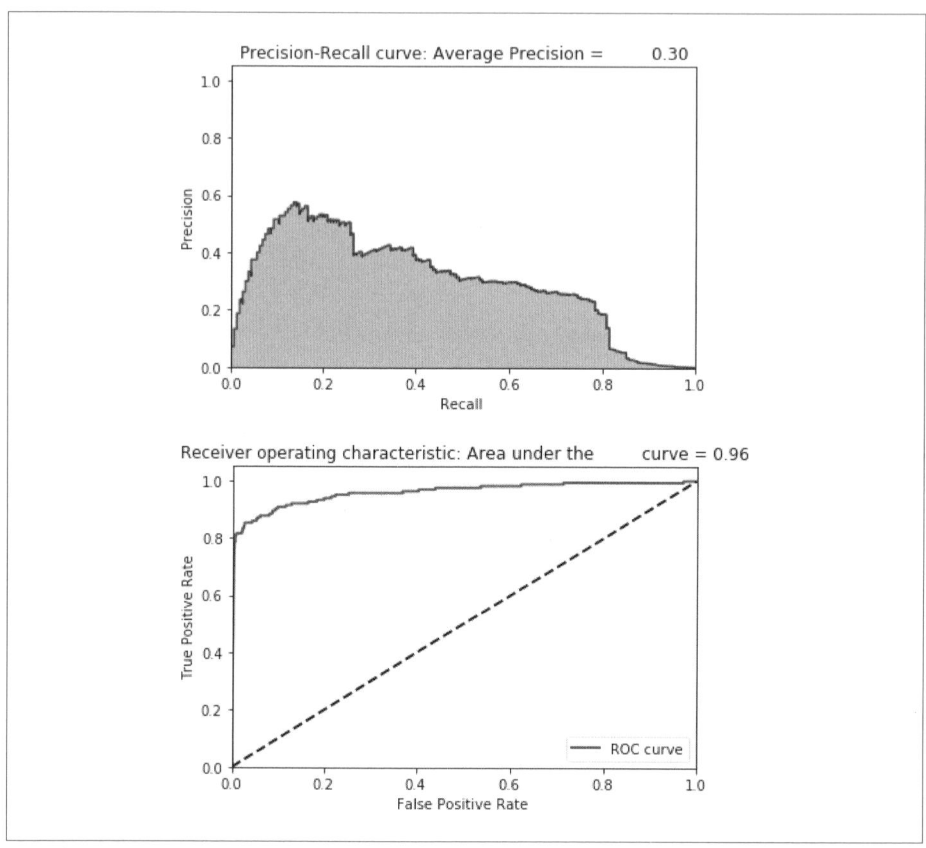

Abbildung 8-1: Bewertungsmetriken des vollständigen Autoencoders

Um unsere bisherigen Arbeiten zusammenzufassen, simuliert der folgende Code zehn Läufe von Anfang bis Ende:

```
# 10 Läufe - wir erfassen den Mittelwert der durchschnittlichen Präzision
test_scores = []
for i in range(0,10):
    # API für neuronale Netze aufrufen
    model = Sequential()

    # Lineare Aktivierungsfunktion auf Input-Schicht anwenden
    # Hidden-Schicht mit 29 Knoten generieren, genau wie Input-Schicht
    model.add(Dense(units=29, activation='linear',input_dim=29))

    # Lineare Aktivierungsfunktion auf Hidden-Schicht anwenden
    # Output-Schicht mit 29 Knoten generieren
    model.add(Dense(units=29, activation='linear'))
```

```
    # Das Modell kompilieren
    model.compile(optimizer='adam',
                  loss='mean_squared_error',
                  metrics=['accuracy'])

    # Das Modell trainieren
    num_epochs = 10
    batch_size = 32

    history = model.fit(x=X_train_AE, y=X_train_AE,
                        epochs=num_epochs,
                        batch_size=batch_size,
                        shuffle=True,
                        validation_data=(X_train_AE, X_train_AE),
                        verbose=1)

    # Auf Testset bewerten
    predictions = model.predict(X_test, verbose=1)
    anomalyScoresAE = anomalyScores(X_test, predictions)
    preds, avgPrecision = plotResults(y_test, anomalyScoresAE, True)
    test_scores.append(avgPrecision)

print("Mean average precision over 10 runs: ", np.mean(test_scores))
test_scores
```

Die folgende Zusammenfassung zeigt die Ergebnisse für die zehn Läufe. Der Mittelwert der durchschnittlichen Genauigkeit beträgt 0,30, aber die durchschnittliche Genauigkeit nimmt einen Bereich von winzigen 0,02 bis zu 0,72 ein. Der *Variationskoeffizient* (definiert als Standardabweichung dividiert durch den Mittelwert über zehn Läufe) beträgt 0,88.

```
Mittelwert der durchschnittlichen Präzision über 10 Läufe: 0.30108318944579776
Variationskoeffizient über 10 Läufe: 0.8755095071789248

[0.25468022666666157,
0.092705950994909,
0.716481644928299,
0.01946589342639965,
0.25623865457838263,
0.33597083510378234,
0.018757053070824415,
0.6188569405068724,
0.6720552647581304,
0.025619070873716072]
```

Versuchen wir, unsere Ergebnisse zu verbessern, indem wir Varianten dieses Autoencoders erstellen.

Zweischichtiger untervollständiger Autoencoder mit linearer Aktivierungsfunktion

Probieren wir es mit einem untervollständigen Autoencoder statt mit einem vollständigen.

Verglichen mit dem vorherigen Autoencoder ändert sich lediglich die Anzahl der Knoten in der Hidden-Schicht. Anstatt diese auf die Anzahl der ursprünglichen Dimensionen (29) zu setzen, begnügen wir uns mit 20 Knoten. Dieser Autoencoder ist also ein beschränkter Autoencoder. Die Encoder-Funktion wird gezwungen, die Informationen in der Input-Schicht mit einer geringeren Anzahl von Knoten zu erfassen, und der Decoder muss diese neue Darstellung übernehmen, um die ursprüngliche Matrix zu rekonstruieren.

Hier ist ein höherer Verlust zu erwarten als beim vollständigen Autoencoder. Der folgende Code testet mit zehn unabhängigen Läufen, wie gut die verschiedenen untervollständigen Autoencoder Betrügereien erkennen können:

```
# 10 Läufe - wir erfassen den Mittelwert der durchschnittlichen Genauigkeit
test_scores = []
for i in range(0,10):
    # Call neural network API
    model = Sequential()

    # Lineare Aktivierungsfunktion auf Input-Schicht anwenden
    # Hidden-Layer mit 20 Knoten generieren
    model.add(Dense(units=20, activation='linear',input_dim=29))

    # Lineare Aktivierungsfunktion auf Hidden-Schicht anwenden
    # Output-Schicht mit 29 Knoten generieren
    model.add(Dense(units=29, activation='linear'))

    # Das Modell kompilieren
    model.compile(optimizer='adam',
                  loss='mean_squared_error',
                  metrics=['accuracy'])

    # Das Modell trainieren
    num_epochs = 10
    batch_size = 32

    history = model.fit(x=X_train_AE, y=X_train_AE,
                        epochs=num_epochs,
                        batch_size=batch_size,
                        shuffle=True,
                        validation_data=(X_train_AE, X_train_AE),
                        verbose=1)

    # Auf Testset bewerten
    predictions = model.predict(X_test, verbose=1)
```

```
    anomalyScoresAE = anomalyScores(X_test, predictions)
    preds, avgPrecision = plotResults(y_test, anomalyScoresAE, True)
    test_scores.append(avgPrecision)

print("Mean average precision over 10 runs: ", np.mean(test_scores))
test_scores
```

Wie die folgenden Trainingsdaten zeigen, sind die Verluste des untervollständigen Autoencoders erheblich höher als die des vollständigen Autoencoders. Es liegt auf der Hand, dass der Autoencoder eine Repräsentation lernt, die neu und beschränkter ist als die ursprüngliche Eingabematrix – der Autoencoder hat sich nicht einfach nur die Eingaben gemerkt:

```
Trainingsverlauf für untervollständigen Autoencoder mit 20 Knoten

Trainieren auf 190820 Stichproben, Validieren auf 190820 Stichproben
Epoch 1/10
190820/190820 [==============================] - 28s 145us/step - loss: 0.3588
- acc: 0.5672 - val_loss: 0.2789 - val_acc: 0.6078
Epoch 2/10
190820/190820 [==============================] - 29s 153us/step - loss: 0.2817
- acc: 0.6032 - val_loss: 0.2757 - val_acc: 0.6115
Epoch 3/10
190820/190820 [==============================] - 28s 147us/step - loss: 0.2793
- acc: 0.6147 - val_loss: 0.2755 - val_acc: 0.6176
Epoch 4/10
190820/190820 [==============================] - 30s 155us/step - loss: 0.2784
- acc: 0.6164 - val_loss: 0.2750 - val_acc: 0.6167
Epoch 5/10
190820/190820 [==============================] - 29s 152us/step - loss: 0.2786
- acc: 0.6188 - val_loss: 0.2746 - val_acc: 0.6126
Epoch 6/10
190820/190820 [==============================] - 29s 151us/step - loss: 0.2776
- acc: 0.6140 - val_loss: 0.2752 - val_acc: 0.6043
Epoch 7/10
190820/190820 [==============================] - 30s 156us/step - loss: 0.2775
- acc: 0.5947 - val_loss: 0.2745 - val_acc: 0.5946
Epoch 8/10
190820/190820 [==============================] - 29s 149us/step - loss: 0.2770
- acc: 0.5903 - val_loss: 0.2740 - val_acc: 0.5882
Epoch 9/10
190820/190820 [==============================] - 29s 153us/step - loss: 0.2768
- acc: 0.5921 - val_loss: 0.2770 - val_acc: 0.5801
Epoch 10/10
190820/190820 [==============================] - 29s 150us/step - loss: 0.2767
- acc: 0.5803 - val_loss: 0.2744 - val_acc: 0.5743
93987/93987[==============================] - 3s 36us/step
```

Ein Autoencoder sollte auf diese Art und Weise funktionieren – er sollte eine neue Repräsentation lernen. Abbildung 8-2 zeigt, wie effektiv diese neue Repräsentation ist, um Betrügereien zu identifizieren.

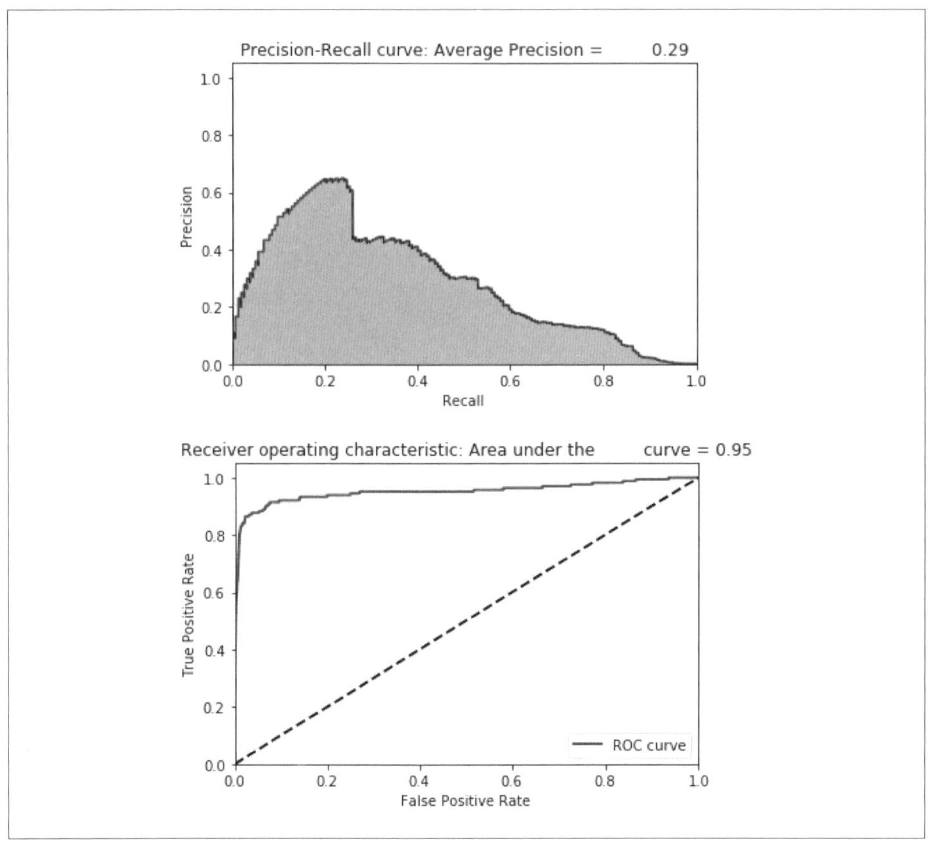

Abbildung 8-2: Bewertungsmetriken eines untervollständigen Autoencoders mit 20 Knoten

Die durchschnittliche Präzision ist mit 0,29 ähnlich der des vollständigen Autoencoders.

Die folgende Liste zeigt die Verteilung der durchschnittlichen Präzisionen über die zehn Läufe. Der Mittelwert der durchschnittlichen Genauigkeit beträgt 0,31, aber die Streuung ist sehr gering (wie der Variationskoeffizient 0,03 anzeigt). Dieses System ist wesentlich stabiler als das, was wir mit einem vollständigen Autoencoder entworfen haben.

```
Mittlere durchschnittliche Präzision über 10 Läufe: 0.30913783987972737
Variationskoeffizient über 10 Läufe: 0.032251659812254876

[0.2886910204920736,
0.3056142045082387,
0.31658073591381186,
0.30590858583039254,
0.31824197682595556,
0.3136952374067599,
0.30888135217515555,
0.31234000424933206,
```

```
0.29695149753706923,
0.3244746838584846]
```

Aber wir sind immer noch bei einer ziemlich mittelmäßigen durchschnittlichen Präzision stecken geblieben. Warum hat der untervollständige Autoencoder nicht besser abgeschnitten? Es könnte sein, dass dieser untervollständige Autoencoder nicht über genügend Knoten verfügt. Oder wir müssen vielleicht mit mehr Hidden-Schichten trainieren. Experimentieren wir nacheinander mit diesen beiden Änderungen.

Die Anzahl der Knoten erhöhen

Die folgende Codeausgabe zeigt die Trainingsverluste bei einem zweischichtigen untervollständigen Autoencoder mit 27 Knoten statt mit nur 20:

```
Trainingsverlauf des untervollständigen Autoencoders mit 27 Knoten
Trainieren auf 190820 Stichproben, Validieren auf 190820 Stichproben

Epoch 1/10
190820/190820 [==============================] - 29s 150us/step - loss: 0.1169
- acc: 0.8224 - val_loss: 0.0368 - val_acc: 0.8798
Epoch 2/10
190820/190820 [==============================] - 29s 154us/step - loss: 0.0388
- acc: 0.8610 - val_loss: 0.0360 - val_acc: 0.8530
Epoch 3/10
190820/190820 [==============================] - 30s 156us/step - loss: 0.0382
- acc: 0.8680 - val_loss: 0.0359 - val_acc: 0.8745
Epoch 4/10
190820/190820 [==============================] - 30s 156us/step - loss: 0.0371
- acc: 0.8811 - val_loss: 0.0353 - val_acc: 0.9021
Epoch 5/10
190820/190820 [==============================] - 30s 155us/step - loss: 0.0373
- acc: 0.9114 - val_loss: 0.0352 - val_acc: 0.9226
Epoch 6/10
190820/190820 [==============================] - 30s 155us/step - loss: 0.0377
- acc: 0.9361 - val_loss: 0.0370 - val_acc: 0.9416
Epoch 7/10
190820/190820 [==============================] - 30s 156us/step - loss: 0.0361
- acc: 0.9448 - val_loss: 0.0358 - val_acc: 0.9378
Epoch 8/10
190820/190820 [==============================] - 30s 156us/step - loss: 0.0354
- acc: 0.9521 - val_loss: 0.0350 - val_acc: 0.9503
Epoch 9/10
190820/190820 [==============================] - 29s 153us/step - loss: 0.0352
- acc: 0.9613 - val_loss: 0.0349 - val_acc: 0.9263
Epoch 10/10
190820/190820 [==============================] - 29s 153us/step - loss: 0.0353
- acc: 0.9566 - val_loss: 0.0343 - val_acc: 0.9477
93987/93987[==============================] - 4s 39us/step
```

Abbildung 8-3 zeigt die Kurven für durchschnittliche Präzision, Präzision/Trefferquote und auROC.

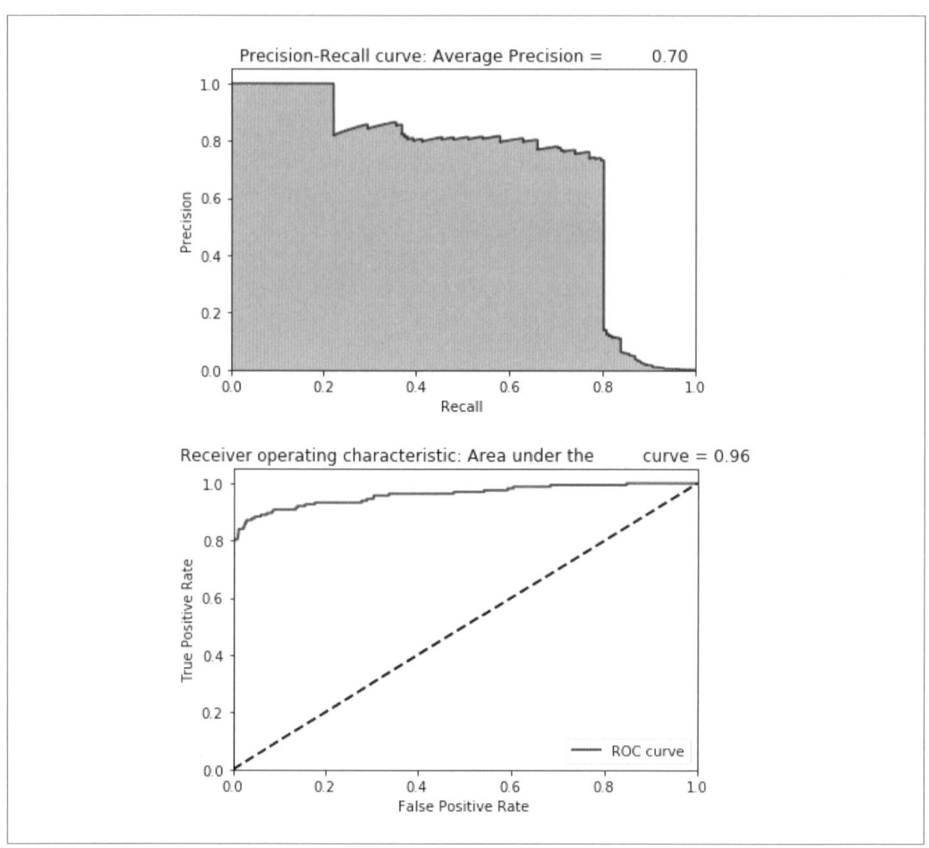

Abbildung 8-3: Bewertungsmetriken eines untervollständigen Autoencoders mit 27 Knoten

Die durchschnittliche Präzision verbessert sich deutlich auf 0,70. Dieser Wert ist besser als die durchschnittliche Präzision des vollständigen Autoencoders und besser als die beste Lösung mit Unsupervised Learning aus Kapitel 4.

Die folgende Ausgabe fasst die Verteilung der durchschnittlichen Präzision über die zehn Läufe zusammen. Der Mittelwert der durchschnittlichen Präzision ist mit 0,53 deutlich besser als die früher mit etwa 0,30 erreichte durchschnittliche Präzision. Die Streuung der durchschnittlichen Präzision ist mit einem Variationskoeffizienten von 0,50 ziemlich gut.

```
Mittlere durchschnittliche Präzision über 10 Läufe: 0.5273341559141779
Variationskoeffizient über 10 Läufe: 0.5006880691999009

[0.6897994954506 94,
0.7092146840717755,
0.7336692377321005,
0.6154173765950426,
0.7068800243349335,
0.35250757724667586,
0.6904117414832501,
```

```
0.02335388808244066,
0.690798140588336,
0.06128939355652962 6]
```

Wir haben eine deutliche Verbesserung gegenüber unserem vorherigen Anomalieerkennungssystem, das auf einem Autoencoder basiert, erreicht.

Mehr Hidden-Schichten hinzufügen

Vielleicht können wir unsere Ergebnisse auch verbessern, wenn wir dem Autoencoder eine zusätzliche Hidden-Schicht spendieren. Vorerst behalten wir aber die linearen Aktivierungsfunktionen bei.

Experimentieren ist unverzichtbar, wenn es darum geht, die beste Architektur eines neuronalen Netzes für das anstehende Problem zu finden. Einige Änderungen führen zu besseren Ergebnissen, andere zu schlechteren. Es ist sehr wichtig, zu wissen, wie das neuronale Netz und die Hyperparameter als Teil der Suche zu modifizieren sind, um die Lösung zu verbessern.

Statt einer einzigen Hidden-Schicht mit 27 Knoten werden wir eine Hidden-Schicht mit 28 Knoten und eine weitere mit 27 Knoten verwenden. Dies ist nur eine leichte Variation gegenüber der bisherigen Architektur. Wir haben jetzt ein dreischichtiges neuronales Netz, da es aus zwei Hidden-Schichten und der Output-Schicht besteht. Die Input-Schicht »zählt« nicht mit dazu.

Für diese zusätzliche Hidden-Schicht ist lediglich eine einzige weitere Codezeile erforderlich:

```
# Modell zwei
# Dreischichtiger untervollständiger Autoencoder mit linearer Aktivierung
# Mit 28 und 27 Knoten in den beiden Hidden-Schichten

model = Sequential()
model.add(Dense(units=28, activation='linear', input_dim=29))
model.add(Dense(units=27, activation='linear'))
model.add(Dense(units=29, activation='linear'))
```

Die folgende Ausgabe fasst die Verteilung der durchschnittlichen Präzisionen über die zehn Läufe zusammen. Der Mittelwert der durchschnittlichen Präzision ist mit 0,36 schlechter als der eben erreichte Wert von 0,53. Auch die Streuung der durchschnittlichen Präzision ist mit einem Variationskoeffizienten von 0,94 (höher bedeutet hier schlechter) ebenfalls schlecht:

```
Mittlere durchschnittliche Präzision über 10 Läufe: 0.36075271075596366
Variationskoeffizient über 10 Läufe: 0.9361649046827353

[0.02259626054852924,
0.6984699403560997,
0.011035001202665167,
0.06621450000830197,
0.008916986608776182,
```

```
0.705399684020873,
0.6995233144849828,
0.008263068338243631,
0.6904537524978872,
0.6966545994932775]
```

Nicht linearer Autoencoder

Wir erstellen nun einen untervollständigen Autoencoder, der mit einer nicht linearen Aktivierungsfunktion arbeitet. Der Beispielcode verwendet ReLU, doch Sie dürfen gern mit Tanh, Sigmoid und den anderen nicht linearen Aktivierungsfunktionen experimentieren.

Der Autoencoder besteht aus drei Hidden-Schichten mit 27, 22 und 27 Knoten. Konzeptionell realisieren die ersten beiden Aktivierungsfunktionen (die auf die Eingabe und die erste Hidden-Schicht angewendet werden) das Encoding, wobei die zweite Hidden-Schicht mit 22 Knoten erzeugt wird. Dann führen die beiden nächsten Aktivierungsfunktionen das Decoding durch, wobei die 22-Knoten-Darstellung in die ursprüngliche Anzahl von Dimensionen (29) rekonstruiert wird:

```
model = Sequential()
model.add(Dense(units=27, activation='relu', input_dim=29))
model.add(Dense(units=22, activation='relu'))
model.add(Dense(units=27, activation='relu'))
model.add(Dense(units=29, activation='relu'))
```

Die folgenden Ausgaben zeigen die Verluste dieses Autoencoders, und in Abbildung 8-4 sehen Sie die Kurven für die durchschnittliche Präzision, die Präzision/Trefferquote und auROC:

```
Trainingsverlauf für den untervollständigen Autoencoder mit drei
Hidden-Schichten und der ReLU-Aktivierungsfunktion

Trainieren auf 190820 Stichproben, Validieren auf 190820 Stichproben

Epoch 1/10
190820/190820 [==============================] - 32s 169us/step - loss: 0.7010
- acc: 0.5626 - val_loss: 0.6339 - val_acc: 0.6983
Epoch 2/10
190820/190820 [==============================] - 33s 174us/step - loss: 0.6302
- acc: 0.7132 - val_loss: 0.6219 - val_acc: 0.7465
Epoch 3/10
190820/190820 [==============================] - 34s 177us/step - loss: 0.6224
- acc: 0.7367 - val_loss: 0.6198 - val_acc: 0.7528
Epoch 4/10
190820/190820 [==============================] - 34s 179us/step - loss: 0.6227
- acc: 0.7380 - val_loss: 0.6205 - val_acc: 0.7471
Epoch 5/10
190820/190820 [==============================] - 33s 174us/step - loss: 0.6206
- acc: 0.7452 - val_loss: 0.6202 - val_acc: 0.7353
Epoch 6/10
190820/190820 [==============================] - 33s 175us/step - loss: 0.6206
```

```
- acc: 0.7458 - val_loss: 0.6192 - val_acc: 0.7485
Epoch 7/10
190820/190820 [==============================] - 33s 174us/step - loss: 0.6199
- acc: 0.7481 - val_loss: 0.6239 - val_acc: 0.7308
Epoch 8/10
190820/190820 [==============================] - 33s 175us/step - loss: 0.6203
- acc: 0.7497 - val_loss: 0.6183 - val_acc: 0.7626
Epoch 9/10
190820/190820 [==============================] - 34s 177us/step - loss: 0.6197
- acc: 0.7491 - val_loss: 0.6188 - val_acc: 0.7531
Epoch 10/10
190820/190820 [==============================] - 34s 177us/step - loss: 0.6201
- acc: 0.7486 - val_loss: 0.6188 - val_acc: 0.7540
93987/93987 [==============================] - 5s 48 us/step
```

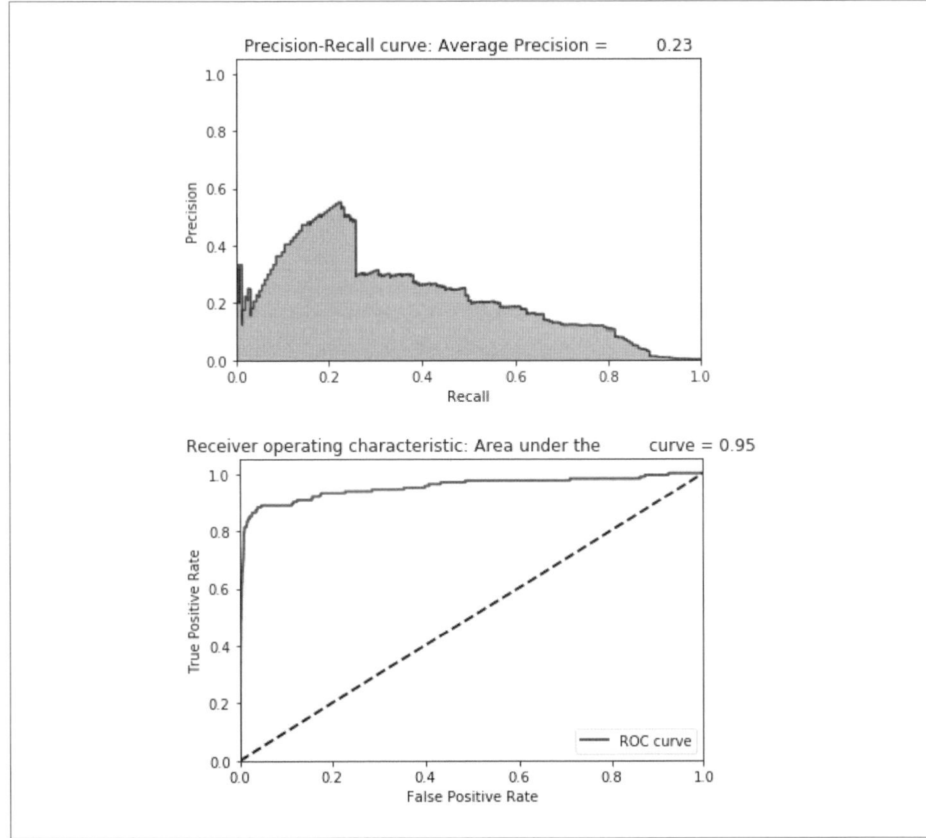

Abbildung 8-4: Bewertungsmetriken für den untervollständigen Autoencoder mit drei Hidden-Schichten und der ReLU-Aktivierungsfunktion

Die Ergebnisse sind erheblich schlechter.

Die folgende Ausgabe fasst die Verteilung der durchschnittlichen Präzisionen über die zehn Läufe zusammen. Der Mittelwert der durchschnittlichen Präzision ist mit

0,22 schlechter als die bereits früher erreichten 0,53. Die Streuung der durchschnittlichen Präzisionen ist mit einem Variationskoeffizienten von 0,06 sehr gering:

```
Mittlere durchschnittliche Präzision über 10 Läufe: 0.2232934196381843
Variationskoeffizient über 10 Läufe: 0.060779960264380296

[0.22598829389665595,
0.22616147166925166,
0.22119489753135715,
0.2478548473814437,
0.2251289336369011,
0.2119454446242229,
0.2126914064768752,
0.24581338950742185,
0.20665608837737512,
0.20949942328033827]
```

Diese Ergebnisse sind viel schlechter als die eines einfachen Autoencoders mit einer linearen Aktivierungsfunktion. Bei diesem Dataset könnte es durchaus sein, dass ein linearer, untervollständiger Autoencoder die beste Lösung ist.

Für andere Datasets sieht das möglicherweise anders aus. Wie immer ist Experimentieren erforderlich, um die optimale Lösung zu finden. Ändern Sie die Anzahl der Knoten, die Anzahl der Hidden-Schichten und den Mix der Aktivierungsfunktionen und sehen Sie, wie viel besser oder schlechter die Lösungen werden.

Derartige Experimente bezeichnet man auch als *Hyperparameteroptimierung*. Bei der Suche nach der optionalen Lösung passt man die Hyperparameter an – die Anzahl der Knoten, die Anzahl der Schichten und den Mix der Aktivierungsfunktionen.

Übervollständiger Autoencoder mit linearer Aktivierung

Wir wollen nun das Problem mit übervollständigen Autoencodern unter die Lupe nehmen. Übervollständige Autoencoder enthalten mehr Knoten in der Hidden-Schicht als in der Input- oder Output-Schicht. Da die *Kapazität* des neuronalen Netzmodells so hoch ist, merkt sich der Autoencoder einfach die Beobachtungen, auf denen er trainiert.

Mit anderen Worten: Der Autoencoder lernt die *Identitätsfunktion*, und dies ist genau das, was wir eigentlich vermeiden wollen. Der Autoencoder overfittet die Trainingsdaten und schneidet schlecht ab, wenn er betrügerische Kreditkartentransaktionen und normale Transaktionen auseinanderhalten soll.

Wie bereits erwähnt, brauchen wir den Autoencoder, um die wichtigen Aspekte der Kreditkartentransaktionen im Trainingsset zu lernen, sodass er lernt, wie die normalen Transaktionen aussehen – ohne sich die Informationen in den weniger normalen, seltenen, betrügerischen Transaktionen zu merken.

Nur wenn der Autoencoder in der Lage ist, einige Informationen im Trainingsset zu verlieren, wird es ihm auch möglich sein, die betrügerischen Transaktionen von den normalen zu trennen:

```
model = Sequential()
model.add(Dense(units=40, activation='linear',input_dim=29))
model.add(Dense(units=29, activation='linear'))
```

Die folgende Ausgabe zeigt die Verluste von diesem Autoencoder, und Abbildung 8-5 stellt die durchschnittliche Genauigkeit, die Präzision/Trefferquote-Kurve und die auROC-Kurve grafisch dar.

```
Trainingsverlauf für übervollständigen Autoencoder mit einzelner Hidden-Layer
und linearer Aktivierungsfunktion

Trainieren auf 190820 Stichproben, Validieren auf 190820 Stichproben
Epoch 1/10
190820/190820 [==============================] - 31s 161us/step - loss: 0.0498
- acc: 0.9438 - val_loss: 9.2301e-06 - val_acc: 0.9982
Epoch 2/10
190820/190820 [==============================] - 33s 171us/step - loss: 0.0014
- acc: 0.9925 - val_loss: 0.0019 - val_acc: 0.9909
Epoch 3/10
190820/190820 [==============================] - 33s 172us/step - loss: 7.6469
e-04 - acc: 0.9947 - val_loss: 4.5314e-05 - val_acc: 0.9970
Epoch 4/10
190820/190820 [==============================] - 35s 182us/step - loss: 0.0010
- acc: 0.9930 - val_loss: 0.0039 - val_acc: 0.9859
Epoch 5/10
190820/190820 [==============================] - 32s 166us/step - loss: 0.0012
- acc: 0.9924 - val_loss: 8.5141e-04 - val_acc: 0.9886
Epoch 6/10
190820/190820 [==============================] - 31s 163us/step - loss: 5.0655
e-04 - acc: 0.9955 - val_loss: 8.2359e-04 - val_acc: 0.9910
Epoch 7/10
190820/190820 [==============================] - 30s 156us/step - loss: 7.6046
e-04 - acc: 0.9930 - val_loss: 0.0045 - val_acc: 0.9933
Epoch 8/10
190820/190820 [==============================] - 30s 157us/step - loss: 9.1609
e-04 - acc: 0.9930 - val_loss: 7.3662e-04 - val_acc: 0.9872
Epoch 9/10
190820/190820 [==============================] - 30s 158us/step - loss: 7.6287
e-04 - acc: 0.9929 - val_loss: 2.5671e-04 - val_acc: 0.9940
Epoch 10/10
190820/190820 [==============================] - 30s 157us/step - loss: 7.0697
e-04 - acc: 0.9928 - val_loss: 4.5272e-06 - val_acc: 0.9994
93987/93987[==============================] - 4s 48us/step
```

Wie erwartet, sind die Verluste sehr gering, und der überangepasste übervollständige Autoencoder zeigt eine sehr schlechte Leistung beim Erkennen der betrügerischen Kreditkartentransaktionen.

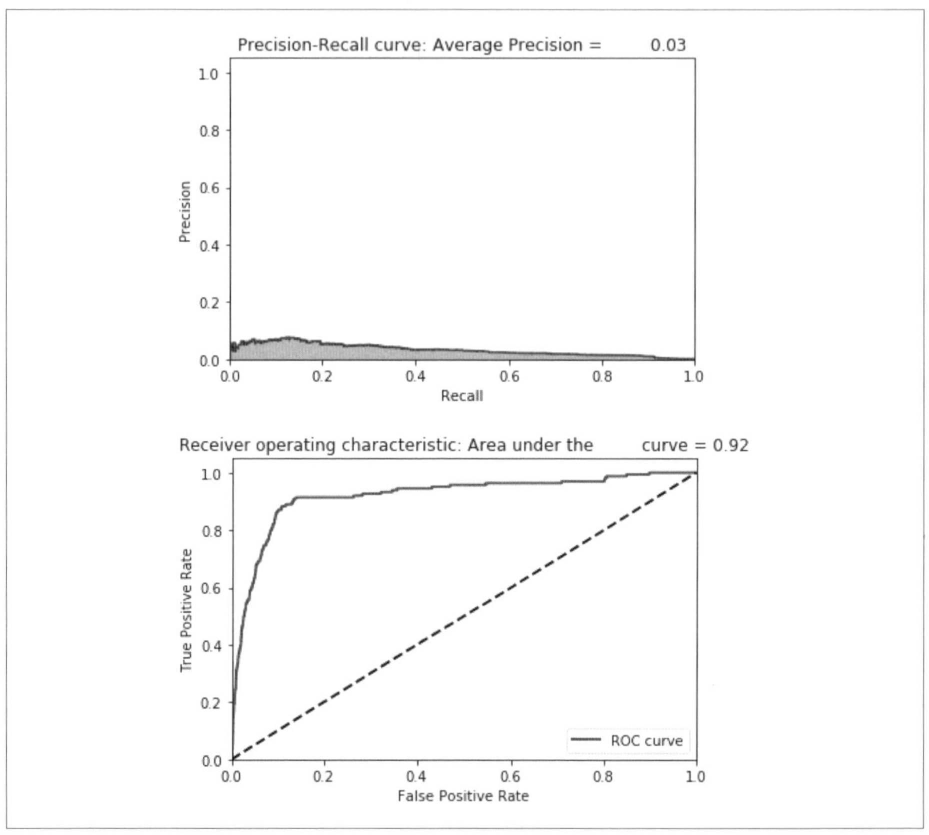

Abbildung 8-5: Bewertungsmetriken des übervollständigen Autoencoders mit einzelner Hidden-Schicht und linearer Aktivierungsfunktion

Die folgende Ausgabe fasst die Verteilung der durchschnittlichen Genauigkeiten über die zehn Läufe zusammen. Der Mittelwert der durchschnittlichen Präzision ist mit 0,31 schlechter als der weiter oben erreichte Wert von 0,53. Die Streuung der durchschnittlichen Präzision ist bei einem Variationskoeffizienten von 0,89 recht breit:

```
Mittlere durchschnittliche Präzision über 10 Läufe: 0.3061984081568074
Variationskoeffizient über 10 Läufe: 0.8896921668864564

[0.03394897465567298,
0.14322827274920255,
0.03610123178524601,
0.019735235731640446,
0.012571999125881402,
0.6788921569665146,
0.5411349583727725,
0.388474572258503,
0.7089617645810736,
0.4989349153415674]
```

Übervollständiger Autoencoder mit linearer Aktivierung und Drop-out

Die Lösung mit übervollständigem Autoencoder lässt sich verbessern, wenn man mit einer Technik zur Regularisierung das Overfitting reduziert. Eine derartige Technik ist als *Drop-out* bekannt. Beim Drop-out zwingen wir den Autoencoder, Einheiten mit einem definierten prozentualen Anteil fallen zu lassen.

Mit dieser neuen Einschränkung kann sich der übervollständige Autoencoder nicht einfach die Kreditkartentransaktionen im Trainingsset merken. Stattdessen muss der übervollständige Autoencoder etwas mehr verallgemeinern. Der Autoencoder ist gezwungen, mehr der wichtigen Features im Dataset zu lernen und einige der weniger relevanten Informationen zu verwerfen.

Wir werden einen Drop-out-Anteil von 10% verwenden, den wir dann auf die Hidden-Schicht anwenden. Mit anderen Worten werden 10% der Neuronen fallen gelassen. Je höher der Drop-out-Anteil, desto stärker die Regularisierung. Das Ganze lässt sich mit einer einzigen zusätzlichen Codezeile bewerkstelligen. Sehen wir uns an, ob sich die Ergebnisse verbessern.

```
model = Sequential()
model.add(Dense(units=40, activation='linear', input_dim=29))
model.add(Dropout(0.10))
model.add(Dense(units=29, activation='linear'))
```

Die folgende Ausgabe zeigt die Verluste von diesem Autoencoder und Abbildung 8-6 stellt die mittlere Präzision, die Präzision/Trefferquote-Kurve und die auROC-Kurve dar.

```
Trainingsverlauf bei übervollständigem Autoencoder mit einzelner Hidden-Schicht,
Drop-out und linearer Aktivierungsfunktion

Trainieren auf 190820 Stichproben, Validieren auf 190820 Stichproben
Epoch 1/10
190820/190820 [==============================] - 27s 141us/step - loss: 0.1358
- acc: 0.7430 - val_loss: 0.0082 - val_acc: 0.9742
Epoch 2/10
190820/190820 [==============================] - 28s 146us/step - loss: 0.0782
- acc: 0.7849 - val_loss: 0.0094 - val_acc: 0.9689
Epoch 3/10
190820/190820 [==============================] - 28s 149us/step - loss: 0.0753
- acc: 0.7858 - val_loss: 0.0102 - val_acc: 0.9672
Epoch 4/10
190820/190820 [==============================] - 28s 148us/step - loss: 0.0772
- acc: 0.7864 - val_loss: 0.0093 - val_acc: 0.9677
Epoch 5/10
190820/190820 [==============================] - 28s 147us/step - loss: 0.0813
- acc: 0.7843 - val_loss: 0.0108 - val_acc: 0.9631
Epoch 6/10
190820/190820 [==============================] - 28s 149us/step - loss: 0.0756
- acc: 0.7844 - val_loss: 0.0095 - val_acc: 0.9654
Epoch 7/10
190820/190820 [==============================] - 29s 150us/step - loss: 0.0743
```

```
- acc: 0.7850 - val_loss: 0.0077 - val_acc: 0.9768
Epoch 8/10
190820/190820 [==============================] - 29s 150us/step - loss: 0.0767
- acc: 0.7840 - val_loss: 0.0070 - val_acc: 0.9759
Epoch 9/10
190820/190820 [==============================] - 29s 150us/step - loss: 0.0762
- acc: 0.7851 - val_loss: 0.0072 - val_acc: 0.9733
Epoch 10/10
190820/190820 [==============================] - 29s 151us/step - loss: 0.0756
- acc: 0.7849 - val_loss: 0.0067 - val_acc: 0.9749
93987/93987 [==============================] - 3s 32us/step
```

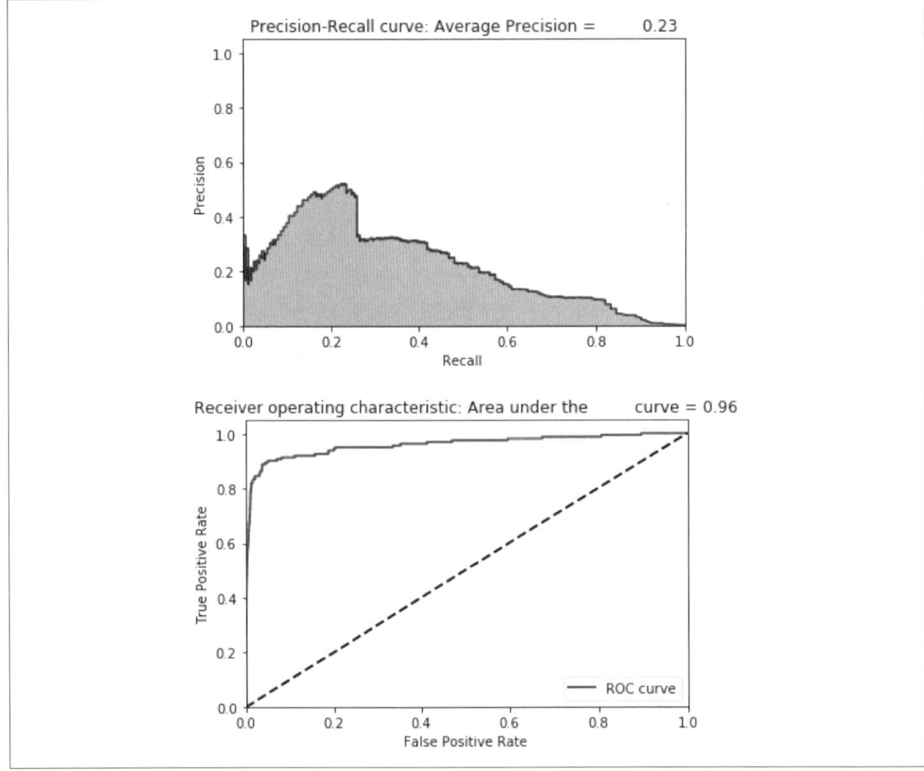

Abbildung 8-6: Bewertungsmetriken des übervollständigen Autoencoders mit einer einzelnen Hidden-Schicht, Drop-out und linearer Aktivierung

Wie erwartet, sind die Verluste sehr gering, und der überangepasste übervollständige Autoencoder zeigt eine schlechte Leistung beim Erkennen von betrügerischen Kreditkartentransaktionen.

Die folgenden Ausgaben fassen die Verteilung der durchschnittlichen Präzision über die zehn Läufe zusammen. Der Mittelwert der durchschnittlichen Präzision ist mit 0,21 schlechter als die von uns weiter oben erreichten 0,53. Der Variationskoeffizient ist 0,40:

```
Mittlere durchschnittliche Präzision über 10 Läufe: 0.21150415381770646
Variationskoeffizient über 10 Läufe: 0.40295807771579256

[0.22549974304927337,
0.22451178120391296,
0.17243952488912334,
0.2533716906936315,
0.13251890273915556,
0.1775116247503748,
0.4343283958332979,
0.10469065867732033,
0.19480068075466764,
0.19537213558630712]
```

Sparse übervollständiger Autoencoder mit linearer Aktivierung

Eine weitere Technik der Regularisierung ist die *Sparsity* (Sparsamkeit). Wir können den Autoencoder zwingen, die Sparsamkeit der Matrix zu berücksichtigen, sodass die meisten Autoencoder-Neuronen die meiste Zeit inaktiv sind – mit anderen Worten: Sie feuern nicht. Dadurch ist es für den Autoencoder schwerer, die Identitätsfunktion zu memorieren, selbst wenn der Autoencoder übervollständig ist, weil die meisten Knoten nicht feuern können und demzufolge eine Überanpassung an die Beobachtungen nicht so einfach möglich ist.

Der Autoencoder in unserem Beispiel enthält nur eine einzige Hidden-Schicht, wie bisher mit 40 Knoten, aber nur mit Sparsity-Bestrafung und ohne Drop-out. Sehen wir uns an, ob sich die Ergebnisse gegenüber der früher erreichten durchschnittlichen Präzision von 0,21 verbessert haben:

```
model = Sequential()
    model.add(Dense(units=40, activation='linear', \
        activity_regularizer=regularizers.l1(10e-5), input_dim=29))
model.add(Dense(units=29, activation='linear'))
```

Die folgende Ausgabe zeigt die Verluste von diesem Autoencoder, und Abbildung 8-7 stellt die durchschnittliche Präzision, die Präzision/Trefferquote-Kurve und die auROC-Kurve grafisch dar:

```
Trainingsverlauf des sparse übervollständigen Autoencoders mit einer einzelnen
Hidden-Schicht und linearer Aktivierungsfunktion


Trainieren auf 190820 Stichproben, Validieren auf 190820 Stichproben
Epoch 1/10
190820/190820 [==============================] - 27s 142us/step - loss: 0.0985
- acc: 0.9380 - val_loss: 0.0369 - val_acc: 0.9871
Epoch 2/10
190820/190820 [==============================] - 26s 136us/step - loss: 0.0284
- acc: 0.9829 - val_loss: 0.0261 - val_acc: 0.9698
Epoch 3/10
190820/190820 [==============================] - 26s 136us/step - loss: 0.0229
```

```
- acc: 0.9816 - val_loss: 0.0169 - val_acc: 0.9952
Epoch 4/10
190820/190820 [==============================] - 26s 137us/step - loss: 0.0201
- acc: 0.9821 - val_loss: 0.0147 - val_acc: 0.9943
Epoch 5/10
190820/190820 [==============================] - 26s 137us/step - loss: 0.0183
- acc: 0.9810 - val_loss: 0.0142 - val_acc: 0.9842
Epoch 6/10
190820/190820 [==============================] - 26s 137us/step - loss: 0.0206
- acc: 0.9774 - val_loss: 0.0158 - val_acc: 0.9906
Epoch 7/10
190820/190820 [==============================] - 26s 136us/step - loss: 0.0169
- acc: 0.9816 - val_loss: 0.0124 - val_acc: 0.9866
Epoch 8/10
190820/190820 [==============================] - 26s 137us/step - loss: 0.0165
- acc: 0.9795 - val_loss: 0.0208 - val_acc: 0.9537
Epoch 9/10
190820/190820 [==============================] - 26s 136us/step - loss: 0.0164
- acc: 0.9801 - val_loss: 0.0105 - val_acc: 0.9965
Epoch 10/10
190820/190820 [==============================] - 27s 140us/step - loss: 0.0167
- acc: 0.9779 - val_loss: 0.0102 - val_acc: 0.9955
93987/93987 [==============================] - 3s 32us/step
```

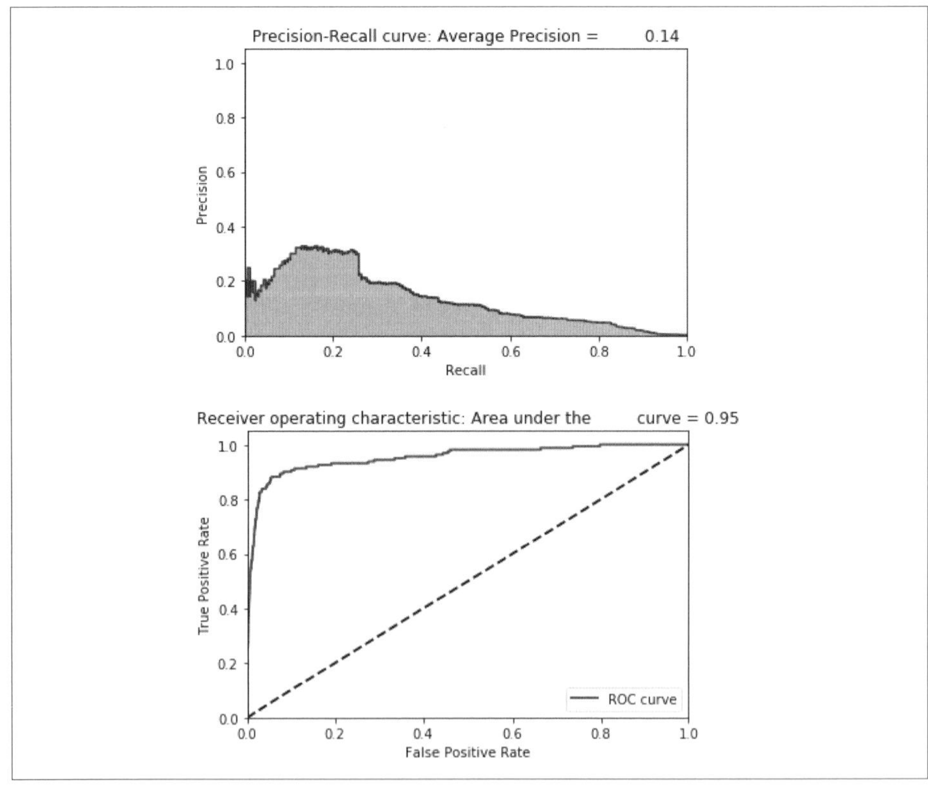

Abbildung 8-7: Bewertungsmetriken des sparse übervollständigen Autoencoders mit einer einzelnen Hidden-Schicht und linearer Aktivierungsfunktion

Die folgende Ausgabe fasst die Verteilung der durchschnittlichen Präzision über die zehn Läufe zusammen. Der Mittelwert der durchschnittlichen Präzision ist mit 0,21 schlechter als die weiter oben erreichten 0,53. Der Variationskoeffizient beträgt 0,99:

```
Mittlere durchschnittliche Präzision über 10 Läufe: 0.21373659011504448
Variationskoeffizient über 10 Läufe: 0.9913040763536749

[0.1370972172100049,
0.28328895710699215,
0.6362677613798704,
0.3467265637372019,
0.5197889253491589,
0.01871495737323161,
0.0812609121251577,
0.034749761900336684,
0.04846036143317335,
0.031010483535317393]
```

Sparse übervollständiger Autoencoder mit linearer Aktivierung und Drop-out

Selbstverständlich können wir die Regularisierungstechniken kombinieren, um die Lösung zu verbessern. Der folgende Code realisiert einen sparse übervollständiger Autoencoder mit linearer Aktivierung, der 40 Knoten in der Hidden-Schicht enthält und einen Drop-out von 5% verwendet:

```
model = Sequential()
    model.add(Dense(units=40, activation='linear', \
        activity_regularizer=regularizers.l1(10e-5), input_dim=29))
    model.add(Dropout(0.05))
model.add(Dense(units=29, activation='linear'))
```

Die folgenden Trainingsdaten zeigen die Verluste dieses Autoencoders, und Abbildung 8-8 stellt die durchschnittliche Präzision, die Präzision/Trefferquote-Kurve und die auROC-Kurve dar:

```
Trainingsverlauf des sparse übervollständiger Autoencoders mit einer einzelnen
Hidden-Schicht, Drop-out und linearer Aktivierungsfunktion

Trainieren auf 190820 Stichproben, Validieren auf 190820 Stichproben
Epoch 1/10
190820/190820 [==============================] - 31s 162us/step - loss: 0.1477
- acc: 0.8150 - val_loss: 0.0506 - val_acc: 0.9727
Epoch 2/10
190820/190820 [==============================] - 29s 154us/step - loss: 0.0756
- acc: 0.8625 - val_loss: 0.0344 - val_acc: 0.9788
Epoch 3/10
190820/190820 [==============================] - 29s 152us/step - loss: 0.0687
- acc: 0.8612 - val_loss: 0.0291 - val_acc: 0.9790
Epoch 4/10
190820/190820 [==============================] - 29s 154us/step - loss: 0.0644
```

```
- acc: 0.8606 - val_loss: 0.0274 - val_acc: 0.9734
Epoch 5/10
190820/190820 [==============================] - 31s 163us/step - loss: 0.0630
- acc: 0.8597 - val_loss: 0.0242 - val_acc: 0.9746
Epoch 6/10
190820/190820 [==============================] - 31s 162us/step - loss: 0.0609
- acc: 0.8600 - val_loss: 0.0220 - val_acc: 0.9800
Epoch 7/10
190820/190820 [==============================] - 30s 156us/step - loss: 0.0624
- acc: 0.8581 - val_loss: 0.0289 - val_acc: 0.9633
Epoch 8/10
190820/190820 [==============================] - 29s 154us/step - loss: 0.0589
- acc: 0.8588 - val_loss: 0.0574 - val_acc: 0.9366
Epoch 9/10
190820/190820 [==============================] - 29s 154us/step - loss: 0.0596
- acc: 0.8571 - val_loss: 0.0206 - val_acc: 0.9752
Epoch 10/10
190820/190820 [==============================] - 31s 165us/step - loss: 0.0593
- acc: 0.8590 - val_loss: 0.0204 - val_acc: 0.9808
93987/93987 [==============================] - 4s 38us/step
```

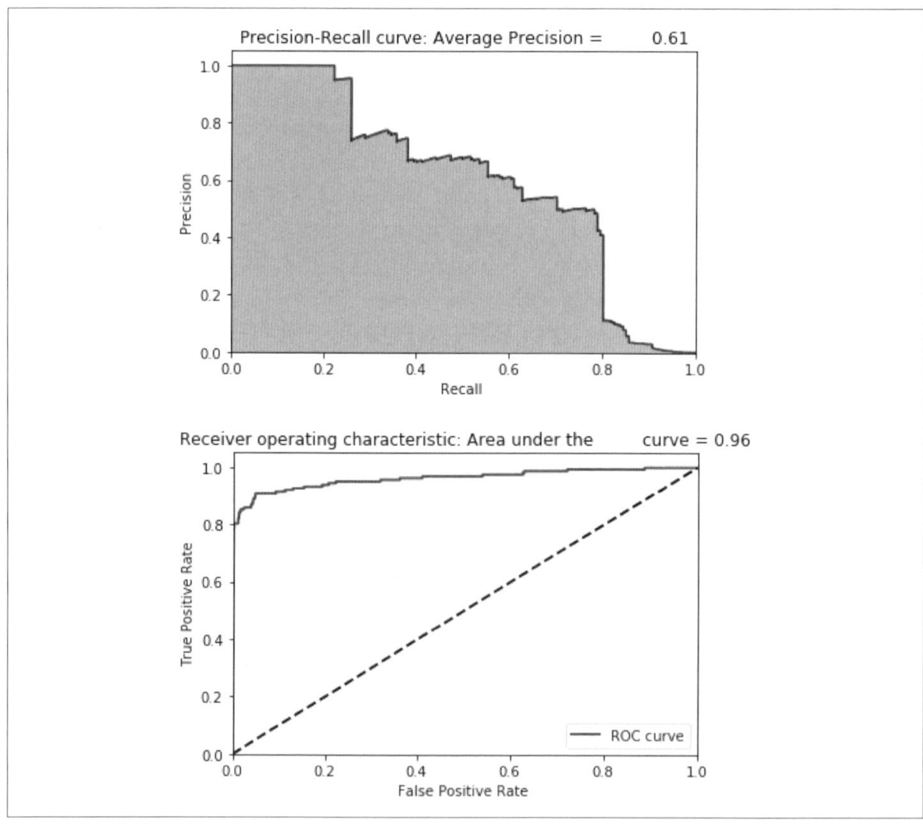

Abbildung 8-8: Bewertungsmetriken eines sparse übervollständigen Autoencoders mit einer einzelnen Hidden-Schicht, Drop-out und linearer Aktivierungsfunktion

Die Zusammenfassung gibt die Verteilung der durchschnittlichen Präzision über die zehn Läufe an. Der Mittelwert der durchschnittlichen Genauigkeit ist mit 0,24 schlechter als die weiter oben erreichten 0,53. Der Variationskoeffizient beträgt 0,62:

```
Mittlere durchschnittliche Präzision über 10 Läufe: 0.2426994231628755
Variationskoeffizient über 10 Läufe: 0.6153219870606188

[0.6078198313533932,
0.20862366991302814,
0.25854513247057875,
0.08496595007072019,
0.26313491674585093,
0.17001322998258625,
0.15338215561753896,
0.1439107390306835,
0.4073422280287587,
0.1292563784156162]
```

Mit verrauschten Datasets arbeiten

Ein häufiges Problem beim Umgang mit realen Daten besteht darin, dass verrauschte Daten aufgrund von Datenqualitätsproblemen bei der Datenerfassung, der Datenmigration, der Datentransformation usw. oftmals in gewisser Hinsicht verzerrt sind. Wir brauchen Autoencoder, die gegen derartiges Rauschen genügend robust sind, damit sie nicht getäuscht werden und von der wirklich wichtigen zugrunde liegenden Struktur in den Daten lernen können.

Um dieses Rauschen zu simulieren, fügen wir eine gaußsche Zufallsmatrix als Rauschen unserem Dataset der Kreditkartentransaktionen hinzu und trainieren dann einen Autoencoder auf diesem verrauschten Trainingsset. Anschließend werden wir sehen, wie gut der Autoencoder die Betrügereien im verrauschten Testset vorhersagen kann:

```
noise_factor = 0.50
X_train_AE_noisy = X_train_AE.copy() + noise_factor * \
  np.random.normal(loc=0.0, scale=1.0, size=X_train_AE.shape)
X_test_AE_noisy = X_test_AE.copy() + noise_factor * \
  np.random.normal(loc=0.0, scale=1.0, size=X_test_AE.shape)
```

Rauschreduzierender Autoencoder

Verglichen mit dem ursprünglichen, unverzerrten Dataset ist die Bestrafung für Overfitting des verrauschten Datasets von Kreditkartentransaktionen wesentlich höher. Im Dataset ist genügend Rauschen enthalten, sodass ein Autoencoder, der sich zu gut an die verrauschten Daten anpasst, schlecht dabei abschneidet, wenn er betrügerische Transaktionen von normalen Transaktionen unterscheiden soll.

Dies dürfte verständlich sein. Wir brauchen einen Autoencoder, der sich gut genug den Daten anpasst, um die meisten Beobachtungen gut genug rekonstruieren zu können, aber nicht so gut, dass er unabsichtlich auch das Rauschen rekonstruiert. Wir wollen also, dass der Autoencoder die zugrunde liegende Datenstruktur lernt, aber das Rauschen in den Daten vergisst.

Probieren wir einige Optionen von dem aus, was bisher funktioniert hat. Den Anfang macht ein untervollständiger Autoencoder mit einer einzelnen Hidden-Schicht, die 27 Knoten enthält und lineare Aktivierung verwendet. Dann folgt ein sparse übervollständiger Autoencoder mit einer einzigen Hidden-Schicht, die 40 Knoten enthält und Drop-out verwendet. Und schließlich probieren wir einen Autoencoder mit einer nicht linearen Aktivierungsfunktion aus.

Zweischichtiger rauschreduzierender untervollständiger Autoencoder mit linearer Aktivierung

Für das nicht verrauschte Dataset hatte der Autoencoder mit einer einzelnen Hidden-Schicht aus 27 Knoten und mit linearer Aktivierung eine durchschnittliche Präzision von 0,69. Sehen wir uns an, wie gut er auf dem verrauschten Dataset abschneidet. Dieser Autoencoder wird als *rauschreduzierender (denoising) Autoencoder* bezeichnet, weil er mit einem verrauschten Dataset arbeitet und versucht, es zu entrauschen.

Der Code ähnelt dem, was wir zuvor hatten, außer dass wir jetzt versuchen, ihn auf die verrauschten Trainings- und Test-Datasets `X_train_AE_noisy` und `X_test_AE_noisy` anzuwenden:

```
for i in range(0,10):
    # Die API für neuronale Netze aufrufen
    model = Sequential()

    # Hidden-Schicht mit 27 Knoten und linearer Aktivierung generieren
    model.add(Dense(units=27, activation='linear', input_dim=29))

    # Output-Schicht mit 29 Knoten generieren
    model.add(Dense(units=29, activation='linear'))

    # Das Modell kompilieren
    model.compile(optimizer='adam',
                  loss='mean_squared_error',
                  metrics=['accuracy'])

    # Das Modell trainieren
    num_epochs = 10
    batch_size = 32

    history = model.fit(x=X_train_AE_noisy, y=X_train_AE_noisy,
                        epochs=num_epochs,
                        batch_size=batch_size,
```

```
                          shuffle=True,
                          validation_data=(X_train_AE, X_train_AE),
                          verbose=1)

    # Auf dem Testset bewerten
    predictions = model.predict(X_test_AE_noisy, verbose=1)
    anomalyScoresAE = anomalyScores(X_test, predictions)
    preds, avgPrecision = plotResults(y_test, anomalyScoresAE, True)
    test_scores.append(avgPrecision)
    model.reset_states()
    print("Mean average precision over 10 runs: ", np.mean(test_scores))
    test_scores
```

Die folgenden Trainingsdaten zeigen die Verluste dieses Autoencoders, und Abbildung 8-9 stellt die durchschnittliche Präzision, die Präzision/Trefferquote-Kurve und die auROC-Kurve grafisch dar.

```
Trainingsverlauf für den denoising untervollständigen Autoencoder mit einer
einzelnen Hidden-Schicht und linearer Aktivierungsfunktion

Trainieren auf 190820 Stichproben, Validieren auf 190820 Stichproben
Epoch 1/10
190820/190820 [==============================] - 25s 133us/step - loss: 0.1733
- acc: 0.7756 - val_loss: 0.0356 - val_acc: 0.9123
Epoch 2/10
190820/190820 [==============================] - 24s 126us/step - loss: 0.0546
- acc: 0.8793 - val_loss: 0.0354 - val_acc: 0.8973
Epoch 3/10
190820/190820 [==============================] - 24s 126us/step - loss: 0.0531
- acc: 0.8764 - val_loss: 0.0350 - val_acc: 0.9399
Epoch 4/10
190820/190820 [==============================] - 24s 126us/step - loss: 0.0525
- acc: 0.8879 - val_loss: 0.0342 - val_acc: 0.9573
Epoch 5/10
190820/190820 [==============================] - 24s 126us/step - loss: 0.0530
- acc: 0.8910 - val_loss: 0.0347 - val_acc: 0.9503
Epoch 6/10
190820/190820 [==============================] - 24s 126us/step - loss: 0.0524
- acc: 0.8889 - val_loss: 0.0350 - val_acc: 0.9138
Epoch 7/10
190820/190820 [==============================] - 24s 126us/step - loss: 0.0531
- acc: 0.8845 - val_loss: 0.0343 - val_acc: 0.9280
Epoch 8/10
190820/190820 [==============================] - 24s 126us/step - loss: 0.0530
- acc: 0.8798 - val_loss: 0.0339 - val_acc: 0.9507
Epoch 9/10
190820/190820 [==============================] - 24s 126us/step - loss: 0.0526
- acc: 0.8877 - val_loss: 0.0337 - val_acc: 0.9611
Epoch 10/10
190820/190820 [==============================] - 24s 127us/step - loss: 0.0528
- acc: 0.8885 - val_loss: 0.0352 - val_acc: 0.9474
93987/93987 [==============================] - 3s 34us/step
```

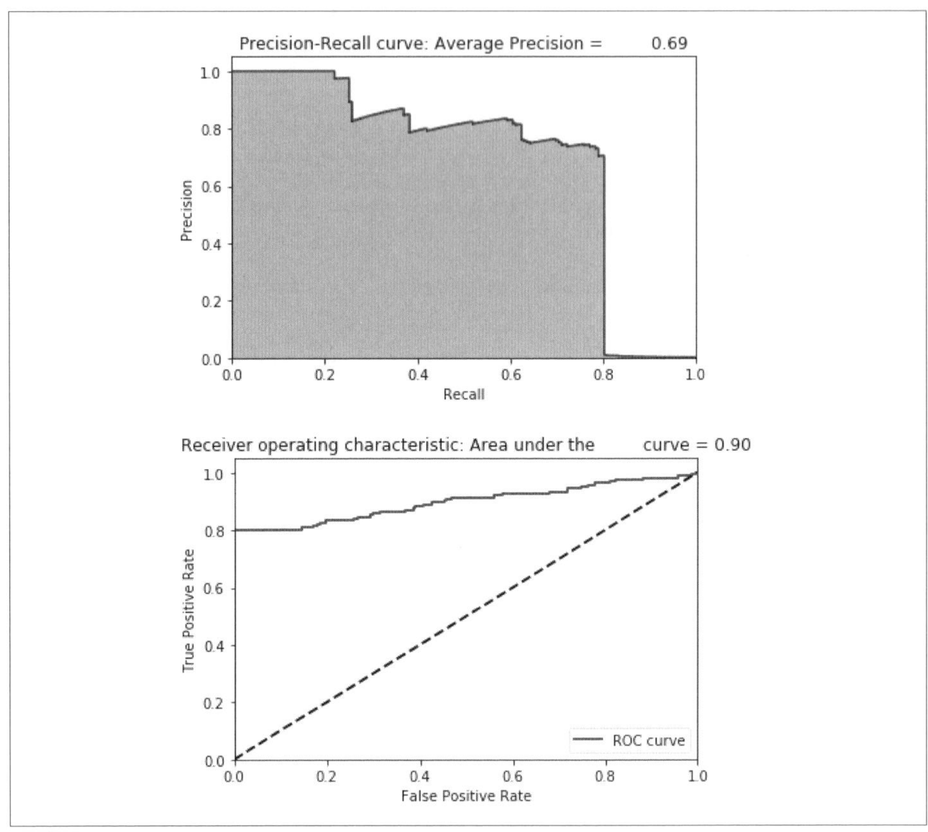

Abbildung 8-9: Bewertungsmetriken des rauschunterdrückenden untervollständigen Autoencoders mit einer einzelnen Hidden-Schicht und linearer Aktivierungsfunktion

Die mittlere durchschnittliche Präzision beträgt jetzt 0,28. Offenbar fällt es dem linearen Autoencoder schwer, dieses verrauschte Dataset zu entrauschen:

```
Mittlere durchschnittliche Präzision über 10 Läufe: 0.2825997155005206
Variationskoeffizient über 10 Läufe: 1.1765416185187383

[0.6929639885685303,
0.008450118408150287,
0.6970753417267612,
0.011820311633718597,
0.008924124892696377,
0.010639537507746342,
0.6884911855668772,
0.006549332886020607,
0.6805304226634528,
0.02055279115125298]
```

Der Autoencoder kämpft damit, die wahre zugrunde liegende Struktur in den Daten von dem gaußschen Rauschen, das wir hinzugefügt haben, zu trennen.

Zweischichtiger rauschunterdrückender übervollständiger Autoencoder mit linearer Aktivierung

Probieren wir nun einen übervollständigen Autoencoder mit einer einzelnen Hidden-Schicht, die 40 Knoten enthält, einem Sparsity-Regularisierer und einem Drop-out von 0,05 %. Auf dem ursprünglichen Dataset bringt das eine durchschnittliche Präzision von 0,56:

```
model = Sequential()
model.add(Dense(units=40, activation='linear',
    activity_regularizer=regularizers.l1(10e-5),
                input_dim=29))
model.add(Dropout(0.05))
model.add(Dense(units=29, activation='linear'))
```

Die folgenden Trainingsdaten zeigen die Verluste dieses Autoencoders, und Abbildung 8-10 stellt die durchschnittliche Präzision, die Präzision/Trefferquote-Kurve und die auROC-Kurve dar:

```
Trainingsverlauf des rauschunterdrückenden übervollständigen Autoencoders mit
Drop-out und linearer Aktivierungsfunktion

Trainieren auf 190820 Stichproben, Validieren auf 190820 Stichproben
Epoch 1/10
190820/190820 [==============================] - 28s 145us/step - loss: 0.1726
- acc: 0.8035 - val_loss: 0.0432 - val_acc: 0.9781
Epoch 2/10
190820/190820 [==============================] - 26s 138us/step - loss: 0.0868
- acc: 0.8490 - val_loss: 0.0307 - val_acc: 0.9775
Epoch 3/10
190820/190820 [==============================] - 26s 138us/step - loss: 0.0809
- acc: 0.8455 - val_loss: 0.0445 - val_acc: 0.9535
Epoch 4/10
190820/190820 [==============================] - 26s 138us/step - loss: 0.0777
- acc: 0.8438 - val_loss: 0.0257 - val_acc: 0.9709
Epoch 5/10
190820/190820 [==============================] - 27s 139us/step - loss: 0.0748
- acc: 0.8434 - val_loss: 0.0219 - val_acc: 0.9787
Epoch 6/10
190820/190820 [==============================] - 26s 138us/step - loss: 0.0746
- acc: 0.8425 - val_loss: 0.0210 - val_acc: 0.9794
Epoch 7/10
190820/190820 [==============================] - 26s 138us/step - loss: 0.0713
- acc: 0.8437 - val_loss: 0.0294 - val_acc: 0.9503
Epoch 8/10
190820/190820 [==============================] - 26s 138us/step - loss: 0.0708
- acc: 0.8426 - val_loss: 0.0276 - val_acc: 0.9606
Epoch 9/10
190820/190820 [==============================] - 26s 139us/step - loss: 0.0704
- acc: 0.8428 - val_loss: 0.0180 - val_acc: 0.9811
Epoch 10/10
190820/190820 [==============================] - 27s 139us/step - loss: 0.0702
- acc: 0.8424 - val_loss: 0.0185 - val_acc: 0.9710
93987/93987 [==============================] - 4s 38us/step
```

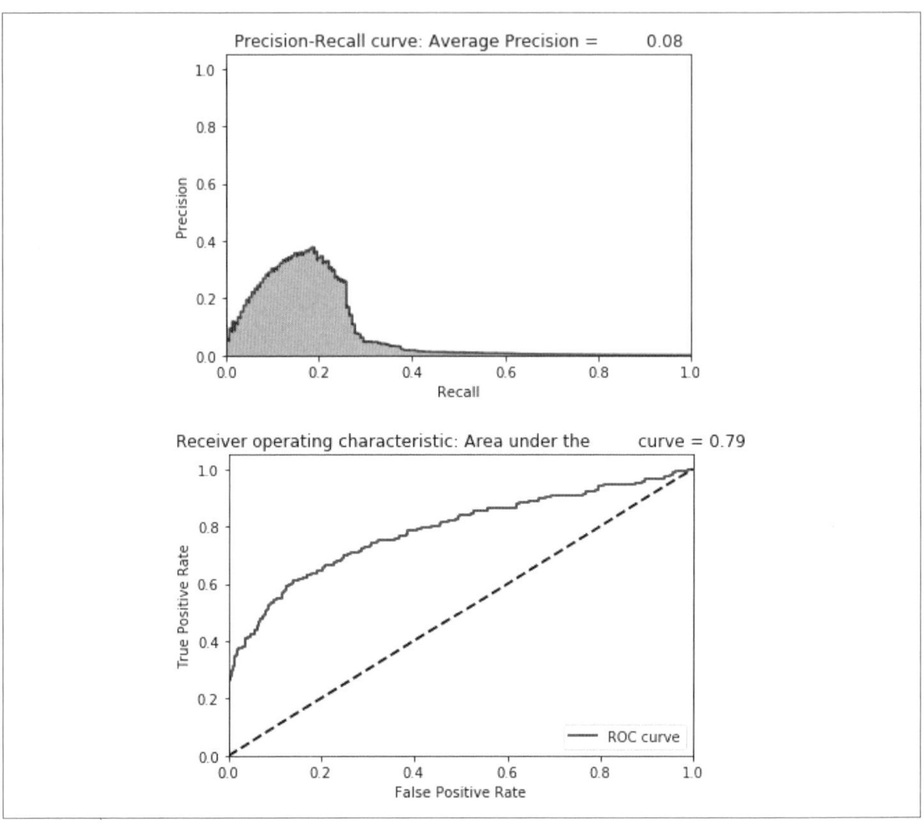

Abbildung 8-10: Bewertungsmetriken des rauschunterdrückenden übervollständigen Autoencoders mit Drop-out und linearer Aktivierungsfunktion

Die folgende Zusammenfassung zeigt die Verteilung der durchschnittlichen Präzision über die zehn Läufe. Der Mittelwert der durchschnittlichen Präzision ist mit 0,10 schlechter als die weiter oben erreichten 0,53. Der Variationskoeffizient beträgt 0,83:

```
Mittlere durchschnittliche Präzision über 10 Läufe: 0.10112931070692295
Variationskoeffizient über 10 Läufe: 0.8343774832756188

[0.08283546387140524,
0.043070120657586454,
0.018901753737287603,
0.02381040174486509,
0.16038446580196433,
0.03461061251209459,
0.17847771715513427,
0.2483282420447288,
0.012981344347664117,
0.20789298519649893]
```

Zweischichtiger rauschunterdrückender übervollständiger Autoencoder mit ReLu-Aktivierung

Schließlich sehen wir uns an, wie der gleiche Autoencoder mit ReLU als Aktivierungsfunktion anstelle einer linearen Aktivierungsfunktion abschneidet. Wie weiter oben gezeigt, hat der Autoencoder mit nicht linearer Aktivierungsfunktion auf dem originalen Dataset eine schlechtere Leistung gezeigt als der mit linearer Aktivierung:

```
model = Sequential()
    model.add(Dense(units=40, activation='relu', \
        activity_regularizer=regularizers.l1(10e-5), input_dim=29))
    model.add(Dropout(0.05))
model.add(Dense(units=29, activation='relu'))
```

Die folgenden Trainingsdaten zeigen die Verluste dieses Autoencoders, und Abbildung 8-11 stellt die durchschnittliche Präzision, die Präzision/Trefferquote-Kurve und die auROC-Kurve grafisch dar:

```
Trainingsverlauf des rauschunterdrückenden übervollständigen Autoencoders mit
Drop-out und ReLU-Aktivierungsfunktion

Trainieren auf 190820 Stichproben, Validieren auf 190820 Stichproben
Epoch 1/10
190820/190820 [==============================] - 29s 153us/step - loss: 0.3049
- acc: 0.6454 - val_loss: 0.0841 - val_acc: 0.8873
Epoch 2/10
190820/190820 [==============================] - 27s 143us/step - loss: 0.1806
- acc: 0.7193 - val_loss: 0.0606 - val_acc: 0.9012
Epoch 3/10
190820/190820 [==============================] - 27s 143us/step - loss: 0.1626
- acc: 0.7255 - val_loss: 0.0500 - val_acc: 0.9045
Epoch 4/10
190820/190820 [==============================] - 27s 143us/step - loss: 0.1567
- acc: 0.7294 - val_loss: 0.0445 - val_acc: 0.9116
Epoch 5/10
190820/190820 [==============================] - 27s 143us/step - loss: 0.1484
- acc: 0.7309 - val_loss: 0.0433 - val_acc: 0.9136
Epoch 6/10
190820/190820 [==============================] - 27s 144us/step - loss: 0.1467
- acc: 0.7311 - val_loss: 0.0375 - val_acc: 0.9101
Epoch 7/10
190820/190820 [==============================] - 27s 143us/step - loss: 0.1427
- acc: 0.7335 - val_loss: 0.0384 - val_acc: 0.9013
Epoch 8/10
190820/190820 [==============================] - 27s 143us/step - loss: 0.1397
- acc: 0.7307 - val_loss: 0.0337 - val_acc: 0.9145
Epoch 9/10
190820/190820 [==============================] - 27s 143us/step - loss: 0.1361
- acc: 0.7322 - val_loss: 0.0343 - val_acc: 0.9066
Epoch 10/10
190820/190820 [==============================] - 27s 144us/step - loss: 0.1349
- acc: 0.7331 - val_loss: 0.0325 - val_acc: 0.9107
93987/93987 [==============================] - 4s 41us/step
```

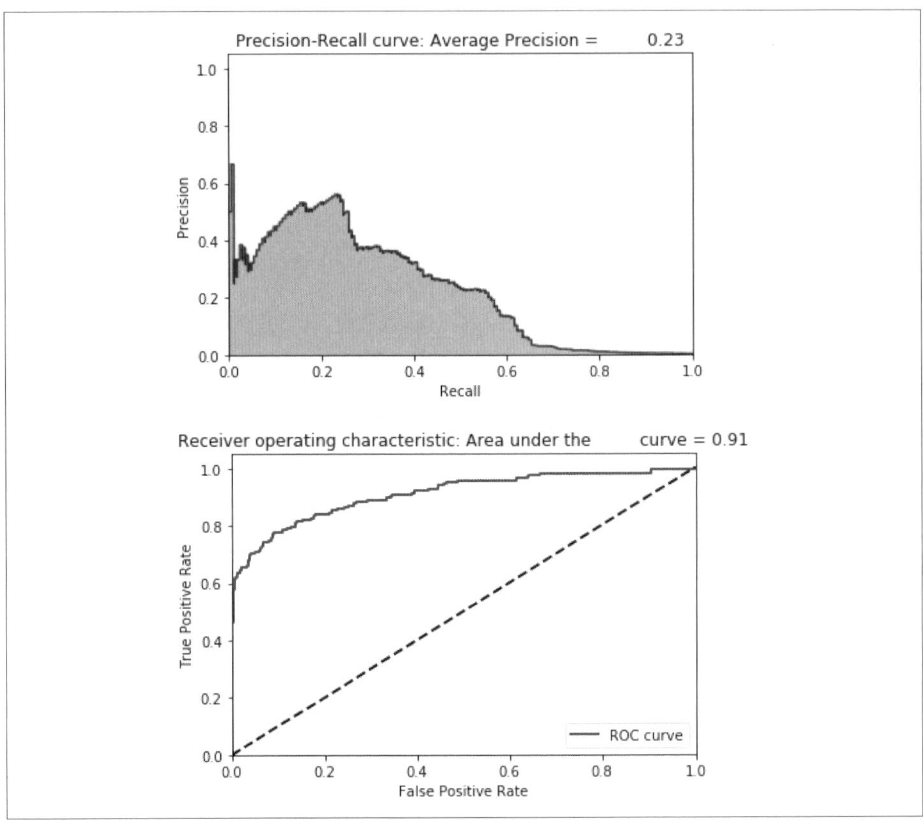

Abbildung 8-11: Bewertungsmetriken des rauschunterdrückenden übervollständigen Autoencoders mit Drop-out und ReLU-Aktivierungsfunktion

Die folgende Zusammenfassung gibt die Verteilung der durchschnittlichen Genauigkeit über die zehn Läufe an. Der Mittelwert der durchschnittlichen Präzision ist mit 0,20 schlechter als die weiter oben erreichten 0,53. Der Variationskoeffizient beträgt 0,55:

```
Mittlere durchschnittliche Präzision über 10 Läufe: 0.1969608394689088
Variationskoeffizient über 10 Läufe: 0.5566706365802669

[0.22960316854089222,
0.37609633487223315,
0.11429775486529765,
0.10208135698072755,
0.4002384343852861,
0.13317480663248088,
0.15764518571284625,
0.2406315655171392,
0.05080529996343734,
0.1650344872187474]
```

Anhand eigener Experimente, in denen Sie die Anzahl der Knoten und Schichten, den Grad der Sparsity, den Drop-out-Prozentsatz und die Aktivierungsfunktion ändern, sollten Sie sich selbst ein Bild davon machen, ob Sie die hier angegebenen Ergebnisse übertreffen können.

Zusammenfassung

In diesem Kapitel sind wir zum Problem mit betrügerischen Kreditkartentransaktionen aus früheren Kapiteln in diesem Buch zurückgekehrt, um eine Lösung auf Basis eines neuronalen Netzes mit unsupervised Betrugserkennung zu entwickeln.

Dabei haben wir versucht, durch Experimente mit verschiedensten Autoencodern die optimale Architektur für unseren Autoencoder zu finden. Ausprobiert haben wir vollständige, untervollständige und übervollständige Autoencoder mit einer einzelnen Hidden-Schicht oder mit mehreren Hidden-Schichten. Zudem haben wir sowohl lineare als auch nicht lineare Aktivierungsfunktionen verwendet und uns vor allem auf zwei Arten der Regularisierung gestützt – Sparsity und Drop-out.

Wir haben herausgefunden, dass ein recht einfaches zweischichtiges neuronales Netz mit linearer Aktivierung auf dem originalen Dataset für Kreditkartentransaktionen am besten funktioniert hat, doch wir mussten auf einen sparse zweischichtigen übervollständigen Autoencoder mit linearer Aktivierung und Drop-out zurückgreifen, um das Rauschen im verrauschten Kreditkarten-Dataset in den Griff zu bekommen.

Viele unserer Experimente basierten auf Versuch und Irrtum – für jedes Experiment haben wir mehrere Hyperparameter angepasst und die Ergebnisse mit vorherigen Iterationen verglichen. Es ist durchaus möglich, dass eine noch bessere Lösung zur Betrugserkennung auf Basis eines Autoencoders existiert, und Sie sollten auf jeden Fall anhand eigener Experimente herausfinden, was machbar ist.

Bisher haben wir in diesem Buch supervised und unsupervised als eigenständige und unabhängige Ansätze betrachtet. In Kapitel 9 werden wir aber untersuchen, wie sich sowohl supervised als auch unsupervised Ansätze nutzen lassen, um eine sogenannte semi-supervised Lösung zu entwickeln, die besser ist als jeder Ansatz für sich allein genommen.

KAPITEL 9

Semi-supervised Learning

Bis jetzt haben wir Supervised (überwachtes) und Unsupervised (unüberwachtes) Learning als zwei getrennte und eigenständige Zweige des maschinellen Lernens betrachtet. Supervised Learning ist geeignet, wenn unser Dataset gelabelt ist, und Unsupervised Learning ist notwendig, wenn unser Dataset nicht mit Labels versehen ist.

In der Praxis ist die Unterscheidung nicht ganz so klar. Datasets sind in der Regel zum Teil gelabelt, und wir möchten die nicht gelabelten Beobachtungen effizient mit Labels versehen, wobei wir auf den Informationen im gelabelten Set aufbauen. Beim Supervised Learning müssten wir den Großteil des Datasets verwerfen, weil es ungelabelt ist. Beim Unsupervised Learning hätten wir den Großteil der Daten, mit denen wir arbeiten, würden aber nicht wissen, wie wir von den wenigen vorhandenen Labels profitieren sollten.

Semi-supervised Learning (semiüberwachtes Lernen) verbindet die Vorteile des Supervised und des Unsupervised Learning, wobei es die wenigen verfügbaren Labels nutzt, um Strukturen in einem Dataset aufzudecken und zu helfen, den Rest zu labeln.

Wir fahren in diesem Kapitel mit dem Dataset für Kreditkartentransaktionen fort, um Semi-supervised Learning zu präsentieren.

Datenvorbereitung

Wie zuvor laden wir die erforderlichen Bibliotheken und bereiten die Daten vor. Das sollte Ihnen inzwischen vertraut sein:

```
'''Main'''
import numpy as np
import pandas as pd
import os, time, re
import pickle, gzip
```

```
'''Datenvisualisierung'''
import matplotlib.pyplot as plt
import seaborn as sns
color = sns.color_palette()
import matplotlib as mpl

%matplotlib inline

'''Datenvorbereitung und Modellbewertung'''
from sklearn import preprocessing as pp
from sklearn.model_selection import train_test_split
from sklearn.model_selection import StratifiedKFold
from sklearn.metrics import log_loss
from sklearn.metrics import precision_recall_curve, average_precision_score
from sklearn.metrics import roc_curve, auc, roc_auc_score

'''Algorithmen'''
import lightgbm as lgb

'''TensorFlow und Keras'''
import tensorflow as tf
import keras
from keras import backend as K
from keras.models import Sequential, Model
from keras.layers import Activation, Dense, Dropout
from keras.layers import BatchNormalization, Input, Lambda
from keras import regularizers
from keras.losses import mse, binary_crossentropy
```

Ebenfalls wie bisher generieren wir ein Trainings- und ein Testset. Aber wir werden 90% der betrügerischen Kreditkartentransaktionen aus dem Trainingsset herausnehmen, um zu simulieren, wie man mit *teilweise gelabelten* Datasets arbeitet.

Auch wenn dies wie ein sehr aggressiver Zug aussehen mag, sind bei praktischen Problemen, die mit betrügerischen Zahlungen zu tun haben, ähnlich geringe Betrugshäufigkeiten üblich (nur ein Betrug auf 10.000 Fälle). Indem wir 90% der Labels aus dem Trainingsset entfernen, simulieren wir ein derartiges Phänomen:

```
# Die Daten laden
current_path = os.getcwd()
file = '\\datasets\\credit_card_data\\credit_card.csv'
data = pd.read_csv(current_path + file)

dataX = data.copy().drop(['Class','Time'],axis=1)
dataY = data['Class'].copy()

# Daten skalieren
featuresToScale = dataX.columns
sX = pp.StandardScaler(copy=True, with_mean=True, with_std=True)
dataX.loc[:,featuresToScale] = sX.fit_transform(dataX[featuresToScale])
```

```
# In Trainings- und Testset aufteilen
X_train, X_test, y_train, y_test = \
    train_test_split(dataX, dataY, test_size=0.33, \
                     random_state=2018, stratify=dataY)

# 95 % der Labels aus dem Trainingsset entfernen
toDrop = y_train[y_train==1].sample(frac=0.90,random_state=2018)
X_train.drop(labels=toDrop.index,inplace=True)
y_train.drop(labels=toDrop.index,inplace=True)
```

Außerdem verwenden wir erneut die Funktionen anomalyScores und plotResults:

```
def anomalyScores(originalDF, reducedDF):
    loss = np.sum((np.array(originalDF) - \
                   np.array(reducedDF))**2, axis=1)
    loss = pd.Series(data=loss,index=originalDF.index)
    loss = (loss-np.min(loss))/(np.max(loss)-np.min(loss))
    return loss

def plotResults(trueLabels, anomalyScores, returnPreds = False):
    preds = pd.concat([trueLabels, anomalyScores], axis=1)
    preds.columns = ['trueLabel', 'anomalyScore']
    precision, recall, thresholds = \
        precision_recall_curve(preds['trueLabel'], \
                               preds['anomalyScore'])
    average_precision = average_precision_score( \
                               preds['trueLabel'], preds['anomalyScore'])
    plt.step(recall, precision, color='k', alpha=0.7, where='post')
    plt.fill_between(recall, precision, step='post', alpha=0.3, color='k')

    plt.xlabel('Recall')
    plt.ylabel('Precision')
    plt.ylim([0.0, 1.05])
    plt.xlim([0.0, 1.0])

    plt.title('Precision-Recall curve: Average Precision = \
        {0:0.2f}'.format(average_precision))

    fpr, tpr, thresholds = roc_curve(preds['trueLabel'], \
                                     preds['anomalyScore'])

    areaUnderROC = auc(fpr, tpr)

    plt.figure()
    plt.plot(fpr, tpr, color='r', lw=2, label='ROC curve')
    plt.plot([0, 1], [0, 1], color='k', lw=2, linestyle='--')
    plt.xlim([0.0, 1.0])
    plt.ylim([0.0, 1.05]) plt.xlabel('False Positive Rate')
    plt.ylabel('True Positive Rate')
    plt.title('Receiver operating characteristic: Area under the \
        curve = {0:0.2f}'.format(areaUnderROC))
    plt.legend(loc="lower right")
```

```
    plt.show()
    if returnPreds==True:
        return preds, average_precision
```

Schließlich hilft uns hier die neue Funktion `precisionAnalysis`, die Präzision unserer Modelle auf einem bestimmten Niveau der Trefferquote zu bewerten. Insbesondere bestimmen wir, wie groß die Präzision des Modells ist, um 75 % der betrügerischen Kreditkartentransaktionen im Testset zu erfassen. Je höher die Präzision, desto besser ist das Modell.

Dies ist ein vernünftiger Referenzwert. Mit anderen Worten: Wir wollen 75 % der Betrugsfälle mit einer möglichst hohen Präzision erfassen. Wenn wir keine ausreichend hohe Präzision erreichen, lehnen wir unnötigerweise gute Kreditkartentransaktionen ab und verärgern möglicherweise unseren Kundenstamm:

```
def precisionAnalysis(df, column, threshold):
    df.sort_values(by=column, ascending=False, inplace=True)
    threshold_value = threshold*df.trueLabel.sum()
    i = 0
    j = 0
    while i < threshold_value+1:
        if df.iloc[j]["trueLabel"]==1:
            i += 1
        j += 1
    return df, i/j
```

Supervised Modelle

Um unser semi-supervised Modell zu benchmarken, sehen wir uns zunächst an, wie gut ein supervised Modell und ein unsupervised Modell in der Isolation funktionieren.

Wir beginnen mit einer überwachten Lernlösung, die auf Light Gradient Boosting basiert, wie diejenige, die in Kapitel 2 am besten abgeschnitten hat. Mit *k*-facher Kreuzvalidierung erzeugen wir fünf Folds:

```
k_fold = StratifiedKFold(n_splits=5,shuffle=True,random_state=2018)
```

Als Nächstes legen wir die Parameter für das Gradient Boosting fest:

```
params_lightGB = {
    'task': 'train',
    'application':'binary',
    'num_class':1,
    'boosting': 'gbdt',
    'objective': 'binary',
    'metric': 'binary_logloss',
    'metric_freq':50,
```

```
        'is_training_metric':False,
        'max_depth':4,
        'num_leaves': 31,
        'learning_rate': 0.01,
        'feature_fraction': 1.0,
        'bagging_fraction': 1.0,
        'bagging_freq': 0,
        'bagging_seed': 2018,
        'verbose': 0,
        'num_threads':16
}
```

Nun trainieren wir den Algorithmus:

```
trainingScores = []
cvScores = []
predictionsBasedOnKFolds = pd.DataFrame(data=[], index=y_train.index, \
                                        columns=['prediction'])
for train_index, cv_index in k_fold.split(np.zeros(len(X_train)), \
                                          y_train.ravel()):
    X_train_fold, X_cv_fold = X_train.iloc[train_index,:], \
        X_train.iloc[cv_index,:]
    y_train_fold, y_cv_fold = y_train.iloc[train_index], \
        y_train.iloc[cv_index]
    lgb_train = lgb.Dataset(X_train_fold, y_train_fold)
    lgb_eval = lgb.Dataset(X_cv_fold, y_cv_fold, reference=lgb_train)
    gbm = lgb.train(params_lightGB, lgb_train, num_boost_round=2000,
                    valid_sets=lgb_eval, early_stopping_rounds=200)

    loglossTraining = log_loss(y_train_fold, gbm.predict(X_train_fold, \
                               num_iteration=gbm.best_iteration))
    trainingScores.append(loglossTraining)

    predictionsBasedOnKFolds.loc[X_cv_fold.index,'prediction'] = \
        gbm.predict(X_cv_fold, num_iteration=gbm.best_iteration)
    loglossCV = log_loss(y_cv_fold, \
        predictionsBasedOnKFolds.loc[X_cv_fold.index,'prediction'])
    cvScores.append(loglossCV)

    print('Training Log Loss: ', loglossTraining)
    print('CV Log Loss: ', loglossCV)

loglossLightGBMGradientBoosting = log_loss(y_train, \
        predictionsBasedOnKFolds.loc[:,'prediction'])
print('LightGBM Gradient Boosting Log Loss: ', \
        loglossLightGBMGradientBoosting)
```

Anhand dieses Modells wollen wir jetzt die Betrügereien im Testset der Kreditkartentransaktionen vorhersagen.

Abbildung 9-1 zeigt die Ergebnisse.

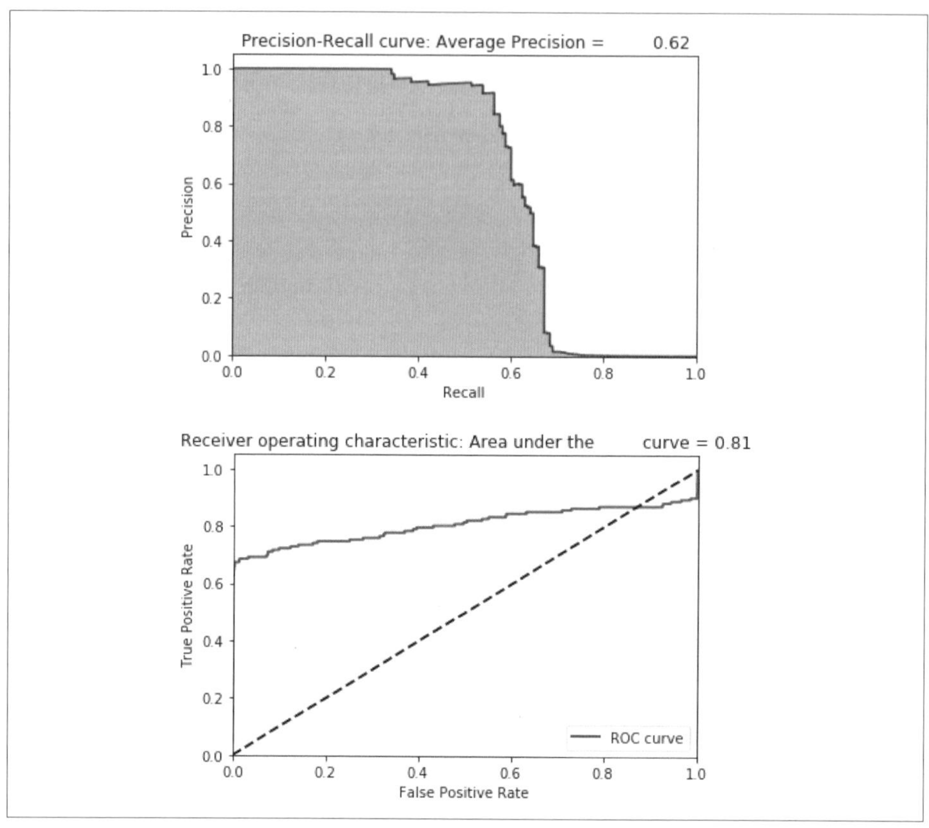

Abbildung 9-1: Ergebnisse für das supervised Modell

Die durchschnittliche Präzision auf dem Testset, die auf der Präzision/Trefferquote-Kurve basiert, beträgt 0,62. Um 75 % der Betrügereien zu erfassen, haben wir eine Präzision von lediglich 0,5 %.

Unsupervised Modelle

Jetzt erstellen wir eine Betrugserkennungslösung mithilfe von Unsupervised Learning. Insbesondere erstellen wir einen sparse zweischichtigen übervollständigen Autoencoder mit einer linearen Aktivierungsfunktion. In der Hidden-Schicht verwenden wir 40 Knoten und ein Drop-out von 2 %.

Allerdings passen wir unser Trainingsset an, indem wir die Anzahl der vorhandenen betrügerischen Fälle durch *Oversampling* ermitteln. Bei Oversampling handelt es sich um eine Technik, mit der sich die Klassenverteilung in einem gegebenen Dataset anpassen lässt. Wir möchten weitere betrügerische Fälle unserem Dataset hinzufügen, sodass der Autoencoder, den wir trainieren, die normalen/nicht betrügerischen Transaktionen von den abnormalen/betrügerischen Transaktionen leichter trennen kann.

Denken Sie daran, dass nach Wegfallen von 90% der betrügerischen Fälle aus dem Trainingsset lediglich 33 Betrugsfälle übrig bleiben. Wir nehmen die 33 Betrugsfälle, duplizieren diese 100-mal und wenden sie dann auf das Trainingsset an. Außerdem behalten wir die Kopien des nicht oversampelten Trainingssets, sodass wir sie für den Rest unserer Pipeline für maschinelles Lernen verwenden können.

Denken Sie daran, dass wir das Testset nicht anfassen – es gibt kein Oversampling mit dem Testset, sondern nur mit dem Trainingsset:

```
oversample_multiplier = 100

X_train_original = X_train.copy()
y_train_original = y_train.copy()
X_test_original = X_test.copy()
y_test_original = y_test.copy()


X_train_oversampled = X_train.copy()
y_train_oversampled = y_train.copy()
X_train_oversampled = X_train_oversampled.append( \
        [X_train_oversampled[y_train==1]]*oversample_multiplier, \
        ignore_index=False)
y_train_oversampled = y_train_oversampled.append( \
        [y_train_oversampled[y_train==1]]*oversample_multiplier, \
        ignore_index=False)

X_train = X_train_oversampled.copy()
y_train = y_train_oversampled.copy()
```

Trainieren wir jetzt unseren Autoencoder:

```
model = Sequential()
model.add(Dense(units=40, activation='linear', \
                activity_regularizer=regularizers.l1(10e-5), \
                input_dim=29,name='hidden_layer'))
model.add(Dropout(0.02))
model.add(Dense(units=29, activation='linear'))

model.compile(optimizer='adam',
              loss='mean_squared_error',
              metrics=['accuracy'])

num_epochs = 5
batch_size = 32

history = model.fit(x=X_train, y=X_train,
                    epochs=num_epochs,
                    batch_size=batch_size,
                    shuffle=True,
                    validation_split=0.20,
                    verbose=1)

predictions = model.predict(X_test, verbose=1)
anomalyScoresAE = anomalyScores(X_test, predictions)
preds, average_precision = plotResults(y_test, anomalyScoresAE, True)
```

Abbildung 9-2 zeigt die Ergebnisse.

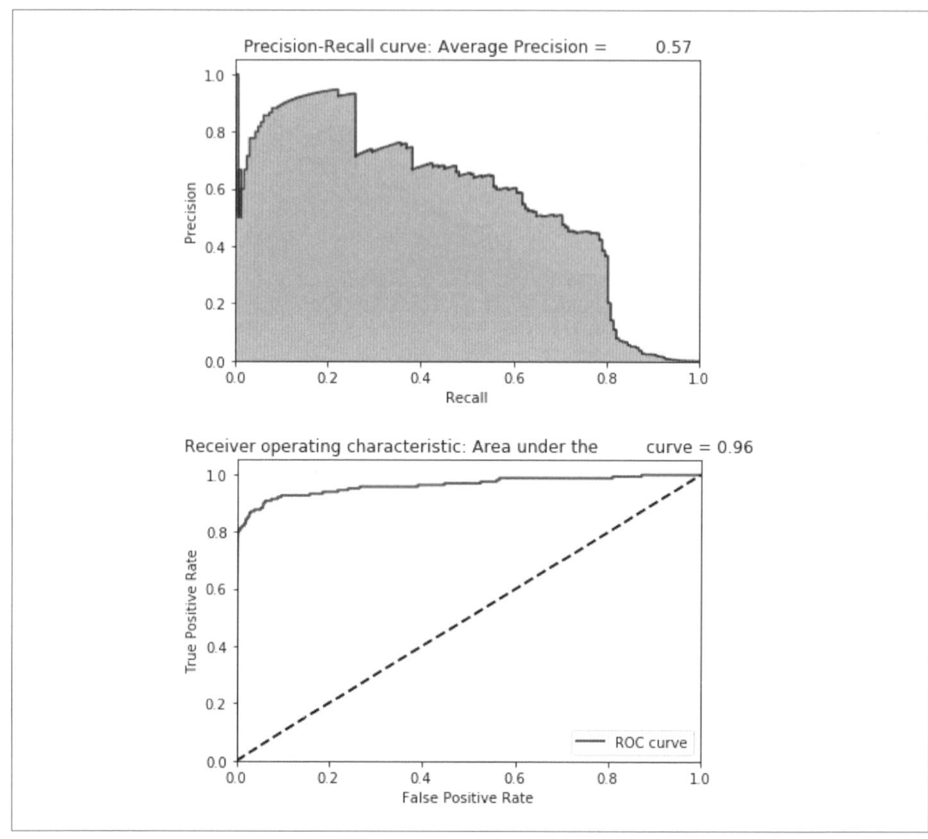

Abbildung 9-2: Ergebnisse des unüberwachten Modells

Die durchschnittliche Präzision auf dem Testset, die auf der Präzision/Trefferquote-Kurve basiert, beträgt 0,57. Um 75 % der Betrugsfälle zu erfassen, haben wir eine Präzision von lediglich 45 %. Obwohl sich die durchschnittliche Präzision der unüberwachten Lösung und die durchschnittliche Präzision der überwachten Lösung ähneln, ist die Präzision von 45 % bei einer Trefferquote von 75 % besser.

Allerdings ist die unüberwachte Lösung selbst immer noch nicht berauschend.

Semi-supervised Modelle

Nun nehmen wir die vom Autoencoder (der Hidden-Schicht) gelernte Darstellung, kombinieren sie mit dem ursprünglichen Trainingsset und speisen dies in den Gradient-Boosting-Algorithmus ein. Dies ist ein semiüberwachter (semi-supervised) Ansatz, der von Supervised und Unsupervised Learning profitiert.

Um an die Hidden-Schicht zu gelangen, rufen wir die Funktion get_layer der Klasse `Model()` in der Keras-API auf:

```
layer_name = 'hidden_layer'

intermediate_layer_model = Model(inputs=model.input, \
                                 outputs=model.get_layer(layer_name).output)
intermediate_output_train = intermediate_layer_model.predict(X_train_original)
intermediate_output_test = intermediate_layer_model.predict(X_test_original)
```

Diese Autoencoder-Darstellungen speichern wir nun in DataFrames und fassen sie dann mit dem ursprünglichen Trainingsset zusammen:

```
intermediate_output_trainDF = \
    pd.DataFrame(data=intermediate_output_train,index=X_train_original.index)
intermediate_output_testDF = \
    pd.DataFrame(data=intermediate_output_test,index=X_test_original.index)

X_train = X_train_original.merge(intermediate_output_trainDF, \
                                 left_index=True,right_index=True)
X_test = X_test_original.merge(intermediate_output_testDF, \
                                 left_index=True,right_index=True)
y_train = y_train_original.copy()
```

Wir trainieren jetzt das Gradient-Boosting-Modell auf diesem neuen Trainingsset von 69 Features (29 aus dem ursprünglichen Dataset und 40 von der Darstellung des Autoencoders):

```
trainingScores = []
cvScores = []
predictionsBasedOnKFolds = pd.DataFrame(data=[],index=y_train.index, \
                                        columns=['prediction'])

for train_index, cv_index in k_fold.split(np.zeros(len(X_train)), \
                                          y_train.ravel()):
    X_train_fold, X_cv_fold = X_train.iloc[train_index,:], \
        X_train.iloc[cv_index,:]
    y_train_fold, y_cv_fold = y_train.iloc[train_index], \
        y_train.iloc[cv_index]

    lgb_train = lgb.Dataset(X_train_fold, y_train_fold)
    lgb_eval = lgb.Dataset(X_cv_fold, y_cv_fold, reference=lgb_train)
    gbm = lgb.train(params_lightGB, lgb_train, num_boost_round=5000,
                   valid_sets=lgb_eval, early_stopping_rounds=200)

    loglossTraining = log_loss(y_train_fold,
                               gbm.predict(X_train_fold, \
                               num_iteration=gbm.best_iteration))
    trainingScores.append(loglossTraining)

    predictionsBasedOnKFolds.loc[X_cv_fold.index,'prediction'] = \
        gbm.predict(X_cv_fold, num_iteration=gbm.best_iteration)
    loglossCV = log_loss(y_cv_fold, \
            predictionsBasedOnKFolds.loc[X_cv_fold.index,'prediction'])
    cvScores.append(loglossCV)
```

```
    print('Training Log Loss: ', loglossTraining)
    print('CV Log Loss: ', loglossCV)

loglossLightGBMGradientBoosting = log_loss(y_train, \
                        predictionsBasedOnKFolds.loc[:,'prediction'])
print('LightGBM Gradient Boosting Log Loss: ', \
                        loglossLightGBMGradientBoosting)
```

Abbildung 9-3 zeigt die Ergebnisse.

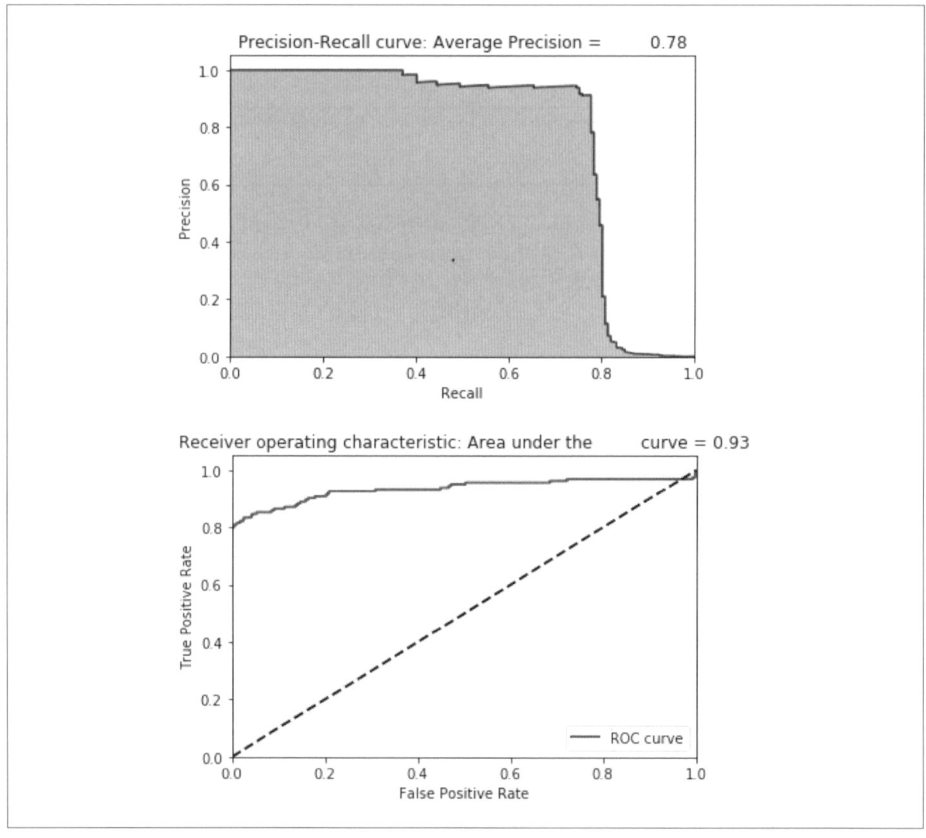

Abbildung 9-3: Ergebnisse des semi-supervised Modells

Die durchschnittliche Präzision für das Testset, die auf der Präzision/Trefferquote-Kurve basiert, beträgt 0,78. Das ist ein gutes Stück besser als beim supervised wie auch beim unsupervised Modell.

Um 75% der Betrugsfälle zu erfassen, haben wir eine Präzision von 92%. Dies ist eine beträchtliche Verbesserung. Auf diesem Präzisionsniveau sollte der Zahlungsabwickler Transaktionen, die das Modell als potenziell betrügerisch markiert, mit gutem Gewissen ablehnen können. Weniger als jeder zehnte Fall wird sich als falsch erweisen, und wir erfassen etwa 75% der Betrugsfälle.

Die Leistung von supervised und unsupervised Modellen

In dieser semi-supervised Lösung zur Kreditkartenbetrugserkennung spielen sowohl das überwachte als auch das unüberwachte Lernen eine wichtige Rolle. Um das zu untersuchen, analysieren wir, welche Features für das finale Gradient-Boosting-Modell am wichtigsten sind.

Mit dem folgenden Code können Sie diese Werte, die für die Features wichtig sind, im gerade trainierten Modell suchen und speichern:

```
featuresImportance = pd.DataFrame(data=list(gbm.feature_importance()), \
                        index=X_train.columns,columns=['featImportance'])
featuresImportance = featuresImportance/featuresImportance.sum()
featuresImportance.sort_values(by='featImportance', \
                               ascending=False,inplace=True)
featuresImportance
```

Tabelle 9-1 zeigt einige der wichtigsten Features, und zwar absteigend sortiert.

Tabelle 9-1: Wichtigkeit der Features eines semi-supervised Modells

	featImportance
V28	0.047843
Amount	0.037263
21	0.030244
V21	0.029624
V26	0.029469
V12	0.028334
V27	0.028024
6	0.027405
28	0.026941
36	0.024050
5	0.022347

Wie Sie hier sehen, gehören einige der Top-Features zu den Features, die die Hidden-Schicht durch den Autoencoder gelernt hat (die Features ohne »V«), während andere die Hauptkomponenten vom ursprünglichen Dataset (die Features mit »V«) sowie der Umfang (Amount) der Transaktion sind.

Zusammenfassung

Das semi-supervised Modell schlägt die Performance sowohl des eigenständigen supervised Modells als auch die des eigenständigen unsupervised Modells.

Allerdings haben wir nur an der Oberfläche dessen gekratzt, was mit Semi-supervised Learning möglich ist. Zumindest sollte dies dabei helfen, das Gespräch von einer Debatte über Supervised und Unsupervised Learning auf die *Kombination* aus Supervised und Unsupervised Learning zu lenken, wenn es um die Suche nach einer optimalen anwendbaren Lösung geht.

TEIL IV

Deep Unsupervised Learning mit TensorFlow und Keras

Bis jetzt haben wir nur mit flachen neuronalen Netzen gearbeitet – d.h. mit Netzen, die nur wenige Hidden-Schichten aufweisen. Flache neuronale Netze sind zweifellos nützlich beim Aufbau von maschinellen Lernsystemen, doch die größten Fortschritte des letzten Jahrzehnts im maschinellen Lernen wurden erzielt durch neuronale Netze mit vielen Hidden-Schichten, den sogenannten *tiefen neuronalen Netzen*. Dieses Teilgebiet des maschinellen Lernens bezeichnet man als *Deep Learning*. Deep Learning an großen, gelabelten Datasets hat zu starken kommerziellen Erfolgen in Bereichen wie Computervision, Objekterkennung, Spracherkennung und maschineller Übersetzung beigetragen.

Wir konzentrieren uns auf Deep Learning an großen, ungelabelten Datasets, was man gemeinhin als *Deep Unsupervised Learning* bezeichnet. Dieses Gebiet ist noch sehr neu und voller Möglichkeiten, bis heute aber mit geringerem kommerziellem Erfolg im Vergleich zur Supervised-Variante. In den nächsten Kapiteln erstellen wir Deep-Unsupervised-Lernsysteme, beginnend mit den einfachsten Bausteinen.

Kapitel 10 beschäftigt sich mit beschränkten Boltzmann-Maschinen, auf denen wir ein Empfehlungssystem für Filme aufbauen. In Kapitel 11 stapeln wir beschränkte Boltzmann-Maschinen übereinander, was tiefe neuronale Netze ergibt, die als *Deep Belief Networks* bekannt sind. In Kapitel 12 generieren wir synthetische Daten mit Generative Adversarial Networks, aktuell eines der heißesten Bereiche des Deep Unsupervised Learning. Dann kehren wir in Kapitel 13 zum Clustering zurück, arbeiten diesmal aber mit Zeitreihen.

Dies ist zwar jede Menge anspruchsvoller Stoff, doch vieles beim Deep Unsupervised Learning stützt sich auf die grundlegenden Prinzipien, die wir weiter oben im Buch bereits eingeführt haben.

Empfehlungsdienste mit beschränkten Boltzmann-Maschinen

Weiter oben in diesem Buch haben wir mit Unsupervised Learning die zugrunde liegende (verdeckte) Struktur in nicht gelabelten Daten gelernt. Im Speziellen haben wir durch Dimensionsreduktion ein hochdimensionales Dataset auf eines mit weniger Dimensionen reduziert und ein Anomalieerkennungssystem aufgebaut. Ein weiteres Thema war Clustering, bei dem Objekte gruppiert werden, je nachdem, wie ähnlich oder unähnlich sie einander sind.

Jetzt kommen wir zu *Generative Unsupervised Models*, die eine Wahrscheinlichkeitsverteilung aus einem Original-Dataset lernen und anhand dieser Verteilung Rückschlüsse auf zuvor nicht gesehene Daten ziehen. In späteren Kapiteln generieren wir mit derartigen Modellen scheinbar reale Daten, die manchmal von den Originaldaten praktisch nicht zu unterscheiden sind.

Bisher haben wir uns vor allem mit *diskriminierenden Modellen* befasst, die lernen, Beobachtungen zu trennen, und zwar basierend darauf, was die Algorithmen von den Daten lernen; diese diskriminierenden Modelle lernen keine Wahrscheinlichkeitsverteilung von den Daten. Zu den diskriminierenden Modellen gehören überwachte Versionen wie zum Beispiel die logistische Regression und Entscheidungsbäume aus Kapitel 2 sowie Clustering-Methoden wie *k*-Means und hierarchisches Clustering aus Kapitel 5.

Beginnen wir mit dem einfachsten der generativen unüberwachten Modelle, der sogenannten beschränkten Boltzmann-Maschine.

Boltzmann-Maschinen

Boltzmann-Maschinen wurden 1985 von Geoffrey Hinton (damals Professor an der Carnegie Mellon University, heute einer der Väter der Deep-Learning-Bewegung, Professor an der Universität Toronto und Forscher auf dem Gebiet des maschinellen Lernens bei Google) und Terry Sejnowski (der zu dieser Zeit Professor an der John Hopkins University war) erfunden.

Die – unbeschränkten – Boltzmann-Maschinen bestehen aus einem neuronalen Netz mit einer Input-Schicht und einer oder mehreren Hidden-Schichten. Die Neuronen oder Einheiten im neuronalen Netz treffen stochastische Entscheidungen darüber, ob sie schalten oder nicht, basierend auf den Daten, die während des Trainings eingespeist werden, und der Kostenfunktion, die die Boltzmann-Maschine zu minimieren versucht. Bei diesem Training entdeckt die Boltzmann-Maschine interessante Features der Daten, die dabei helfen, die komplexen zugrunde liegenden Beziehungen und Muster zu modellieren, die in den Daten präsent sind.

Allerdings verwenden diese unbeschränkten Boltzmann-Maschinen neuronale Netze, in denen die Neuronen nicht nur mit anderen Neuronen in anderen Schichten, sondern auch mit Neuronen innerhalb derselben Schicht verbunden sind. Zusammen mit der Vielzahl von Hidden-Schichten dürfte klar sein, dass das Training einer unbeschränkten Boltzmann-Maschine sehr ineffizient ist. Daher war unbeschränkten Boltzmann-Maschinen in den 1980er- und 1990er-Jahren auch nur wenig kommerzieller Erfolg beschieden.

Beschränkte Boltzmann-Maschinen

In den 2000er-Jahren begannen Geoffrey Hinton und andere, mit einer modifizierten Version der ursprünglichen unbeschränkten Boltzmann-Maschine kommerzielle Erfolge einzufahren. Diese beschränkten Boltzmann-Maschinen (*Restricted Boltzmann Machines*, RBMs) besitzen eine Input-Schicht (die auch als sichtbare Schicht bezeichnet wird) und lediglich eine einzelne Hidden-Schicht. Die Verbindungen unter den Neuronen sind dahin gehend beschränkt, dass Neuronen nur mit den Neuronen in anderen Schichten verbunden sind, nicht aber mit Neuronen innerhalb derselben Schicht. Mit anderen Worten: Es gibt keine Verbindungen von sichtbarer Schicht zu sichtbarer Schicht und keine Verbindungen von Hidden-Schicht zu Hidden-Schicht.[1]

Geoffrey Hinton zeigt auch, dass sich derartige einfache RBMs übereinanderstapeln lassen, sodass die Ausgabe der Hidden-Schicht der einen RBM in die Input-Schicht einer anderen RBM eingespeist werden kann. Dieses RBM-Stapeln lässt sich viele Male wiederholen, um zunehmend nuanciertere Hidden-Darstellungen der Ursprungsdaten zu lernen. Dieses Netz aus vielen RBMs lässt sich als ein tiefes, mehrschichtiges, neuronales Netzmodell betrachten – und damit befindet sich das Gebiet des Deep Learning seit 2006 in seiner Blütezeit.

RBMs verwenden einen *stochastischen* Ansatz, um die zugrunde liegende Struktur der Daten zu lernen, während zum Beispiel Autoencoder einen deterministischen Ansatz nutzen.

1 Der gebräuchlichste Trainingsalgorithmus für diese Klasse von RBMs ist als *gradientenbasierte kontrastive Divergenz* bekannt.

Empfehlungsdienste

In diesem Kapitel bauen wir mit RBMs einen *Empfehlungsdienst* auf, eine der bislang erfolgreichsten Anwendungen des maschinellen Lernens, die in der Industrie sehr verbreitet ist, um die Vorlieben der Benutzer für Filme, Musik, Bücher, Nachrichten, Suche, Shopping, digitale Werbung und Onlinedating vorherzusagen.

Es gibt zwei Hauptkategorien von Empfehlungsdiensten – *kollaboratives Filtern* und *inhaltsbasiertes Filtern*. Beim kollaborativen Filtern wird ein Empfehlungsdienst aus dem früheren Verhalten des Benutzers und dem von anderen Benutzern, denen der Benutzer ähnelt, aufgebaut. Dieser Empfehlungsdienst kann dann Objekte vorhersagen, an denen der Benutzer möglicherweise interessiert ist, obwohl der Benutzer nie ausdrücklich ein Interesse daran bekundet hat. Filmempfehlungen auf Netflix stützen sich auf kollaboratives Filtern.

Beim inhaltsbasierten Filtern werden konkrete Eigenschaften eines Objekts gelernt, um zusätzliche Objekte mit ähnlichen Eigenschaften zu empfehlen. Musikempfehlungen auf Pandora stützen sich auf inhaltsbasiertes Filtern.

Kollaboratives Filtern

Inhaltsbasiertes Filtern kommt nicht allzu häufig vor, weil es ziemlich schwierig ist, die verschiedenen Eigenschaften von Objekten zu lernen – dieser Grad des Verstehens ist für Maschinen mit künstlicher Intelligenz derzeit schwer zu erreichen. Es ist wesentlich einfacher, große Mengen an Informationen über Verhaltensweisen und Vorlieben von Benutzern zu sammeln und zu analysieren und darauf auf bauend Vorhersagen zu treffen. Daher ist kollaboratives Filtern viel weiter verbreitet und die Art von Empfehlungsdienst, auf die wir uns hier konzentrieren.

Kollaboratives Filtern erfordert keine Kenntnisse über die zugrunde liegenden Objekte selbst. Vielmehr geht kollaboratives Filtern davon aus, dass Benutzer, die in der Vergangenheit zugestimmt haben, auch in Zukunft zustimmen werden, und dass Benutzerpräferenzen über die Zeit stabil bleiben. Indem man modelliert, wie ähnlich Benutzer anderen Benutzern sind, ist es mit kollaborativen Filtern möglich, sehr leistungsfähige Empfehlungen abzugeben. Darüber hinaus muss sich kollaboratives Filtern nicht auf explizite Daten (d.h. Bewertungen, die andere Benutzer beisteuern) stützen. Stattdessen kann der Algorithmus mit impliziten Daten arbeiten, zum Beispiel wie lange oder wie oft ein Benutzer ein bestimmtes Objekt betrachtet oder darauf klickt. So hat Netflix in der Vergangenheit Benutzer gebeten, Filme zu bewerten, verwendet aber jetzt implizites Benutzerverhalten, um Rückschlüsse auf Vorlieben und Abneigungen der Benutzer zu ziehen.

Allerdings ist kollaboratives Filtern mit einigen Herausforderungen verbunden. Erstens sind sehr viele Benutzerdaten notwendig, um objektive Empfehlungen abgeben zu können. Zweitens handelt es sich um eine rechentechnisch sehr anspruchsvolle Aufgabe. Und drittens sind die Datasets im Allgemeinen sehr sparsam, da Benutzer ihre Vorlieben nur für einen Bruchteil aller Objekte im Universum möglicher Objekte preisgeben. Falls genügend Daten verfügbar sind, stehen Techniken bereit, mit denen sich die Sparsity der Daten in den Griff bekommen lässt und das Problem effizient gelöst werden kann. Darum geht es in diesem Kapitel.

Der Netflix Prize

Im Jahr 2006 sponserte Netflix einen dreijährigen Wettbewerb mit dem Ziel, sein Filmempfehlungssystem zu verbessern. Das Unternehmen bot einen Hauptpreis von einer Million Dollar für das Team, das die Genauigkeit des vorhandenen Empfehlungsdiensts um mindestens 10% würde verbessern können. Außerdem veröffentlichte es ein Dataset von über 100 Millionen Filmbewertungen. Im September 2009 gewann das Pramatic-Chaos-Team von BellKor den Preis mit einem Ensemble aus vielen verschiedenen algorithmischen Ansätzen.

Ein solch hochkarätiger Wettbewerb mit einem umfangreichen Dataset und einem bemerkenswerten Preis hat die Community des maschinellen Lernens belebt und zu erheblichen Fortschritten bei der Forschung über Empfehlungsdienste geführt. Das wiederum hat in den letzten Jahren den Weg für bessere Empfehlungssysteme in der Industrie geebnet.

In diesem Kapitel verwenden wir ein ähnliches Dataset mit Filmbewertungen, um unseren eigenen Empfehlungsdienst mit RBMs aufzubauen.

MovieLens-Dataset

Anstelle des Netflix-Datasets mit 100 Millionen Bewertungen verwenden wir ein kleineres Dataset mit Filmbewertungen, das sogenannte *MovieLens 20M Dataset*. Bereitgestellt wird es von GroupLens Research, einem Forschungslabor im Department of Computer Science and Engineering an der University of Minnesota, Twin Cities. Die Daten umfassen 20.000.263 Bewertungen zu 27.278 Filmen, die von 138.493 Benutzern im Zeitraum vom 9. Januar 1995 bis 31. März 2015 abgegeben wurden. Von den Benutzern, die jeweils mindestens 20 Filme bewertet haben, wählen wir eine zufällige Teilmenge aus.

Das Dataset ist besser zu handhaben als das Dataset mit den 100 Millionen Bewertungen von Netflix. Da die Datei über 100 Megabyte groß ist, lässt sie sich nicht auf GitHub bereitstellen. Deshalb müssen Sie die Datei direkt von der MovieLens-Website (*http://bit.ly/2G0ZHCn*) herunterladen.

Datenvorbereitung

Wie gewohnt, laden wir die erforderlichen Bibliotheken:

```
'''Main'''
import numpy as np
import pandas as pd
import os, time, re
```

```
import pickle, gzip, datetime

'''Datenvisualisierung'''
import matplotlib.pyplot as plt
import seaborn as sns
color = sns.color_palette()
import matplotlib as mpl

%matplotlib inline

'''Datenvorbereitung und Modellbewertung'''
from sklearn import preprocessing as pp
from sklearn.model_selection import train_test_split
from sklearn.model_selection import StratifiedKFold
from sklearn.metrics import log_loss
from sklearn.metrics import precision_recall_curve, average_precision_score
from sklearn.metrics import roc_curve, auc, roc_auc_score, mean_squared_error

'''Algorithmen'''
import lightgbm as lgb

'''TensorFlow und Keras'''
import tensorflow as tf import keras
from keras import backend as K
from keras.models import Sequential, Model
from keras.layers import Activation, Dense, Dropout
from keras.layers import BatchNormalization, Input, Lambda
from keras import regularizers
from keras.losses import mse, binary_crossentropy
```

Als Nächstes laden wir das Bewertungs-Dataset und konvertieren die Felder in die passenden Datentypen. Wir haben es nur mit wenigen Feldern zu tun – der Benutzerkennung (userId), der Filmkennung (movieId), der vom Benutzer für den Film abgegebenen Bewertung (rating) und dem Zeitstempel für die abgegebene Bewertung (timestamp):

```
# Die Daten laden
current_path = os.getcwd()
file = '\\datasets\\movielens_data\\ratings.csv'
ratingDF = pd.read_csv(current_path + file)

# Felder in passende Datentypen konvertieren
ratingDF.userId = ratingDF.userId.astype(str).astype(int)
ratingDF.movieId = ratingDF.movieId.astype(str).astype(int)
ratingDF.rating = ratingDF.rating.astype(str).astype(float)
ratingDF.timestamp = ratingDF.timestamp.apply(lambda x: \
                datetime.utcfromtimestamp(x).strftime('%Y-%m-%d %H:%M:%S'))
```

Tabelle 10-1 gibt eine Ansicht der Daten ausschnittweise wieder.

Tabelle 10-1: MovieLens-Bewertungsdaten

	userId	movieId	rating	timestamp
0	1	2	3.5	2005-04-02 23:53:47
1	1	29	3.5	2005-04-02 23:31:16

Tabelle 10-1: MovieLens-Bewertungsdaten (Fortsetzung)

	userId	movieId	rating	timestamp
2	1	32	3.5	2005-04-02 23:33:39
3	1	47	3.5	2005-04-02 23:32:07
4	1	50	3.5	2005-04-02 23:29:40
5	1	112	3.5	2004-09-10 03:09:00
6	1	151	4.0	2004-09-10 03:08:54
7	1	223	4.0	2005-04-02 23:46:13
8	1	253	4.0	2005-04-02 23:35:40
9	1	260	4.0	2005-04-02 23:33:46
10	1	293	4.0	2005-04-02 23:31:43
11	1	296	4.0	2005-04-02 23:32:47
12	1	318	4.0	2005-04-02 23:33:18
13	1	337	3.5	2004-09-10 03:08:29

Wir kontrollieren nun die Anzahl der eindeutigen Benutzer, die Anzahl der eindeutigen Filme und die Anzahl der Gesamtbewertungen und berechnen auch die durchschnittliche Anzahl von Bewertungen, die von Benutzern bereitgestellt werden:

```
n_users = ratingDF.userId.unique().shape[0]
n_movies = ratingDF.movieId.unique().shape[0]
n_ratings = len(ratingDF)
avg_ratings_per_user = n_ratings/n_users

print('Number of unique users: ', n_users) print('Number of unique movies: ', n_
movies) print('Number of total ratings: ', n_ratings)
print('Average number of ratings per user: ', avg_ratings_per_user)
```

Die Daten sehen wie erwartet aus:

```
Number of unique users: 138493
Number of unique movies: 26744
Number of total ratings: 20000263
Average number of ratings per user: 144.4135299257002
```

Um die Komplexität und Größe dieses Datasets zu reduzieren, konzentrieren wir uns auf die 1.000 am höchsten bewerteten Filme. Dadurch verringert sich die Anzahl der Bewertungen von ca. 20 Millionen auf ungefähr 12,8 Millionen.

```
movieIndex = ratingDF.groupby("movieId").count().sort_values(by= \
                "rating",ascending=False)[0:1000].index
ratingDFX2 = ratingDF[ratingDF.movieId.isin(movieIndex)]
ratingDFX2.count()
```

Außerdem werden wir eine Stichprobe von 1.000 zufällig ausgewählten Benutzern nehmen und das Dataset nach eben diesen Benutzern filtern. Die Anzahl der Bewertungen reduziert sich dadurch noch einmal von etwa 12,8 Millionen auf nur noch 90.213. Dies reicht aus, um kollaboratives Filtern zu demonstrieren:

```
userIndex = ratingDFX2.groupby("userId").count().sort_values(by= \
    "rating",ascending=False).sample(n=1000, random_state=2018).index
ratingDFX3 = ratingDFX2[ratingDFX2.userId.isin(userIndex)]
ratingDFX3.count()
```

Die Felder `movieID` und `userID` indizieren wir für unser reduziertes Dataset neu in einen Bereich von 1 bis 1.000:

```
movies = ratingDFX3.movieId.unique()
moviesDF = pd.DataFrame(data=movies,columns=['originalMovieId'])
moviesDF['newMovieId'] = moviesDF.index+1

users = ratingDFX3.userId.unique()
usersDF = pd.DataFrame(data=users,columns=['originalUserId'])
usersDF['newUserId'] = usersDF.index+1

ratingDFX3 = ratingDFX3.merge(moviesDF,left_on='movieId', \
                              right_on='originalMovieId')
ratingDFX3.drop(labels='originalMovieId', axis=1, inplace=True)

ratingDFX3 = ratingDFX3.merge(usersDF,left_on='userId', \
                              right_on='originalUserId')
ratingDFX3.drop(labels='originalUserId', axis=1, inplace=True)
```

Mit dem folgenden Code berechnen wir für unser reduziertes Dataset die Anzahlen der eindeutigen Benutzer, der eindeutigen Filme und der Gesamtbewertungen sowie die durchschnittliche Anzahl von Bewertungen pro Benutzer:

```
n_users = ratingDFX3.userId.unique().shape[0]
n_movies = ratingDFX3.movieId.unique().shape[0]
n_ratings = len(ratingDFX3)
avg_ratings_per_user = n_ratings/n_users

print('Number of unique users: ', n_users)
print('Number of unique movies: ', n_movies)
print('Number of total ratings: ', n_ratings)
print('Average number of ratings per user: ', avg_ratings_per_user)
```

Die Ergebnisse sehen wie erwartet aus:

```
Number of unique users: 1000
Number of unique movies: 1000
Number of total ratings: 90213
Average number of ratings per user: 90.213
```

Aus diesem reduzierten Dataset generieren wir ein Testset und ein Validierungsset, sodass jedes Hold-out-Set 5 % des reduzierten Datasets ausmacht:

```
X_train, X_test = train_test_split(ratingDFX3,
  test_size=0.10, shuffle=True, random_state=2018)
X_validation, X_test = train_test_split(X_test,
  test_size=0.50, shuffle=True, random_state=2018)
```

Die folgende Ausgabe zeigt die Größen der Trainings-, Validierungs- und Testsets an:

```
Size of train set: 81191
Size of validation set: 4511
Size of test set: 4511
```

Die Kostenfunktion definieren: mittlere quadratische Abweichung

Die Vorbereitungen sind abgeschlossen. Wir können nun mit den Daten arbeiten.

Zuerst erstellen wir eine Matrix *m* x *n*, wobei *m* für die Benutzer und *n* für die Filme steht. Es wird eine schwach besetzte Matrix werden, da die Benutzer nur einen Bruchteil der Filme bewerten. Zum Beispiel kommt eine Matrix mit 1.000 Benutzern und 1.000 Filmen nur auf 81.191 Bewertungen im Trainingsset. Würde jeder der 1.000 Benutzer jeden der 1.000 Filme bewerten, hätten wir eine Matrix mit einer Million Bewertungen. Da aber Benutzer im Durchschnitt nur eine kleine Teilmenge der Filme bewerten, haben wir im Trainingsset lediglich 81.191 Bewertungen. Der Rest (fast 92% der Werte in der Matrix) enthält Nullen:

```
# Bewertungsmatrix für Training generieren
ratings_train = np.zeros((n_users, n_movies))
for row in X_train.itertuples():
    ratings_train[row[6]-1, row[5]-1] = row[3]

# Sparsity der Bewertungsmatrix für das Training berechnen
sparsity = float(len(ratings_train.nonzero()[0]))
sparsity /= (ratings_train.shape[0] * ratings_train.shape[1])
sparsity *= 100
print('Sparsity: {:4.2f}%'.format(sparsity))
```

Ähnliche Matrizen generieren wir für das Validierungsset und das Testset, die natürlich noch schwächer besetzt sein werden:

```
# Bewertungsmatrix für Validierung generieren
ratings_validation = np.zeros((n_users, n_movies))
for row in X_validation.itertuples():
    ratings_validation[row[6]-1, row[5]-1] = row[3]

# Bewertungsmatrix für Test generieren
ratings_test = np.zeros((n_users, n_movies))
for row in X_test.itertuples():
    ratings_test[row[6]-1, row[5]-1] = row[3]
```

Bevor wir unsere Empfehlungssysteme erstellen, definieren wir die Kostenfunktion, mit der wir die Güte unseres Modells bewerten. Als eine der einfachsten Kostenfunktionen im maschinellen Lernen verwenden wir die *mittlere quadratische Abweichung* (engl. *Mean Squared Error*, MSE). Die mittlere quadratische Abweichung ist der gemittelte quadratische Fehler zwischen den vorhergesagten Werten und den tatsächlichen Werten. Um die MSE zu berechnen, benötigen wir zwei Vektoren der Größe *[n, 1]*, wobei *n* die Anzahl der Bewertungen ist, die wir voraussagen – 4.511 für das Validierungsset. Der eine Vektor beinhaltet die tatsächlichen Bewertungen, und im anderen Vektor stehen die Vorhersagen.

Zunächst wollen wir die Matrix mit den Bewertungen für das Validierungsset abflachen. Daraus ergibt sich der Vektor der tatsächlichen Bewertungen.

```
actual_validation = ratings_validation[ratings_validation.nonzero()].flatten()
```

Baseline-Experimente

Als Baseline sagen wir eine durchschnittliche Bewertung von 3,5 für das Validierungsset voraus und berechnen die mittlere quadratische Abweichung:

```
pred_validation = np.zeros((len(X_validation),1))
pred_validation[pred_validation==0] = 3.5
pred_validation

mean_squared_error(pred_validation, actual_validation)
```

Die mittlere quadratische Abweichung dieser sehr naiven Vorhersage beträgt 1,05. Unsere Baseline sieht so aus:

```
Mean squared error using naive prediction: 1.055420084238528
```

Wir wollen nun feststellen, ob wir unsere Ergebnisse verbessern können, wenn wir die Bewertung eines Benutzers für einen bestimmten Film basierend auf der durchschnittlichen Bewertung des Benutzers für alle anderen Filme vorhersagen:

```
ratings_validation_prediction = np.zeros((n_users, n_movies))
i = 0
for row in ratings_train:
    ratings_validation_prediction[i][ratings_validation_prediction[i]==0] \
        = np.mean(row[row>0])
    i += 1

pred_validation = ratings_validation_prediction \
    [ratings_validation.nonzero()].flatten()
user_average = mean_squared_error(pred_validation, actual_validation)
print('Mean squared error using user average:', user_average)
```

Die mittlere quadratische Abweichung verbessert sich zu 0,909:

```
Mean squared error using user average: 0.9090717929472647
```

Jetzt möchten wir die Bewertung eines Benutzers für einen bestimmten Film vorhersagen, und zwar auf Basis der durchschnittlichen Bewertung, die alle anderen Benutzer diesem Film gegeben haben:

```
ratings_validation_prediction = np.zeros((n_users, n_movies)).T
i = 0
for row in ratings_train.T:
    ratings_validation_prediction[i][ratings_validation_prediction[i]==0] \
        = np.mean(row[row>0])
    i += 1

ratings_validation_prediction = ratings_validation_prediction.T
pred_validation = ratings_validation_prediction \
    [ratings_validation.nonzero()].flatten()
movie_average = mean_squared_error(pred_validation, actual_validation)
print('Mean squared error using movie average:', movie_average)
```

Die mittlere quadratische Abweichung bei diesem Ansatz weist mit 0,914 einen ähnlichen Wert auf, wie wir ihn mithilfe des Benutzerdurchschnitts gefunden haben:

```
Mean squared error using movie average: 0.9136057106858655
```

Matrixfaktorisierung

Bevor wir das Empfehlungssystem mit RBMs in Angriff nehmen, erstellen wir zunächst eines mit *Matrixfaktorisierung*, die heute einen der erfolgreichsten und bekanntesten Algorithmen für kollaboratives Filtern darstellt. Matrixfaktorisierung zerlegt die Matrix von Benutzerobjekten in ein Produkt aus zwei Matrizen mit geringerer Dimensionalität. Benutzer werden in einem niedrigdimensionalen latenten Raum dargestellt und ebenso die Objekte.

Angenommen, unsere Benutzerobjektmatrix wäre *R* mit *m* Benutzern und *n* Objekten. Die Matrixfaktorisierung erzeugt daraus zwei Matrizen *H* und *W* mit geringerer Dimensionalität. Dabei ist *H* eine Matrix aus »*m* Benutzern« x »*k* latente Faktoren« und *W* eine Matrix aus »*k* latente Faktoren« x »*n* Objekte«.

Die Bewertungen werden durch Matrixmultiplikation berechnet: R = H * W.

Die Anzahl der *k* latenten Faktoren bestimmt die Kapazität des Modells. Je größer das *k*, desto größer die Kapazität des Modells. Wenn wir *k* erhöhen, können wir die Personalisierung der Bewertungsvorhersagen für Benutzer verbessern. Ist *k* jedoch zu hoch, passt sich das Modell zu stark an die Daten an (Overfitting).

Das alles sollte Ihnen bekannt sein. Matrixfaktorisierung lernt Darstellungen für die Benutzer und Objekte in einem niedrigdimensionalen Raum und trifft Vorhersagen, die auf den neu gelernten Darstellungen basieren.

Ein latenter Faktor

Beginnen wir mit der einfachsten Form der Matrixfaktorisierung – mit nur einem latenten Faktor. Die Matrixfaktorisierung führen wir mit Keras durch.

Zuerst müssen wir den Graphen definieren. Die Eingabe ist der eindimensionale Vektor der Benutzer für die Benutzereinbettung und der eindimensionale Vektor der Filme für die Filmeinbettung. Diese Eingabevektoren betten wir in einen latenten Raum ein und flachen sie dann ab. Um das *Produkt* für den Ausgabevektor zu generieren, bilden wir das Punktprodukt aus Filmvektor und Benutzervektor. Mit dem *Adam-Optimizer* minimieren wir unsere Kostenfunktion, die als mittlere quadratische Abweichung `mean_squared_error` definiert ist:

```
n_latent_factors = 1

user_input = Input(shape=[1], name='user')
user_embedding = Embedding(input_dim=n_users + 1, output_dim=n_latent_factors,
 name='user_embedding')(user_input)
```

```
user_vec = Flatten(name='flatten_users')(user_embedding)

movie_input = Input(shape=[1], name='movie')
movie_embedding = Embedding(input_dim=n_movies + 1, output_dim=n_latent_factors,
 name='movie_embedding')(movie_input)
movie_vec = Flatten(name='flatten_movies')(movie_embedding)

product = dot([movie_vec, user_vec], axes=1)
model = Model(inputs=[user_input, movie_input], outputs=product)
model.compile('adam', 'mean_squared_error')
```

Wir trainieren nun das Modell. Dazu speisen wir die Benutzer- und Filmvektoren aus dem Trainings-Dataset ein. Und während des Trainings bewerten wir das Modell auf dem Validierungsset. Die mittlere quadratische Abweichung wird bezüglich der vorhandenen tatsächlichen Bewertungen berechnet.

Wir absolvieren 100 Trainingsepochen und speichern den Verlauf des Trainings und die Validierungsergebnisse. Außerdem stellen wir die Ergebnisse grafisch dar:

```
history = model.fit(x=[X_train.newUserId, X_train.newMovieId], \
                    y=X_train.rating, epochs=100, \
                    validation_data=([X_validation.newUserId, \
                    X_validation.newMovieId], X_validation.rating), \
                    verbose=1)

pd.Series(history.history['val_loss'][10:]).plot(logy=False)
plt.xlabel("Epoch")
plt.ylabel("Validation Error")
print('Minimum MSE: ', min(history.history['val_loss']))
```

Abbildung 10-1 zeigt die Ergebnisse.

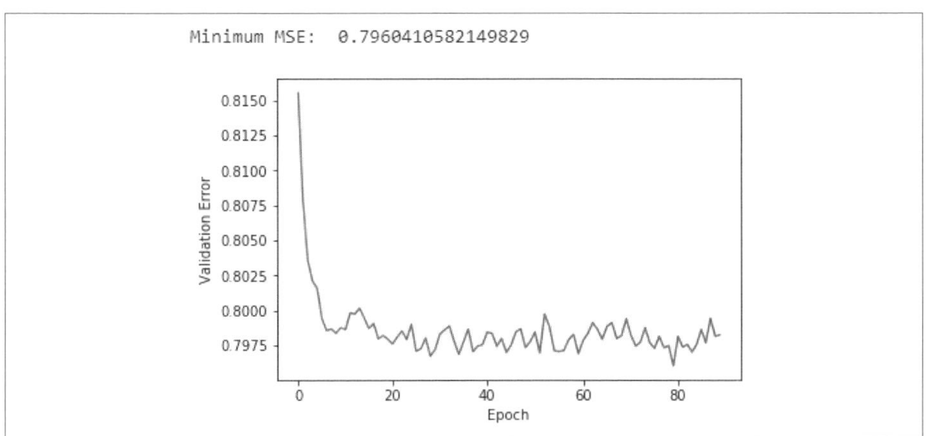

Abbildung 10-1: Diagramm der mittleren quadratischen Abweichung für die Validierung mit Matrixfaktorisierung und einem latenten Faktor

Die minimale mittlere quadratische Abweichung mit Matrixfaktorisierung und einem latenten Faktor beträgt 0,796. Dieser Wert ist besser als der unseres Ansatzes weiter oben mit Benutzerdurchschnitt und Filmdurchschnitt.

Versuchen wir einmal, ob sich das Ergebnis weiter verbessern lässt, wenn wir die Anzahl der latenten Faktoren (d.h. die Kapazität des Modells) erhöhen.

Drei latente Faktoren

Abbildung 10-2 zeigt die Ergebnisse bei Verwendung von drei latenten Faktoren.

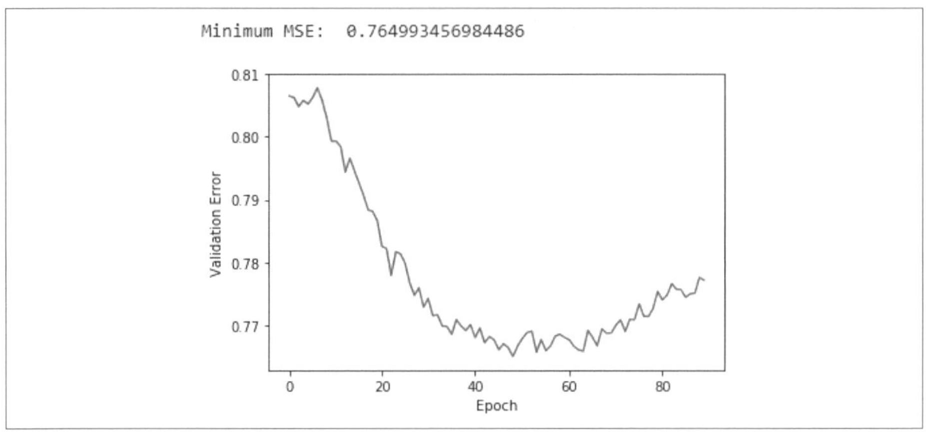

Abbildung 10-2: Diagramm der mittleren quadratischen Abweichung für die Validierung mit Matrixfaktorisierung und drei latenten Faktoren

Die minimale mittlere quadratische Abweichung ist mit 0,765 besser als der Wert, der mit einem latenten Faktor erreicht wurde, und damit das bisher beste Ergebnis.

Fünf latente Faktoren

Wir erstellen nun ein Modell mit Matrixfaktorisierung und fünf latenten Faktoren. Abbildung 10-3 gibt die Ergebnisse wieder.

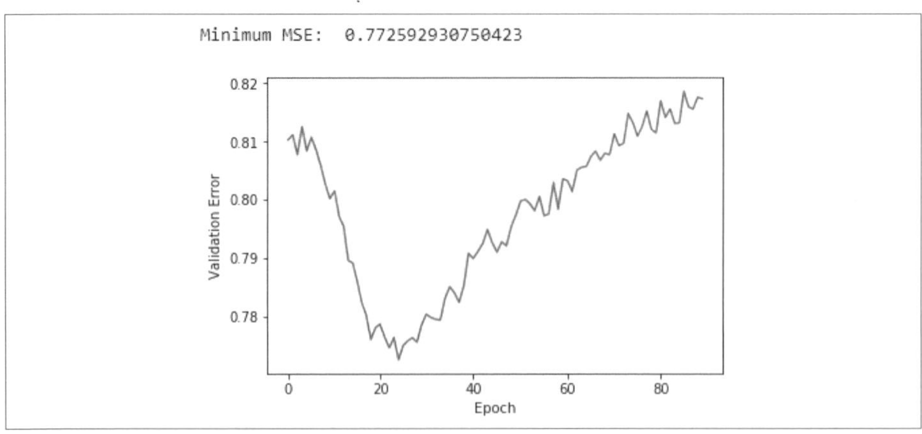

Abbildung 10-3: Diagramm der mittleren quadratischen Abweichung für die Validierung mit Matrixfaktorisierung und fünf latenten Faktoren

Die minimale mittlere quadratische Abweichung ließ sich nicht mehr verbessern, und es gibt deutliche Anzeichen, dass nach den ersten 25 Epochen ein Overfitting auftritt. Der Validierungsfehler fällt zunächst ab, steigt aber dann wieder an. Es bringt also kaum etwas, die Kapazität des Modells mit Matrixfaktorisierung weiter aufzustocken.

Kollaboratives Filtern mit RBMs

Kommen wir wieder zurück zu beschränkten Boltzmann-Maschinen (kurz RBMs). Wie Sie wissen, bestehen RBMs aus zwei Schichten – der sichtbaren oder Input-Schicht und der verdeckten oder Hidden-Schicht. Die Neuronen in jeder Schicht kommunizieren mit den Neuronen in der anderen Schicht, nicht aber mit den Neuronen in derselben Schicht – das ist die *beschränkte* Komponente der beschränkten Boltzmann-Maschinen.

Ein anderes wichtiges Feature von RBMs ist, dass die Kommunikation zwischen den Schichten in beide Richtungen stattfindet – nicht nur in eine Richtung. So kommunizieren zum Beispiel die Neuronen bei Autoencodern mit der nächsten Schicht und geben Informationen nur per Feedforward weiter.

Bei RBMs kommunizieren die Neuronen in der sichtbaren Schicht mit der verdeckten Schicht, und die verdeckte Schicht übergibt dann Informationen zurück an die sichtbare Schicht, sodass die Informationen mehrmals hin- und hergehen. RBMs führen diese Kommunikation – das Hin- und Herschicken zwischen der sichtbaren und der verdeckten Schicht – durch, um ein generatives Modell zu entwickeln, sodass die Rekonstruktionen von den Ausgaben der Hidden-Schicht den ursprünglichen Eingaben ähnlich sind.

Anders ausgedrückt, versuchen die RBMs, ein generatives Modell zu schaffen, das bei der Vorhersage, ob ein Benutzer einen Film mag, den er noch nie gesehen hat, hilfreich ist, und zwar basierend darauf, wie ähnlich der Film anderen Filmen ist, die der Benutzer bewertet hat, und wie ähnlich der Benutzer den anderen Benutzern ist, die diesen Film bewertet haben.

Die sichtbare Schicht erhält X Neuronen, wobei X die Anzahl der Filme im Dataset ist. Jedes Neuron hat einen normalisierten Bewertungswert von 0 bis 1, wobei 0 bedeutet, dass der Benutzer den Film noch nicht gesehen hat. Je näher der normalisierte Bewertungswert an 1 liegt, desto mehr mag der Benutzer den Film, der durch das Neuron repräsentiert wird.

Die Neuronen in der sichtbaren Schicht kommunizieren mit den Neuronen in der Hidden-Schicht, die versucht, die zugrunde liegenden latenten Features zu lernen, die die Filmvorlieben des Benutzers charakterisieren.

Beschränkte Boltzmann-Maschinen werden auch als *symmetrische bipartite bidirektionale Graphen* bezeichnet – symmetrisch, weil jeder sichtbare Knoten mit jedem verdeckten Knoten verbunden ist, bipartit, weil es zwei Schichten von Knoten gibt, und bidirektional, weil die Kommunikation in beide Richtungen stattfindet.

Die Architektur des neuronalen Netzes von RBMs

Für unser Filmempfehlungssystem erzeugen wir eine $m \times n$-Matrix mit m Benutzern und n Filmen. Um die RBM zu trainieren, übergeben wir einen Batch von k Benutzern mit ihren n Filmbewertungen an das neuronale Netz für eine bestimmte Anzahl von Epochen.

Jede Eingabe x, die an das neuronale Netz übergeben wird, repräsentiert die Bewertungspräferenzen für alle n Filme, wobei n in unserem Beispiel 1000 ist. Daher besitzt die sichtbare Schicht n Knoten, einen für jeden Film.

Wir können die Anzahl der Knoten in der verdeckten Schicht festlegen, die im Allgemeinen weniger Knoten enthält als die sichtbare Schicht, um die Hidden-Schicht zu zwingen, die relevanten Aspekte der ursprünglichen Eingabe so effizient wie möglich zu lernen.

Jede Eingabe *v0* wird mit ihrem jeweiligen Gewicht *W* multipliziert. Die Gewichte werden durch die Verbindungen von der sichtbaren Schicht zur verdeckten Schicht gelernt. Dann fügen wir der verdeckten Schicht einen Bias-Vektor namens *hb* hinzu. Der Bias-Vektor stellt sicher, dass wenigstens einige der Neuronen feuern. Dieses *W*v0+hb*-Ergebnis wird an die Aktivierungsfunktion übergeben.

Danach nehmen wir eine Stichprobe von den Ausgängen, und zwar durch sogenanntes *Gibbs-Sampling*. Das heißt, die Aktivierung der Hidden-Schicht resultiert in endgültigen Ausgaben, die stochastisch erzeugt werden. Dieser Grad an Zufälligkeit hilft dabei, ein generatives Modell zu erstellen, das leistungsfähiger und robuster ist.

Als Nächstes wird die Ausgabe nach dem Gibbs-Sampling – *h0* genannt – im sogenannten *Backward-Pass* über das neuronale Netz in umgekehrter Richtung zurückgeschickt. Im Backward-Pass werden die Aktivierungen im *Forward-Pass* nach dem Gibbs-Sampling in die Hidden-Schicht eingespeist und mit denselben Gewichten wie zuvor multipliziert. Dann fügen wir der sichtbaren Schicht einen neuen Bias-Vektor *vb* hinzu.

Das Ergebnis *W*h0+vb* wird an eine Aktualisierungsfunktion übergeben. Den Rückgabewerten entnehmen wir Stichproben per Gibbs-Sampling in den Vektor *v1*, den wir dann als neue Eingabe an die sichtbare Schicht übergeben und über das neuronale Netz einem weiteren Forward-Pass unterziehen.

Die RBM durchläuft eine Reihe von Forward- und Backward-Pässen wie diesen, um die optimalen Gewichte zu lernen, während versucht wird, ein robustes generatives Modell zu erstellen. RBMs sind der erste Typ von *generativem Lernmodell*, den wir untersucht haben. Durch Gibbs-Sampling und erneutes Trainieren der Gewichte via Forward- und Backward-Pässe versuchen RBMs, die *Wahrscheinlichkeitsverteilung* der ursprünglichen Eingabe zu lernen. Insbesondere minimieren RBMs die *Kullback-Leibler-Divergenz*, die ein Maß für die Unterschiedlichkeit zweier Wahrscheinlichkeitsverteilungen ist. In diesem Fall minimieren RBMs die

Abweichungen zwischen der Wahrscheinlichkeitsverteilung der ursprünglichen Eingabe und der Wahrscheinlichkeitsverteilung der rekonstruierten Daten.

Indem die Gewichte im neuronalen Netz iterativ justiert werden, lernt die RBM, das Modell bestmöglich an die ursprünglichen Daten anzupassen. Mit dieser neu gelernten Wahrscheinlichkeitsverteilung sind RBMs in der Lage, Vorhersagen über zuvor nicht gesehene Daten zu treffen. In unserem Beispiel versucht die RBM, die Bewertungen für Filme vorherzusagen, die der Benutzer zuvor nicht gesehen hat, und zwar basierend auf der Ähnlichkeit des Benutzers zu anderen Benutzern und den Bewertungen, die diese Filme von den anderen Benutzern erhalten haben.

Die Komponenten der RBM-Klasse erstellen

Zuerst initialisieren wir die Klasse mit einigen Parametern – der Eingabegröße der RBM, der Ausgabegröße, der Lernrate, der Anzahl der Trainingsepochen und der Batch-Größe während des Trainingsprozesses.

Außerdem erzeugen wir 0-Matrizen für die Gewichtsmatrix, den Bias-Vektor der Hidden-Schicht und den Bias-Vektor der sichtbaren Schicht:

```
# RBM-Klasse definieren
class RBM(object):

    def __init__(self, input_size, output_size,
                learning_rate, epochs, batchsize):
        # Hyperparameter definieren
        self._input_size = input_size
        self._output_size = output_size
        self.learning_rate = learning_rate
        self.epochs = epochs self.batchsize = batchsize

        # Gewichte und Bias-Vektoren mit 0-Matrizen initialisieren
        self.w = np.zeros([input_size, output_size], "float")
        self.hb = np.zeros([output_size], "float")
        self.vb = np.zeros([input_size], "float")
```

Als Nächstes definieren wir Funktionen für den Forward-Pass, den Backward-Pass und die Stichprobenentnahme von Daten während dieser Pässe.

Die Funktion für den Forward-Pass sieht folgendermaßen aus, wobei h die Hidden-Schicht bezeichnet und v die sichtbare (engl. visible) Schicht:

```
def prob_h_given_v(self, visible, w, hb):
return tf.nn.sigmoid(tf.matmul(visible, w) + hb)
```

Hier die Funktion für den Backward-Pass:

```
def prob_v_given_h(self, hidden, w, vb):
return tf.nn.sigmoid(tf.matmul(hidden, tf.transpose(w)) + vb)
```

Die Funktion zur Stichprobenentnahme sieht so aus:

```
def sample_prob(self, probs):
return tf.nn.relu(tf.sign(probs - tf.random_uniform(tf.shape(probs))))
```

Jetzt brauchen wir eine Funktion, die dieses Training ausführt. Da wir mit TensorFlow arbeiten, müssen wir zunächst Platzhalter für den TensorFlow-Graphen schaffen, den wir dann verwenden, wenn wir Daten in die TensorFlow-Sitzung einspeisen.

Platzhalter legen wir an für die Gewichtsmatrix, den Bias-Vektor für die Hidden-Schicht und den Bias-Vektor für die sichtbare Schicht. Zudem müssen wir die Werte für diese drei Elemente mit Nullen initialisieren. Und wir brauchen ein Set, das die aktuellen Werte speichert, sowie ein Set, um die vorherigen Werte aufzunehmen:

```
_w = tf.placeholder("float", [self._input_size, self._output_size])
_hb = tf.placeholder("float", [self._output_size])
_vb = tf.placeholder("float", [self._input_size])

prv_w = np.zeros([self._input_size, self._output_size], "float")
prv_hb = np.zeros([self._output_size], "float")
prv_vb = np.zeros([self._input_size], "float")

cur_w = np.zeros([self._input_size, self._output_size], "float")
cur_hb = np.zeros([self._output_size], "float")
cur_vb = np.zeros([self._input_size], "float")
```

Ebenso benötigen wir einen Platzhalter für die sichtbare Schicht. Die verdeckte Schicht ergibt sich aus der Matrixmultiplikation der sichtbaren Schicht mit der Gewichtsmatrix und der Matrixaddition des Bias-Vektors der Hidden-Schicht:

```
v0 = tf.placeholder("float", [None, self._input_size])
h0 = self.sample_prob(self.prob_h_given_v(v0, _w, _hb))
```

Im Backward-Pass multiplizieren wir die Ausgabe der Hidden-Schicht mit der transponierten Gewichtsmatrix, die im Forward-Pass verwendet wurde, und addieren den Bias-Vektor der sichtbaren Schicht. Beachten Sie, dass die Gewichtsmatrix sowohl im Forward- als auch im Backward-Pass dieselbe ist. Dann führen wir den Forward-Pass erneut aus:

```
v1 = self.sample_prob(self.prob_v_given_h(h0, _w, _vb))
h1 = self.prob_h_given_v(v1, _w, _hb)
```

Die Gewichte aktualisieren wir mit einem Algorithmus der kontrastiven Divergenz.[2]

Den Fehler definieren wir als mittlere quadratische Abweichung.

```
positive_grad = tf.matmul(tf.transpose(v0), h0)
negative_grad = tf.matmul(tf.transpose(v1), h1)

update_w = _w + self.learning_rate * \
    (positive_grad - negative_grad) / tf.to_float(tf.shape(v0)[0])
update_vb = _vb + self.learning_rate * tf.reduce_mean(v0 - v1, 0)
```

2 Weitere Informationen zu diesem Thema finden Sie im Paper *On Contrastive Divergence Learning* (*http://bit.ly/2RukFuX*).

```
update_hb = _hb + self.learning_rate * tf.reduce_mean(h0 - h1, 0)

err = tf.reduce_mean(tf.square(v0 - v1))
```

Nun sind wir bereit, die TensorFlow-Sitzung mit den soeben definierten Variablen zu initialisieren.

Sobald wir `sess.run` aufrufen, können wir Batches von Daten einspeisen, um das Training zu beginnen. Während des Trainings finden Forward- und Backward-Pässe statt, und die RBM aktualisiert Gewichte basierend auf dem Vergleich der generierten Daten mit der ursprünglichen Eingabe. Den Rekonstruktionsfehler von jeder Epoche geben wir aus:

```
with tf.Session() as sess:
    sess.run(tf.global_variables_initializer())

    for epoch in range(self.epochs):
        for start, end in zip(range(0, len(X),
        self.batchsize),range(self.batchsize,len(X), self.batchsize)):
            batch = X[start:end]
            cur_w = sess.run(update_w, feed_dict={v0: batch,
            _w: prv_w, _hb: prv_hb, _vb: prv_vb})
            cur_hb = sess.run(update_hb, feed_dict={v0: batch,
            _w: prv_w, _hb: prv_hb, _vb: prv_vb})
            cur_vb = sess.run(update_vb, feed_dict={v0: batch,
            _w: prv_w, _hb: prv_hb, _vb: prv_vb})
            prv_w = cur_w
            prv_hb = cur_hb
            prv_vb = cur_vb
        error = sess.run(err, feed_dict={v0: X,
        _w: cur_w, _vb: cur_vb, _hb: cur_hb})
        print ('Epoch: %d' % epoch,'reconstruction error: %f' % error)
    self.w = prv_w
    self.hb = prv_hb
    self.vb = prv_vb
```

Das RBM-Empfehlungssystem trainieren

Um die RBM zu trainieren, erzeugen wir ein NumPy-Array `inputX` aus `ratings_train` und konvertieren diese Werte in den Typ `float32`. Außerdem definieren wir für die RBM eine 1000-dimensionale Eingabe, eine 1000-dimensionale Ausgabe, eine Lernrate von 0,3, 500 Trainingsepochen und eine Batch-Größe von 200. Diese Werte sind nur als vorläufige Parameterauswahl gedacht; Sie sollten auf jeden Fall experimentieren, um optimale Parameter zu ermitteln:

```
# Trainingszyklus beginnen

# inputX in float32 konvertieren
inputX = ratings_train
inputX = inputX.astype(np.float32)

# Die Parameter der RBMs definieren, mit denen wir trainieren
rbm=RBM(1000,1000,0.3,500,200)
```

Los geht es mit dem Training:

```
rbm.train(inputX)
outputX, reconstructedX, hiddenX = rbm.rbm_output(inputX)
```

Abbildung 10-4 zeigt das Diagramm der Rekonstruktionsfehler.

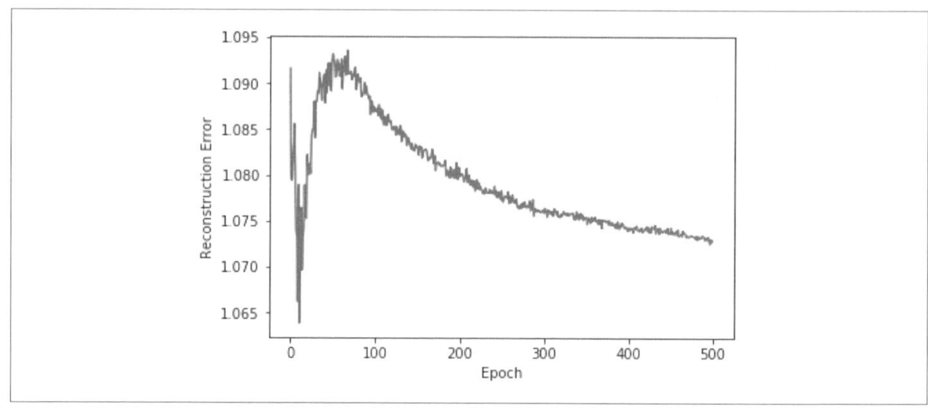

Abbildung 10-4: Diagramm der RBM-Fehler

Die Fehlerterme nehmen im Allgemeinen ab, je länger wir trainieren.

Mit dem RBM-Modell, das wir entwickelt haben, werden wir nun die Bewertungen für Benutzer im Validierungsset (das dieselben Benutzer wie das Trainingsset enthält) vorhersagen:

```
# Bewertungen für Validierungsset vorhersagen
inputValidation = ratings_validation
inputValidation = inputValidation.astype(np.float32)

finalOutput_validation, reconstructedOutput_validation, _ = \
    rbm.rbm_output(inputValidation)
```

Als Nächstes konvertieren wir die Vorhersagen in ein Array und berechnen die mittlere quadratische Abweichung gegen die wahren Validierungsbewertungen:

```
predictionsArray = reconstructedOutput_validation
pred_validation = \
    predictionsArray[ratings_validation.nonzero()].flatten()
actual_validation = \
    ratings_validation[ratings_validation.nonzero()].flatten()
rbm_prediction = mean_squared_error(pred_validation, actual_validation)
print('Mean squared error using RBM prediction:', rbm_prediction)
```

Die folgende Ausgabe zeigt die mittlere quadratische Abweichung auf dem Validierungsset:

```
Mean squared error using RBM prediction: 9.331135003325205
```

Diese mittlere quadratische Abweichung ist als Ausgangspunkt anzusehen und dürfte sich mit mehr Experimentieraufwand höchstwahrscheinlich verbessern.

Zusammenfassung

In diesem Kapitel haben wir beschränkte Boltzmann-Maschinen (*Restricted Boltzmann Machines*, RBMs) untersucht und mit ihnen ein Empfehlungssystem für Filmbewertungen aufgebaut. Unser RBM-Empfehlungssystem hat die Wahrscheinlichkeitsverteilung von Bewertungen der Filme für Benutzer gelernt, und zwar anhand ihrer früheren Bewertungen und den Bewertungen von Benutzern, denen sie am ähnlichsten waren. Dann haben wir mithilfe der gelernten Wahrscheinlichkeitsverteilung Bewertungen für zuvor nicht gesehene Filme vorhergesagt.

In Kapitel 11 stapeln wir RBMs übereinander, um Deep Belief Networks zu erstellen, mit denen noch leistungsfähigere unüberwachte Lernaufgaben realisiert werden sollen.

KAPITEL 11

Featureerkennung mit Deep Belief Networks

In Kapitel 10 haben wir beschränkte Boltzmann-Maschinen (RBMs) untersucht und mit ihnen ein Empfehlungssystem für Filmbewertungen erstellt. In diesem Kapitel stapeln wir RBMs, um *Deep Belief Networks (DBNs)* aufzubauen. DBNs wurden erstmals 2006 von Geoffrey Hinton an der University of Toronto vorgestellt.

RBMs besitzen nur zwei Schichten, eine sichtbare Schicht und eine verdeckte Schicht; einfach ausgedrückt, sind RBMs flache neuronale Netze. DBNs bestehen aus mehreren RBMs – die verdeckte Schicht des einen RBM dient als sichtbare Schicht des nächsten RBM. Da sie aus vielen Schichten bestehen, sind DBNs tiefe neuronale Netze. Tatsächlich stellen sie den ersten Typ eines tiefen unüberwachten neuronalen Netzes dar, den wir bisher eingeführt haben.

Flache unüberwachte neuronale Netze, wie zum Beispiel RBMs, sind nicht in der Lage, in komplexen Daten wie Bildern, Sounds und Texten Strukturen zu erfassen, DBNs hingegen schon. DBNs wurden eingesetzt, um Bilder, Videos, Sounds und Texte zu erkennen und zu gruppieren, obwohl andere Deep-Learning-Methoden in den letzten zehn Jahren die DBNs leistungsmäßig übertroffen haben.

Deep Belief Networks im Detail

Wie RBMs können DBNs die zugrunde liegende Struktur der Eingabe lernen und sie probabilistisch rekonstruieren. Wie RBMs sind DBNs also generative Modelle. Und wie bei RBMs haben die Neuronen in DBNs Verbindungen nur zwischen Schichten, aber nicht zwischen Einheiten innerhalb jeder Schicht.

Im DBN wird jeweils eine Schicht trainiert, beginnend mit der ersten verdeckten Schicht, die zusammen mit der Input-Schicht die erste RBM ausmacht. Nachdem diese erste RBM trainiert ist, dient die verdeckte Schicht der ersten RBM als sichtbare Schicht der nächsten RBM und wird verwendet, um die zweite verdeckte Schicht des DBN zu trainieren.

Dieser Prozess setzt sich so lange fort, bis alle Schichten des DBN trainiert sind. Bis auf die erste und letzte Schicht des DBN dient jede Schicht im DBN sowohl als Hidden-Schicht als auch als sichtbare Schicht einer RBM.

Das DBN ist eine Hierarchie von Darstellungen und wie alle neuronalen Netze eine Form des Repräsentationslernens. Beachten Sie, dass das DBN keine Labels verwendet. Stattdessen lernt es die zugrunde liegende Struktur in den Eingabedaten schichtweise.

Mithilfe von Labels lassen sich die letzten Schichten des DBN fein abstimmen, aber erst nachdem das anfängliche Unsupervised Learning abgeschlossen ist. Möchten wir zum Beispiel das DBN als Klassifizierer einsetzen, würden wir zunächst ein Unsupervised Learning absolvieren (ein sogenanntes *Pretraining*) und dann die Labels heranziehen, um das DBN zu optimieren (die sogenannte *Feinabstimmung*).

MNIST-Bildklassifizierung

Erstellen wir nun eine Bildklassifizierung mit DBNs. Dabei greifen wir wieder zum MNIST-Dataset.

Zuerst laden wir die erforderlichen Bibliotheken:

```
'''Main'''
import numpy as np
import pandas as pd
import os, time, re
import pickle, gzip, datetime

'''Datenvisualisierung'''
import matplotlib.pyplot as plt
import seaborn as sns
color = sns.color_palette()
import matplotlib as mpl

%matplotlib inline

'''Datenvorbereitung und Modellbewertung'''
from sklearn import preprocessing as pp
from sklearn.model_selection import train_test_split
from sklearn.model_selection import StratifiedKFold
from sklearn.metrics import log_loss, accuracy_score
from sklearn.metrics import precision_recall_curve, average_precision_score
from sklearn.metrics import roc_curve, auc, roc_auc_score, mean_squared_error

'''Algorithmen'''
import lightgbm as lgb

'''TensorFlow und Keras'''
import tensorflow as tf
import keras
from keras import backend as K
from keras.models import Sequential, Model
from keras.layers import Activation, Dense, Dropout
from keras.layers import BatchNormalization, Input, Lambda
from keras.layers import Embedding, Flatten, dot
from keras import regularizers
from keras.losses import mse, binary_crossentropy
```

Dann laden wir die Daten und speichern sie in Pandas-DataFrames. Die Labels codieren wir in 1-aus-n-Vektoren. Dies ähnelt alles dem, was wir bei der Einführung des MNIST-Datasets weiter oben im Buch getan haben:

```
# Die Datasets laden
current_path = os.getcwd()
file = '\\datasets\\mnist_data\\mnist.pkl.gz'
f = gzip.open(current_path+file, 'rb')
train_set, validation_set, test_set = pickle.load(f, encoding='latin1')
f.close()

X_train, y_train = train_set[0], train_set[1]
X_validation, y_validation = validation_set[0], validation_set[1]
X_test, y_test = test_set[0], test_set[1]

# Aus den Datasets Pandas-DataFrames erzeugen
train_index = range(0,len(X_train))
validation_index = range(len(X_train),len(X_train)+len(X_validation))
test_index = range(len(X_train)+len(X_validation), \
                   len(X_train)+len(X_validation)+len(X_test))

X_train = pd.DataFrame(data=X_train,index=train_index)
y_train = pd.Series(data=y_train,index=train_index)

X_validation = pd.DataFrame(data=X_validation,index=validation_index)
y_validation = pd.Series(data=y_validation,index=validation_index)

X_test = pd.DataFrame(data=X_test,index=test_index)
y_test = pd.Series(data=y_test,index=test_index)

def view_digit(X, y, example):
    label = y.loc[example]
    image = X.loc[example,:].values.reshape([28,28])
    plt.title('Example: %d Label: %d' % (example, label))
    plt.imshow(image, cmap=plt.get_cmap('gray'))
    plt.show()

def one_hot(series):
    label_binarizer = pp.LabelBinarizer()
    label_binarizer.fit(range(max(series)+1))
    return label_binarizer.transform(series)

# 1-aus-n-Vektoren für die Labels erzeugen
y_train_oneHot = one_hot(y_train)
y_validation_oneHot = one_hot(y_validation)
y_test_oneHot = one_hot(y_test)
```

Beschränkte Boltzmann-Maschinen

Als Nächstes definieren wir eine RBM-Klasse, sodass wir mehrere RBMs (die die Bausteine für DBNs sind) in schneller Folge trainieren können.

Wie Sie wissen, besitzen RBMs eine Input-Schicht (die auch als sichtbare Schicht bezeichnet wird) und eine einzelne Hidden-Schicht (oder verdeckte Schicht).

Zudem sind die Verbindungen zwischen Neuronen beschränkt, sodass Neuronen nur mit den Neuronen in anderen Schichten verbunden sind, aber nicht mit Neuronen innerhalb derselben Schicht. Denken Sie auch daran, dass die Kommunikation zwischen den Schichten in beiden Richtungen stattfindet – nicht nur in einer Richtung oder im Feedforward-Stil wie bei Autoencodern.

In einer RBM kommunizieren die Neuronen in der sichtbaren Schicht mit der verdeckten Schicht, die verdeckte Schicht generiert Daten aus dem Wahrscheinlichkeitsmodell, das die RBM gelernt hat, und dann übergibt die verdeckte Schicht diese generierten Informationen zurück an die sichtbare Schicht. Die sichtbare Schicht übernimmt die generierten Daten aus der verdeckten Schicht, entnimmt ihr Stichproben, vergleicht sie mit den ursprünglichen Daten und sendet – basierend auf dem Rekonstruktionsfehler zwischen der generierten Datenstichprobe und den Ursprungsdaten – neue Informationen an die verdeckte Schicht, um den Prozess zu wiederholen.

Durch diese bidirektionale Kommunikation entwickelt die RBM ein generatives Modell, sodass die Rekonstruktionen aus der Ausgabe der verdeckten Schicht der ursprünglichen Eingabe ähnlich sind.

Die Komponenten der RBM-Klasse erstellen

Wie in Kapitel 10 gehen wir zunächst die verschiedenen Komponenten der RBM-Klasse durch. Zuerst initialisieren wir die Klasse mit einigen Parametern – das sind die Eingabegröße der RBM, die Ausgabegröße, die Lernrate, die Anzahl der Trainingsepochen und die Batch-Größe während des Trainings. Des Weiteren erzeugen wir 0-Matrizen für die Gewichtsmatrix, den Bias-Vektor für die verdeckte Schicht und den Bias-Vektor für die sichtbare Schicht:

```
# Die RBM-Klasse definieren
class RBM(object):

    def __init__(self, input_size, output_size,
                 learning_rate, epochs, batchsize):
        # Hyperparameter definieren
        self._input_size = input_size
        self._output_size = output_size
        self.learning_rate = learning_rate
        self.epochs = epochs
        self.batchsize = batchsize

        # Gewichte und Bias-Werte mit 0-Matrizen initialisieren
        self.w = np.zeros([input_size, output_size], "float")
        self.hb = np.zeros([output_size], "float")
        self.vb = np.zeros([input_size], "float")
```

Als Nächstes definieren wir die Funktionen für den Forward-Pass, den Backward-Pass und die Stichprobenentnahme von Daten während dieser vor- und zurücklaufenden Pässe.

Der Forward-Pass sieht folgendermaßen aus, wobei h für die verdeckte Schicht und v für die sichtbare Schicht stehen:

```
def prob_h_given_v(self, visible, w, hb):
    return tf.nn.sigmoid(tf.matmul(visible, w) + hb)
```

Hier ist der Backward-Pass:

```
def prob_v_given_h(self, hidden, w, vb):
    return tf.nn.sigmoid(tf.matmul(hidden, tf.transpose(w)) + vb)
```

Die Stichprobenfunktion ist folgendermaßen definiert:

```
def sample_prob(self, probs):
    return tf.nn.relu(tf.sign(probs - tf.random_uniform(tf.shape(probs))))
```

Nun brauchen wir eine Funktion, die das Training ausführt. Da wir mit TensorFlow arbeiten, müssen wir zunächst Platzhalter für den TensorFlow-Graphen erzeugen, die wir brauchen, wenn wir Daten in die TensorFlow-Sitzung einspeisen.

Wir richten Platzhalter ein für die Gewichtsmatrix, den Bias-Vektor für die Hidden-Schicht und den Bias-Vektor für die sichtbare Schicht. Des Weiteren müssen wir die Werte für diese drei Elemente mit Nullen initialisieren. Und wir benötigen ein Set, das die aktuellen Werte aufnimmt, sowie ein Set, das die vorherigen Werte speichert:

```
_w = tf.placeholder("float", [self._input_size, self._output_size])
_hb = tf.placeholder("float", [self._output_size])
_vb = tf.placeholder("float", [self._input_size])

prv_w = np.zeros([self._input_size, self._output_size], "float")
prv_hb = np.zeros([self._output_size], "float")
prv_vb = np.zeros([self._input_size], "float")

cur_w = np.zeros([self._input_size, self._output_size], "float")
cur_hb = np.zeros([self._output_size], "float")
cur_vb = np.zeros([self._input_size], "float")
```

Ebenso brauchen wir einen Platzhalter für die sichtbare Schicht. Die verdeckte Schicht ergibt sich aus der Matrixmultiplikation der sichtbaren Schicht mit der Gewichtsmatrix und der Matrixaddition des Bias-Vektors der verdeckten Schicht:

```
v0 = tf.placeholder("float", [None, self._input_size])
h0 = self.sample_prob(self.prob_h_given_v(v0, _w, _hb))
```

Im Backward-Pass multiplizieren wir die Ausgabe der Hidden-Schicht mit der transponierten Gewichtsmatrix, die im Forward-Pass verwendet wurde, und addieren den Bias-Vektor der sichtbaren Schicht. Beachten Sie, dass die Gewichtsmatrix sowohl im Forward- als auch im Backward-Pass dieselbe ist.

Dann führen wir den Forward-Pass erneut aus:

```
v1 = self.sample_prob(self.prob_v_given_h(h0, _w, _vb))
h1 = self.prob_h_given_v(v1, _w, _hb)
```

Die Gewichte aktualisieren wir per kontrastive Divergenz, die wir in Kapitel 10 eingeführt haben. Außerdem definieren wir den Fehler als mittlere quadratische Abweichung:

```
positive_grad = tf.matmul(tf.transpose(v0), h0)
negative_grad = tf.matmul(tf.transpose(v1), h1)

update_w = _w + self.learning_rate * \
    (positive_grad - negative_grad) / tf.to_float(tf.shape(v0)[0])
update_vb = _vb +  self.learning_rate * tf.reduce_mean(v0 - v1, 0)
update_hb = _hb +  self.learning_rate * tf.reduce_mean(h0 - h1, 0)

err = tf.reduce_mean(tf.square(v0 - v1))
```

Nun sind wir bereit, die TensorFlow-Sitzung mit den soeben definierten Variablen zu initialisieren.

Sobald wir sess.run aufrufen, können wir Batches von Daten einspeisen, um das Training zu beginnen. Während des Trainings finden Forward- und Backward-Pässe statt, und die RBM aktualisiert Gewichte basierend auf dem Vergleich der generierten Daten mit der ursprünglichen Eingabe. Den Rekonstruktionsfehler von jeder Epoche geben wir aus:

```
with tf.Session() as sess:
    sess.run(tf.global_variables_initializer())

    for epoch in range(self.epochs):
        for start, end in zip(range(0, len(X), self.batchsize), \
                range(self.batchsize,len(X), self.batchsize)):
            batch = X[start:end]
            cur_w = sess.run(update_w, \
                feed_dict={v0: batch, _w: prv_w, \
                           _hb: prv_hb, _vb: prv_vb})
            cur_hb = sess.run(update_hb, \
                feed_dict={v0: batch, _w: prv_w, \
                           _hb: prv_hb, _vb: prv_vb})
            cur_vb = sess.run(update_vb, \
                feed_dict={v0: batch, _w: prv_w, \
                           _hb: prv_hb, _vb: prv_vb})
            prv_w = cur_w
            prv_hb = cur_hb
            prv_vb = cur_vb
        error = sess.run(err, feed_dict={v0: X, _w: cur_w, \
                                        _vb: cur_vb, _hb: cur_hb})
        print ('Epoch: %d' % epoch,'reconstruction error: %f' % error)
    self.w = prv_w
    self.hb = prv_hb
    self.vb = prv_vb
```

Mit dem RBM-Modell Bilder generieren

Wir definieren auch eine Funktion, um aus dem generativen Modell neue Bilder zu erzeugen, die die RBM gelernt hat:

```
def rbm_output(self, X):

    input_X = tf.constant(X)
    _w = tf.constant(self.w)
    _hb = tf.constant(self.hb)
    _vb = tf.constant(self.vb)
    out = tf.nn.sigmoid(tf.matmul(input_X, _w) + _hb)
    hiddenGen = self.sample_prob(self.prob_h_given_v(input_X, _w, _hb))
    visibleGen = self.sample_prob(self.prob_v_given_h(hiddenGen, _w, _vb))
    with tf.Session() as sess:
        sess.run(tf.global_variables_initializer())
        return sess.run(out), sess.run(visibleGen), sess.run(hiddenGen)
```

Die ursprüngliche Bildmatrix `X` übergeben wir an die Funktion. Wir erstellen TensorFlow-Platzhalter für die ursprüngliche Bildmatrix, die Gewichtsmatrix, den Bias-Vektor der verdeckten Schicht und den Bias-Vektor der sichtbaren Schicht. Dann aktivieren wir die Eingabematrix, um die Ausgabe eines Forward-Passes (`out`), eine Stichprobe der verdeckten Schicht (`hiddenGen`) und eine Stichprobe der vom Modell generierten rekonstruierten Bilder (`visibleGen`) zu erzeugen

Die Featuredetektoren der Zwischenstufen anzeigen

Schließlich definieren wir eine Funktion, um die Featuredetektoren der verdeckten Schicht anzuzeigen:

```
def show_features(self, shape, suptitle, count=-1):
    maxw = np.amax(self.w.T)
    minw = np.amin(self.w.T)
    count = self._output_size if count == -1 or count > \
            self._output_size else count
    ncols = count if count < 14 else 14
    nrows = count//ncols
    nrows = nrows if nrows > 2 else 3
    fig = plt.figure(figsize=(ncols, nrows), dpi=100)
    grid = Grid(fig, rect=111, nrows_ncols=(nrows, ncols), axes_pad=0.01)

    for i, ax in enumerate(grid):
        x = self.w.T[i] if i<self._input_size else np.zeros(shape)
        x = (x.reshape(1, -1) - minw)/maxw
        ax.imshow(x.reshape(*shape), cmap=mpl.cm.Greys)
        ax.set_axis_off()

    fig.text(0.5,1, suptitle, fontsize=20, horizontalalignment='center')
    fig.tight_layout()
    plt.show()
    return
```

Diese und die anderen Funktionen werden wir jetzt auf das MNIST-Dataset anwenden.

Die drei RBMs für das DBN trainieren

Wir werden jetzt die MNIST-Daten verwenden, um drei RBMs zu trainieren, und zwar eine nach der anderen, sodass die verdeckte Schicht der einen RBM als sichtbare Schicht der nächsten RBN verwendet wird. Aus diesen drei RBMs besteht das DBN, das wir aufbauen, um Bilder zu klassifizieren.

Zuerst speichern wir die Trainingsdaten als NumPy-Array. Als Nächstes erzeugen wir eine Liste `rbm_list` für die RBMs, die wir trainieren. Dann definieren wir die Hyperparameter für die drei RBMs. Dazu gehören die Eingabegröße, die Ausgabegröße, die Lernrate, die Anzahl der Trainingsepochen und die Batch-Größe für das Training.

Dies alles lässt sich mit der RBM-Klasse erstellen, die wir weiter oben definiert haben.

Für unser DBN verwenden wir die folgenden RBMs: Das erste übernimmt die ursprüngliche 784-dimensionale Eingabe und gibt eine 700-dimensionale Matrix aus. Die nächste RBM verwendet die 700-dimensionale Matrix, die die erste RBM ausgegeben hat, und liefert eine 600-dimensionale Matrix. Schließlich übernimmt die letzte RBM, die wir trainieren, die 600-dimensionale Matrix und gibt eine 500-dimensionale Matrix aus.

Alle drei RBMs trainieren wir mit einer Lernrate von 1,0 für jeweils 100 Epochen mit einer Batch-Größe von 200:

```
# Da wir trainieren, Eingabe als Trainingsdaten festlegen
inputX = np.array(X_train)

# Liste erzeugen, um unsere RBMs zu speichern
rbm_list = []

# Die Parameter der RBMs definieren, die wir trainieren
rbm_list.append(RBM(784,700,1.0,100,200))
rbm_list.append(RBM(700,600,1.0,100,200))
rbm_list.append(RBM(600,500,1.0,100,200))
```

Trainieren wir nun die RBMs. Die trainierten RBMs speichern wir in der Liste `outputList`.

Wir nutzen hier die Funktion `rbm_output`, die wir weiter oben definiert haben, um die Ausgabematrix – also die Hidden-Schicht – zu produzieren. Diese wiederum dient dann als Input- bzw. sichtbare Schicht der nächsten RBM, die wir trainieren:

```
outputList = []
error_list = []
#Für jede RBM in unserer Liste
for i in range(0,len(rbm_list)):
    print('RBM', i+1)
    #Eine neue RBM trainieren
    rbm = rbm_list[i]
    err = rbm.train(inputX)
```

```
    error_list.append(err)
    #Die Output-Schicht zurückgeben
    outputX, reconstructedX, hiddenX = rbm.rbm_output(inputX)
    outputList.append(outputX)
    inputX = hiddenX
```

Die Fehler jeder RBM werden kleiner, je länger wir trainieren (siehe die Abbildungen 11-1, 11-2 und 11-3). Der RBM-Fehler spiegelt wider, wie ähnlich die rekonstruierten Daten einer bestimmten RBM den Daten sind, die an die sichtbare Schicht genau dieser RBM angelegt werden.

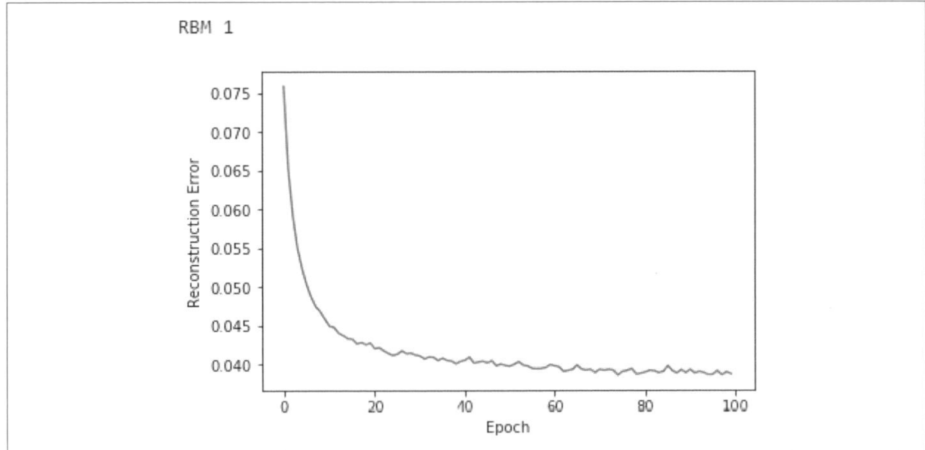

Abbildung 11-1: Rekonstruktionsfehler der ersten RBM

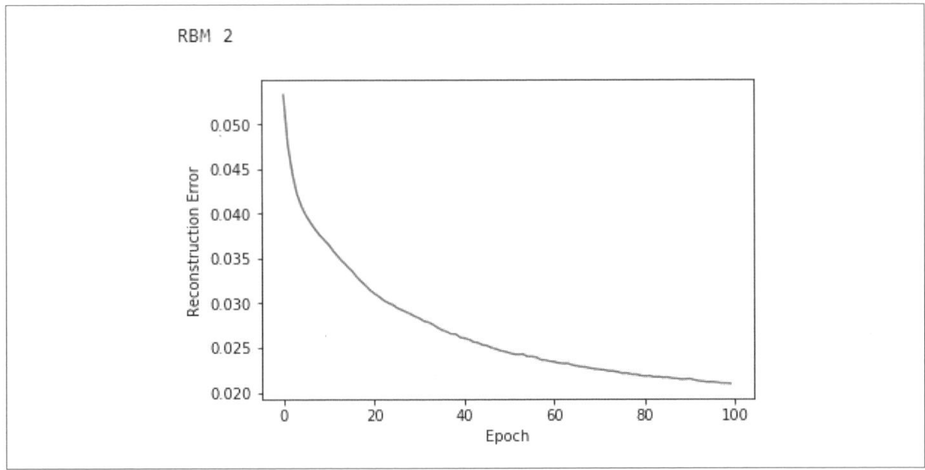

Abbildung 11-2: Rekonstruktionsfehler der zweiten RBM

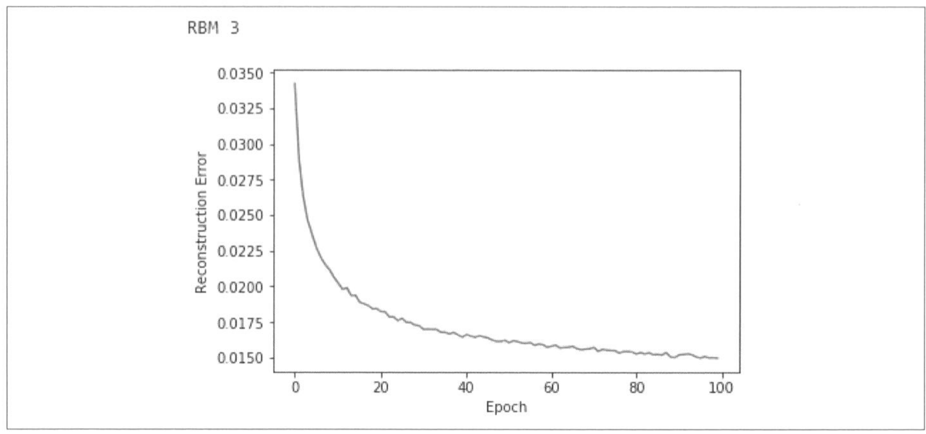

Abbildung 11-3: Rekonstruktionsfehler der dritten RBM

Featuredetektoren untersuchen

Mit der Funktion `rbm.show_features`, die wir weiter oben definiert haben, sehen wir uns nun die gelernten Features aller dieser RBMs an:

```
rbm_shapes = [(28,28),(25,24),(25,20)]
for i in range(0,len(rbm_list)):
    rbm = rbm_list[i]
    print(rbm.show_features(rbm_shapes[i],
     "RBM learned features from MNIST", 56))
```

Abbildung 11-4 zeigt die gelernten Features für die verschiedenen RBMs.

Wie aus der Abbildung hervorgeht, lernt jede RBM zunehmend abstrakte Features aus den MNIST-Daten. Die Features der ersten RBM erinnern nur vage an Ziffern, die Features der zweiten und dritten RBM werden immer nuancierter und weniger erkennbar.

Dies ist ziemlich typisch dafür, wie Featuredetektoren bei Bilddaten arbeiten; die tieferen Schichten des neuronalen Netzes erkennen zunehmend abstrakte Elemente in den Originalbildern.

Generierte Bilder betrachten

Bevor wir das vollständige DBN erstellen, schauen wir uns die generierten Bilder einer der soeben trainierten RBMs an.

Der Einfachheit halber speisen wir die ursprüngliche MNIST-Trainingsmatrix in die erste trainierte RBM ein, die einen Forward-Pass und einen Backward-Pass ausführt und dann die generierten Bilder liefert, die wir brauchen. Wir vergleichen die ersten zehn Bilder des MNIST-Datasets mit den neu generierten Bildern:

```
inputX = np.array(X_train)
rbmOne = rbm_list[0]
```

```
print('RBM 1')
outputX_rbmOne, reconstructedX_rbmOne, hiddenX_rbmOne =
 rbmOne.rbm_output(inputX)
reconstructedX_rbmOne = pd.DataFrame(data=reconstructedX_rbmOne,
 index=X_train.index)
for j in range(0,10):
    example = j
    view_digit(reconstructedX, y_train, example)
    view_digit(X_train, y_train, example)
```

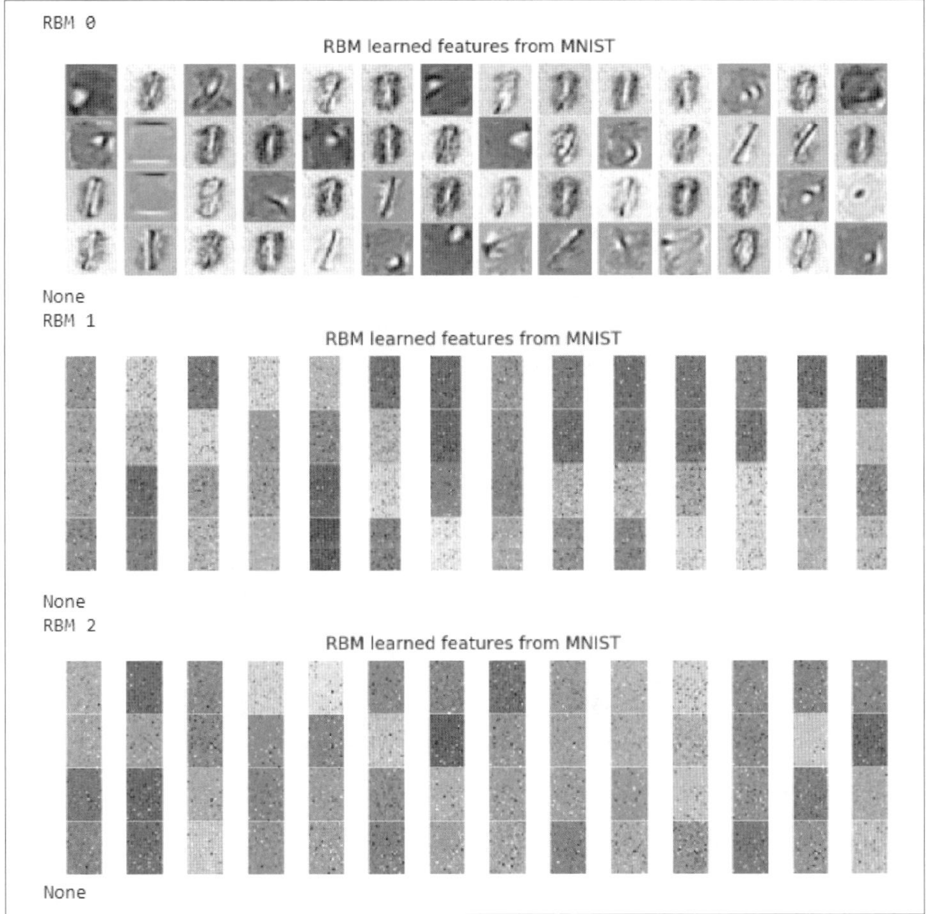

Abbildung 11-4: Von den RBMs gelernte Features

Abbildung 11-5 zeigt das erste Bild, das die RBM produziert hat, im Vergleich zum ersten Originalbild.

Wie Sie sie sehen können, ähnelt das generierte Bild dem Originalbild – beide zeigen die Ziffer Fünf. Sehen wir uns noch einige weitere Bilder wie dieses an, um die von der RBM generierten Bilder mit den Originalen zu vergleichen (siehe die Abbildungen 11-6 bis 11-9).

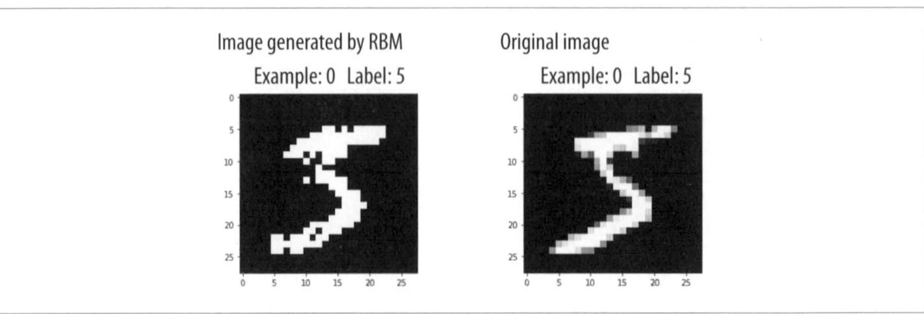

Abbildung 11-5: Das erste Bild, das die erste RBM generiert hat

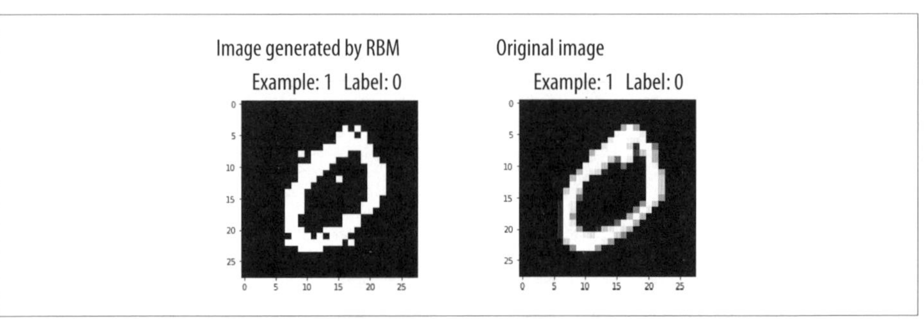

Abbildung 11-6: Zweites generiertes Bild der ersten RBM

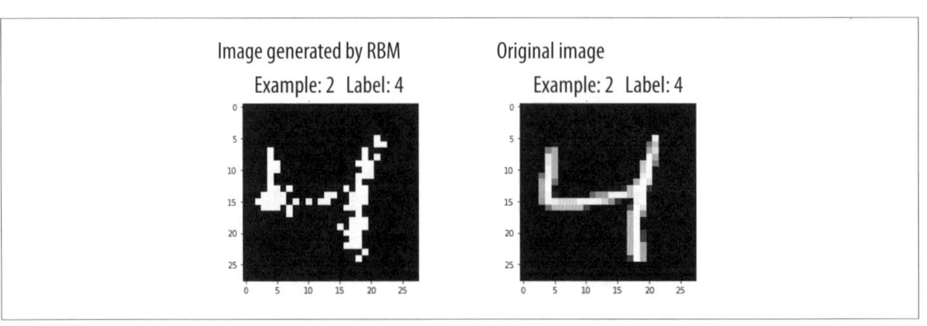

Abbildung 11-7: Drittes generiertes Bild der ersten RBM

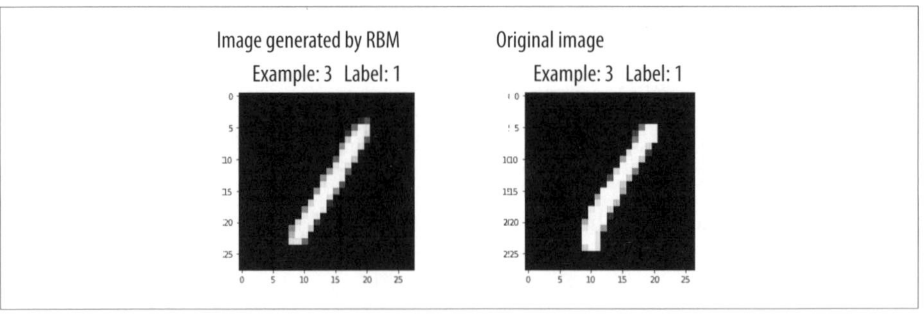

Abbildung 11-8: Viertes generiertes Bild der ersten RBM

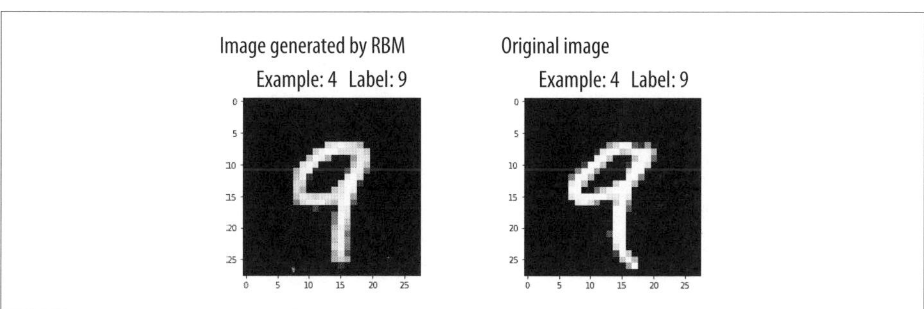

Abbildung 11-9: Fünftes generiertes Bild der ersten RBM

Diese Ziffern sind die Null, die Vier, die Eins und die Neun. Die generierten Bilder sehen den Originalbildern ziemlich ähnlich.

Das vollständige DBN

Wir definieren nun die DBN-Klasse, die die drei soeben trainierten RBMs aufnimmt und eine vierte RBM hinzufügt, die Forward- und Backward-Pässe ausführt, um das generative Modell, das auf dem DBN basiert, insgesamt zu verfeinern.

Zuerst definieren wir die Hyperparameter der Klasse. Hierzu gehören die ursprüngliche Eingabegröße, die Eingabegröße der soeben trainierten dritten RBM, die endgültige Ausgabegröße, die wir vom DBN haben möchten, die Lernrate, die Anzahl der vorgesehenen Trainingsepochen, die Batch-Größe für das Training und die drei soeben trainierten RBMs. Wie zuvor müssen wir die Nullmatrizen für die Gewichte, den Bias-Vektor für die Hidden-Schicht und den Bias-Vektor für die sichtbare Schicht generieren:

```
class DBN(object):
    def __init__(self, original_input_size, input_size, output_size,
                 learning_rate, epochs, batchsize, rbmOne, rbmTwo, rbmThree):
        # Hyperparameter definieren
        self._original_input_size = original_input_size
        self._input_size = input_size
        self._output_size = output_size
        self.learning_rate = learning_rate
        self.epochs = epochs
        self.batchsize = batchsize
        self.rbmOne = rbmOne
        self.rbmTwo = rbmTwo
        self.rbmThree = rbmThree

        self.w = np.zeros([input_size, output_size], "float")
        self.hb = np.zeros([output_size], "float")
        self.vb = np.zeros([input_size], "float")
```

Ähnlich wie zuvor definieren wir Funktionen, um den Forward- und den Backward-Pass auszuführen und jeweils Stichproben zu nehmen:

```
def prob_h_given_v(self, visible, w, hb):
    return tf.nn.sigmoid(tf.matmul(visible, w) + hb)
```

```
    def prob_v_given_h(self, hidden, w, vb):
        return tf.nn.sigmoid(tf.matmul(hidden, tf.transpose(w)) + vb)

    def sample_prob(self, probs):
        return tf.nn.relu(tf.sign(probs - tf.random_uniform(tf.shape(probs))))
```

Für das Training benötigen wir Platzhalter für die Gewichte, den Bias-Vektor der Hidden-Schicht und den Bias-Vektor der sichtbaren Schicht. Außerdem sind Matrizen für die vorherigen und aktuellen Gewichte sowie die Bias-Vektoren der verdeckten und der sichtbaren Schicht erforderlich:

```
    def train(self, X):
        _w = tf.placeholder("float", [self._input_size, self._output_size])
        _hb = tf.placeholder("float", [self._output_size])
        _vb = tf.placeholder("float", [self._input_size])

        prv_w = np.zeros([self._input_size, self._output_size], "float")
        prv_hb = np.zeros([self._output_size], "float")
        prv_vb = np.zeros([self._input_size], "float")

        cur_w = np.zeros([self._input_size, self._output_size], "float")
        cur_hb = np.zeros([self._output_size], "float")
        cur_vb = np.zeros([self._input_size], "float")
```

Für die sichtbare Schicht richten wir einen Platzhalter ein.

Als Nächstes reichen wir die anfängliche Eingabe – die sichtbare Schicht – über die drei zuvor trainierten RBMs weiter. Die resultierende Ausgabe `forward` übergeben wir an die vierte RBM, die wir im Rahmen dieser DBN-Klasse trainieren:

```
        v0 = tf.placeholder("float", [None, self._original_input_size])
        forwardOne = tf.nn.relu(tf.sign(tf.nn.sigmoid(tf.matmul(v0, \
                        self.rbmOne.w) + self.rbmOne.hb) - tf.random_uniform( \
                        tf.shape(tf.nn.sigmoid(tf.matmul(v0, self.rbmOne.w) + \
                        self.rbmOne.hb)))))
        forwardTwo = tf.nn.relu(tf.sign(tf.nn.sigmoid(tf.matmul(forwardOne, \
                        self.rbmTwo.w) + self.rbmTwo.hb) - tf.random_uniform( \
                        tf.shape(tf.nn.sigmoid(tf.matmul(forwardOne, \
                        self.rbmTwo.w) + self.rbmTwo.hb)))))
        forward = tf.nn.relu(tf.sign(tf.nn.sigmoid(tf.matmul(forwardTwo, \
                        self.rbmThree.w) + self.rbmThree.hb) - \
                        tf.random_uniform(tf.shape(tf.nn.sigmoid(tf.matmul( \
                        forwardTwo, self.rbmThree.w) + self.rbmThree.hb)))))
        h0 = self.sample_prob(self.prob_h_given_v(forward, _w, _hb))
        v1 = self.sample_prob(self.prob_v_given_h(h0, _w, _vb))
        h1 = self.prob_h_given_v(v1, _w, _hb)
```

Die kontrastive Divergenz definieren wir wieder wie zuvor:

```
        positive_grad = tf.matmul(tf.transpose(forward), h0)
        negative_grad = tf.matmul(tf.transpose(v1), h1)

        update_w = _w + self.learning_rate * (positive_grad - negative_grad) / \
                        tf.to_float(tf.shape(forward)[0])
        update_vb = _vb +  self.learning_rate * tf.reduce_mean(forward - v1, 0)
        update_hb = _hb +  self.learning_rate * tf.reduce_mean(h0 - h1, 0)
```

Sobald wir einen vollständigen Forward-Pass durch dieses DBN – bestehend aus den drei zuvor trainierten RBMs und dem letzten (vierten) RBM – generieren, müssen wir die Ausgabe der Hidden-Schicht der vierten RBM durch das gesamte DBN zurückschicken.

Hierfür sind ein Backward-Pass durch die vierte RBM sowie ein Backward-Pass durch die ersten drei RBMs erforderlich. Außerdem verwenden wir wie zuvor die mittlere quadratische Abweichung. Der Backward-Pass findet wie folgt statt:

```
backwardOne = tf.nn.relu(tf.sign(tf.nn.sigmoid(tf.matmul(v1, \
                    self.rbmThree.w.T) + self.rbmThree.vb) - \
                    tf.random_uniform(tf.shape(tf.nn.sigmoid( \
                    tf.matmul(v1, self.rbmThree.w.T) + \
                    self.rbmThree.vb)))))
backwardTwo = tf.nn.relu(tf.sign(tf.nn.sigmoid(tf.matmul(backwardOne, \
                    self.rbmTwo.w.T) + self.rbmTwo.vb) - \
                    tf.random_uniform(tf.shape(tf.nn.sigmoid( \
                    tf.matmul(backwardOne, self.rbmTwo.w.T) + \
                    self.rbmTwo.vb)))))
backward = tf.nn.relu(tf.sign(tf.nn.sigmoid(tf.matmul(backwardTwo, \
                    self.rbmOne.w.T) + self.rbmOne.vb) - \
                    tf.random_uniform(tf.shape(tf.nn.sigmoid( \
                    tf.matmul(backwardTwo, self.rbmOne.w.T) + \
                    self.rbmOne.vb)))))

err = tf.reduce mean(tf.square(v0 - backward))
```

Der eigentliche Trainingsteil der DBN-Klasse, der wiederum sehr ähnlich der weiter oben gezeigten RBM-Klasse ist, sieht so aus:

```
with tf.Session() as sess:
    sess.run(tf.global_variables_initializer())

    for epoch in range(self.epochs):
        for start, end in zip(range(0, len(X), self.batchsize), \
                range(self.batchsize,len(X), self.batchsize)):
            batch = X[start:end]
            cur_w = sess.run(update_w, feed_dict={v0: batch, _w: \
                                prv_w, _hb: prv_hb, _vb: prv_vb})
            cur_hb = sess.run(update_hb, feed_dict={v0: batch, _w: \
                                prv_w, _hb: prv_hb, _vb: prv_vb})
            cur_vb = sess.run(update_vb, feed_dict={v0: batch, _w: \
                                prv_w, _hb: prv_hb, _vb: prv_vb})
            prv_w = cur_w
            prv_hb = cur_hb
            prv_vb = cur_vb
        error = sess.run(err, feed_dict={v0: X, _w: cur_w, _vb: \
                            cur_vb, _hb: cur_hb})
        print ('Epoch: %d' % epoch,'reconstruction error: %f' % error)
    self.w = prv_w
    self.hb = prv_hb
    self.vb = prv_vb
```

Definieren wir nun Funktionen, um generierte Bilder aus dem DBN zu erzeugen und Features zu zeigen. Diese Funktionen sind den weiter oben gezeigten RBM-Versionen ähnlich, doch wir senden die Daten in der DBN-Klasse durch alle vier RBMs statt nur durch eine einzige RBM:

```
def dbn_output(self, X):

    input_X = tf.constant(X)
    forwardOne = tf.nn.sigmoid(tf.matmul(input_X, self.rbmOne.w) + \
                               self.rbmOne.hb)
    forwardTwo = tf.nn.sigmoid(tf.matmul(forwardOne, self.rbmTwo.w) + \
                               self.rbmTwo.hb)
    forward = tf.nn.sigmoid(tf.matmul(forwardTwo, self.rbmThree.w) + \
                               self.rbmThree.hb)

    _w = tf.constant(self.w)
    _hb = tf.constant(self.hb)
    _vb = tf.constant(self.vb)

    out = tf.nn.sigmoid(tf.matmul(forward, _w) + _hb)
    hiddenGen = self.sample_prob(self.prob_h_given_v(forward, _w, _hb))
    visibleGen = self.sample_prob(self.prob_v_given_h(hiddenGen, _w, _vb))

    backwardTwo = tf.nn.sigmoid(tf.matmul(visibleGen, self.rbmThree.w.T) + \
                               self.rbmThree.vb)
    backwardOne = tf.nn.sigmoid(tf.matmul(backwardTwo, self.rbmTwo.w.T) + \
                               self.rbmTwo.vb)
    backward = tf.nn.sigmoid(tf.matmul(backwardOne, self.rbmOne.w.T) + \
                               self.rbmOne.vb)

    with tf.Session() as sess:
        sess.run(tf.global_variables_initializer())
        return sess.run(out), sess.run(backward)

def show_features(self, shape, suptitle, count=-1):
    maxw = np.amax(self.w.T)
    minw = np.amin(self.w.T)
    count = self._output_size if count == -1 or count > \
            self._output_size else count
    ncols = count if count < 14 else 14
    nrows = count//ncols
    nrows = nrows if nrows > 2 else 3
    fig = plt.figure(figsize=(ncols, nrows), dpi=100)
    grid = Grid(fig, rect=111, nrows_ncols=(nrows, ncols), axes_pad=0.01)

    for i, ax in enumerate(grid):
        x = self.w.T[i] if i<self._input_size else np.zeros(shape)
        x = (x.reshape(1, -1) - minw)/maxw
        ax.imshow(x.reshape(*shape), cmap=mpl.cm.Greys)
        ax.set_axis_off()

    fig.text(0.5,1, suptitle, fontsize=20, horizontalalignment='center')
    fig.tight_layout()
    plt.show()
    return
```

Wie das Training eines DBN funktioniert

Jede der drei RBMs, die wir bereits trainiert haben, besitzt ihre eigene Gewichtsmatrix sowie eigene Bias-Vektoren für die verdeckte und die sichtbare Schicht. Während des Trainings der vierten RBM im Rahmen des DBN passen wir weder die Gewichtsmatrix noch die Bias-Vektoren der verdeckten und sichtbaren Schicht der ersten drei RBMs an. Vielmehr verwenden wir die ersten drei RBMs als feste Komponenten des DBN. Wir berufen uns auf die ersten drei RBMs, nur um die Forward- und Backward-Pässe auszuführen (und verwenden Stichproben der Daten, die diese drei generieren).

Beim Training der vierten RBM im DBN passen wir nur die Gewichte und Bias-Vektoren der vierten RBM an. Mit anderen Worten: Die vierte RBM übernimmt im DBN die Ausgabe der ersten drei RBMs als gegeben und führt Forward- und Backward-Pässe durch, um ein generatives Modell zu lernen, das den Rekonstruktionsfehler zwischen seinen generierten Bildern und den Originalbildern minimiert.

Die DBNs ließen sich auch trainieren, wenn man dem DBN erlaubte, Gewichte für alle vier RBMs zu lernen und anzupassen, wenn es Forward- und Backward-Pässe durch das gesamte Netz ausführen würde. Allerdings wäre das Training des DBN sehr rechenaufwendig (was bei den heutigen Computern vielleicht nicht mehr so ins Gewicht fällt, aber zweifellos nach den Standards von 2006, als DBNs erstmals eingeführt wurden).

Wenn wir abgesehen davon ein nuancierteres Pretraining durchführen möchten, könnten wir die Gewichte der einzelnen RBMs – eine nach der anderen – anpassen lassen, wenn wir die Batches von Forward- und Backward-Pässen durch das Netz ausführten. Wir gehen hier nicht näher darauf ein, aber ich empfehle Ihnen, diesbezüglich selbst zu experimentieren.

Das DBN trainieren

Wir trainieren nun das DBN. Die Dimensionen des Originalbilds haben wir auf 784 gesetzt, die Dimensionen der dritten RBM-Ausgabe auf 500 und die gewünschten Dimensionen des DBN auf 500. Die Lernrate beträgt 1,0, das Training läuft über 50 Epochen, und die Batch-Größe beträgt 200. Schließlich rufen wir die ersten drei trainierten RBMs als Teil der DBN auf:

```
# DBN-Klasse instanziieren
dbn = DBN(784, 500, 500, 1.0, 50, 200, rbm_list[0], rbm_list[1], rbm_list[2])
```

Möge das Training beginnen:

```
inputX = np.array(X_train)
error_list = []
error_list = dbn.train(inputX)
```

Das Diagramm in Abbildung 11-10 zeigt die Rekonstruktionsfehler des DBN im Verlauf des Trainings.

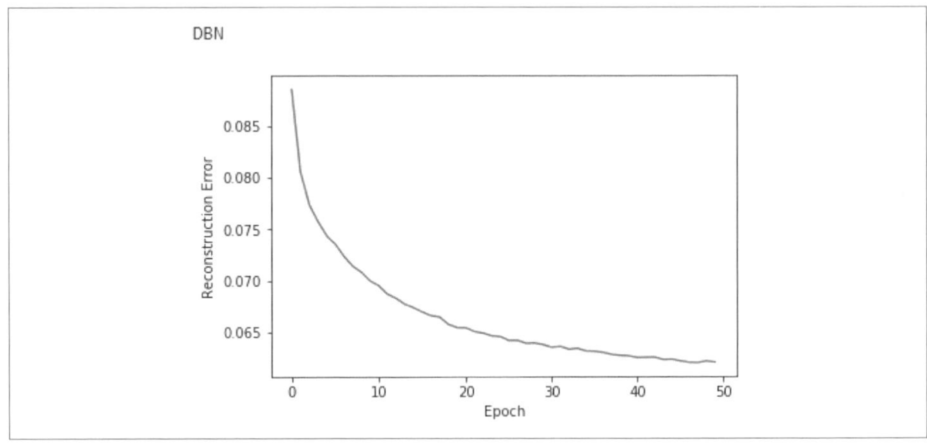

Abbildung 11-10: Rekonstruktionsfehler des DBN

Abbildung 11-11 zeigt die gelernten Features aus der letzten Schicht des DBN – d.h. der verdeckten Schicht der vierten RBM.

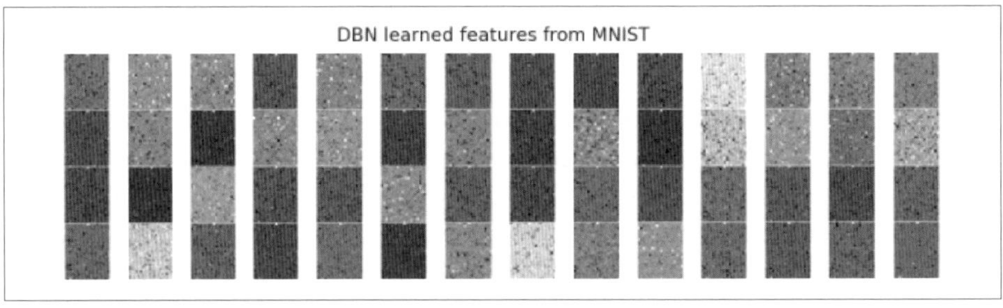

Abbildung 11-11: Gelernte Features der vierten RBM im DBN

Sowohl die Rekonstruktionsfehler als auch die gelernten Features sehen vernünftig aus und ähneln denjenigen der einzelnen RBMs, die wir weiter oben analysiert haben.

Wie Unsupervised Learning das Supervised Learning unterstützt

Bislang ist die gesamte Arbeit, die wir in das Training der RBMs und des DBN investiert haben, auf Unsupervised Learning ausgerichtet. Für die Bilder haben wir überhaupt keine Labels verwendet. Stattdessen haben wir generative Modelle erzeugt, indem wir die relevanten latenten Features aus den originalen MNIST-Bildern gelernt haben, die im Trainingsset mit 50.000 Beispielen bereitgestellt wurden. Diese generativen Modelle erzeugen Bilder, die den Originalbildern einigermaßen ähnlich sehen (und dabei den Rekonstruktionsfehler minimieren).

Gehen wir einen Schritt zurück, um die Nützlichkeit eines derartigen generativen Modells zu verstehen.

Denken Sie daran, dass die meisten Daten in der Welt ungelabelt sind. So leistungsfähig und wirksam Supervised Learning ist – wir brauchen deshalb auch Unsupervised Learning, um Sinn in diese ganzen ungelabelten Daten zu bringen. Supervised Learning allein reicht hier nicht aus.

Um die Nützlichkeit des Unsupervised Learning zu demonstrieren, stellen Sie sich vor, dass wir statt der 50.000 gelabelten Bilder im MNIST-Trainingsset nur einen Bruchteil davon hätten – sagen wir, nur 5.000 gelabelte MNIST-Bilder. Eine Bildklassifizierung auf Basis von Supervised Learning, der nur 5.000 gelabelte Bilder zur Verfügung stehen, wäre nicht annähernd so effektiv wie eine Bildklassifizierung auf Basis von Supervised Learning, die 50.000 Bilder zur Verfügung hätte. Je mehr gelabelte Daten wir haben, desto besser wird die maschinelle Lernlösung.

Wie hilft uns in einer solchen Situation Unsupervised Learning? Eine Möglichkeit wäre, per Unsupervised Learning neue gelabelte Beispiele zu generieren, die das ursprüngliche gelabelte Dataset ergänzen. Dann könnte das Supervised Learning auf einem wesentlich größeren gelabelten Dataset stattfinden, was zu einer besseren Gesamtlösung führt.

Bilder generieren, um eine bessere Bildklassifizierung zu erstellen

Um diesen Vorteil, den Unsupervised Learning bieten kann, zu simulieren, reduzieren wir unser MNIST-Trainings-Dataset auf nur 5.000 gelabelte Beispiele. Die ersten 5.000 Bilder speichern wir in einem DataFrame `inputXReduced`.

Von diesen 5.000 gelabelten Bildern generieren wir dann neue Bilder aus dem generativen Modell, das wir soeben mit einem DBN erstellt haben. Und wir wiederholen dies 20 Mal. Mit anderen Worten: Wir generieren 20 Mal 5.000 neue Bilder, um ein Dataset mit 100.000 Bildern zu erzeugen, die alle gelabelt sind. Technisch gesehen, speichern wir die Ausgaben der letzten Hidden-Schicht und nicht direkt die rekonstruierten Bilder, obwohl wir auch die rekonstruierten Bilder speichern, damit wir sie bald bewerten können.

Diese 100.000 Ausgaben legen wir in einem NumPy-Array `generatedImages` ab:

```
# Bilder generieren und speichern
inputXReduced = X_train.loc[:4999]
for i in range(0,20):
    print("Run ",i)
    finalOutput_DBN, reconstructedOutput_DBN = dbn.dbn_output(inputXReduced)
    if i==0:
        generatedImages = finalOutput_DBN
    else:
    generatedImages = np.append(generatedImages, finalOutput_DBN, axis=0)
```

Wir durchlaufen die ersten 5.000 Labels aus den Trainings-Labels (`y_train`) 20 Mal, um ein Array von Labels namens `labels` zu erzeugen:

```
# Einen Vektor von Labels für die generierten Bilder erzeugen
for i in range(0,20):
    if i==0:
        labels = y_train.loc[:4999]
    else:
        labels = np.append(labels,y_train.loc[:4999])
```

Schließlich generieren wir die Ausgabe auf dem Validierungsset. Diese Ausgabe brauchen wir, um die Bildklassifizierung zu bewerten, die wir bald erstellen:

```
# Bilder basierend auf dem Validierungsset generieren
inputValidation = np.array(X_validation)
finalOutput_DBN_validation, reconstructedOutput_DBN_validation = \
    dbn.dbn_output(inputValidation)
```

Bevor wir die Daten verwenden, die wir eben generiert haben, sehen wir uns einige der rekonstruierten Bilder an:

```
# Rekonstruierte Bilder anzeigen
for i in range(0,10):
    example = i
    reconstructedX = pd.DataFrame(data=reconstructedOutput_DBN, \
                                  index=X_train[0:5000].index)
    view_digit(reconstructedX, y_train, example)
    view_digit(X_train, y_train, example)
```

Wie Abbildung 11-12 zeigt, ist das generierte Bild dem Originalbild sehr ähnlich – beide zeigen die Ziffer Fünf. Im Gegensatz zu RBM-generierten Bildern, die wir weiter oben kennengelernt haben, sind diese den Original-MNIST-Bildern ähnlicher, einschließlich der pixeligen Teile. Sehen wir uns noch einige andere Bilder wie dieses an, um die vom DBN generierten Bilder mit den MNIST-Originalen zu vergleichen (siehe die Abbildungen 11-13 bis 11-16).

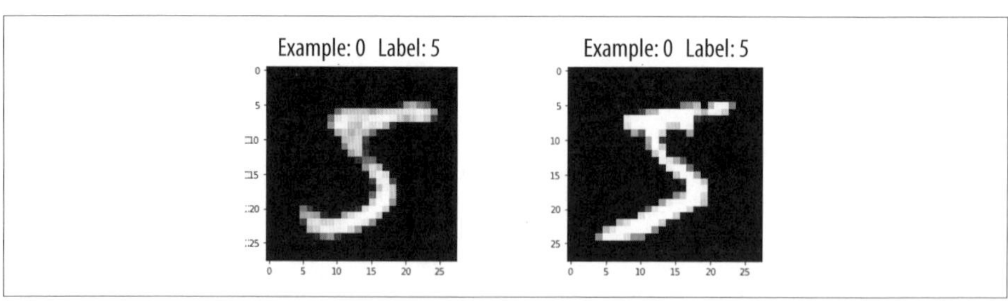

Abbildung 11-12: Erstes Bild, das vom DBN generiert wurde

Beachten Sie auch, dass das DBN-Modell (wie die RBM-Modelle) generativ ist und die Bilder demzufolge mit einem stochastischen Prozess erzeugt werden. Da die Bilder nicht in einem deterministischen Prozess entstehen, variieren sie innerhalb eines Beispiels von einem DBN-Lauf zu einem anderen.

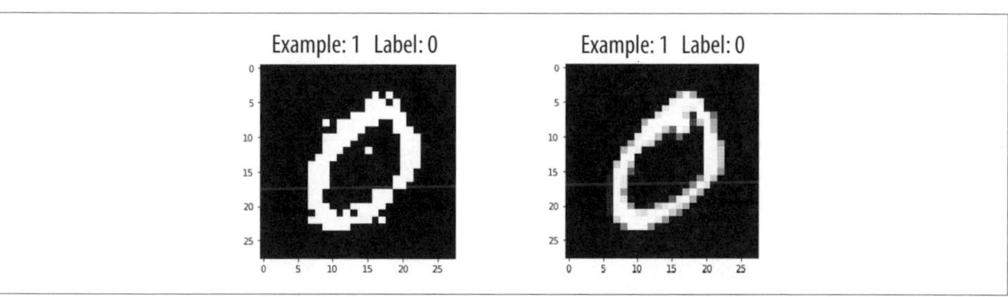

Abbildung 11-13: Zweites Bild, das vom DBN generiert wurde

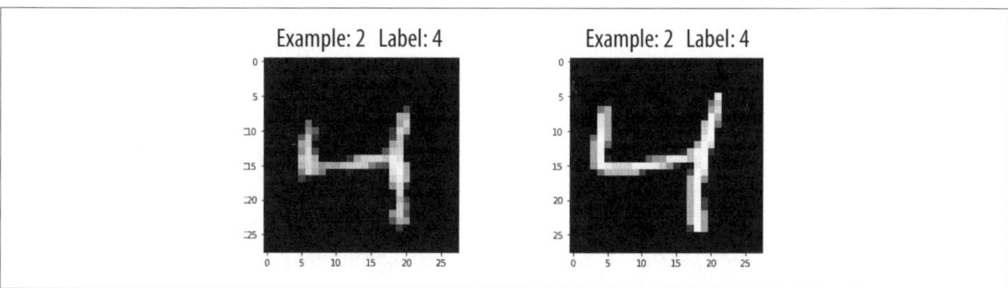

Abbildung 11-14: Drittes Bild, das vom DBN generiert wurde

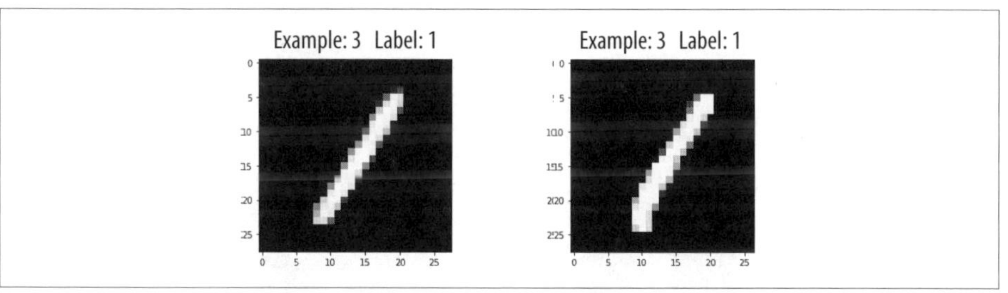

Abbildung 11-15: Viertes Bild, das vom DBN generiert wurde

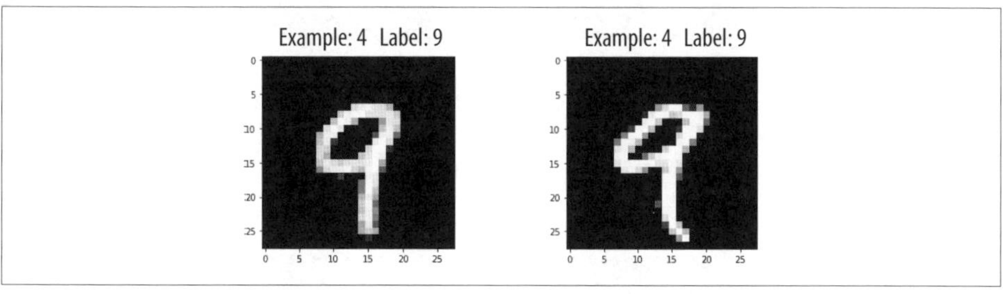

Abbildung 11-16: Fünftes Bild, das vom DBN generiert wurde

Um dies zu simulieren, nehmen wir das erste MNIST-Bild und generieren mit dem DBN ein neues Bild. Das Ganze wiederholen wir zehnmal:

```
# Das erste Beispiel zehnmal generieren
inputXReduced = X_train.loc[:0]
for i in range(0,10):
```

```
example = 0
print("Run ",i)
finalOutput_DBN_fives, reconstructedOutput_DBN_fives = \
    dbn.dbn_output(inputXReduced)
reconstructedX_fives = pd.DataFrame(data=reconstructedOutput_DBN_fives, \
                                     index=[0])
print("Generated")
view_digit(reconstructedX_fives, y_train.loc[:0], example)
```

Wie Sie in Abbildung 11-17 bis Abbildung 11-20 sehen, zeigen alle generierten Bilder die Ziffer Fünf, doch sie unterscheiden sich von Bild zu Bild, obwohl sie alle vom selben Original-MNIST-Bild generiert wurden.

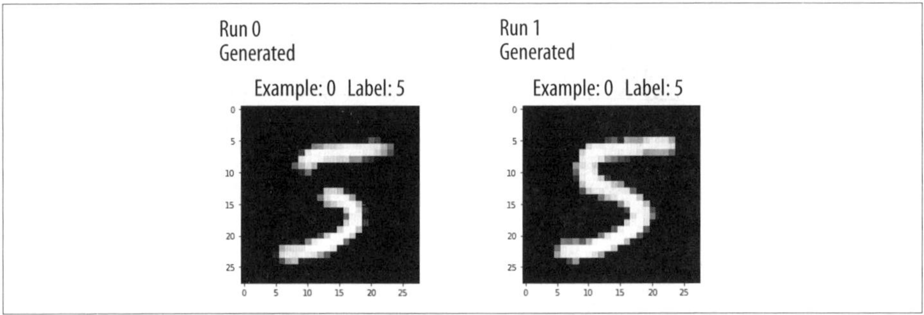

Abbildung 11-17: Die beiden ersten generierten Bilder der Ziffer Fünf

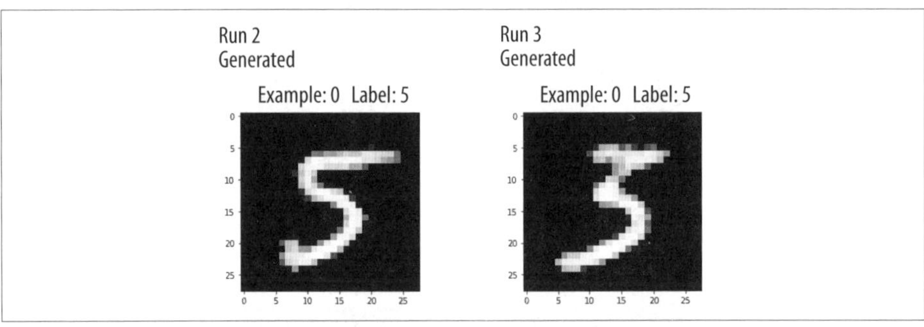

Abbildung 11-18: Das dritte und das vierte generierte Bild der Ziffer Fünf

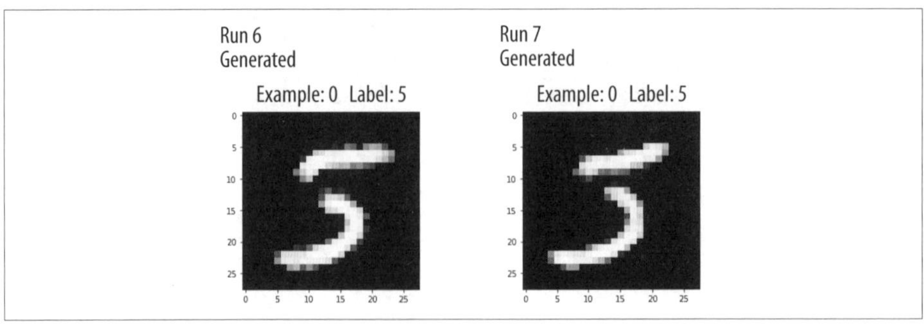

Abbildung 11-19: Das fünfte und das sechste generierte Bild der Ziffer Fünf

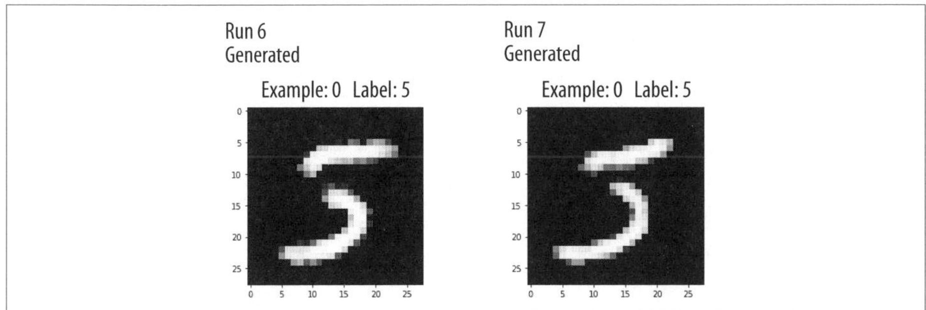

Abbildung 11-20: Das siebente und das achte generierte Bild der Ziffer Fünf

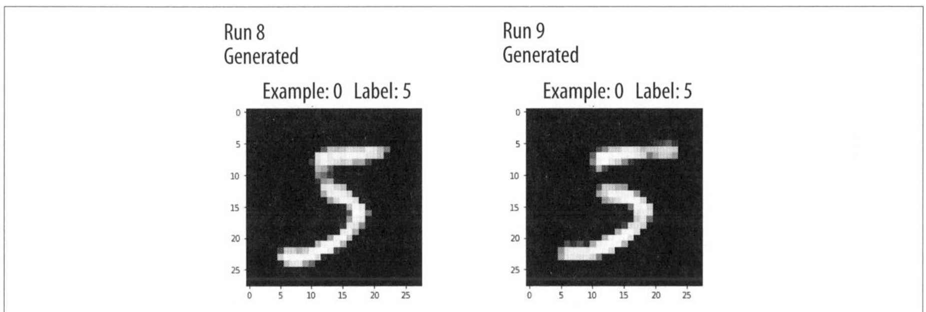

Abbildung 11-21: Das neunte und das zehnte generierte Bild der Ziffer Fünf

Bildklassifizierung mit LightGBM

Wir erstellen nun eine Bildklassifizierung mit einem Algorithmus des Supervised Learning, den wir weiter oben im Buch eingeführt haben: dem Gradient-Boosting-Algorithmus *LightGBM*.

Rein supervised Lösung

Die erste Bildklassifizierung stützt sich nur auf die ersten 5.000 gelabelten MNIST-Bilder. Dies ist das reduzierte Set aus dem ursprünglichen MNIST-Trainingsset mit 50.000 gelabelten Bildern, das wir für die Simulation von praktischen Problemen konzipiert haben, wo nur relativ wenige gelabelte Beispiele zur Verfügung stehen. Da wir Gradient Boosting und den LightGBM-Algorithmus weiter oben im Buch ausführlich behandelt haben, verlieren wir uns hier nicht weiter in Details.

Legen wir nun die Parameter für den Algorithmus fest:

```
predictionColumns = ['0','1','2','3','4','5','6','7','8','9']

params_lightGB = {
    'task': 'train',
    'application':'binary',
```

```
        'num_class':10,
        'boosting': 'gbdt',
        'objective': 'multiclass',
        'metric': 'multi_logloss',
        'metric_freq':50,
        'is_training_metric':False,
        'max_depth':4,
        'num_leaves': 31,
        'learning_rate': 0.1,
        'feature_fraction': 1.0,
        'bagging_fraction': 1.0,
        'bagging_freq': 0,
        'bagging_seed': 2018,
        'verbose': 0,
        'num_threads':16
}
```

Als Nächstes trainieren wir auf dem Trainingsset mit den 5.000 gelabelten MNIST-Bildern (dem reduzierten Set) und validieren auf dem Validierungsset mit 10.000 gelabelten MNIST-Bildern:

```
trainingScore = []
validationScore = []
predictionsLightGBM = pd.DataFrame(data=[], \
                        index=y_validation.index, \
                        columns=predictionColumns)

lgb_train = lgb.Dataset(X_train.loc[:4999], y_train.loc[:4999])
lgb_eval = lgb.Dataset(X_validation, y_validation, reference=lgb_train)
gbm = lgb.train(params_lightGB, lgb_train, num_boost_round=2000,
                    valid_sets=lgb_eval, early_stopping_rounds=200)
loglossTraining = log_loss(y_train.loc[:4999], \
    gbm.predict(X_train.loc[:4999], num_iteration=gbm.best_iteration))
trainingScore.append(loglossTraining)

predictionsLightGBM.loc[X_validation.index,predictionColumns] = \
    gbm.predict(X_validation, num_iteration=gbm.best_iteration)
loglossValidation = log_loss(y_validation,
    predictionsLightGBM.loc[X_validation.index,predictionColumns])
validationScore.append(loglossValidation)

print('Training Log Loss: ', loglossTraining)
print('Validation Log Loss: ', loglossValidation)

loglossLightGBM = log_loss(y_validation, predictionsLightGBM)
print('LightGBM Gradient Boosting Log Loss: ', loglossLightGBM)
```

Die folgende Ausgabe zeigt den Log Loss von Training und Validierung für diese rein supervised Lösung:

```
Training Log Loss: 0.0018646953029132292
Validation Log Loss: 0.19124276982588717
```

Mit dem folgenden Code ermitteln Sie die Gesamtgenauigkeit dieser rein supervised Lösung der Bildklassifizierung:

```
predictionsLightGBM_firm = np.argmax(np.array(predictionsLightGBM), axis=1)
accuracyValidation_lightGBM = accuracy_score(np.array(y_validation), \
                                             predictionsLightGBM_firm)
print("Supervised-Only Accuracy: ", accuracyValidation_lightGBM)

Supervised-Only Accuracy: 0.9439
```

Unsupervised und supervised Lösung

Anstatt auf 5.000 gelabelten MNIST-Bildern zu trainieren, wollen wir nun auf den 100.000 Bildern trainieren, die vom DBN generiert wurden:

```
# DBN-basierte DataFrames für LightGBM-Verwendung vorbereiten
generatedImagesDF = pd.DataFrame(data=generatedImages,index=range(0,100000))
labelsDF = pd.DataFrame(data=labels,index=range(0,100000))

X_train_lgb = pd.DataFrame(data=generatedImagesDF,
                           index=generatedImagesDF.index)
X_validation_lgb = pd.DataFrame(data=finalOutput_DBN_validation,
                                index=X_validation.index)

# LightGBM trainieren
trainingScore = []
validationScore = []
predictionsDBN = pd.DataFrame(data=[],index=y_validation.index,
                              columns=predictionColumns)

lgb_train = lgb.Dataset(X_train_lgb, labels)
lgb_eval = lgb.Dataset(X_validation_lgb, y_validation, reference=lgb_train)

gbm = lgb.train(params_lightGB, lgb_train, num_boost_round=2000,
                valid_sets=lgb_eval, early_stopping_rounds=200)

loglossTraining = log_loss(labelsDF, gbm.predict(X_train_lgb, \
                           num_iteration=gbm.best_iteration))
trainingScore.append(loglossTraining)

predictionsDBN.loc[X_validation.index,predictionColumns] = \
    gbm.predict(X_validation_lgb, num_iteration=gbm.best_iteration)
loglossValidation = log_loss(y_validation,
    predictionsDBN.loc[X_validation.index,predictionColumns])
validationScore.append(loglossValidation)

print('Training Log Loss: ', loglossTraining)
print('Validation Log Loss: ', loglossValidation)

loglossDBN = log_loss(y_validation, predictionsDBN)
print('LightGBM Gradient Boosting Log Loss: ', loglossDBN)
```

Die folgende Ausgabe zeigt den Log Loss dieser unüberwachten erweiterten Bildklassifizierungslösung:

```
Training Log Loss: 0.004145635328203315
Validation Log Loss: 0.16377638170016542
```

Die Gesamtgenauigkeit dieser unüberwachten erweiterten Bildklassifizierungslösung sieht so aus:

```
DBN-Based Solution Accuracy: 0.9525
```

Diese Lösung schneidet um fast einen Prozentpunkt besser ab, was schon beachtlich ist.

Zusammenfassung

In Kapitel 10 haben wir mit den beschränkten Boltzmann-Maschinen die erste Klasse von generativen Modellen eingeführt. In diesem Kapitel haben wir auf diesem Konzept aufgebaut und fortgeschrittenere generative Modelle vorgestellt: die sogenannten Deep Belief Networks. Diese bestehen aus mehreren RBMs, die übereinandergestapelt sind.

Wir haben gezeigt, wie DBNs arbeiten – in rein unsupervised Manier lernt das DBN die zugrunde liegende Struktur der Daten und verwendet das Gelernte, um neue synthetische Daten zu generieren. Basierend auf dem Vergleich der neuen synthetischen Daten mit den Originaldaten verbessert das DBN seine generative Fähigkeit so sehr, dass die synthetischen Daten den Originaldaten immer ähnlicher werden. Des Weiteren haben wir gezeigt, wie die von DBNs generierten synthetischen Daten vorhandene gelabelte Datasets ergänzen können. Weil so das gesamte Trainingsset vergrößert wird, lässt sich damit die Performance der supervised Lernmodelle verbessern.

Die semi-supervised Lösung, die wir mit DBNs (Unsupervised Learning) und Gradienten-Boosting (Supervised Learning) entwickelt haben, konnte die reine supervised Lösung bei der MNIST-Bildklassifizierung übertreffen.

In Kapitel 12 lernen Sie mit den sogenannten Generative Adversarial Networks eine der jüngsten Entwicklungen im Unsupervised Learning (und im Speziellen der generativen Modellierung) kennen.

KAPITEL 12

Generative Adversarial Networks

Wir haben bereits zwei Arten von generativen Modellen untersucht: RBMs und DBNs. In diesem Kapitel geht es um *Generative Adversarial Networks* (*GANs*), einen der neuesten und vielversprechendsten Bereiche des Unsupervised Learning und der generativen Modellierung.

GANs – das Konzept

GANs wurden 2014 von Ian Goodfellow und seinen Forscherkollegen an der University of Montreal vorgestellt. In GANs arbeiten zwei neuronale Netze. Das eine Netz, der sogenannte *Generator*, generiert Daten basierend auf einem Modell, das es mit Stichproben von realen Eingangsdaten erzeugt hat. Das als *Diskriminator* bezeichnete andere Netz unterscheidet zwischen den Daten, die der Generator erzeugt hat, und den Daten aus der wahren Verteilung.

Als einfache Analogie kann man sich den Generator als den Fälscher vorstellen und den Diskriminator als die Polizei, die versucht, die Fälschung zu entlarven. Die beiden Netze führen ein Nullsummenspiel durch. Der Generator versucht, den Diskriminator zu täuschen, damit dieser denkt, die synthetischen Daten kämen aus der wahren Verteilung, und der Diskriminator versucht, die synthetischen Daten als Fälschung zu brandmarken.

GANs sind Algorithmen mit Unsupervised Learning, da der Generator die zugrunde liegende Struktur der wahren Verteilung lernen kann, selbst wenn es keine Labels gibt. Der Generator lernt die zugrunde liegende Struktur mit einer Anzahl von Parametern, die deutlich kleiner ist als die Datenmenge, auf der er trainiert hat – ein Kernkonzept des Unsupervised Learning, das wir in den vorherigen Kapiteln schon mehrfach untersucht haben. Diese Beschränkung zwingt den Generator, die relevantesten Aspekte der wahren Datenverteilung zu erfassen. Dies ähnelt dem Repräsentationslernen, das im Deep Learning stattfindet. Jede Hidden-Schicht im neuronalen Netz eines Generators erfasst eine – anfangs sehr einfache – Darstellung der zugrunde liegenden Daten, und nachfolgende Schichten greifen komplexere Darstellungen heraus, indem sie auf den einfacheren vorhergehenden Schichten aufbauen.

Indem der Generator alle diese Schichten zusammen verwendet, lernt er die zugrunde liegende Struktur der Daten und versucht, synthetische Daten zu erzeugen, die mit den wahren Daten nahezu identisch sind. Wenn der Generator das Wesen der wahren Daten erfasst hat, erscheinen die synthetischen Daten real.

Die Stärke von GANs

In Kapitel 11 haben wir untersucht, wie sich synthetische Daten von einem Modell des Unsupervised Learning (wie zum Beispiel einem Deep Belief Network) nutzen lassen, um die Performance eines Modells des Supervised Learning zu verbessern. Wie DBNs sind GANs sehr gut darin, synthetische Daten zu generieren.

Besteht das Ziel darin, viele neue Trainingsbeispiele zu generieren, um vorhandene Trainingsdaten zu ergänzen – um zum Beispiel die Genauigkeit einer Bilderkennungsaufgabe zu verbessern –, können wir mit dem Generator eine Menge synthetischer Daten erzeugen, die neuen synthetischen Daten zu den ursprünglichen Trainingsdaten hinzufügen und dann ein Modell des überwachten maschinellen Lernens auf dem nun wesentlich größeren Dataset ausführen.

GANs können auch bei der Anomalieerkennung brillieren. Geht es darum, Anomalien zu identifizieren – um beispielsweise Betrügereien, Hacking oder anderes verdächtiges Verhalten zu erkennen –, können wir mit dem Diskriminator jeder Instanz in den wahren Daten einen Score zuweisen. Die Instanzen, die der Diskriminator als »wahrscheinlich synthetisch« einstuft, werden die abnormalsten Instanzen sein und auch diejenigen, die höchstwahrscheinlich böswilliges Verhalten darstellen.

Deep Convolutional GANs

In diesem Kapitel kehren wir zum MNIST-Dataset aus vorherigen Kapiteln zurück und wenden eine Version von GANs an, um synthetische Daten zu generieren, die das vorhandene MNIST-Dataset ergänzen. Dann wenden wir ein Modell des Supervised Learning an, um Bilder zu klassifizieren. Dies ist eine weitere Version des Semi-supervised Learning.

Nebenbei bemerkt, sollten Sie inzwischen viel besser einschätzen können, was Semi-supervised Learning ist. Da die meisten Daten in der Welt keine Labels tragen, ist die Fähigkeit des Unsupervised Learning, die Daten in eigener Regie zu labeln, sehr wertvoll. Als Teil eines derartigen semi-supervised Systems des maschinellen Lernens erweitert Unsupervised Learning das Potenzial aller bisherigen erfolgreichen kommerziellen Anwendungen von Supervised Learning.

Selbst außerhalb von Anwendungen in semi-supervised Systemen besitzt Unsupervised Learning Potenzial als eigenständige Lösung, weil es von Daten ohne Labels lernt. Immerhin gehört es zu den Gebieten der KI, die die Community des maschinellen Lernens besonders stark darin unterstützen, von der schwachen KI zu mehr Anwendungen der allgemeinen KI überzugehen.

Die GANs-Versionen, die wir hier verwenden, gehören zu sogenannten *Deep Convolutional Generative Adversarial Networks* (*DCGANs*), die Ende 2015 von Alec Radford, Luke Metz und Soumith Chintala eingeführt wurden.[1]

DCGANs sind eine Form des Unsupervised Learning von *Convolutional Neural Networks* (CNNs), die häufig – und mit großem Erfolg – in supervised Lernsystemen für Computervision und Bildklassifizierung eingesetzt werden. Bevor wir aber richtig in DCGANs einsteigen, untersuchen wir zunächst die CNNs und dabei speziell, wie sie zur Bildklassifizierung in supervised Lernsystemen eingesetzt werden.

Convolutional Neural Networks

Im Vergleich zu numerischen und Textdaten ist die Verarbeitung von Bildern und Videos rechentechnisch viel aufwendiger. Zum Beispiel hat ein 4K-Ultra-HD-Bild insgesamt 4.096 × 2.160 × 3 (26.542.080) Dimensionen. Wollte man ein neuronales Netz direkt auf Bildern dieser Auflösung trainieren, würde das einige zehn Millionen Neuronen und unzumutbare Trainingszeiten bedeuten.

Anstatt ein neuronales Netz direkt auf den Rohbildern aufzubauen, können wir von bestimmten Eigenschaften der Bilder profitieren, nämlich dass Pixel mit anderen Pixeln in der Nähe in Beziehung stehen, normalerweise aber nicht mit weit entfernten Pixeln.

Faltung oder *Konvolution* (engl. Convolution, daher der Name Convolutional Neural Networks) ist das Filtern des Bilds, um seine Größe zu verringern, ohne die Beziehungen zwischen den Pixeln zu verlieren.[2]

Auf das Originalbild wenden wir mehrere Filter einer bestimmten Größe, der sogenannten *Kernel-Größe*, an und verschieben diese Filter um einen kleinen Schritt – mit der sogenannten *Schrittweite* –, um die neue reduzierte Pixelausgabe abzuleiten. Nach der Faltung reduzieren wir die Größe der Darstellung weiter, indem wir das Maximum der Pixel in der reduzierten Pixelausgabe für jeweils einen kleinen Bereich beibehalten. Dies wird als *Max-Pooling* bezeichnet.

Diese Faltung und Max-Pooling führen wir mehrmals durch, um die Komplexität der Bilder zu verringern. Dann flachen wir die Bilder ab und verwenden eine normale vollständig verbundene Schicht (engl. Fully-connected Layer), um Bilder zu klassifizieren.

Wir erstellen nun ein CNN und verwenden es zur Bildklassifizierung auf dem MNIST-Dataset. Zuerst laden wir die erforderlichen Bibliotheken:

1 Weitere Informationen zu DCGANs finden Sie im offiziellen Paper zum Thema (*https://arxiv.org/abs/1511.06434*).

2 Weitere Informationen zu Faltungsschichten (Convolutional Layers) finden Sie in *An Introduction to Different Types of Convolutions in Deep Learning* (*http://bit.ly/2GeMQfu*).

```
'''Main'''
import numpy as np
import pandas as pd
import os, time, re
import pickle, gzip, datetime

'''Datenvisualisierung'''
import matplotlib.pyplot as plt import seaborn as sns
color = sns.color_palette()
import matplotlib as mpl
from mpl_toolkits.axes_grid1 import Grid

%matplotlib inline

'''Datenvorbereitung und Modellbewertung'''
from sklearn import preprocessing as pp
from sklearn.model_selection import train_test_split
from sklearn.model_selection import StratifiedKFold
from sklearn.metrics import log_loss, accuracy_score
from sklearn.metrics import precision_recall_curve, average_precision_score
from sklearn.metrics import roc_curve, auc, roc_auc_score, mean_squared_error

'''Algorithmen'''
import lightgbm as lgb

'''TensorFlow und Keras'''
import tensorflow as tf
import keras
from keras import backend as K
from keras.models import Sequential, Model
from keras.layers import Activation, Dense, Dropout, Flatten, Conv2D, MaxPool2D
from keras.layers import LeakyReLU, Reshape, UpSampling2D, Conv2DTranspose
from keras.layers import BatchNormalization, Input, Lambda
from keras.layers import Embedding, Flatten, dot
from keras import regularizers
from keras.losses import mse, binary_crossentropy
from IPython.display import SVG
from keras.utils.vis_utils import model_to_dot
from keras.optimizers import Adam, RMSprop
from tensorflow.examples.tutorials.mnist import input_data
```

Als Nächstes laden wir die MNIST-Datasets und speichern die Bilddaten in einem vierdimensionalen Tensor, da Keras Bilddaten in diesem Format erwartet. Außerdem erstellen wir mit der Keras-Funktion `to_categorical` 1-aus-n-Vektoren aus den Labels.

Für die spätere Verwendung erzeugen wir auch Pandas-DataFrames aus den Daten. Und wir verwenden wieder die Funktion `view_digit`, wie bereits weiter oben im Buch, um die Bilder anzuzeigen:

```
# Die Datasets laden
current_path = os.getcwd()
file = '\\datasets\\mnist_data\\mnist.pkl.gz'
f = gzip.open(current_path+file, 'rb')
train_set, validation_set, test_set = pickle.load(f, encoding='latin1')
f.close()
```

```
X_train, y_train = train_set[0], train_set[1]
X_validation, y_validation = validation_set[0], validation_set[1]
X_test, y_test = test_set[0], test_set[1]

X_train_keras = X_train.reshape(50000,28,28,1)
X_validation_keras = X_validation.reshape(10000,28,28,1)
X_test_keras = X_test.reshape(10000,28,28,1)

y_train_keras = to_categorical(y_train)
y_validation_keras = to_categorical(y_validation)
y_test_keras = to_categorical(y_test)

# Pandas-DataFrames aus den Datasets erzeugen
train_index = range(0,len(X_train))
validation_index = range(len(X_train),len(X_train)+len(X_validation))
test_index = range(len(X_train)+len(X_validation),len(X_train)+ \
                   len(X_validation)+len(X_test))

X_train = pd.DataFrame(data=X_train,index=train_index)
y_train = pd.Series(data=y_train,index=train_index)

X_validation = pd.DataFrame(data=X_validation,index=validation_index)
y_validation = pd.Series(data=y_validation,index=validation_index)

X_test = pd.DataFrame(data=X_test,index=test_index)
y_test = pd.Series(data=y_test,index=test_index)

def view_digit(X, y, example):
    label = y.loc[example]
    image = X.loc[example,:].values.reshape([28,28])
    plt.title('Example: %d Label: %d' % (example, label))
    plt.imshow(image, cmap=plt.get_cmap('gray'))
    plt.show()
```

Jetzt erstellen wir das CNN.

Wir rufen `Sequential()` in Keras auf, um die Modellerstellung einzuleiten. Dann fügen wir zwei Faltungsschichten hinzu, die jeweils 32 Filter einer Kernel-Größe von 5 × 5, eine Standardschrittweite von 1 und eine ReLU-Aktivierung verwenden. Anschließend führen wir Max-Pooling mit einem Pooling-Fenster von 2 × 2 und einer Schrittweite von 1 durch. Darüber hinaus wenden wir Drop-out an. Wie Sie wissen, ist Drop-out eine Form der Regularisierung, um Overfitting des neuronalen Netzes zu verringern. Im konkreten Fall lassen wir 25 % der Eingabeeinheiten fallen.

In der nächsten Stufe fügen wir wieder zwei Faltungsschichten hinzu, diesmal mit 64 Filtern einer Kernel-Größe von 3 × 3. Dann führen wir Max-Pooling mit einem Pooling-Fenster von 2 × 2 und einer Schrittweite von 2 durch. Darauf folgt eine Drop-out-Schicht mit einem Drop-out-Prozentsatz von 25 %.

Schließlich flachen wir die Bilder ab, fügen ein normales neuronales Netz mit 256 verdeckten Einheiten hinzu, führen Drop-out mit einem Drop-out-Prozentsatz von 50 % durch und realisieren eine 10-klassige Klassifizierung mithilfe der Softmax-Funktion:

```
model = Sequential()

model.add(Conv2D(filters = 32, kernel_size = (5,5), padding = 'Same',
                 activation ='relu', input_shape = (28,28,1)))
model.add(Conv2D(filters = 32, kernel_size = (5,5), padding = 'Same',
                 activation ='relu'))
model.add(MaxPooling2D(pool_size=(2,2)))
model.add(Dropout(0.25))


model.add(Conv2D(filters = 64, kernel_size = (3,3), padding = 'Same',
                 activation ='relu'))
model.add(Conv2D(filters = 64, kernel_size = (3,3), padding = 'Same',
                 activation ='relu'))
model.add(MaxPooling2D(pool_size=(2,2), strides=(2,2)))
model.add(Dropout(0.25))


model.add(Flatten())
model.add(Dense(256, activation = "relu"))
model.add(Dropout(0.5))
model.add(Dense(10, activation = "softmax"))
```

Für dieses CNN-Training nutzen wir den *Adam-Optimizer* und minimieren die Kreuzentropie. Außerdem speichern wir die Genauigkeit der Bildklassifizierung als Bewertungsmetrik.

Wir trainieren nun das Modell für 100 Epochen und bewerten die Ergebnisse auf dem Validierungsset:

```
# CNN trainieren
model.compile(optimizer='adam',
              loss='categorical_crossentropy',
              metrics=['accuracy'])

model.fit(X_train_keras, y_train_keras,
          validation_data=(X_validation_keras, y_validation_keras), \
          epochs=100)
```

Abbildung 12-1 zeigt die Genauigkeit über die 100 Trainingsepochen.

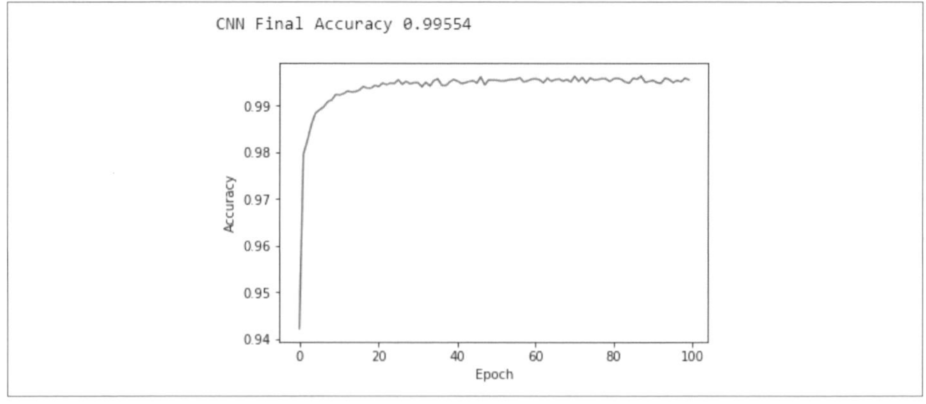

Abbildung 12-1: CNN-Ergebnisse

Wie Sie sehen, ist das soeben trainierte CNN mit einer Endgenauigkeit von 99,55 % besser als jede der MNIST-Bildklassifizierungslösungen, die wir bis jetzt in diesem Buch trainiert haben.

Noch einmal: DCGANs

Kommen wir noch einmal zu Deep Convolutional Generative Adversarial Networks zurück. Wir haben ein generatives Modell erstellt, um synthetische MNIST-Bilder zu produzieren, die den originalen MNIST-Bildern sehr ähnlich sind.

Um nahezu realistische und dennoch synthetische Bilder zu erzeugen, müssen wir einen Generator trainieren, der neue Bilder aus den originalen MNIST-Bildern generiert, und einen Diskriminator, der beurteilt, ob diese Bilder den Originalbildern glaubhaft ähnlich sind oder nicht (d. h. im Wesentlichen einen Plausibilitätstest durchführen).

Man könnte dies auch anders angehen. Das originale MNIST-Dataset repräsentiert die originale Datenverteilung. Der Generator lernt von dieser originalen Verteilung und generiert neue Bilder, die auf dem basieren, was er gelernt hat. Der Diskriminator versucht festzustellen, ob die neu generierten Bilder von der ursprünglichen Verteilung praktisch nicht zu unterscheiden sind.

Für den Generator verwenden wir die Architektur, die im Paper von Radford, Metz und Chintala auf der Konferenz ICLR 2016 vorgestellt wurde, auf das wir weiter oben verwiesen haben (siehe Abbildung 12-2).

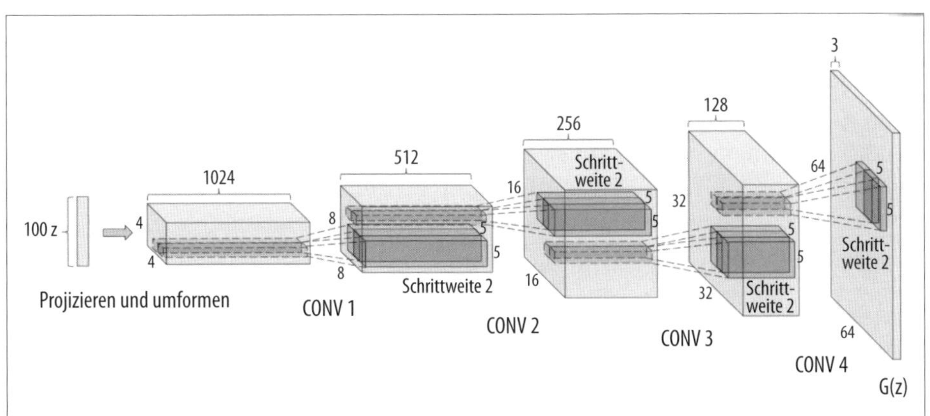

Abbildung 12-2: DCGAN-Generator

Der Generator übernimmt einen anfänglichen Rauschvektor, der als 100 x 1-Rauschvektor dargestellt ist (hier mit *z* bezeichnet). Dieser wird in einen 1.024 × 4 × 4-Tensor projiziert und umgeformt. Diese Projizieren-und-Umformen-Aktion ist die Umkehrung der Faltung und wird als *transponierte Faltung* (oder auch in manchen Fällen als *Dekonvolution*) bezeichnet. Bei der transponierten Faltung wird der ursprüngliche Prozess der Faltung umgekehrt, und dabei wird ein reduzierter Tensor auf einen größeren Tensor abgebildet.[3]

Nach der anfänglichen transponierten Faltung wendet der Generator vier zusätzliche Dekonvolutionsebenen an, um auf einen endgültigen 64 × 3 × 3-Tensor abzubilden. Die verschiedenen Stufen sehen wie folgt aus:

100 × 1 → 1024 × 4 × 4 → 512 × 8 × 8 → 256 × 16 × 16 → 128 × 32 × 32 → 64 × 64 × 3

Eine ähnliche (aber nicht exakt die gleiche) Architektur wenden wir beim Entwurf eines DCGAN auf dem MNIST-Dataset an.

Generator des DCGAN

Für das DCGAN, das wir entwerfen, bauen wir auf einer Arbeit von Rowel Atienza auf.[4] Wir erstellen zuerst eine Klasse `DCGAN`, mit der wir dann den Generator, den Diskriminator, das Diskriminatormodell und das gegnerische (engl. adversarial) Modell aufbauen.

Beginnen wir mit dem Generator. Für den Generator legen wir mehrere Parameter fest, einschließlich des Drop-out-Prozentsatzes (Standardwert 0,3), der Tiefe des Tensors (Standardwert 256) und der anderen Dimensionen (Standardwert 7 × 7). Außerdem verwenden wir Batch-Normalisierung mit einem standardmäßigen Momentumwert von 0,8. Die anfänglichen Eingabedimensionen sind 100 und die endgültigen Ausgabedimensionen 28 × 28 × 1.

Wie Sie bereits wissen, sind sowohl Drop-out als auch Batch-Normalisierung Instrumente der Regularisierung, die ein Overfitting des neuronalen Netzes verhindern sollen.

Um den Generator zu erstellen, rufen wir die Keras-Funktion `Sequential()` auf. Dann fügen wir dem neuronalen Netz mit der Funktion `Dense()` eine dichte, vollständig verbundene Schicht mit einer Input-Dimension von 100 und einer Output-Dimension von 7 × 7 × 256 hinzu. Wir führen Batch-Normalisierung aus, verwenden die ReLU-Aktivierungsfunktion und wenden Drop-out an:

```
def generator(self, depth=256, dim=7, dropout=0.3, momentum=0.8, \
              window=5, input_dim=100, output_depth=1):
    if self.G:
        return self.G
    self.G = Sequential()
    self.G.add(Dense(dim*dim*depth, input_dim=input_dim))
    self.G.add(BatchNormalization(momentum=momentum))
    self.G.add(Activation('relu')) self.G.add(Reshape((dim, dim, depth)))
    self.G.add(Dropout(dropout))
```

3 Weitere Informationen zu Faltungsschichten (Convolutional Layers) finden Sie in *An Introduction to Different Types of Convolutions in Deep Learning* (*http://bit.ly/2GeMQfu*), wie schon weiter oben in diesem Kapitel referenziert.

4 Die originale Codebasis finden Sie auf der GitHub-Seite von Rowel Atienza (*http://bit.ly/2DLp4G1*).

Als Nächstes führen wir dreimal Upsampling und transponierte Faltung durch. Jedes Mal halbieren wir die Tiefe des Ausgaberaums von 256 auf 128 auf 64 auf 32 und vergrößern dabei die anderen Dimensionen. Wir behalten ein Faltungsfenster von 5 × 5 und die Standardschrittweite von 1 bei. Während jeder transponierten Faltung führen wir Batch-Normalisierung durch und verwenden die ReLU-Aktivierungsfunktion.

Das Ganze sieht folgendermaßen aus:

100 → 7 × 7 × 256 → 14 × 14 × 128 → 28 × 28 × 64 → 28 × 28 × 32 → 28 × 28 × 1

```
self.G.add(UpSampling2D())
self.G.add(Conv2DTranspose(int(depth/2), window, padding='same'))
self.G.add(BatchNormalization(momentum=momentum))
self.G.add(Activation('relu'))

self.G.add(UpSampling2D())
self.G.add(Conv2DTranspose(int(depth/4), window, padding='same'))
self.G.add(BatchNormalization(momentum=momentum))
self.G.add(Activation('relu'))

self.G.add(Conv2DTranspose(int(depth/8), window, padding='same'))
self.G.add(BatchNormalization(momentum=momentum))
self.G.add(Activation('relu'))
```

Schließlich gibt der Generator ein Bild der Größe 28 × 28 aus, das die gleichen Dimensionen wie das Original-MNIST-Bild hat:

```
self.G.add(Conv2DTranspose(output_depth, window, padding='same'))
self.G.add(Activation('sigmoid'))
self.G.summary()
return self.G
```

Diskriminator des DCGAN

Für den Diskriminator setzen wir den Drop-out-Prozentsatz auf den Standardwert 0,3, die Tiefe auf 64 und das Alpha für die Funktion `LeakyReLU` auf 0,3.[5]

Zuerst laden wir ein 28 × 28 × 1-Bild und wenden eine Faltung mit 64 Kanälen, einem Filter von 5 × 5 und einer Schrittweite von 2 an. Als Aktivierungsfunktion verwenden wir `LeakyReLU`, und wir führen Drop-out durch. Diesen Ablauf wiederholen wir noch dreimal, wobei wir jeweils die Tiefe des Ausgaberaums verdoppeln und die anderen Dimensionen entsprechend verringern. Für jede Faltung verwenden wir die Aktivierungsfunktion `LeakyReLU` und Drop-out.

Schließlich flachen wir die Bilder ab und geben über die Sigmoid-Funktion eine Wahrscheinlichkeit aus. Diese Wahrscheinlichkeit kennzeichnet die Sicherheit des

5 Die Funktion `LeakyReLU` (*https://keras.io/layers/advanced-activations/*) ist eine erweiterte Aktivierungsfunktion, die der normalen ReLU ähnelt, aber einen kleinen Gradienten erlaubt, wenn die Einheit nicht aktiv ist. Für Probleme der Bildverarbeitung mit maschinellem Lernen avanciert sie zur bevorzugten Aktivierungsfunktion.

Diskriminators, das Eingabebild als Fälschung zu bezeichnen (wobei 0,0 einem gefälschten und 1,0 einem echten Bild entspricht).

Das sieht folgendermaßen aus:

$28 \times 28 \times 1 \rightarrow 14 \times 14 \times 64 \rightarrow 7 \times 7 \times 128 \rightarrow 4 \times 4 \times 256 \rightarrow 4 \times 4 \times 512 \rightarrow 1$

```
def discriminator(self, depth=64, dropout=0.3, alpha=0.3):
    if self.D:
        return self.D
    self.D = Sequential()
    input_shape = (self.img_rows, self.img_cols, self.channel)
    self.D.add(Conv2D(depth*1, 5, strides=2, input_shape=input_shape,
        padding='same'))
    self.D.add(LeakyReLU(alpha=alpha))
    self.D.add(Dropout(dropout))

    self.D.add(Conv2D(depth*2, 5, strides=2, padding='same'))
    self.D.add(LeakyReLU(alpha=alpha))
    self.D.add(Dropout(dropout))

    self.D.add(Conv2D(depth*4, 5, strides=2, padding='same'))
    self.D.add(LeakyReLU(alpha=alpha))
    self.D.add(Dropout(dropout))

    self.D.add(Conv2D(depth*8, 5, strides=1, padding='same'))
    self.D.add(LeakyReLU(alpha=alpha))
    self.D.add(Dropout(dropout))

    self.D.add(Flatten())
    self.D.add(Dense(1))
    self.D.add(Activation('sigmoid'))
    self.D.summary()
    return self.D
```

Diskriminator- und gegnerische Modelle

Als Nächstes definieren wir das Diskriminatormodell (d.h. die Polizei, die die Fälschungen entdecken soll) und das gegnerische (engl. adversarial) Modell (d.h. den Fälscher, der von der Polizei lernt). Für beide Modelle verwenden wir den RMSprop-Optimizer, definieren die Verlustfunktion als binäre Kreuzentropie und legen für die auszugebenden Metriken accuracy (Genauigkeit) fest.

Für das gegnerische Modell greifen wir auf die Generator- und Diskriminatornetze zurück, die wir weiter oben definiert haben. Für das Diskriminatormodell nehmen wir einfach das Diskriminatornetz:

```
def discriminator_model(self):
    if self.DM:
        return self.DM
    optimizer = RMSprop(lr=0.0002, decay=6e-8)
    self.DM = Sequential()
    self.DM.add(self.discriminator())
```

```
        self.DM.compile(loss='binary_crossentropy', \
                        optimizer=optimizer, metrics=['accuracy'])
        return self.DM

    def adversarial_model(self):
        if self.AM:
            return self.AM
        optimizer = RMSprop(lr=0.0001, decay=3e-8)
        self.AM = Sequential()
        self.AM.add(self.generator())
        self.AM.add(self.discriminator())
        self.AM.compile(loss='binary_crossentropy', \
                        optimizer=optimizer, metrics=['accuracy'])
    return self.AM
```

DCGAN für das MNIST-Dataset

Wir definieren nun das DCGAN für das MNIST-Dataset. Zuerst initialisieren wir die Klasse `MNIST_DCGAN` für die 28 × 28 × 1-MNIST-Bilder und übernehmen den Generator, das Diskriminatormodell und das gegnerische Modell von oben:

```
    class MNIST_DCGAN(object):
        def __init__(self, x_train):
            self.img_rows = 28
            self.img_cols = 28
            self.channel = 1

            self.x_train = x_train

            self.DCGAN = DCGAN()

            self.discriminator =  self.DCGAN.discriminator_model()
            self.adversarial = self.DCGAN.adversarial_model()
            self.generator = self.DCGAN.generator()
```

Die Funktion `train` trainiert standardmäßig 2.000 Trainingsepochen und verwendet eine Batchgröße von 256. In dieser Funktion speisen wir Batches von Bildern in die soeben definierte DCGAN-Architektur ein. Der Generator erzeugt Bilder, und der Diskriminator bewertet Bilder als echt oder gefälscht. Da sich der Generator und der Diskriminator in diesem gegnerischen Modell duellieren, werden die Bilder den originalen MNIST-Bildern immer ähnlicher:

```
    def train(self, train_steps=2000, batch_size=256, save_interval=0):
        noise_input = None
        if save_interval>0:
            noise_input = np.random.uniform(-1.0, 1.0, size=[16, 100])
        for i in range(train_steps):
            images_train = self.x_train[np.random.randint(0,
                self.x_train.shape[0], size=batch_size), :, :, :]
            noise = np.random.uniform(-1.0, 1.0, size=[batch_size, 100])
            images_fake = self.generator.predict(noise)
            x = np.concatenate((images_train, images_fake))
            y = np.ones([2*batch_size, 1])
```

```
        y[batch_size:, :] = 0

        d_loss = self.discriminator.train_on_batch(x, y)

        y = np.ones([batch_size, 1])
        noise = np.random.uniform(-1.0, 1.0, size=[batch_size, 100])
        a_loss = self.adversarial.train_on_batch(noise, y)
        log_mesg = "%d: [D loss: %f, acc: %f]" % (i, d_loss[0], d_loss[1])
        log_mesg = "%s [A loss: %f, acc: %f]" % (log_mesg, a_loss[0], \
                                                  a_loss[1])

        print(log_mesg)
        if save_interval>0:
            if (i+1)%save_interval==0:
                self.plot_images(save2file=True, \
                    samples=noise_input.shape[0],\
                    noise=noise_input, step=(i+1))
```

Wir definieren auch eine Funktion, um die Bilder zu plotten, die dieses DCGAN-Modell generiert hat:

```
def plot_images(self, save2file=False, fake=True, samples=16, \
                noise=None, step=0):
    filename = 'mnist.png'
    if fake:
        if noise is None:
            noise = np.random.uniform(-1.0, 1.0, size=[samples, 100])
        else:
            filename = "mnist_%d.png" % step images =
self.generator.predict(noise)
        else:
            i = np.random.randint(0, self.x_train.shape[0], samples)
            images = self.x_train[i, :, :, :]

        plt.figure(figsize=(10,10))
        for i in range(images.shape[0]):
            plt.subplot(4, 4, i+1)
            image = images[i, :, :, :]
            image = np.reshape(image, [self.img_rows, self.img_cols])
            plt.imshow(image, cmap='gray')
            plt.axis('off')
        plt.tight_layout()
        if save2file:
            plt.savefig(filename)
            plt.close('all')
        else:
            plt.show()
```

MNIST-DCGAN in Aktion

Nachdem wir nun den MNIST_DCGAN-Aufruf definiert haben, führen wir den Aufruf auch aus und beginnen den Trainingsprozess. Wir trainieren 10.000 Epochen mit einer Batchgröße von 256:

```
# MNIST_DCGAN initialisieren und trainieren
mnist_dcgan = MNIST_DCGAN(X_train_keras)
timer = ElapsedTimer()
mnist_dcgan.train(train_steps=10000, batch_size=256, save_interval=500)
```

Die folgende Ausgabe zeigt den Verlust und die Genauigkeit des Diskriminatormodells und des gegnerischen Modells:

```
0: [D loss: 0.692640, acc: 0.527344] [A loss: 1.297974, acc: 0.000000]
1: [D loss: 0.651119, acc: 0.500000] [A loss: 0.920461, acc: 0.000000]
2: [D loss: 0.735192, acc: 0.500000] [A loss: 1.289153, acc: 0.000000]
3: [D loss: 0.556142, acc: 0.947266] [A loss: 1.218020, acc: 0.000000]
4: [D loss: 0.492492, acc: 0.994141] [A loss: 1.306247, acc: 0.000000]
5: [D loss: 0.491894, acc: 0.916016] [A loss: 1.722399, acc: 0.000000]
6: [D loss: 0.607124, acc: 0.527344] [A loss: 1.698651, acc: 0.000000]
7: [D loss: 0.578594, acc: 0.921875] [A loss: 1.042844, acc: 0.000000]
8: [D loss: 0.509973, acc: 0.587891] [A loss: 1.957741, acc: 0.000000]
9: [D loss: 0.538314, acc: 0.896484] [A loss: 1.133667, acc: 0.000000]
10: [D loss: 0.510218, acc: 0.572266] [A loss: 1.855000, acc: 0.000000]
11: [D loss: 0.501239, acc: 0.923828] [A loss: 1.098140, acc: 0.000000]
12: [D loss: 0.509211, acc: 0.519531] [A loss: 1.911793, acc: 0.000000]
13: [D loss: 0.482305, acc: 0.923828] [A loss: 1.187290, acc: 0.000000]
14: [D loss: 0.395886, acc: 0.900391] [A loss: 1.465053, acc: 0.000000]
15: [D loss: 0.346876, acc: 0.992188] [A loss: 1.443823, acc: 0.000000]
```

Die anfängliche Genauigkeit des Diskriminators schwankt stark, bleibt aber deutlich über 0,50. Anders ausgedrückt, ist der Diskriminator anfangs sehr gut darin, die schlecht konstruierten Fälschungen vom Generator abzufangen. Wenn dann der Generator zunehmend bessere Fälschungen liefert, hat der Diskriminator zu kämpfen, und seine Genauigkeit sinkt auf rund 0,50 ab:

```
9985: [D loss: 0.696480, acc: 0.521484] [A loss: 0.955954, acc: 0.125000]
9986: [D loss: 0.716583, acc: 0.472656] [A loss: 0.761385, acc: 0.363281]
9987: [D loss: 0.710941, acc: 0.533203] [A loss: 0.981265, acc: 0.074219]
9988: [D loss: 0.703731, acc: 0.515625] [A loss: 0.679451, acc: 0.558594]
9989: [D loss: 0.722460, acc: 0.492188] [A loss: 0.899768, acc: 0.125000]
9990: [D loss: 0.691914, acc: 0.539062] [A loss: 0.726867, acc: 0.464844]
9991: [D loss: 0.716197, acc: 0.500000] [A loss: 0.932500, acc: 0.144531]
9992: [D loss: 0.689704, acc: 0.548828] [A loss: 0.734389, acc: 0.414062]
9993: [D loss: 0.714405, acc: 0.517578] [A loss: 0.850408, acc: 0.218750]
9994: [D loss: 0.690414, acc: 0.550781] [A loss: 0.766320, acc: 0.355469]
9995: [D loss: 0.709792, acc: 0.511719] [A loss: 0.960070, acc: 0.105469]
9996: [D loss: 0.695851, acc: 0.500000] [A loss: 0.774395, acc: 0.324219]
9997: [D loss: 0.712254, acc: 0.521484] [A loss: 0.853828, acc: 0.183594]
9998: [D loss: 0.702689, acc: 0.529297] [A loss: 0.802785, acc: 0.308594]
9999: [D loss: 0.698032, acc: 0.517578] [A loss: 0.810278, acc: 0.304688]
```

Synthetische Bilder generieren

Nach dem Training des MNIST-DCGAN generieren wir damit eine Stichprobe von synthetischen Bildern (siehe Abbildung 12-3).

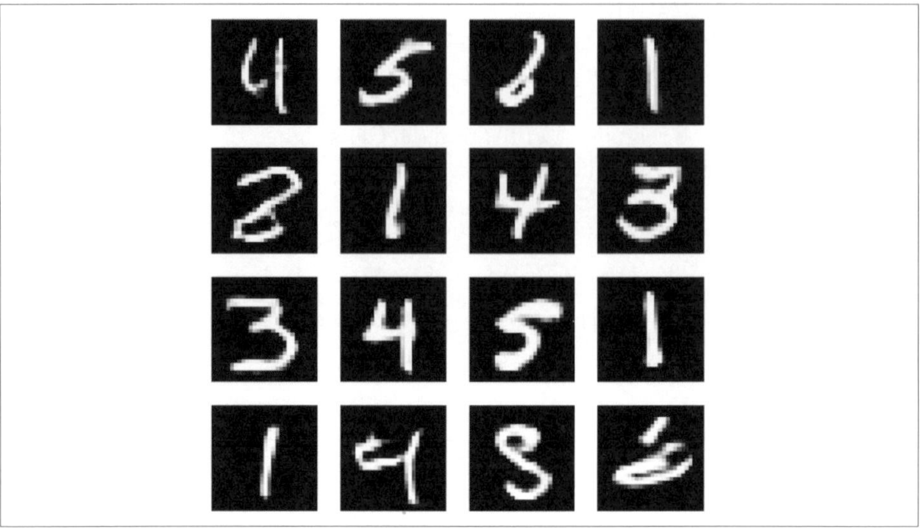

Abbildung 12-3: Synthetische Bilder, die das MNIST-DCGAN generiert hat

Diese synthetischen Bilder ähneln auf unheimliche Weise den echten Ziffern – auch wenn sie nicht gänzlich ununterscheidbar in Bezug auf das echte MNIST-Dataset sind. Mit mehr Trainingszeit sollte das MNIST-DCGAN in der Lage sein, synthetische Bilder zu generieren, die denen des echten MNIST-Datasets noch ähnlicher sind und verwendet werden können, um den Umfang dieses Datasets zu erweitern.

Auch wenn unsere Lösung einigermaßen gut ist, gibt es viele Möglichkeiten, die Leistung des MNIST-DCGAN zu steigern. Das Paper »Improved Techniques for Training GANs« (*https://arxiv.org/pdf/1606.03498.pdf*) und der dazugehörende Begleitcode (*https://github.com/openai/improved-gan*) dringen tiefer in erweiterte Methoden zur Verbesserung der GAN-Performance ein.

Zusammenfassung

In diesem Kapitel haben wir *Deep Convolutional Generative Adversarial Networks* (DCGANs) untersucht, eine spezialisierte Form der *Generative Adversarial Networks* (GANs), die sich besonders für Datasets von Bildverarbeitung und Computervision eignen.

GANs sind generative Modelle mit zwei neuronalen Netzen, die ein Nullsummenspiel durchführen. Das eine der beiden Netze, der Generator (d.h. der Fälscher), generiert synthetische Daten aus echten Daten, während das andere Netz, der Diskriminator (d.h. die Polizei), die generierten Daten als falsch oder echt ausruft.[6]

6 Zusätzliche Informationen finden Sie unter dem Post für generative Modelle im OpenAI-Blog (*https://blog.openai.com/generative-models/*).

Dieses Nullsummenspiel, in dem der Generator vom Diskriminator lernt, führt zu einem generativen Gesamtmodell, das ziemlich realistische synthetische Daten generiert und im Allgemeinen mit der Zeit besser wird (wenn wir weitere Epochen trainieren).

Die relativ neuen GANs wurden 2014 von Ian Goodfellow et al. eingeführt.[7] Derzeit werden GANs hauptsächlich eingesetzt, um Anomalien zu erkennen und synthetische Daten zu generieren. Es zeichnen sich aber viele weitere Anwendungen in der nahen Zukunft ab. Die Community des maschinellen Lernens kratzt gerade einmal an der Oberfläche dessen, was möglich ist, und wenn Sie sich für GANs in angewandten maschinellen Lernsystemen entscheiden, sollten Sie sich auf jede Menge Experimente einstellen.[8]

In Kapitel 13 schließen wir diesen Teil des Buchs ab und untersuchen dort temporäres Clustern, d.h. eine Form des Unsupervised Learning für die Verwendung mit Zeitreihendaten.

7 Weitere Informationen hierzu finden Sie in dem bahnbrechenden Paper unter *https://arxiv.org/abs/1406.2661*.

8 Tipps und Tricks zum Optimieren von GANs und zum Verbessern der Performance erhalten Sie unter *https://github.com/soumith/ganhacks* bzw. *http://bit.ly/2G2FJHq*.

KAPITEL 13

Zeitreihen-Clustering

Bislang haben wir in diesem Buch hauptsächlich mit *Querschnittsdaten* gearbeitet, bei denen wir Beobachtungen für Entitäten zu einem einzigen Zeitpunkt haben. Das gilt auch für das Dataset der Kreditkartendaten mit Transaktionen, die sich über zwei Tage erstreckt haben, und das MNIST-Dataset mit Bildern von Ziffern. Auf diese Datasets haben wir Unsupervised Learning angewendet, um die zugrunde liegende Struktur in den Daten zu lernen und ähnliche Transaktionen bzw. Bilder ohne Verwendung von Labels zu gruppieren.

Unsupervised Learning ist auch sehr wertvoll für das Arbeiten mit *Zeitreihendaten*, bei denen wir Beobachtungen für eine einzelne Entität in verschiedenen Zeitintervallen haben. Wir müssen eine Lösung entwickeln, die die zugrunde liegende Struktur der Daten über die Zeit hinweg lernen kann, nicht nur für einen bestimmten Zeitpunkt. Wenn wir eine derartige Lösung entwickeln, können wir ähnliche Zeitreihenmuster identifizieren und sie gruppieren.

In Bereichen wie Finanzwesen, Medizin, Robotik, Astronomie, Biologie, Meteorologie usw. ist dies sehr wirkungsvoll, da Fachleute in diesen Bereichen viel Zeit damit zubringen, Daten zu analysieren, um aktuelle Ereignisse danach zu klassifizieren, wie ähnlich sie vergangenen Ereignissen sind. Indem man aktuelle Ereignisse zusammen mit ähnlichen Ereignissen der Vergangenheit gruppiert, können diese Fachleute sicherer über die richtige Vorgehensweise entscheiden.

In diesem Kapitel arbeiten wir am Clustering von Zeitreihendaten auf Basis von Musterähnlichkeit. Das Clustering von Zeitreihendaten ist ein rein unüberwachter Ansatz und erfordert keine Annotation von Daten für das Training, obwohl annotierte Daten wie bei anderen Experimenten mit Unsupervised Learning notwendig sind, um die Ergebnisse zu validieren.

Es gibt eine dritte Gruppe von Daten, die Querschnittsdaten und Zeitreihendaten kombiniert. Diese werden als *Panel*- oder *Längsschnittdaten* bezeichnet.

EKG-Daten

Das Problem des Zeitreihen-Clusterings wollen wir an einem realitätsnahen Problem greifbarer machen. Angenommen, wir arbeiteten im Gesundheitswesen und müssten EKG-(Elektrokardiogramm-)Aufzeichnungen analysieren. EKG-Geräte zeichnen die elektrische Aktivität des Herzens über einen bestimmten Zeitraum mithilfe von Elektroden auf, die auf der Haut platziert werden. Das EKG misst die Aktivität für etwa zehn Sekunden, und die aufgezeichneten Messwerte helfen, eventuelle Herzprobleme zu erkennen.

Die meisten EKG-Messwerte zeichnen normale Herzschlagaktivität auf, aber die abnormalen Messwerte sind es, die das medizinische Fachpersonal identifizieren muss, um präventiv reagieren zu können, bevor unerwünschte kardiale Ereignisse eintreten – etwa ein Herzstillstand. Das EKG produziert ein Liniendiagramm mit Spitzen und Tälern, sodass die Klassifizierung eines Messwerts als normal oder abnormal eine einfache Mustererkennungsaufgabe ist, die sich gut für maschinelles Lernen eignet. Reale EKG-Messwerte werden nicht immer ganz sauber angezeigt, was die Klassifizierung der Bilder in diese verschiedenen Bereiche schwierig und fehleranfällig macht.

Zum Beispiel sind Variationen in der *Amplitude* der Wellen (der Höhe der Mittellinie zur Spitze oder zum Tiefpunkt), der *Periode* (dem Abstand von einer Spitze zur nächsten), der *Phasenverschiebung* (der horizontalen Verschiebung) und der *vertikalen Verschiebung* Herausforderungen für jedes maschinengesteuerte Klassifizierungssystem.

Ansatz für Zeitreihen-Clustering

Jeder Ansatz für Zeitreihen-Clustering verlangt von uns, die genannten Arten von Verzerrungen zu verarbeiten. Wie bereits erläutert, bestimmt Clustering anhand von Abstandsmaßen, wie nah die Daten räumlich zu anderen Daten liegen, sodass ähnliche Daten in verschiedenartige und homogene Cluster gruppiert werden können.

Das Clustern von Zeitreihendaten funktioniert ähnlich, doch wir brauchen ein Abstandsmaß, das skalen- und verschiebungsinvariant ist, sodass ähnliche Zeitreihendaten unabhängig von trivialen Differenzen in Amplitude, Periode, Phasenverschiebung und vertikaler Verschiebung gruppiert werden.

k-Shape

Einer der modernsten Ansätze für Zeitreihen-Clustering, der diese Kriterien erfüllt, ist *k-Shape*, ein Algorithmus, der 2015 von John Paparrizos und Luis Gravano auf der ACM SIGMOD vorgestellt wurde.[1]

1 Das Paper ist unter *http://www.cs.columbia.edu/~jopa/kshape.html* öffentlich verfügbar.

Der Algorithmus *k*-Shape verwendet ein skalen- und verschiebungsinvariantes Abstandsmaß, um die Formen von Zeitreihensequenzen beim Vergleichen zu erhalten. Konkret verwendet *k*-Shape eine normalisierte Version der Kreuzkorrelation, um Cluster-Schwerpunkte zu berechnen, und aktualisiert dann in jeder Iteration die Zuweisung von Zeitreihen zu diesen Clustern.

Der Algorithmus *k*-Shape ist nicht nur skalen- und verschiebungsinvariant, sondern auch domänenunabhängig und skalierbar, sodass nur wenige Parameter optimiert werden müssen. Die iterative Verfeinerungsprozedur lässt sich linear in der Anzahl der Sequenzen skalieren. Diese Eigenschaften haben *k*-Shape zu einem der leistungsfähigsten Zeitreihen-Clustering-Algorithmen gemacht, die heute verfügbar sind.

Inzwischen sollte klar sein, dass *k*-Shape ähnlich wie *k*-Means funktioniert: Beide Algorithmen verwenden einen iterativen Ansatz, um Daten Gruppen zuzuordnen nach ihrem Abstand zwischen den Daten und dem Schwerpunkt der nächsten Gruppe. Der entscheidende Unterschied besteht darin, wie *k*-Shape die Abstände berechnet – der Algorithmus verwendet eine formbasierte Distanz, die auf Kreuzkorrelationen beruht.

Zeitreihen-Clustering mit k-Shape auf ECGFiveDays

Wir erstellen nun ein Zeitreihen-Clustering-Modell mithilfe von *k*-Shape.

In diesem Kapitel stützen wir uns auf die Daten aus der UCR-Zeitreihensammlung. Da die Dateigröße 100 Megabyte übersteigt, ist diese Datei nicht auf GitHub verfügbar. Deshalb müssen Sie sie von der Website der UCR Time Series unter *http://bit.ly/2CXPcfq* herunterladen.

Dies ist die größte öffentliche Sammlung von Zeitreihen-Datasets mit Klassen-Labels (insgesamt 85). Diese Datasets stammen aus mehreren Domänen, sodass wir testen können, wie gut unsere Lösung über verschiedene Domänen hinweg funktioniert. Da jede Zeitreihe nur zu einer Klasse gehört, verfügen wir auch über Labels, um die Ergebnisse unseres Zeitreihen-Clusterings zu validieren.

Datenvorbereitung

Laden wir zunächst die erforderlichen Bibliotheken:

```
'''Main'''
import numpy as np
import pandas as pd
import os, time, re
import pickle, gzip, datetime
from os import listdir, walk
from os.path import isfile, join

'''Datenvisualisierung'''
import matplotlib.pyplot as plt
import seaborn as sns
color = sns.color_palette()
```

```
import matplotlib as mpl
from mpl_toolkits.axes_grid1 import Grid

%matplotlib inline

'''Datenvorbereitung und Modellbewertung'''
from sklearn import preprocessing as pp
from sklearn.model_selection import train_test_split
from sklearn.model_selection import StratifiedKFold
from sklearn.metrics import log_loss, accuracy_score
from sklearn.metrics import precision_recall_curve, average_precision_score
from sklearn.metrics import roc_curve, auc, roc_auc_score, mean_squared_error
from keras.utils import to_categorical
from sklearn.metrics import adjusted_rand_score
import random

'''Algorithmen'''
from kshape.core import kshape, zscore
import tslearn
from tslearn.utils import to_time_series_dataset
from tslearn.clustering import KShape, TimeSeriesScalerMeanVariance
from tslearn.clustering import TimeSeriesKMeans
import hdbscan

'''TensorFlow und Keras'''
import tensorflow as tf
import keras
from keras import backend as K
from keras.models import Sequential, Model
from keras.layers import Activation, Dense, Dropout, Flatten, Conv2D, MaxPool2D
from keras.layers import LeakyReLU, Reshape, UpSampling2D, Conv2DTranspose
from keras.layers import BatchNormalization, Input, Lambda
from keras.layers import Embedding, Flatten, dot
from keras import regularizers
from keras.losses import mse, binary_crossentropy
from IPython.display import SVG
from keras.utils.vis_utils import model_to_dot
from keras.optimizers import Adam, RMSprop
from tensorflow.examples.tutorials.mnist import input_data
```

Um auf den Python-basierten *k*-Shape-Algorithmus zuzugreifen, verwenden wird das Paket `tslearn`. Das Framework dieses Pakets ähnelt dem von Scikit-learn, zielt aber auf das Arbeiten mit Zeitreihendaten ab.

Als Nächstes laden wir die Trainings- und Testdaten aus dem Dataset `ECGFiveDays`, das aus dem Archiv UCR Time Series heruntergeladen wurde. Die erste Spalte in dieser Matrix enthält die Klassen-Labels, in den übrigen Spalten stehen die Werte der Zeitreihendaten. Wir speichern die Daten als `X_train`, `y_train`, `X_test` und `y_test`:

```
# Die Datasets laden
current_path = os.getcwd()
file = '\\datasets\\ucr_time_series_data\\'
data_train = np.loadtxt(current_path+file+
                        "ECGFiveDays/ECGFiveDays_TRAIN",
                        delimiter=",")
```

```
X_train = to_time_series_dataset(data_train[:, 1:])
y_train = data_train[:, 0].astype(np.int)
data_test = np.loadtxt(current_path+file+
                       "ECGFiveDays/ECGFiveDays_TEST",
                       delimiter=",")
X_test = to_time_series_dataset(data_test[:, 1:])
y_test = data_test[:, 0].astype(np.int)
```

Der folgende Code zeigt die Anzahl der Zeitreihen, die Anzahl der eindeutigen Klassen und die Länge jeder Zeitreihe:

```
# Grundlegende zusammenfassende Statistiken
print("Number of time series:", len(data_train))
print("Number of unique classes:", len(np.unique(data_train[:,0])))
print("Time series length:", len(data_train[0,1:]))

Number of time series: 23
Number of unique classes: 2
Time series length: 136
```

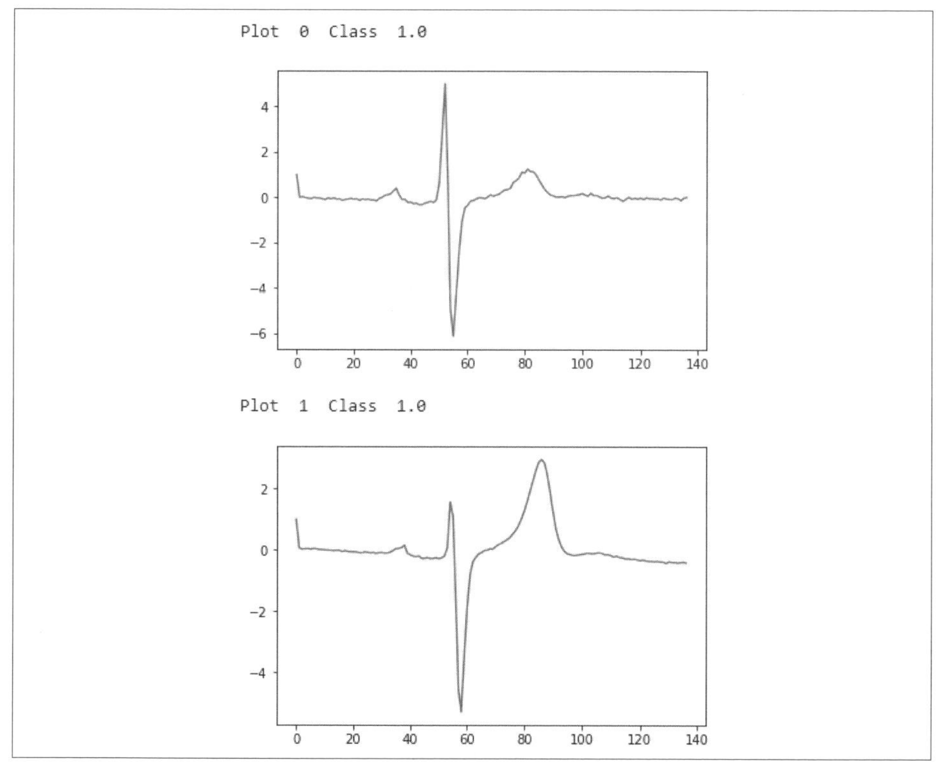

Abbildung 13-1: Die ECGFiveDays-Klasse 1.0 – die beiden ersten Beispiele

Es gibt 23 Zeitreihen und zwei eindeutige Klassen, und jede Zeitreihe hat eine Länge von 136. Abbildung 13-1 zeigt einige Beispiele jeder Klasse; nun wissen wir, wie diese EKG-Messwerte aussehen:

```
# Beispiele für Klasse 1.0
for i in range(0,10):
    if data_train[i,0]==1.0:
        print("Plot ",i," Class ",data_train[i,0])
        plt.plot(data_train[i])
        plt.show()
```

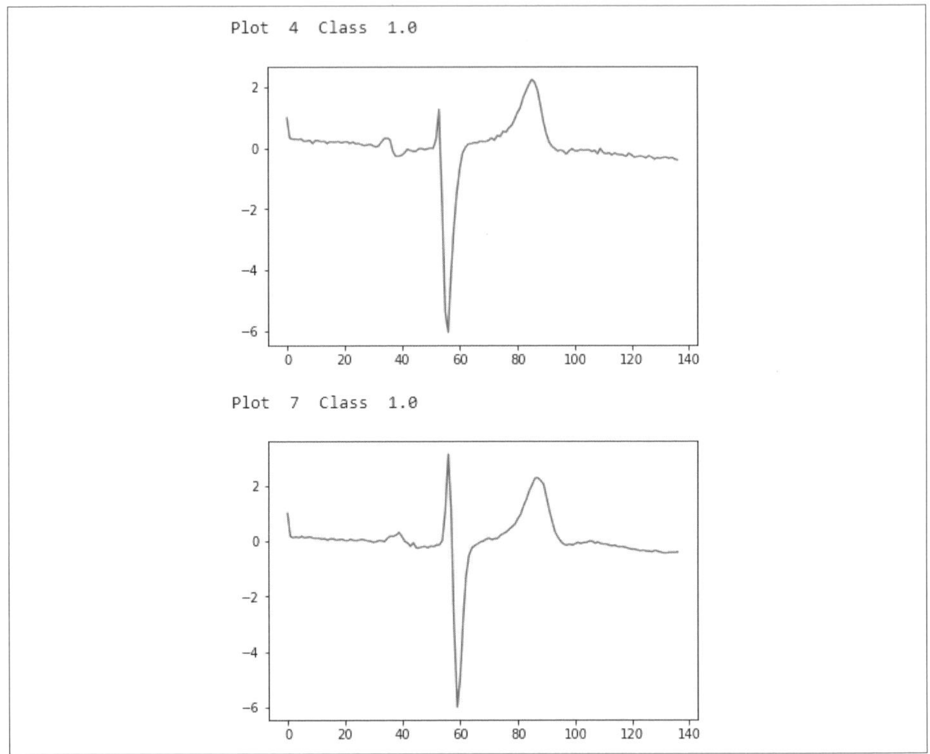

Abbildung 13-2: Die ECGFiveDays-Klasse 1.0 – die nächsten beiden Beispiele

Der Code zum Plotten der Ergebnisse von Klasse 2.0 sieht so aus:

```
# Beispiele von Klasse 2.0
for i in range(0,10):
    if data_train[i,0]==2.0:
        print("Plot ",i," Class ",data_train[i,0])
        plt.plot(data_train[i])
        plt.show()
```

Für das untrainierte Auge scheinen die Beispiele von Klasse 1.0 und Klasse 2.0 ununterscheidbar zu sein, doch diese Beobachtungen sind von Domänenexperten kommentiert worden. Die Plots sind verrauscht mit Verzerrungen. Es gibt auch Unterschiede in Amplitude, Periode, Phasenverschiebung und vertikaler Verschiebung, die eine Klassifizierung zur Herausforderung machen.

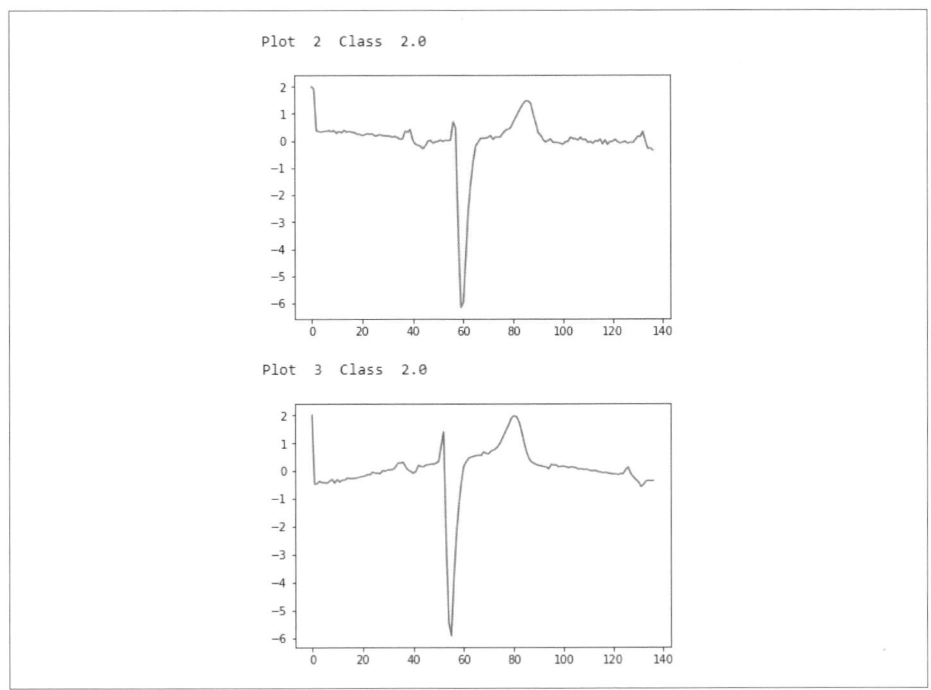

Abbildung 13-3: ECGFiveDays-Klasse 2.0 – die beiden ersten Beispiele

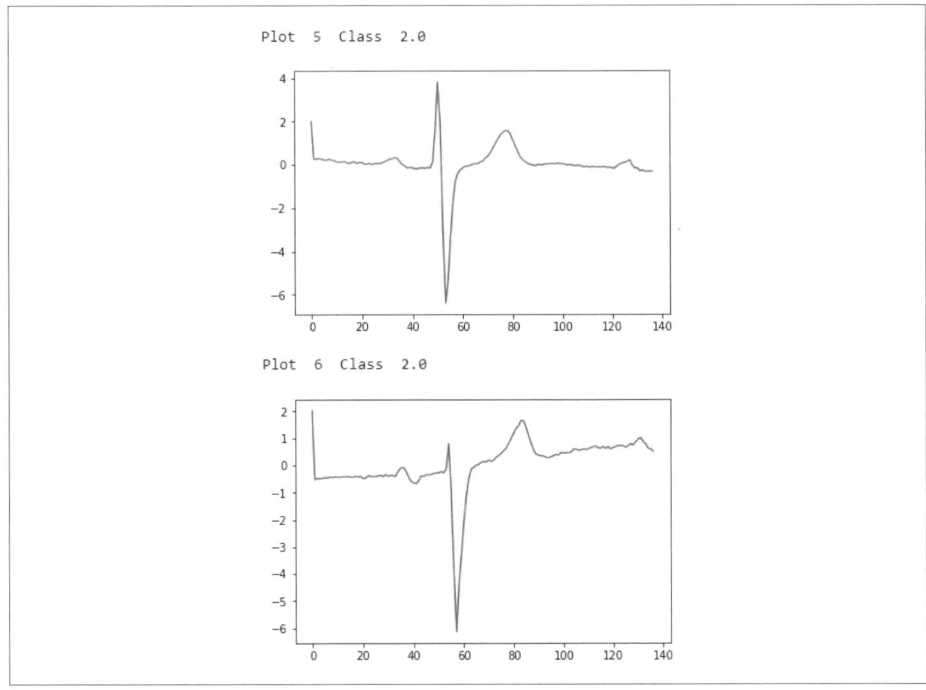

Abbildung 13-4: ECGFiveDays-Klasse 2.0 – die nächsten beiden Beispiele

Bereiten wir nun die Daten für den *k*-Shape-Algorithmus vor. Wir normalisieren die Daten, sodass sie einen Mittelwert von 0 und eine Standardabweichung von 1 haben:

```
# Die Daten vorbereiten - skalieren
X_train = TimeSeriesScalerMeanVariance(mu=0., std=1.).fit_transform(X_train)
X_test = TimeSeriesScalerMeanVariance(mu=0., std=1.).fit_transform(X_test)
```

Training und Bewertung

Als Nächstes rufen wir den *k*-Shape-Algorithmus auf und setzen die Anzahl der Cluster auf 2, die maximal auszuführenden Iterationen auf 100 und die Anzahl der Trainingsrunden ebenfalls auf 100:[2]

```
# Trainieren mithilfe von k-Shape
ks = KShape(n_clusters=2, max_iter=100, n_init=100,verbose=0)
ks.fit(X_train)
```

Als Maß für die Güte des Zeitreihen-Clusterings verwenden wir den *angepassten Rand-Index* – ein Maß für die Ähnlichkeit zwischen zwei Datenclustern, das für die zufällige Gruppierung von Elementen angepasst ist. Es ist mit dem Genauigkeitsmaß verwandt.[3]

Intuitiv misst der Rand-Index die Anzahl der Übereinstimmungen in Clusterzuordnungen zwischen den vorhergesagten Clustern und den wahren Clustern. Wenn das Modell einen angepassten Rand-Index mit einem Wert nahe 0,0 hat, weist es Cluster rein zufällig zu; liegt der angepasste Rand-Index des Modells nahe 1,0, entsprechen die vorhergesagten Cluster exakt den wahren Clustern.

Wir verwenden hier die Scikit-learn-Implementierung des angepassten Rand-Index namens `adjusted_rand_score`.

Mit dem folgenden Code generieren wir die Clustering-Vorhersagen und berechnen dann den angepassten Rand-Index:

```
# Vorhersagen treffen und angepassten Rand-Index berechnen
preds = ks.predict(X_train)
ars = adjusted_rand_score(data_train[:,0],preds)
print("Adjusted Rand Index:", ars)
```

Auf Basis dieses Laufs beträgt der angepasste Rand-Index 0,668. Wenn Sie dieses Training und die Vorhersage mehrmals durchführen, werden Sie feststellen, dass der angepasste Rand-Index etwas variiert, aber immer deutlich über 0,0 bleibt:

```
Adjusted Rand Index: 0.668041237113402
```

2 Für weitere Hyperparameter sei auf die offizielle *k*-Shape-Dokumentation verwiesen (*http://bit.ly/2GfgOL9*).

3 Informationen zum Rand-Index finden Sie in der Wikipedia (*https://en.wikipedia.org/wiki/Rand_index*).

Wir führen nun die Vorhersage auf dem Testset aus und berechnen dafür den angepassten Rand-Index:

```
# Vorhersagen auf Testset treffen und angepassten Rand-Index berechnen

preds_test = ks.predict(X_test)
ars = adjusted_rand_score(data_test[:,0],preds_test)
print("Adjusted Rand Index on Test Set:", ars)
```

Der angepasste Rand-Index auf dem Testset liegt deutlich niedriger – kaum über 0. Die Cluster-Vorhersagen sind nahezu zufällige Zuweisungen, die Gruppierung der Zeitreihen basierend auf der Ähnlichkeit zeigt nur wenig Erfolg:

```
Adjusted Rand Index on Test Set: 0.0006332050676187496
```

Hätten wir ein wesentlich größeres Trainingsset, um unser *k*-Shape-basiertes Zeitreihen-Clustering-Modell zu trainieren, ließe sich auch eine bessere Performance auf dem Testset erwarten.

Zeitreihen-Clustering mit k-Shape auf ECG5000

Anstelle des Datasets `ECGFiveDays`, das nur 23 Beobachtungen im Trainingsset und 861 im Testset enthält, verwenden wir jetzt ein wesentlich umfangreicheres Dataset von EKG-Messungen. Das Dataset `ECG5000` (das ebenfalls im Archiv von UCR Time Series verfügbar ist) enthält im Trainings- und im Testset insgesamt 5.000 EKG-Messungen (d.h. Zeitreihen).

Datenvorbereitung

Wir laden die Datasets und erstellen unsere eigene Trainings- und Testteilung mit 80% der 5.000 Messungen im benutzerdefinierten Trainingsset und den restlichen 20% im benutzerdefinierten Testset. Mit diesem viel größeren Trainingsset sollten wir in der Lage sein, ein Zeitreihen-Clustering-Modell zu entwickeln, das eine viel bessere Performance aufweist, und zwar sowohl im Trainingsset als auch – was am wichtigsten ist – im Testset:

```
# Die Datasets laden
current_path = os.getcwd()
file = '\\datasets\\ucr_time_series_data\\'
data_train = np.loadtxt(current_path+file+
                        "ECG5000/ECG5000_TRAIN",
                        delimiter=",")

data_test = np.loadtxt(current_path+file+
                        "ECG5000/ECG5000_TEST",
                        delimiter=",")

data_joined = np.concatenate((data_train,data_test),axis=0)
data_train, data_test = train_test_split(data_joined,
                                    test_size=0.20, random_state=2019)
```

```
X_train = to_time_series_dataset(data_train[:, 1:])
y_train = data_train[:, 0].astype(np.int)
X_test = to_time_series_dataset(data_test[:, 1:])
y_test = data_test[:, 0].astype(np.int)
```

Untersuchen wir nun dieses Dataset:

```
# Zusammenfassende Statistiken:
print("Number of time series:", len(data_train))
print("Number of unique classes:", len(np.unique(data_train[:,0])))
print("Time series length:", len(data_train[0,1:]))
```

Die folgende Ausgabe zeigt die grundlegenden zusammenfassenden Statistiken. Das Trainingsset enthält 4.000 Messungen, die in fünf unterscheidbare Klassen gruppiert sind, und jede Zeitreihe hat eine Länge von 140:

```
Number of time series: 4000
Number of unique classes: 5
Time series length: 140
```

Sehen wir uns auch an, wie viele Messwerte zu jeder dieser Klassen gehören:

```
# Die Anzahl der Messwerte pro Klasse berechnen
print("Number of time series in class 1.0:",
      len(data_train[data_train[:,0]==1.0]))
print("Number of time series in class 2.0:",
      len(data_train[data_train[:,0]==2.0]))
print("Number of time series in class 3.0:",
      len(data_train[data_train[:,0]==3.0]))
print("Number of time series in class 4.0:",
      len(data_train[data_train[:,0]==4.0]))
print("Number of time series in class 5.0:",
      len(data_train[data_train[:,0]==5.0]))
```

Abbildung 13-5 zeigt die Verteilung. Die meisten Messwerte fallen in Klasse 1, gefolgt von Klasse 2. Deutlich weniger Messwerte gehören zu den Klassen 3, 4 und 5.

Wir nehmen die durchschnittlichen Zeitreihenmesswerte aus jeder Klasse, um eine bessere Vorstellung dafür zu bekommen, wie die verschiedenen Klassen aussehen:

```
# Messwerte aus jeder Klasse anzeigen
for j in np.unique(data_train[:,0]):
    dataPlot = data_train[data_train[:,0]==j]
    cnt = len(dataPlot)
    dataPlot = dataPlot[:,1:].mean(axis=0)
    print(" Class ",j," Count ",cnt)
    plt.plot(dataPlot)
    plt.show()
```

Klasse 1 (Abbildung 13-5) hat einen scharfen Trichter, gefolgt von einem scharfen Peak und einer Stabilisierung. Dies ist die häufigste Art der Messung.

Klasse 2 (Abbildung 13-6) hat einen scharfen Trichter, gefolgt von einer Erholung und dann einem noch schärferen und tieferen Trichter mit einer teilweisen Erholung. Dies ist die zweithäufigste Art der Messung.

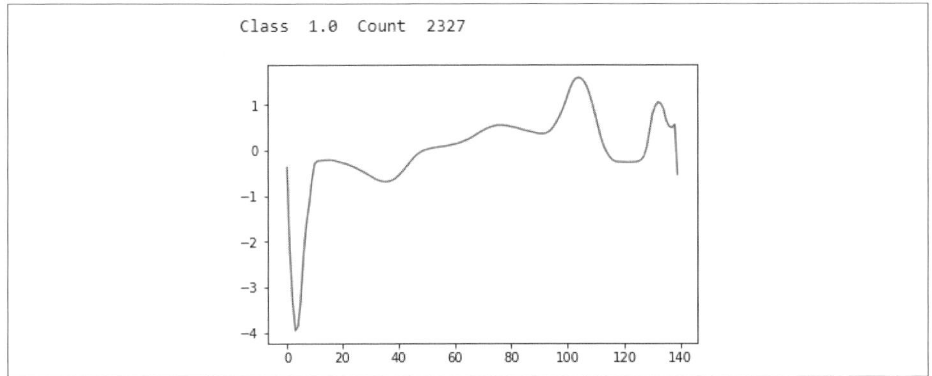

Abbildung 13-5: ECG5000, Klasse 1.0

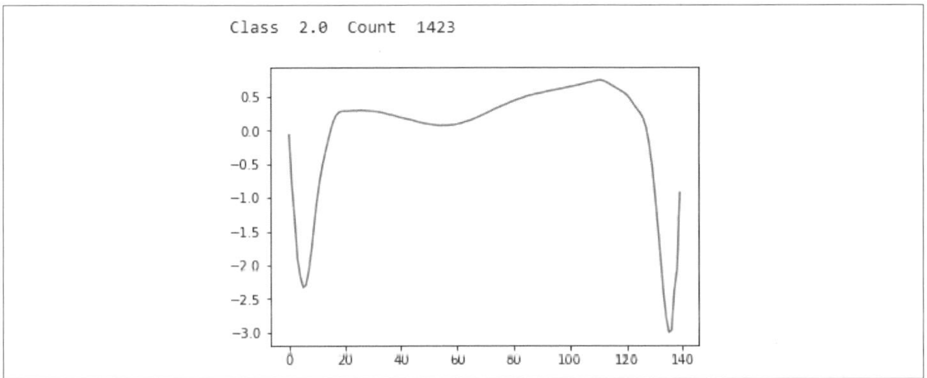

Abbildung 13-6: ECG5000, Klasse 2.0

Klasse 3 (Abbildung 13-7) hat einen scharfen Trichter, gefolgt von einer Erholung und dann einem noch schärferen und tieferen Trichter ohne Erholung. Im Dataset sind einige Beispiele dafür zu finden.

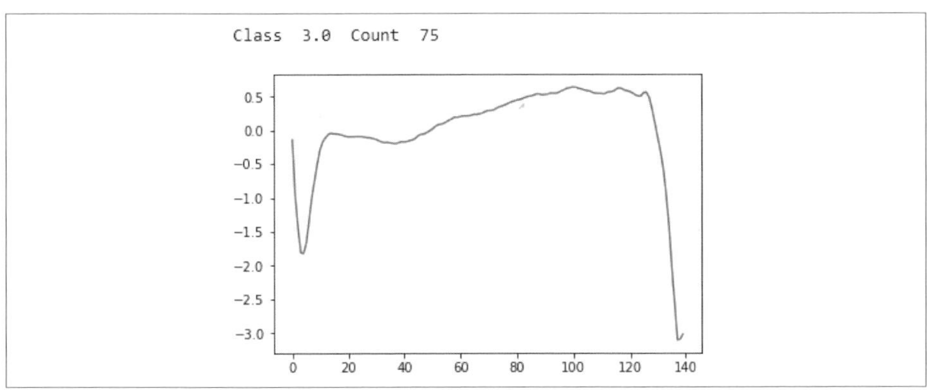

Abbildung 13-7: ECG5000, Klasse 3.0

Klasse 4 (Abbildung 13-8) hat einen scharfen Trichter, gefolgt von einer Erholung und dann einem flachen Trichter und Stabilisierung. Im Dataset gibt es dafür einige Beispiele.

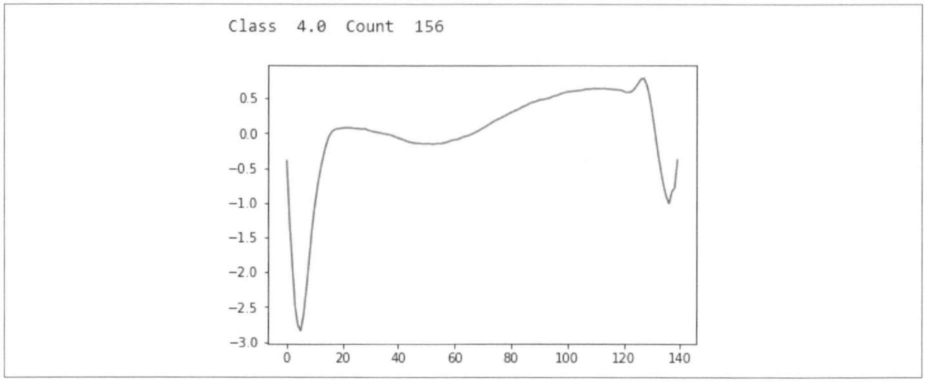

Abbildung 13-8: ECG5000, Klasse 4.0

Klasse 5 (Abbildung 13-9) hat einen scharfen Trichter, gefolgt von einer ungleichmäßigen Erholung, einem Peak und dann einem unregelmäßigen Rückgang in einen flachen Trichter. Es gibt nur sehr wenige Beispiele dafür im Dataset.

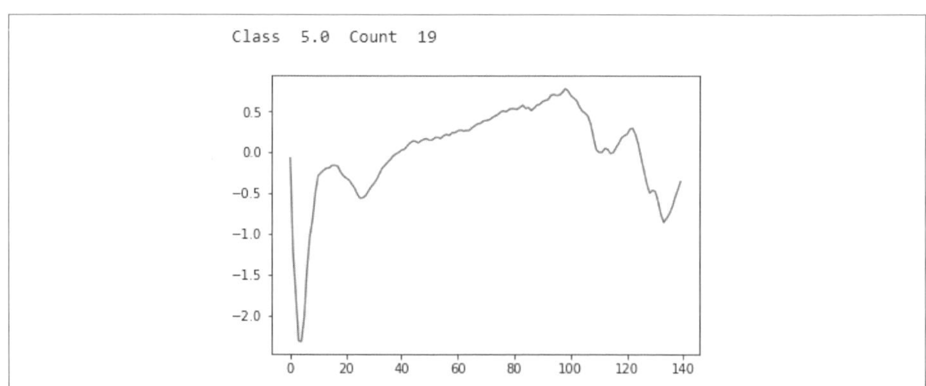

Abbildung 13-9: ECG5000, Klasse 5.0

Training und Bewertung

Wie zuvor normalisieren wir die Daten, sodass sie einen Mittelwert von 0 und eine Standardabweichung von 1 haben. Dann passen wir den *k*-Shape-Algorithmus an und setzen die Anzahl der Cluster diesmal auf 5. Alles andere bleibt gleich:

```
# Daten vorbereiten - skalieren
X_train = TimeSeriesScalerMeanVariance(mu=0., std=1.).fit_transform(X_train)
X_test = TimeSeriesScalerMeanVariance(mu=0., std=1.).fit_transform(X_test)

# Trainieren mittels k-Shape
```

```
ks = KShape(n_clusters=5, max_iter=100, n_init=10,verbose=1,random_state=2019)
ks.fit(X_train)
```

Wir bewerten die Ergebnisse auf dem Trainingsset:

```
# Vorhersagen auf Trainingsset und angepassten Rand-Index berechnen
preds = ks.predict(X_train)
ars = adjusted_rand_score(data_train[:,0],preds)
print("Adjusted Rand Index on Training Set:", ars)
```

Die folgende Ausgabe zeigt den angepassten Rand-Index auf dem Trainingsset. Er ist mit 0,75 deutlich stärker:

```
Adjusted Rand Index on Training Set: 0.7499312374127193
```

Wir bewerten auch die Ergebnisse auf dem Testset:

```
# Vorhersagen auf Testset und angepassten Rand-Index berechnen
preds_test = ks.predict(X_test)
ars = adjusted_rand_score(data_test[:,0],preds_test)
print("Adjusted Rand Index on Test Set:", ars)
```

Der angepasste Rand-Index auf dem Testset ist mit 0,72 ebenfalls viel höher:

```
Adjusted Rand Index on Test Set: 0.7172302400677499
```

Durch die Vergrößerung des Trainingssets auf 4.000 Zeitreihen (von ursprünglich 23) bekommen wir ein wesentlich leistungsfähigeres Zeitreihen-Clustering-Modell.

Untersuchen wir die vorhergesagten Cluster nun etwas genauer, um zu sehen, wie homogen sie sind. Für jeden vorhergesagten Cluster bewerten wir die Verteilung der wahren Labels. Wenn die Cluster genau definiert und homogen sind, sollten die meisten Messwerte in jedem Cluster das gleiche wahre Label tragen:

```
# Die Güte der Cluster bewerten
preds_test = preds_test.reshape(1000,1)
preds_test = np.hstack((preds_test,data_test[:,0].reshape(1000,1)))
preds_test = pd.DataFrame(data=preds_test)
preds_test = preds_test.rename(columns={0: 'prediction', 1: 'actual'})

counter = 0
for i in np.sort(preds_test.prediction.unique()):
    print("Predicted Cluster ", i)
    print(preds_test.actual[preds_test.prediction==i].value_counts())
    print()
    cnt = preds_test.actual[preds_test.prediction==i] \
                        .value_counts().iloc[1:].sum()
    counter = counter + cnt
print("Count of Non-Primary Points: ", counter)
```

Die folgende Ausgabe zeigt die Homogenität der Cluster:

```
ECG 5000 k-shape predicted cluster analysis

Predicted Cluster 0.0
    2.0  29
    4.0  2
```

```
    1.0  2
    3.0  2
    5.0  1
    Name: actual, dtype: int64

Predicted Cluster 1.0
    2.0  270
    4.0  14
    3.0  8
    1.0  2
    5.0  1
    Name: actual, dtype: int64

Predicted Cluster 2.0
    1.0  553
    4.0  16
    2.0  9
    3.0  7
    Name: actual, dtype: int64

Predicted Cluster 3.0
    2.0  35
    1.0  5
    4.0  5
    5.0  3
    3.0  3
    Name: actual, dtype: int64

Predicted Cluster 4.0
    1.0  30
    4.0  1
    3.0  1
    2.0  1
    Name: actual, dtype: int64

Count of Non-Primary Points: 83
```

Die Mehrheit der Messwerte innerhalb jedes vorhergesagten Clusters gehört zu genau einer wahren Label-Klasse. Dies verdeutlicht, wie gut definiert und homogen die von *k*-Shape abgeleiteten Cluster sind.

Zeitreihen-Clustering mit k-Means auf ECG5000

Der Vollständigkeit halber vergleichen wir die Ergebnisse der Algorithmen *k*-Shape und *k*-Means. Um das Training durchzuführen und wie zuvor mit dem angepassten Rand-Index zu bewerten, verwenden wir die Bibliothek `tslearn`.

Die Anzahl der Cluster setzen wir auf 5, die maximale Anzahl der Iterationen für einen einzelnen Lauf auf 100, die Anzahl der unabhängigen Läufe auf 100, die metrische Distanz auf euklidisch und den Zufallszustand auf 2019:

```
# Trainieren mit k-Means für Zeitreihen
km = TimeSeriesKMeans(n_clusters=5, max_iter=100, n_init=100, \
                      metric="euclidean", verbose=1, random_state=2019)
```

```
km.fit(X_train)

# Vorhersagen auf Trainingsset und Bewerten mit angepasstem Rand-Index
preds = km.predict(X_train)
ars = adjusted_rand_score(data_train[:,0],preds)
print("Adjusted Rand Index on Training Set:", ars)

# Vorhersagen auf Testset und Bewerten mit angepasstem Rand-Index
preds_test = km.predict(X_test)
ars = adjusted_rand_score(data_test[:,0],preds_test)
print("Adjusted Rand Index on Test Set:", ars)
```

Der `TimeSeriesKMean`-Algorithmus läuft sogar noch schneller als *k*-Shape mit euklidischer Abstandsmetrik. Doch die Ergebnisse sind nicht so gut:

```
Adjusted Rand Index of Time Series k-Means on Training Set: 0.5063464656715959
```

Der angepasste Rand-Index auf dem Trainingsset beträgt 0,506:

```
Adjusted Rand Index of Time Series k-Means on Test Set: 0.4864981997585834
```

Auf dem Testset hat der angepasste Rand-Index einen Wert von 0,486.

Zeitreihen-Clustering mit hierarchischem DBSCAN auf ECG5000

Zum Schluss wenden wir den *hierarchischen DBSCAN-Algorithmus* (HDBSCAN) an, den wir weiter oben in diesem Buch untersucht haben, und bewerten seine Performance.

HDBSCAN führen wir mit den Standardparametern aus und bewerten die Performance mit dem angepassten Rand-Index:

```
# Modell auf Trainingsset trainieren und bewerten
min_cluster_size = 5
min_samples = None
alpha = 1.0
cluster_selection_method = 'eom'
prediction_data = True

hdb = hdbscan.HDBSCAN(min_cluster_size=min_cluster_size, \
                      min_samples=min_samples, alpha=alpha, \
                      cluster_selection_method=cluster_selection_method, \
                      prediction_data=prediction_data)

preds = hdb.fit_predict(X_train.reshape(4000,140))
ars = adjusted_rand_score(data_train[:,0],preds)
print("Adjusted Rand Index on Training Set:", ars)
```

Der angepasste Rand-Index auf dem Trainingsset erreicht den eindrucksvollen Wert 0,769:

```
Adjusted Rand Index on Training Set using HDBSCAN: 0.7689563655060421
```

Auf dem Testset sieht die Bewertung so aus:

```
# Vorhersagen auf dem Testset und bewerten
preds_test = hdbscan.prediction.approximate_predict( \
                hdb, X_test.reshape(1000,140))
ars = adjusted_rand_score(data_test[:,0],preds_test[0])
print("Adjusted Rand Index on Test Set:", ars)
```

Auch der angepasste Rand-Index auf dem Testset erreicht mit 0,720 einen beeindruckenden Wert:

```
Adjusted Rand Index on Test Set using HDBSCAN: 0.7200816245545564
```

Die Zeitreihen-Clustering-Algorithmen vergleichen

HDBSCAN und *k*-Shape haben auf dem Dataset ECG5000 gleichermaßen gut abgeschnitten, während *k*-Means eine schlechte Leistung gezeigt hat. Allerdings können wir keine eindeutigen Schlussfolgerungen ziehen, wenn wir die Performance dieser drei Clustering-Algorithmen auf einem einzigen Zeitreihen-Dataset bewerten.

Wir wollen deshalb in einem größeren Experiment sehen, wie diese drei Clustering-Algorithmen im Vergleich untereinander dastehen.

Zuerst laden wir alle Verzeichnisse und Dateien des Ordners *UCR Time Series Classification*, sodass wir während des Experiments über sie iterieren können. Insgesamt gibt es 85 Datasets:

```
# Die Datasets laden
current_path = os.getcwd()
file = '\\datasets\\ucr_time_series_data\\'

mypath = current_path + file
d = []
f = []
for (dirpath, dirnames, filenames) in walk(mypath):
    for i in dirnames:
        newpath = mypath+"\\"+i+"\\"
        onlyfiles = [f for f in listdir(newpath) if isfile(join(newpath, f))]
        f.extend(onlyfiles)
    d.extend(dirnames)
    break
```

Als Nächstes recyceln wir den Code für jeden der drei Clustering-Algorithmen und verwenden die Liste der soeben vorbereiteten Datasets, um ein vollständiges Experiment auszuführen. Wir speichern die angepassten Rand-Indizes von Training und Test nach Dataset und messen die Zeit, die jeder Clustering-Algorithmus benötigt, um das gesamte Experiment mit 85 Datasets durchzuführen.

Vollständiger Lauf mit k-Shape

Das erste Experiment verwendet *k*-Shape.

```
# k-Shape-Experiment
kShapeDF = pd.DataFrame(data=[],index=[v for v in d],
                        columns=["Train ARS","Test ARS"])

# Trainieren und Bewerten mit k-Shape
class ElapsedTimer(object):
    def __init__(self):
        self.start_time = time.time()
    def elapsed(self,sec):
        if sec < 60:
            return str(sec) + " sec"
        elif sec < (60 * 60):
            return str(sec / 60) + " min"
        else:
            return str(sec / (60 * 60)) + " hr"
    def elapsed_time(self):
        print("Elapsed: %s " % self.elapsed(time.time() - self.start_time))
        return (time.time() - self.start_time)

timer = ElapsedTimer()
cnt = 0
for i in d:
    cnt += 1
    print("Dataset ", cnt)
    newpath = mypath+"\\"+i+"\\"
    onlyfiles = [f for f in listdir(newpath) if isfile(join(newpath, f))]
    j = onlyfiles[0]
    k = onlyfiles[1]
    data_train = np.loadtxt(newpath+j, delimiter=",")
    data_test = np.loadtxt(newpath+k, delimiter=",")
    data_joined = np.concatenate((data_train,data_test),axis=0)
    data_train, data_test = train_test_split(data_joined,
                                    test_size=0.20, random_state=2019)

    X_train = to_time_series_dataset(data_train[:, 1:])
    y_train = data_train[:, 0].astype(np.int)
    X_test = to_time_series_dataset(data_test[:, 1:])
    y_test = data_test[:, 0].astype(np.int)

    X_train = TimeSeriesScalerMeanVariance(mu=0., std=1.) \
                              .fit_transform(X_train)
    X_test = TimeSeriesScalerMeanVariance(mu=0., std=1.) \
                              .fit_transform(X_test)

    classes = len(np.unique(data_train[:,0]))
    ks = KShape(n_clusters=classes, max_iter=10, n_init=3,verbose=0)
    ks.fit(X_train)

    print(i)
    preds = ks.predict(X_train)
    ars = adjusted_rand_score(data_train[:,0],preds)
    print("Adjusted Rand Index on Training Set:", ars)
    kShapeDF.loc[i,"Train ARS"] = ars

    preds_test = ks.predict(X_test)
    ars = adjusted_rand_score(data_test[:,0],preds_test)
```

```
        print("Adjusted Rand Index on Test Set:", ars)
        kShapeDF.loc[i,"Test ARS"] = ars

    kShapeTime = timer.elapsed_time()
```

Es dauert ungefähr eine Stunde, um den *k*-Shape-Algorithmus auszuführen. Die angepassten Rand-Indizes haben wir gespeichert und verwenden diese, um demnächst *k*-Shape mit *k*-Means und HDBSCAN zu vergleichen.

Die Zeit, die wir für *k*-Shape gemessen haben, hängt sowohl von den Hyperparametern, die wir für das Experiment gesetzt haben, als auch von den lokalen Hardwarespezifikationen für den Computer, auf dem die Experimente durchgeführt werden, ab. Verschiedene Hyperparameter und Hardwarespezifikationen führen möglicherweise zu drastisch abweichenden Experimentierzeiten.

Vollständiger Lauf mit k-Means

Als Nächstes folgt ein Lauf mit *k*-Means:

```
# k-Means-Experiment - VOLLSTÄNDIGER LAUF
# Dataframe erzeugen
kMeansDF = pd.DataFrame(data=[],index=[v for v in d], \
                        columns=["Train ARS","Test ARS"])

# Trainieren und Bewerten mit k-Means
timer = ElapsedTimer()
cnt = 0
for i in d:
    cnt += 1
    print("Dataset ", cnt)
    newpath = mypath+"\\"+i+"\\"
    onlyfiles = [f for f in listdir(newpath) if isfile(join(newpath, f))]
    j = onlyfiles[0]
    k = onlyfiles[1]
    data_train = np.loadtxt(newpath+j, delimiter=",")
    data_test = np.loadtxt(newpath+k, delimiter=",")

    data_joined = np.concatenate((data_train,data_test),axis=0)
    data_train, data_test = train_test_split(data_joined, \
                                    test_size=0.20, random_state=2019)
    X_train = to_time_series_dataset(data_train[:, 1:])
    y_train = data_train[:, 0].astype(np.int)
    X_test = to_time_series_dataset(data_test[:, 1:])
    y_test = data_test[:, 0].astype(np.int)

    X_train = TimeSeriesScalerMeanVariance(mu=0., std=1.) \
                                .fit_transform(X_train)
    X_test = TimeSeriesScalerMeanVariance(mu=0., std=1.) \
                                .fit_transform(X_test)

    classes = len(np.unique(data_train[:,0]))
    km = TimeSeriesKMeans(n_clusters=5, max_iter=10, n_init=10, \
                          metric="euclidean", verbose=0, random_state=2019)
    km.fit(X_train)
```

```
        print(i)
        preds = km.predict(X_train)
        ars = adjusted_rand_score(data_train[:,0],preds)
        print("Adjusted Rand Index on Training Set:", ars)
        kMeansDF.loc[i,"Train ARS"] = ars

        preds_test = km.predict(X_test)
        ars = adjusted_rand_score(data_test[:,0],preds_test)
        print("Adjusted Rand Index on Test Set:", ars)
        kMeansDF.loc[i,"Test ARS"] = ars

kMeansTime = timer.elapsed_time()
```

Mit dem *k*-Means-Algorithmus dauert es weniger als fünf Minuten, um alle 85 Datasets zu durchlaufen.

Vollständiger Lauf mit HDBSCAN

Zum Schluss ist HDBSCAN an der Reihe:

```
# HDBSCAN-Experiment - VOLLSTÄNDIGER LAUF
# Dataframe erzeugen
hdbscanDF = pd.DataFrame(data=[],index=[v for v in d], \
                         columns=["Train ARS","Test ARS"])

# Trainieren und Bewerten mit HDBSCAN
timer = ElapsedTimer()
cnt = 0
for i in d:
    cnt += 1
    print("Dataset ", cnt)
    newpath = mypath+"\\"+i+"\\"
    onlyfiles = [f for f in listdir(newpath) if isfile(join(newpath, f))]
    j = onlyfiles[0]
    k = onlyfiles[1]
    data_train = np.loadtxt(newpath+j, delimiter=",")
    data_test = np.loadtxt(newpath+k, delimiter=",")
    data_joined = np.concatenate((data_train,data_test),axis=0)
    data_train, data_test = train_test_split(data_joined, \
                                    test_size=0.20, random_state=2019)

    X_train = data_train[:, 1:]
    y_train = data_train[:, 0].astype(np.int)
    X_test = data_test[:, 1:]
    y_test = data_test[:, 0].astype(np.int)

    X_train = TimeSeriesScalerMeanVariance(mu=0., std=1.) \
                                    .fit_transform(X_train)
    X_test = TimeSeriesScalerMeanVariance(mu=0., std=1.) \
                                    .fit_transform(X_test)
    classes = len(np.unique(data_train[:,0]))
    min_cluster_size = 5
    min_samples = None
    alpha = 1.0
    cluster_selection_method = 'eom'
```

```
        prediction_data = True

        hdb = hdbscan.HDBSCAN(min_cluster_size=min_cluster_size, \
                              min_samples=min_samples, alpha=alpha, \
                              cluster_selection_method= \
                                  cluster_selection_method, \
                              prediction_data=prediction_data)

        print(i)
        preds = hdb.fit_predict(X_train.reshape(X_train.shape[0], \
                                                X_train.shape[1]))
        ars = adjusted_rand_score(data_train[:,0],preds)
        print("Adjusted Rand Index on Training Set:", ars)
        hdbscanDF.loc[i,"Train ARS"] = ars

        preds_test = hdbscan.prediction.approximate_predict(hdb,
                                X_test.reshape(X_test.shape[0], \
                                               X_test.shape[1]))
        ars = adjusted_rand_score(data_test[:,0],preds_test[0])
        print("Adjusted Rand Index on Test Set:", ars)
        hdbscanDF.loc[i,"Test ARS"] = ars

    hdbscanTime = timer.elapsed_time()
```

Mit dem HDBSCAN-Algorithmus dauert es weniger als zehn Minuten, um alle 85 Datasets zu durchlaufen.

Alle drei Zeitreihen-Clustering-Ansätze vergleichen

Vergleichen wir nun alle drei Clustering-Algorithmen, um festzustellen, welcher am besten abgeschnitten hat. Eine Möglichkeit ist, für jeden Clustering-Algorithmus den Durchschnitt der angepassten Rand-Indizes auf den Trainings- und Testsets zu berechnen.

Die Scores für die einzelnen Algorithmen sehen folgendermaßen aus:

```
k-Shape-Ergebnisse

Train ARS    0.165139
Test ARS     0.151103

k-Means-Ergebnisse

Train ARS    0.184789
Test ARS     0.178960

HDBSCAN-Ergebnisse

Train ARS    0.178754
Test ARS     0.158238
```

Die Ergebnisse sind ziemlich vergleichbar, wobei es *k*-Means auf die höchsten Rand-Indizes bringt, dicht gefolgt von *k*-Shape und HDBSCAN.

Um einige dieser Erkenntnisse zu überprüfen, zählen wir, wie oft jeder Algorithmus über alle 85 Datasets als erster, zweiter oder dritter platziert wurde:

```
# Top-Platzierungen zählen
timeSeriesClusteringDF = pd.DataFrame(data=[],index=kShapeDF.index, \
                            columns=["kShapeTest", \
                                     "kMeansTest", \
                                     "hdbscanTest"])

timeSeriesClusteringDF.kShapeTest = kShapeDF["Test ARS"]
timeSeriesClusteringDF.kMeansTest = kMeansDF["Test ARS"]
timeSeriesClusteringDF.hdbscanTest = hdbscanDF["Test ARS"]

tscResults = timeSeriesClusteringDF.copy()

for i in range(0,len(tscResults)):
    maxValue = tscResults.iloc[i].max()
    tscResults.iloc[i][tscResults.iloc[i]==maxValue]=1
    minValue = tscResults .iloc[i].min()
    tscResults.iloc[i][tscResults.iloc[i]==minValue]=-1
    medianValue = tscResults.iloc[i].median()
    tscResults.iloc[i][tscResults.iloc[i]==medianValue]=0

# Ergebnisse anzeigen
tscResultsDF = pd.DataFrame(data=np.zeros((3,3)), \
                index=["firstPlace","secondPlace","thirdPlace"], \
                columns=["kShape", "kMeans","hdbscan"])
tscResultsDF.loc["firstPlace",:] = tscResults[tscResults==1].count().values
tscResultsDF.loc["secondPlace",:] = tscResults[tscResults==0].count().values
tscResultsDF.loc["thirdPlace",:] = tscResults[tscResults==-1].count().values
tscResultsDF
```

Der Algorithmus *k*-Shape hatte die meisten Top-Platzierungen, gefolgt von HDBSCAN. Die meisten Zweitplatzierungen kann *k*-Means für sich verbuchen, d. h., der Algorithmus erzielt bei der Mehrheit der Datasets zwar nicht die beste, aber auch nicht die schlechteste Performance (siehe Tabelle 13-1).

Tabelle 13-1: Zusammenfassung der Vergleiche

	kShape	kMeans	hdbscan
firstPlace	31.0	24.0	29.0
secondPlace	19.0	41.0	26.0
thirdPlace	35.0	20.0	30.0

Anhand dieses Vergleichs lässt sich nur schwer schließen, dass ein Algorithmus alle anderen universell aussticht. Während *k*-Shape die meisten Erstplatzierungen aufweist, ist er wesentlich langsamer als die beiden anderen Algorithmen.

Schließlich behaupten sich auch *k*-Means und HDBSCAN, wobei sie bei einer gesunden Anzahl von Datasets den ersten Platz einnehmen.

Zusammenfassung

In diesem Kapitel haben wir zum ersten Mal im Buch Zeitreihendaten untersucht und die Leistungsfähigkeit des Unsupervised Learning vorgeführt, Zeitreihenmuster basierend auf ihrer Ähnlichkeit untereinander zu gruppieren, ohne dass dazu Labels erforderlich sind. Im Detail haben wir mit drei Clustering-Algorithmen gearbeitet – *k*-Shape, *k*-Means und HDBSCAN. Auch wenn man *k*-Shape heute als den besten Algorithmus ansehen kann, schneiden die beiden anderen Algorithmen nicht viel schlechter ab.

Vor allem aber unterstreichen die Ergebnisse der 85 Zeitreihen-Datasets, mit denen wir gearbeitet haben, wie wichtig eigene Experimente sind. Und wie bei den meisten maschinellen Lernverfahren gibt es keinen einzigen Algorithmus, der alle anderen Algorithmen übertrifft. Sie müssen Ihr Wissen ständig erweitern und experimentieren, um festzustellen, welche Ansätze für das jeweilige Problem am besten funktionieren. Zu wissen, was man wann anwenden muss, ist das Markenzeichen eines guten Data Scientists.

Hoffentlich sind Sie jetzt besser gerüstet, um mehr der anstehenden Probleme zu lösen, wenn Sie mit den vielen verschiedenen Unsupervised-Learning-Ansätzen, die Sie im Verlauf dieses Buchs kennengelernt haben, weiter fortfahren.

KAPITEL 14

Zum Schluss

Die künstliche Intelligenz befindet sich mitten in einem Hype-Zyklus, den man in der technischen Welt seit Beginn des Internetzeitalters vor 20 Jahren nicht mehr gesehen hat.[1] Allerdings heißt das nicht, dass der Hype nicht gerechtfertigt wäre.

Während die Arbeiten in der KI und im maschinellen Lernen in den vergangenen Jahrzehnten hauptsächlich theoretischer und akademischer Natur waren – mit wenigen erfolgreichen kommerziellen Anwendungen –, sind die Arbeiten in diesem Bereich im letzten Jahrzehnt – angeführt von Unternehmen wie Google, Facebook, Amazon, Microsoft und Apple – angewandter und industrieorientierter geprägt.

Die Konzentration auf die Entwicklung von Anwendungen des maschinellen Lernens für eng definierte Aufgaben (d.h. schwache KI) statt auf ehrgeizigere Aufgaben (d.h. starke KI, engl. *Artificial General Intelligence*, AGI) hat den Bereich für Investoren, die gute Renditen in einem kürzeren Zeitrahmen von sieben bis zehn Jahren erzielen wollen, viel attraktiver gemacht. Mehr Aufmerksamkeit und Kapital von Investoren haben wiederum die Branche erfolgreicher werden lassen – sowohl bei der Entwicklung hin zu einer schwachen KI als auch bei der Schaffung der Bausteine für eine starke KI.

Natürlich ist Kapital nicht der einzige Katalysator. Das Wachstum bei Big Data, die Fortschritte bei der Computerhardware (speziell der zunehmende Einsatz von GPUs – angeführt von Nvidia – für das Training tiefer neuronaler Netze) und die Durchbrüche in der Algorithmenforschung und -entwicklung spielen gleichermaßen bedeutende Rollen, die zu den jüngsten Erfolgen der KI beitragen.

Wie alle Hype-Zyklen kann auch der aktuelle Zyklus irgendwann zu einigen Enttäuschungen führen, doch bislang haben die Fortschritte auf diesem Gebiet viele in der Wissenschaftsgemeinde in Erstaunen versetzt und die Fantasie eines immer stärker werdenden Mainstream-Publikums beflügelt.

1 Laut PitchBook (*http://bit.ly/2Rwwocm*) haben Venture-Capital-Investoren im Jahr 2017 über 10,8 Milliarden Dollar in Firmen gesteckt, die sich mit KI und maschinellem Lernen befassen, gegenüber 500 Millionen Dollar im Jahr 2010 und fast doppelt so viel wie die 5,7 Milliarden Dollar im Jahr 2016.

Supervised Learning

Bis heute ist Supervised Learning (überwachtes Lernen) für den Großteil der kommerziellen Erfolge im maschinellen Lernen verantwortlich. Diese Erfolge lassen sich nach Datentyp aufschlüsseln:

- Bei Bildern haben wir die optische Zeichenerkennung, die Bildklassifizierung und die Gesichtserkennung, um nur einige zu nennen. Zum Beispiel markiert Facebook automatisch Gesichter in neuen Fotos basierend darauf, wie ähnlich die Gesichter den zuvor gelabelten Gesichtern sehen, wobei die Datenbank von Facebook mit vorhandenen Fotos genutzt wird.
- Bei Video haben wir selbstfahrende Autos, die bereits heute auf Straßen der Vereinigten Staaten unterwegs sind. Große Unternehmen wie Google, Tesla und Uber haben kräftig in autonome Fahrzeuge investiert.
- Bei Sprache haben wir die Spracherkennung, die von Assistenten wie Siri, Alexa, Google Assistant und Cortana befeuert wird.
- Bei Text haben wir das klassische Beispiel der E-Mail-Spam-Filterung, aber auch maschinelle Übersetzung (z.B. Google Translate), Stimmungsanalyse, Syntaxanalyse, Entitätserkennung, Spracherkennung und Beantwortung von Fragen. Aufgrund dieser Erfolge haben wir in den letzten Jahren auch eine starke Verbreitung von Chatbots erlebt.

Supervised Learning funktioniert ebenfalls gut für die Zeitreihenvorhersage, die viele Anwendungen in Branchen wie dem Finanzwesen, dem Gesundheitswesen und der Werbetechnologie hat. Natürlich sind Anwendungen des Supervised Learning nicht darauf beschränkt, nur mit jeweils einem einzigen Datentyp zu arbeiten. So kombinieren zum Beispiel Video-Untertitelungssysteme die Bilderkennung mit dem Natural Language Processing, um maschinelles Lernen auf Videos anzuwenden und Untertitel zu generieren.

Unsupervised Learning

Unsupervised Learning (unüberwachtes Lernen) kann bis heute nicht annähernd so viele Erfolge verbuchen wie Supervised Learning, doch sein Potenzial ist immens. Die meisten Daten in der Welt sind schließlich ungelabelt. Um maschinelles Lernen in großem Maßstab auf Aufgaben anzuwenden, die anspruchsvoller sind als die, die Supervised Learning bereits gelöst hat, müssen wir sowohl mit gelabelten als auch mit ungelabelten Daten arbeiten.

Besonders geeignet ist Unsupervised Learning, wenn versteckte Muster aufzuspüren sind, indem die zugrunde liegende Struktur in ungelabelten Daten gelernt wird. Nachdem die verborgenen Muster aufgedeckt sind, kann Unsupervised Learning die verborgenen Muster basierend auf Ähnlichkeiten gruppieren, sodass ähnliche Muster zusammengefasst werden.

Sobald die Muster auf diese Weise gruppiert sind, kann der Mensch einige Muster pro Gruppe als Stichprobe entnehmen und mit aussagekräftigen Labels versehen. Wenn die Gruppen gut definiert sind (was bedeutet, dass die Mitglieder homogen und eindeutig verschieden von Mitgliedern in anderen Gruppen sind), lassen sich die wenigen Labels, die der Mensch manuell bereitstellt, auf die anderen (noch ungelabelten) Mitglieder der Gruppe anwenden. Dieser Prozess erlaubt ein sehr schnelles und effizientes Labeln von bisher ungelabelten Daten.

Mit anderen Worten, Unsupervised Learning ermöglicht die erfolgreiche Anwendung von Methoden des Supervised Learning. Diese Synergie zwischen Unsupervised und Supervised Learning – auch als Semi-supervised Learning bezeichnet – kann die nächste Welle erfolgreicher Anwendungen des maschinellen Lernens anstoßen.

Scikit-learn

Diese Themen aus dem Unsupervised Learning sollten Ihnen mittlerweile sehr vertraut sein. Aber gehen wir noch einmal alles durch, was bisher zur Sprache gekommen ist.

Kapitel 3 hat untersucht, wie sich mit Algorithmen zur Dimensionsreduktion die Dimensionalität der Daten reduzieren lässt, indem man die zugrunde liegende Struktur lernt, dabei nur die relevantesten Features beibehält und die Features in einen niedrigdimensionalen Raum abbildet.

Sobald die Daten in einen niedrigdimensionalen Raum abgebildet sind, lassen sich die verborgenen Muster in den Daten viel einfacher aufdecken. Kapitel 4 hat dies an einem System zur Anomalieerkennung demonstriert, das normale Kreditkartentransaktionen von abnormalen trennt.

In diesem niedrigdimensionalen Raum ist es auch einfacher, ähnliche Punkte miteinander zu gruppieren. Dies wird als Clustering bezeichnet, das Kapitel 5 untersucht hat. Eine erfolgreiche Anwendung des Clusterings ist die Gruppensegmentierung, die Elemente basierend darauf trennt, wie ähnlich sie einander sind und wie sehr sie sich von anderen unterscheiden. Dies wurde in Kapitel 6 an Kreditnehmern, die einen Kreditantrag stellen, vorgeführt. Die Kapitel 3 bis 6 haben den Teil des Buchs abgeschlossen, in dem es um Unsupervised Learning mit Scikit-learn geht.

In Kapitel 13 haben wir Clustering erstmals auf Zeitreihendaten erweitert und verschiedene Methoden für Zeitreihen-Clustering untersucht. Die vielen durchgeführten Experimente haben zudem gezeigt, wie wichtig es ist, ein umfangreiches Arsenal mit Methoden des maschinellen Lernens verfügbar zu haben, da es keine Methode gibt, die für alle Datasets am besten funktioniert.

TensorFlow und Keras

Die Kapitel 7 bis 12 haben Unsupervised Learning mit TensorFlow und Keras untersucht.

Zuerst haben wir neuronale Netze und das Konzept des Repräsentationslernens eingeführt. In Kapitel 7 haben wir mit Autoencodern neue, verdichtete Repräsentationen aus Originaldaten gelernt – dies ist eine weitere Möglichkeit, wie Unsupervised Learning die zugrunde liegende Struktur in den Daten lernt, um daraus Erkenntnisse zu gewinnen.

In Kapitel 8 haben wir Autoencoder auf das Dataset mit Kreditkartentransaktionen angewendet, um eine Betrugserkennungslösung zu erstellen. Einen wichtigen Schritt haben wir in Kapitel 9 getan, indem wir einen unsupervised mit einem supervised Ansatz kombiniert haben, um die eigenständige Lösung aus Kapitel 8 zur Betrugserkennung bei Kreditkartentransaktionen auf Basis von Unsupervised Learning zu verbessern. Dabei haben wir die potenzielle Synergie zwischen unsupervised und supervised Lernmodellen hervorgehoben.

Kapitel 10 hat erstmals generative Modelle vorgestellt, beginnend mit der beschränkten Boltzmann-Maschine. Damit haben wir ein Filmempfehlungssystem aufgebaut, eine sehr einfache Version des Typs von Empfehlungssystemen, wie sie von Netflix und Amazon verwendet werden.

In Kapitel 11 sind wir von flachen zu tiefen neuronalen Netzen übergegangen und haben ein fortschrittlicheres generatives Modell aufgebaut, indem wir mehrere beschränkte Boltzmann-Maschinen aufeinandergestapelt haben. Mit diesem sogenannten Deep Belief Network haben wir synthetische Bilder von Ziffern generiert, um das vorhandene MNIST-Dataset zu erweitern und damit ein besseres Bildklassifizierungssystem zu schaffen. Auch hier zeigt sich das Potenzial von Unsupervised Learning, um eine supervised Lösung zu verbessern.

Kapitel 12 ist mit den sogenannten Generative Adversarial Networks einer anderen Klasse von generativen Modellen gewidmet – einer, die heute am meisten en vogue ist. Damit haben wir mehr synthetische Bilder von Ziffern generiert, die denen im MNIST-Ziffern-Dataset ähnlich sind.

Reinforcement Learning

In diesem Buch sind wir auf Reinforcement Learning (bestärkendes Lernen) nicht im Detail eingegangen, es ist aber ein weiterer Bereich des maschinellen Lernens, das zunehmend an Aufmerksamkeit gewinnt, insbesondere nach seinen jüngsten Erfolgen auf Gebieten wie Brett- und Videospielen.

Vor allem hat Google DeepMind vor einigen Jahren seine Go-Software *AlphaGo* der Welt vorgestellt, und der historische Sieg von AlphaGo gegen den damaligen Go-Weltmeister Lee Sedol im März 2016 – ein Meisterstück, von dem viele erwartet hatten, dass es noch ein ganzes Jahrzehnt dauern würde, bis es der KI gelingt – hat der Welt gezeigt, welche großen Fortschritte im Bereich der KI gemacht wurden.

In jüngster Zeit hat Google DeepMind das verstärkende Lernen mit Unsupervised Learning kombiniert, um eine noch bessere Version seiner AlphaGo-Software zu entwickeln. Diese *AlphaGo Zero* genannte Software verwendet überhaupt keine Daten von menschlichen Spielern mehr.

Derartige Erfolge aus der Vermählung verschiedener Zweige des maschinellen Lernens bestätigen ein wichtiges Thema dieses Buchs – die nächste Welle von Erfolgen im maschinellen Lernen wird dadurch geprägt sein, Wege zu finden, mit ungelabelten Daten zu arbeiten, um vorhandene Lösungen des maschinellen Lernens zu verbessern, die sich heute noch stark auf gelabelte Datasets stützen.

Die vielversprechendsten Bereiche des Unsupervised Learning

Wir beenden dieses Buch mit dem gegenwärtigen und möglichen zukünftigen Stand des Unsupervised Learning. Heute hat Unsupervised Learning mehrere erfolgreiche Anwendungen in der Industrie; ganz oben auf der Liste stehen die Erkennung von Anomalien, die Dimensionsreduktion, Clustering, effizientes Labeling von ungelabelten Datasets und Datenvermehrung.

Unsupervised Learning glänzt bei der Identifizierung neu entstehender Muster, insbesondere wenn sich zukünftige Muster sehr von vergangenen Mustern unterscheiden; in manchen Bereichen haben Labels vergangener Muster nur einen begrenzten Wert, um interessante zukünftige Muster zu erfassen. So wird zum Beispiel die Anomalieerkennung eingesetzt, um alle Arten von Betrug zu identifizieren – etwa bei Kreditkarten, Debitkarten, Überweisungen, Onlinekäufen, Versicherungen usw. – und um verdächtige Transaktionen im Zusammenhang mit Geldwäsche, Terrorismusfinanzierung und Menschenhandel zu kennzeichnen.

Anomalieerkennung wird auch in Lösungen für Cybersicherheit eingesetzt, um Cyberangriffe zu identifizieren und zu stoppen. Regelbasierte Systeme tun sich schwer damit, neue Arten von Cyberangriffen abzufangen, sodass Unsupervised Learning in diesem Bereich zu einer festen Größe wird. Anomalieerkennung ist ebenfalls prädestiniert, wenn es darum geht, Probleme der Datenqualität aufzudecken; Datenanalysten sind mit Anomalieerkennung in der Lage, schlechte Datenerfassung viel effizienter aufzuspüren und zu beheben.

Unsupervised Learning hilft auch dabei, eine der größten Herausforderungen des maschinellen Lernens zu bewältigen: den Fluch der Dimensionalität. Typischerweise müssen Data Scientists eine Teilmenge von Features auswählen, mit der sie dann Daten analysieren und Modelle des maschinellen Lernens erstellen, weil der vollständige Merkmalssatz zu groß ist, was Berechnungen schwierig, wenn nicht sogar undurchführbar macht. Unsupervised Learning ermöglicht den Data Scientists, nicht nur mit dem originalen Featureset zu arbeiten, sondern es auch mit zusätzlichen Merkmalskonstruktionen zu ergänzen – ohne Angst haben zu müssen, während der Modellerstellung auf große rechentechnische Hürden zu stoßen.

Sobald das ursprüngliche und das zusätzlich konstruierte Featureset bereit sind, entfernen Data Scientists mittels Dimensionsreduktion redundante Features und behalten nur die relevantesten, nicht korrelierten Features zur Analyse und Modellerstellung bei. Diese Art von Datenkomprimierung ist auch als Vorverarbeitungsschritt in Systemen mit überwachtem maschinellem Lernen nützlich (speziell bei der Verarbeitung von Videos und Bildern).

Darüber hinaus hilft Unsupervised Learning Data Scientists und Geschäftsleuten, Fragen zu beantworten, zum Beispiel welche Kunden sich am ungewöhnlichsten verhalten (d.h. in einer Weise, die sich von der Mehrheit der Kunden erheblich unterscheidet). Solche Erkenntnisse lassen sich gewinnen, wenn ähnliche Punkte in Clustern zusammengefasst werden, sodass Analysten eine Gruppensegmentierung durchführen können. Sobald eindeutige Gruppen identifiziert sind, kann der Mensch untersuchen, was die Gruppen besonders und eindeutig unterscheidbar von anderen Gruppen macht. Die Erkenntnisse aus dieser Übung ließen sich anwenden, um ein tieferes Geschäftsverständnis zu gewinnen und die Unternehmensstrategie zu verbessern.

Durch Clustering wird das Labeln ungelabelter Daten erheblich effizienter. Da ähnliche Daten miteinander gruppiert werden, muss der Mensch nur wenige Punkte pro Cluster mit Labels versehen. Sobald einige Punkte innerhalb jedes Clusters gelabelt sind, können die anderen, noch nicht gelabelten Punkte Labels von den gelabelten Punkten übernehmen.

Schließlich können generative Modelle synthetische Daten generieren, um vorhandene Datasets zu ergänzen. Wir haben dies bei unserer Arbeit mit dem MNIST-Dataset demonstriert. Die Fähigkeit, Unmengen neuer synthetischer Daten zu erzeugen – und zwar von vielen verschiedenen Datentypen wie Bildern und Text –, ist sehr wertvoll und wird gerade erst ernsthaft erforscht.

Die Zukunft des Unsupervised Learning

Wir befinden uns immer noch an einem sehr frühen Punkt der aktuellen KI-Welle. Natürlich hat es bisher große Erfolge gegeben, doch ein Großteil der KI-Welt ist auf Hype und Versprechen aufgebaut. Es gibt noch viel Potenzial, das nicht ausgeschöpft ist.

Die bisherigen Erfolge finden sich vorwiegend in eng definierten Aufgaben, die durch Supervised Learning ausgeführt werden. Wenn die aktuelle Welle der KI weiter wächst, besteht die Hoffnung, dass wir von Aufgaben der schwachen KI (wie zum Beispiel Bildklassifizierung, maschinelle Übersetzung, Spracherkennung, Frage-und-Antwort-Bots) zur anspruchsvolleren starken KI übergehen (Chatbots, die die Bedeutung in menschlicher Sprache verstehen und sich auf natürliche Weise so unterhalten können, wie es Menschen tun würden, Roboter, die die physische Welt um sie herum begreifen und in ihr operieren, ohne sich stark auf gelabelte Daten zu stützen, selbstfahrende Autos, die übermenschliche Fahrleistungen entwickeln, und KI, die auf menschlicher Ebene logisches Denken und Kreativität zeigen kann).

Viele betrachten Unsupervised Learning als Schlüssel zur Entwicklung der starken KI. Andernfalls wird die KI durch die Menge an gelabelten Daten, die zur Verfügung stehen, eingeschränkt.

Etwas, das die Menschen von Geburt an auszeichnet, ist das Lernen, Aufgaben zu erfüllen, ohne viele Beispiele zu benötigen. So ist ein Kleinkind in der Lage, eine Katze von einem Hund allein an einer Handvoll Beispiele zu unterscheiden. Die heutige KI benötigt viel mehr Beispiele beziehungsweise Labels. Im Idealfall könnte die KI lernen, Bilder verschiedener Klassen (d. h. eine Katze gegenüber einem Hund) mit so wenigen Labels wie möglich zu trennen, vielleicht nur mit einem oder gar keinem. Um derartiges One-Shot- oder Zero-Shot-Lernen durchzuführen, sind mehr Fortschritte im Bereich des Unsupervised Learning erforderlich.

Darüber hinaus ist die meiste KI heute nicht kreativ. Sie optimiert lediglich die Mustererkennung basierend auf Labels, mit denen sie trainiert hat. Um eine KI zu bauen, die intuitiv und kreativ ist, müssen Forscher eine KI entwickeln, die in vielen ungelabelten Daten einen Sinn sieht, um Muster zu finden, die selbst der Mensch bislang nicht entdeckt hätte.

Erfreulicherweise gibt es einige vielversprechende Anzeichen dafür, dass die KI nach und nach zu einem stärkeren KI-Typ voranschreitet.

Die AlphaGo-Software von Google DeepMind ist hierfür ein Beispiel. Die erste Version von AlphaGo, die einen menschlichen Profi-Go-Spieler geschlagen hat (im Oktober 2015), stützte sich auf Daten aus vergangenen Go-Spielen, die Menschen gespielt haben, und Methoden des maschinellen Lernens wie zum Beispiel Reinforcement Learning (einschließlich der Fähigkeit, viele Züge vorauszusehen und zu bestimmen, welcher Zug die Gewinnchancen am deutlichsten verbessert).

Diese Version von AlphaGo war sehr beeindruckend und schlug einen der weltbesten Go-Spieler, Lee Sedol, in einer hochkarätigen Best-of-five-Serie in Seoul, Südkorea, im März 2016. Die neueste Version von AlphaGo ist noch bemerkenswerter.

Die ursprüngliche AlphaGo-Software hat sich auf Daten und menschliches Knowhow verlassen. Die neueste Version von AlphaGo namens AlphaGo Zero hat von Grund auf gelernt, wie Go zu spielen und zu gewinnen ist, rein durch Spielen gegen sich selbst.[2] Mit anderen Worten, AlphaGo Zero hat sich auf keinerlei menschliches Wissen gestützt und eine übermenschliche Performance erreicht, die die vorherige AlphaGo-Version 100 : 0 geschlagen hat.[3]

---

2 *AlphaGo Zero: Learning from Scratch* (*https://deepmind.com/blog/alphago-zero-learning-scratch/*) bietet eine ausführliche Einführung in AlphaGo Zero.

3 Weitere Informationen finden Sie im *nature*-Artikel *Mastering the Game of Go Without Human Knowledge* (*https://www.nature.com/articles/nature24270*).

Ohne Vorkenntnisse über Go hat AlphaGo Zero innerhalb von Tagen das menschliche Wissen aus Tausenden von Jahren angesammelt. Dann ging es aber weiter – über den Bereich menschlichen Könnens hinaus. AlphaGo Zero entdeckte neues Wissen und entwickelte neue unkonventionelle Gewinnstrategien.

Mit anderen Worten: AlphaGo hat echte Kreativität an den Tag gelegt.

Wenn die KI weiter so vorankommt, angetrieben durch die Fähigkeit, von wenig bis gar keinem Vorwissen (d.h. von wenigen bis gar keinen gelabelten Daten) zu lernen, werden wir in der Lage sein, eine KI zu entwickeln, die Kreativität, logisches Denken und das Treffen komplexer Entscheidungen in sich vereint – Bereiche, die bislang alleinige Domäne des Menschen waren.[4]

Schlusswort

Wir haben gerade erst an der Oberfläche des Unsupervised Learning und seinem Potenzial gekratzt, doch ich hoffe, Sie können jetzt besser einschätzen, wozu Unsupervised Learning fähig ist und wie Sie es auf selbst konzipierte Systeme des maschinellen Lernens anwenden können.

Zumindest sollten Sie jetzt ein konzeptionelles Verständnis und einige praktischen Erfahrungen beim Einsatz von Unsupervised Learning besitzen, um verborgene Muster aufzudecken, tiefere Einblicke in Geschäftsvorgänge zu gewinnen, Anomalien zu erkennen, Gruppen basierend auf Ähnlichkeiten zu clustern, automatische Merkmalsgewinnung durchzuführen und synthetische Datasets aus ungelabelten Datasets zu generieren.

Die Zukunft der KI ist vielversprechend. Gestalten Sie sie mit!

4 OpenAI hat ebenfalls bemerkenswerte Erfolge bei der Anwendung von Unsupervised Learning für das Sprachverstehen erzielt, beide sind entscheidende Bausteine für eine starke KI.

Index

A

B

C

D

E

F

N

O

P

Q

U

V

W

X

Z

Über den Autor

Ankur A. Patel ist Vice President Data Science bei 7Park Data, einem Portfolio-Unternehmen von Vista Equity Partners. Bei 7Park Data verwenden Ankur und sein Data-Science-Team alternative Daten, um Datenprodukte für Hedgefonds und Unternehmen zu erstellen sowie Machine Learning als Service (MLaaS) für Geschäftskunden zu entwickeln. MLaaS umfasst Natural Language Processing, die Erkennung von Anomalien, Clustering und die Vorhersage von Zeitreihen. Bevor er zu 7Park Data wechselte, leitete Ankur in New York City die Data-Science-Aktivitäten des israelischen KI-Unternehmen ThetaRay, einem der weltweiten Pioniere im Bereich des angewandten Unsupervised Learning.

Ankur begann seine Karriere als Analyst bei J.P. Morgan und wurde dann leitender Händler für Emerging-Markets-Staatskredite bei Bridgewater Associates, dem weltweit größten Global-Macro-Hedgefonds. Später gründete und verwaltete er fünf Jahre den auf Machine Learning basierenden Hedgefonds R-Squared Macro. Ankur ist ein Absolvent der *Woodrow Wilson School* der Universität Princeton. Er wurde mit dem *Lieutenant John A. Larkin Memorial Prize* ausgezeichnet.

Kolophon

Das Tier auf dem Cover von *Praxisbuch Unsupervised Learning* ist ein Nacktnasenwombat (*Vombatus ursinus*). Obwohl sein wissenschaftlicher Name *ursinus* im Lateinischen für »Bär« steht, sind Wombats keine Bären, sondern Beuteltiere wie Koalas oder Kängurus. Wilde Wombats gibt es nur auf dem australischen Festland und auf Tasmanien. Sie leben dort in den Küstenwäldern und offenen Weidegebieten, wo sie mit ihren Krallen Höhlen graben.

Wombats haben ein kurzes, dickes Fell, kurze, dicke Beine, eine kahle Schnauze und kleine Ohren. Wie bei allen Beuteltieren leben die Jungen im Beutel der Alttiere, allerdings zeigt die Öffnung des Beutels, anders als bei Kängurus, nach hinten. So sieht man häufig das Gesicht des Jungtieres zwischen den Hinterbeinen seiner Mutter hervorlugen. Dies verhindert, dass das Jungtier beim Graben einer Höhle schmutzig wird. Bei der Geburt ist es komplett nackt und ungefähr so groß wie ein Gummibärchen. Die Tragzeit dauert nur etwa einen Monat, aber die Jungen bleiben über ein Jahr bei ihren Müttern, um sich zu wärmen und zu wachsen.

Ausgewachsene Wombats wiegen 15 bis 35 Kilogramm und erreichen eine Kopfrumpflänge von 70 bis 120 Zentimetern. Sie leben in freier Wildbahn ungefähr 15 Jahre und bringen alle zwei Jahre ein oder manchmal auch zwei Junge zur Welt.

Wombats sind nachtaktiv und verwenden ihre ständig nachwachsenden Schneidezähne, um Gräser, Pilze und Wurzeln zu zerkleinern. Tagsüber schlafen sie meist in ihren Höhlen, doch kommen sie manchmal heraus, um sich in der Sonne zu wärmen. Normalerweise watscheln sie eher bedächtig durch ihr Revier, doch kann ein bedrohter Wombat bis zu 40 Kilometer pro Stunde laufen.

Weibliche Wombats zeigen ihre Paarungsbereitschaft, indem sie den Männchen in den Rücken beißen. Ein Biss schadet einem Wombat aber nicht, da die Haut am Rücken ziemlich hart ist. Wenn Wombats von einem Raubtier verfolgt werden, schlüpfen sie verkehrt herum in ihren Bau und verschließen mit ihrem dicken Hinterteil den Ausgang.

Viele der Tiere auf den O'Reilly-Covern sind vom Aussterben bedroht, doch jedes einzelne von ihnen ist für den Erhalt unserer Erde wichtig. Wie man bedrohten Arten helfen kann, erfahren Sie auf animals.oreilly.com.

Der Umschlagsentwurf dieses Buchs stammt von Karen Montgomery und Michael Oréal, die hierfür einen Stich aus *Lydekker's Royal Natural History* verwendet haben. Auf dem Cover nutzen wir die Schriften Gilroy und Guardian Sans, als Textschrift die Linotype Birka, die Überschriftenschrift ist die Adobe Myriad Condensed, und die Nichtproportionalschrift für Codes ist LucasFonts TheSans Mono Condensed.

Rezensieren
Sie dieses Buch

Senden
Sie uns Ihre Rezension
unter **www.oreilly.de/rez**

Erhalten
Sie Ihr Wunschbuch aus
unserem Verlagsangebot